潘军文集

第拾卷

散文·随笔卷

文化艺术出版社
Culture and Art Publishing House

潘军
文集

在巴尔的摩明珠港（2012年1月）

第拾卷

在拍摄现场（2009年2月，上海松江）

潘军文集

| 兄妹四人和父亲团聚（2011年8月，安庆）

|《粉墨》杀青（2011年1月，上海松江）

片场接受采访（2010年12月，上海松江）

| 绘画：《风中竹》

| 绘画:《本命年》

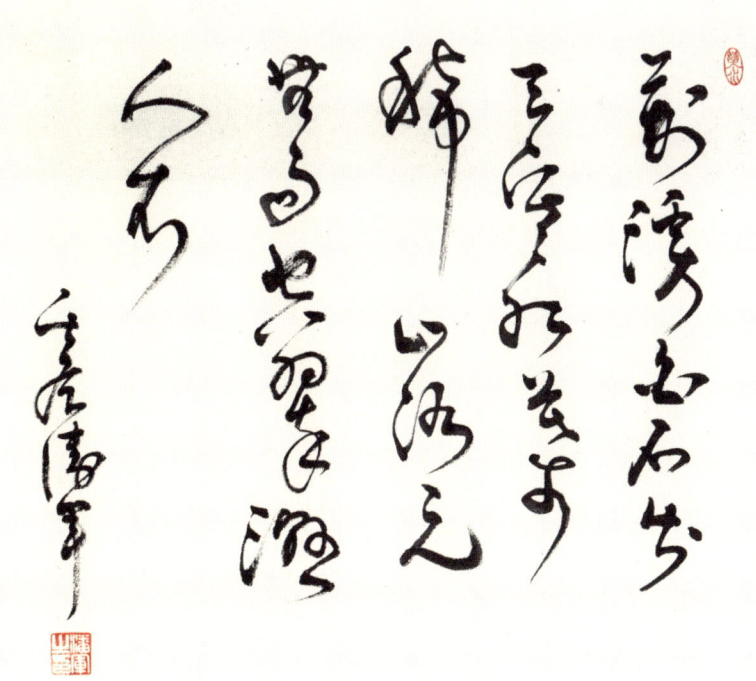

| 草书镜心

| 小说集书影

《潘军文集》第十卷
目　录

看与思

关于"寻找"的备忘录
　　——与《寻找男子汉》有关无关的都说…… 3
读画杂记…… 7
《大陆人》导演阐述…… 10
九月手记…… 16
重排《茶馆》之我见…… 20
我的话剧观…… 25
我所认识的基耶斯洛夫斯基…… 28
达利的背影…… 35
也说《大宅门》…… 39
《辛德勒的名单》札记…… 43
京剧杂谈…… 48
北京现在的玩意儿…… 51
缅怀，以诗情画意的方式
　　——关于朱赛佩·托纳多雷的"回家三部曲"…… 59
战争电影：再现和表现…… 64
重看《教父》…… 69
和珅·历史·电视剧…… 73

奈许的幻觉与尼克松的心理
　　——关于人物传记片的思考 ………………………………… 77
关于死刑的电影 ………………………………………………… 81
黑与白
　　——黑白电影与电影里的黑白 ………………………………… 88
砚边点滴 …………………………………………………………… 92
与话剧有关的笔记 ………………………………………………… 95

序与跋

《白色沙龙——大陆新潮作家潘军先锋小说选》序言 ……… 103
《中国当代作家作品选集·潘军卷》自序 ……………………… 105
《潘军中篇小说自选集》自序 …………………………………… 108
《潘军小说文本系列》自序 ……………………………………… 110
《中国当代小说珍藏版·潘军卷》自序 ………………………… 112
《潘军散文》自序 ………………………………………………… 114
《风印》自序 ……………………………………………………… 116
《水磬》自序 ……………………………………………………… 118
《逸韵——安徽省合肥一中作文选》序 ………………………… 119
为什么需要写作 …………………………………………………… 121
序《水边的戏台》 ………………………………………………… 123
罗朗与罗朗的画
　　——序《罗朗画集》 ………………………………………… 126
拾穗者说
　　——序孙必泰《拾穗集》 …………………………………… 129
序《唐罡画集》 …………………………………………………… 131
需要的写作
　　——《戊戌年纪事：潘军最新小说》自序 ………………… 134
别样的痛，别样的温暖
　　——序钱红丽《俗与媚》 …………………………………… 136

麦田的守望者
　　——序《安庆版画五十年》 …………………………… 138
关于土地，我们需要怎样的诉说？
　　——序王新宇《风吹云散》 …………………………… 140

答问录

小说的今天
　　——答《安徽青年报》记者问 ………………………… 145
隔海呼渡
　　——答台湾《幼狮文艺》读者问 ……………………… 149
近观影视之散见
　　——答《作家》杂志问 ………………………………… 162
答安徽大学校友问 ………………………………………… 168
恐惧的对面就是爱
　　——答《中国书报刊博览》记者问 …………………… 176
答《中国文艺家》杂志问 ………………………………… 180
最好的感觉是说不
　　——答《安徽商报》记者问 …………………………… 189
作家最重要的品质是立场
　　——答《新安晚报》记者问 …………………………… 194
间谍不朽
　　——关于电视剧《五号特工组》的答问 ……………… 201
我喜欢做充满悬念的事
　　——答《合肥晚报》记者何素平问 …………………… 206

访谈录

建构心灵的形式
　　——访谈录之一 ………………………………………… 215

漂泊与选择
　　——访谈录之二 ········· 230
先锋是一种文学精神
　　——访谈录之三 ········· 238
云霄上的浪漫主义
　　——访谈录之五 ········· 251
在路上
　　——访谈录之四 ········· 280
小说外话
　　——和牛志强对话 ········· 286
视觉叙事的魅力
　　——关于《独白与手势》的对话 ········· 309
潘军和小说
　　——在中央电视台"读书时间"的谈话 ········· 323
沉思与漫谈
　　——与《新安晚报》记者黄从慎的对话 ········· 327
流动的生活会使小说飞腾
　　——和康志刚的对话 ········· 335
与《北京文学》编辑谈博尔赫斯 ········· 339
与"文学比邻"的几次谈话 ········· 345
在另一片天空飞行
　　——对话中国先锋作家潘军 ········· 363

附录一：潘军创作年表 ········· 375
附录二：潘军主要著作目录 ········· 391
附录三：潘军主要影视作品目录 ········· 393
附录四：主要研究资料索引
　　（截至2011年12月） ········· 394

后记 ········· 399

潘军文集

第拾卷

看与思

关于"寻找"的备忘录
——与《寻找男子汉》有关无关的都说

"寻找"无疑是富有魅力的字眼。剧作家认为它是了不起的"行动"。于是便有了许多关于寻找的戏,比如《寻找男子汉》。

(一)

"寻找"似乎有两个目的:丢失的和没有得到的。

艺术家毕生都是在"寻找"中度过的。

当毕加索和马蒂斯用线条和平涂来分割油画时,贝克特和尤奈斯库也在用抽象和象征来改造舞台。1953年《等待戈多》的上演给战后沉寂已久的法兰西舞台带来了生机,遂导致欧美乃至世界戏剧的一场革命。莎士比亚、易卜生们受到了挑战。30年后,北京舞台上出现了《绝对信号》、《车站》和《野人》,继之上海舞台上出现了《WM:我们》和《寻找男子汉》,显然对中国的话剧产生了不可低估的影响。不久前川剧《潘金莲》的演出,可以说是对向来规规矩矩温文尔雅的戏曲的一次有力的撞击。

不妨把这些现象称为伟大的现象。

这现象的存在不仅意味着艺术家们的寻找,也意味着大众的寻找。

(二)

沙叶新在寻找。郭沫若说"蔡文姬就是我",沙叶新坦白舒欢(《寻找男子汉》的那个她)即是他。

"我的追求便是她的追求,她的寻找也是我的寻找。"沙叶新在戏外说,"我和舒欢寻找的是那本应该充沛在我们民族天地之间的浩然之气,阳刚之气,男子汉气,也可以说是那能使我们民族从孱弱转为刚强的一种情操,一种气概,一种精神,一种文化。"

他是明白人。他说得很明白。

当然不能要求戏也说得明白(这蠢)。戏只是一种暗示或者意味。戏应该叫人有所悟而不是有所知。海明威认为小说如海中冰山,露出海面的只有十分之一,十分之九在海底下。戏也如此,我想。

那么,"男子汉"该是一种象征。

象征性可以带来寓意性,否则象征不值钱。

沙叶新做了。尽管司徒娃作为配偶不算理想,但作为角色却很可爱。因为他实现了剧作者的某种理想,而这个被夸张变形乃至抽象的"胎化病"患者一旦立于舞台,就产生了角色之外的又远远胜过角色自身的意义,欣赏者的审美欲被刺激起来并且迅速地跃上了一个较高的层次。

然而这不够。

既然"男子汉"具有象征意味,那么就大可不必把几个男人分别贴上软弱的、低贱的、卑鄙的、庸俗的以及理想的标签,然后让女主角挑时装似的"寻找"。这不灵。反而觉得这倒真是关于找对象的戏了。

象征是很难寻找的。很难寻找不等于没有寻找。从某种意义上看,"寻找"之美不在于寻找的结果而贵在寻找本身。

舒欢最终找到的是个叫做江毅的矮子。他说他是厂长并且一张口就是改革家的宣言。可我觉得此君不怎么让人舒服,尖刻地说有点猥琐。

开个玩笑:究竟是沙叶新包办了舒欢还是别人包办了沙叶新呢?

这个结尾似乎不是"剧作家"沙叶新的手笔。

倒像是"院长"沙叶新写的。

(三)

由"寻找"想到"等待"。

《等待戈多》原名就叫《等待》。与亚里斯多德给戏剧所下的经典性定义——行动相反,贝克特在这部作品里强调的是什么也没有发生。有人请教贝克特戈多意味着什么,剧作家回答说:"我要是知道,早就在戏里说出来了。"实际上贝克特已经在戏里说了。《等待戈多》的全部意义就在于"等待"——作为人类缩影的角色,除了等待别无其他生存意义,然而连等待什么也弄不清。正如西方评论家所言,《等待戈多》揭示了"人类在一个荒谬的宇宙中的尴尬处境。"至于戈多是什么,多少年来众说纷纭。

戈多是一种象征。戈多永远只是一种存在于每个欣赏者脑中的象征和由象征带来的无穷的联想。这种审美魅力难道亚于"有一千个观众就有一千个哈姆雷特?"

所以我说《寻找男子汉》的意义与魅力应在于"寻找"。既然剧作家认为"男子汉"是由多种"气"构成的,那么就无须在舞台上举行各式男人展览了。还是让舒欢带领观众去寻找我们共同丢失的和尚未获得的"气"吧!

"男子汉"永远是一种象征。

(四)

还是沙叶新在寻找。他不愿意重复自己他用他的《寻找男子汉》说明了这一点。

他寻找的是不统一的统一。这很妙,如同散文妙在散又非散。这是个大胆的"寻找"。他想使现实与荒诞结合,使再现与表现结合,从而形成对比、映衬和反差。这个理想的确是在全剧的某个片断,如舒欢与司徒娃会面,得到了较好地实现。但除此之外,我觉得都做得不够甚至根本就没有做。于是从总体效果上看就与剧作家的初衷差距甚远。

有人说此剧风格不统一。

沙叶新说他就希望它不统一,缺点在于统一得不够。他寻找的是在不统一的基础上达到更高层次上的统一。

他是明白人。

只是那个不统一的基础还显薄弱。

（五）

我想，安徽的剧作家也该去"寻找"。
因为我们丢失的东西很多。
没有得到的东西更多！

1988年5月　合肥

读画杂记

最近看了高鸣、罗朗、钱流、巫俊四位朋友的油画展，觉得有几句话要说。一幅作品是一个客观存在。我不认为自己是局外人。从某种意义上讲，我参与了。

A——红色变奏

"我喜爱红颜色。"高鸣对我说。我想高鸣大概让红色弄神了。在他的色彩王国里，红色是皇帝。高鸣无疑是从高庚、凡·高和马蒂斯那里获得启示，运用色彩来营造画面，同时讲究色彩的构成与装饰效果。他们的色彩带有很大的主观性。这样的色彩当然不是描写性的，而是具有表现意味。马蒂斯说：表现性色彩是现代精神的基本因素。高鸣觉悟于斯。他的色彩，尤其是红颜色，是一种情绪宣泄，也可以说是一种感觉的升华——艺术家对客观世界的省察与超越，形成心境外射。但是，高鸣的红颜色仍然没有"飞跃"，使我在生理感受上徘徊不前，未能刺激我的心理体验。所以后来我总想到画家的一段经历：他曾去大别山腹地的天堂寨写生，山上的叶子红得简直要淌下来，可他的笔下怎么画也还是不红。

B——思考的风景

罗朗的风景作品显示出"寻根意识"，这是我的直觉判断。在我看来，所谓寻根不是几句俚语、几分野调、几种陋俗的拼盘，也当然不是残墙、断桥、老牌坊的杂烩。"寻根"乃是现代意识对传统文化进行观照的结果。

罗朗是大胆的。他毅然放弃了为目下不少同行所痴迷的"暗示性细节"。这种摆脱局部表象的选择使他关于徽州的思考走出了徽州，进入到一个新的境界——从整体文化氛围上去把握客体，融进自己的思考，从而表现出本质的内涵。从他的《皖南系列》及后来的《孔府系列》，我们不难发现这种朴素的美学思想。

作为写实的画家，罗朗并不是在刻意模仿自然，似乎也不是随心所欲地把主观意志强加于自然，而是寻找自然本身存在的"有意味形式"。比如说，他喜欢借助徽派建筑结构产生的接近几何意义的形式感，让白墙与青瓦进行简约而强烈的对比。罗朗力求在写实的基础上作出带有抽象倾向的表达。他显然是在借绘画探索历史文化精神。

C——女人是水做的

很难想象钱流是用什么本领把女人表现得如此优美的。他并不慌着去同古典主义告别。安静的钱流从传统的油画中取了丰富的营养，又适宜地接收了现代油画具有表现力的手法。他研究安格尔、鲁本斯，也分析雷诺阿和德加。所以我从钱流的作品里得到了一种有趣的感觉：形式的暧昧。

钱流似乎不忍心让美丽的模特儿"变形"，相反，他千方百计地让她更美。他总是让模特儿处于放松的状态，充分展示女性身体的曲线流畅之美。他运用了印象派的光色理论，甚至丢开背景与人物在色相上的映衬关系，让人物与环境同置一个色调，给人的视觉以宁静温馨的享受。钱流的作品较好地体现了艺术的辩证关系。光与色、静与动、虚与实、整与碎，一定程度上达到了对立统一后的和谐。

D——"瞬间" 批判

我还没有足够的理由说，巫俊的《温馨的夜》是具有突破意义的上乘之作。但从这幅画，我明确地看到了画家的追求。

这幅画择取的是一个极不起眼的生活场面：几位都市青年在经过长

时间的劳动后,坐在小摊子上吃夜宵。作为唯一光源的电石灯此刻正在无声地燃烧,于是烧出了都市里的村庄的一个温馨的夜(纯粹的伦勃朗的调子)。巫俊居然放肆地把摩托车、头盔与茶叶蛋、酱油以及调味佐料组织到一块,使它们之间产生了"张力",暗示着文化的冲突。然而最有冲击力的,还是五个人物的情绪。他们没有言语,没有给画意义上的动作,甚至连目光也不交流!我第一次见到这幅画便产生了这样怪异的感觉——这是些橡皮人。我们无须对画家的表达作出这样或那样的猜测,因为它无所谓"瞬间"效应。但是我们又不能不承认,《温馨的夜》在诱惑着我们的思索。我由此想到克罗齐的一句名言——

"艺术家的全部技巧,就是创造引起读者审美再造的刺激物。"

1995年5月　合肥

《大陆人》导演阐述

《大陆人》是我应河南音像出版社之邀，根据自己有关海南的小说，尤其是正在写作中的这部长篇《北纬20度》改编的一部25集电视连续剧。作为小说，《北纬20度》的结构不同于以前的《日晕》和《风》，它好像是由一堆能够独立成篇的中短篇小说以及笔记组合而成的，很难发现作家的用心。不过我觉得，这样仍不失为一种结构。但是我们现在已把它改编成了剧，那么就必须依照剧的原则了。剧的原则也是多种多样的，我在动笔之前，就完全地站在一个导演的位置上，给这个剧定下这样一个原则：叙述一个关于孤岛的故事。这句话包含三个意思。一是叙述，我采用了"第一人称"，即剧中那个叫李村的作家的视角。二是孤岛，剧中有这么一句旁白：地球上的水实际上远比陆地多，所以大陆之于海洋也是岛屿，只是我们太小，不觉得……而且在片头的黑底上，就出现了这样的一行字幕：那时候，在那个像心脏形状的岛上，我们被称做"大陆人"……海南岛的版图的确像一颗心脏，它也确实拥有世界上最好的阳光、空气和水，而这三者正是生命的要素。这样，我们将面对这样一些词汇——海，岸，大陆，岛屿或者山巅。其实这种意识，早在1990年我就产生了，我因此写了一部中篇小说《流动的沙滩》——这是我迄今最满意的文字。最后是故事，电影或者电视剧，是很通俗的视觉艺术形式，很有利于讲故事。但是真要讲出一个好故事是不容易的。按照以前好莱坞的做法，有一种人是专门向制片商出售故事的，然后才是编剧的登场。大仲马的《基督山伯爵》提供了一个经久不衰的复仇故事构架，直到今天，仍有人完全照搬了它，说明故事的魅力太大。这些年屏幕上反映南方的剧很多，但都没有讲出一个好的故事，因此今天我们来做，在故事上要花大的气力。故事发生在南方，在岛上，但商场上的风云变幻，我仍只能把它当做背景。就是说，我们不是说商场上这事那事的，尽管剧中有的人物必须和生意打交道，但那是他们的职业所致，就像马必须拉车一样。我们所说的是关于一代人境遇的故事，多少有点存在主义，所以有一种忧郁的气氛散发在剧情中，很像四季中的秋景。秋天这个词语在剧中带着明显的象征意味，人们似乎总是在重复那么一句话：南方没有秋天。海南地处北纬20度，阳光直射，那里的阳光全是白的，一年有近十个月的日子是穿衬衫，而且剧中所表现的那个时期正是海南房地产过热的阶段，似乎整个岛屿都沸腾了。这是海南的第二次疯狂。这样一个外部环境，偏偏生活着一群内心忧郁、渴望秋意的人，这便非常有意思了。在这些人眼中，秋天成了忧愁、伤感、痛苦、孤独、思考等等的同义语汇，他们憎恨这些，却又离不开这些，所以最后他们都像叶子一样纷纷落下，从而构成了剧作的悲剧性——我们应该把它当做悲剧，这与眼泪无关。

　　这也是一部爱情戏。25集中，爱情的比重很大。但我们面对的爱情是既美好又可疑的爱情。美好是因为一些浪漫情节，一些意外的欢乐，很能引起人的羡慕和嫉妒。可疑是由观念与行为共同造成的，那么好的爱情会延续多久？我总是把它写得岌岌可危，好像随时都会出事。然而这些都不重要，我所强调的是一种古典情怀，使之构成一种向往。我一直觉得，人的行为和心灵是反向运动发展的。行为日趋现代，而心灵日益走向古典。我把这个观念放到沿海开放城市的环境里，目的是强调它。但是，这种古典情怀，只能成为回忆或者向往，只能是形而上的东西，一点都不能放在现实生活中。即使有那么一点，也很快给糟蹋了，毁了，就像吹灭一盏灯那么简单，这便是人的悲哀了。所以这种爱情就像视野中的地平线，它永远在你前面，你却无法走近它，况且我们走的时候又不时要回过头来看看身后的脚印。剧中有一条回忆的线索，讲述一个伤感的、冬天里的爱情故事。与之并行的是插曲《一个人的时候》。我前几天同两位作词者说，这支歌要写出点意思来，因为人生最好和最不好的时光，都是"一个人的时候"。那时的海口算得上一个移民性质的都市，口号是"再造一个香港"，可它毕竟又不是香港。上岛的大陆人基本都是漂泊者，淘金或者寻梦，共同的一点是他们都记着自己是在一个岛上，面对的是海洋，他们在地理上脱离了大陆，但在心理上又完全全是大陆人。我在剧中用了不少的笔墨去写他们用望远镜看琼州海峡、看大陆的场面，即使是在黑夜里。他们都说看到了，看见了，似乎只有这样，才获得了一种未被大陆抛弃的感觉。于是引出了海与岸的隐喻，这些大陆人（全是文化人、知识人）始终是在海与岸之间徘徊，焦灼不安。1992年我上岛时，就从来没有听到人说过，我将在海南落户，都说是干几年再说。1994年我返回大陆后，却又听到那些闯海的哥们儿说：海南是个好地方。事情便是这样简单。

在确定这部作品的风格样式之前，我们首先要认清我们正着手做的这件事的性质。我们是在拍一部25集的电视连续剧。就是说，我们作品的欣赏对象是大众。大众要求看到的是一个好看的故事，是一群人的经历与命运。因此，我准备把两个极端组合在一起：极端的写实和极端的抽象。这看上去似乎有点矛盾，然而我在动手之初就是这么想下来的。写实是为了再现当年那段生活，要让人感到这些事好像发生在隔壁，剧中人好像一出胡同口就能看见。要做到这一点其实很不容易。画面的选择，摄像机的运动，场景和光的布置以及演员的表演，一切都要让人觉得是于不经意中做成的。我们的历史就深藏在这漫不经心之中。一定要从大处着手，把握这种鲜活的气氛。一个镜头哪怕拍得再好，失去了大的气氛，肯定是不伦不类的。我建议大家摆脱一种故事片意识，多看一些纪录片和抓拍的新闻照片。但是又要生动，否则就不好看了。这是个总原则、总要求，各个部门都要这么去想。另一个极端是抽象性——这绝对不是几个隐喻镜头的问题。中国的第五代导演习惯在银幕上画画，习惯用一些静止的、雕塑般的大远景造型来表现某个理念，比如说以一个"人"字来表现战争与人性，以一个黑太阳来表现幻灭感（而且这个镜头还是《静静的顿河》中拿来的），以一个旧碉堡来表现家庭是最后的破堡垒，如此这些，都过于简单了。这条路显然已经走老了，而且谁都能走，因为不难。第五代导演之所以只能走到这一步，是与自身文学素质有关的。在他们身上是无法找到伯格曼式的东西的。第五代导演中极少有人再能往前挪一步，尽管不少人非常能侃。所以《秋菊打官司》的出现，是值得纪念的，有类似革命性的意义。那么，我们对抽象性该作何解释呢？我觉得应该落实到主观上。这种主观性是创作者强加上去的，但又恰恰能给人以冲击——不仅仅是视觉上的。比如说以上我提到的用望远镜看海，细节原本很平常，但他们是在黑夜中看海，看过琼州海峡再看到大陆，而且都说看见了——这一下就成了主观的东西，构成了抽象性。我的意思是说，所谓抽象性根本不是一个静态画面的问题，也不是一个造型问题，而是一个文学问题、语言问题。《这里的黎明静悄悄》中，回忆部分所用的是彩色片，因为战争是现时的事，回忆自然更加美丽，此其一；回忆中的环境完全符号化了，几乎只剩下了人物，因为战争中的人只能去想过去最值得想的事，无法去想与情人幽会时墙上还有一个挂钟，床边还有一瓶香水。这种处理是有心理依据的，不是瞎弄。这两点就构成了抽象性。我们要善于把它开发出来，让它成为一种语言、一个声部。

在平实上下功夫是我们面临的课题。以平实为基础，又很自然贴近地表达出主观的东西，我要的就是这个。斯皮尔伯格的《辛德勒的名单》已成为经典之作，让人弄不清它是历史记录呢还是刚拍不久的电影作品。纳粹军官枪毙犹太老钳工的那场戏，精彩之处是两点：一是不经意，两名军官一边谈话一边准备杀人，那么随随便便，这完全是客观的、平实的；二是军官的枪总打不响，反复几次，镜头一次次推近，节奏越来越快，这又是主观的了，是刻画和强调。如果换一种拍法，肯定都达不到现在的效果。银幕上看不到什么血、而血腥气竟散发在电影院里，这是多大的本领？这部影片结尾部分用了彩色，一切变得明媚起来，而前来吊唁的人放上石子，又显示了凝重。《阳光灿烂的日子》结尾用黑白片，是一种缅怀。但在那个似乎永远长不大的傻瓜眼里，出现黑白片是不对的，因为对他而言，今天仍是"阳光灿烂"。傻瓜看姜文那帮人的那几秒钟，应该回到彩色片上去。我们这部戏的回忆部分用的是黑白片，使之具有一种旧照片的效果，产生距离感。这种感觉不是时间上的，而在心理上。回忆是冬天的故事，有大量的雪，处理上很抽象，梦幻一般地可望而不可及，这些都构成了与现时故事的反差与参照。这部片子还有大量的、文学性的旁白。我用的是第一人称叙述，语气是回忆式的，传达的是一切都曾经发生过而不是正在发生或将要发生，是船离岸的那种感觉。

电视剧和电影在剧作形式上有一点很不同，即前者的台词相对要多一些。现在有很多剧本的对白非常糟糕。如果写它的人在自己家中说这些话，肯定会吓人一跳。因为生活中的人不这样说话。好的对白是白而有味。要像是从那个人嘴里说出来的话。对白大都难以完整，甚至没有语法逻辑，有点颠三倒四，但又能让听的人完全明白。刘恒改编《秋菊打官司》，对白是见功夫的。秋菊一直缠着村长要讨个说法，村长摆不平，恼了，就说："要不，也让他踢我一脚？"这话就是说得够味了，好听。

1995年底我大概由于生气，突然给《大众电影》写了一篇短文，谈好演员与明星的区别。我说社会需要明星，而艺术只要好演员。那篇短文的措辞有点刻薄，但对好演员又十分敬重。这是我的立场。演员是一种极特殊的职业。他既是材料（为导演所用），又是产品（角色）；既是艺术过程（表演），又是艺术目的（塑造角色）。演员以自身的条件去创造另外的自身，这是很奇异的事。我对中国的演员有一个归类。一类是自我型的，以赵丹为代表。赵丹所演的角色都是在演他自己，如同郭沫若说"蔡文姬就是我"。这类演员的自我魅力渗透到角色之中，角色因此有了光彩。另一类是角色型的，以石挥、蓝马为代表。他们在表演中完全舍弃了自我形象，完全角色化了。这两类演员都能走向成功，区别是成功的条件。前者需要天赋，像查理·卓别林、马龙·白兰度；后者需要功力，像让·加班、达斯汀·霍夫曼。如果一个天赋不足或者谈不上什么天赋的演员去走赵丹的路，结局肯定一塌糊涂。我倒是倾向去老老实实地学习石挥、蓝马。

角色的魅力是惊人的。我小时候看《英雄儿女》，田方饰演的军政治部主任，一下就征服了我，好像其他人都是演员，唯独他不是，他就是真的主任。时隔几十年，我至今还没有发现有哪位军队高级干部的形象能盖得过田方的。北京有位老演员叫高维启，社会上知道他的人不一定多，但他在《四世同堂》中"我是奸商"的表演堪称精湛。对表演，硬搬斯坦尼斯拉夫或布莱希特无济于事。我只有八个字：将心比心，设身处地。你演的那个角色，在那个规定情境中该怎么办？你如果是他你将怎么办？忘掉自己是个演员，就这么演下去。

为了避免角色覆盖问题，这次我把选择演员的原则确定为"寻找新面孔"。吕丽萍在《老井》、《围城》和《编辑部的故事》中分别饰演了三个角色，彼此没有覆盖，这是本事，一般人是做不到的。姜文也是有本事的，大致做到了演谁像谁，不简单。然而像这样的好演员是凤毛麟角。拥有一台好演员是导演的福分，当年的焦菊隐就属于这种有福之人——《茶馆》，那是一台无与伦比的好演员。

作家来当导演不是什么新鲜事。前苏联的舒克申、法国的阿兰·罗布-格里耶，都有过这种经历。就像伯格曼和科波拉是好作家一样。1980年我在大学读到伯格曼的《野草莓》，感到非常震惊，觉得这是一个高度。那时我很向往斯堪的纳维亚半岛，相信那里会有宁静的故事。我似乎已经从剧中看到了伯格曼的影片了。科波拉把《现代启示录》概括为"一个逆水向上的故事"，这种概括也是令人诧异的。我大约在10岁时，就做了导演梦，梦见我站在很高的脚手架上指挥拍片，好像是一部战争片，因为有大量的骑兵。这个梦起源于一张照片，那是崔嵬导演《青春之歌》的工作照，戴鸭舌帽的崔嵬正同穿旗袍、裹围巾的谢芳说戏，而且一板之隔，边上还有人在"下雪"，我很痴迷，觉得现实和虚构同存于一个空间里，实在太有意思了。这以后我埋头绘画，画了几千幅的速写素描，似乎以这种方式在纸上拍电影。到了1988年，我的第一部长篇小说《日晕》被改编成电视剧，而且由我和一位从事摄像的朋友来导演，我们非常兴奋，开始了分镜头和外景采点，并开始物色主要演员。这件事延续到第二年便半途而废了。所以现在我做这件事，有一种老马识途、温故知新的感觉，也算是圆了一个梦。对于我，无非是换了一种手段来写作而已。写作和拍片都是叙述，不同的是后者的叙述不是由我一个人来完成的，要依靠大家。我们能聚到一起同谋这件事，是缘分，正如歌中所说：十年修得同船渡。我们现在便是同船而渡了，就像这部戏一开始那样。

1996年10月　郑州

九月手记

昨天夜里我开始写分镜头剧本。原想这件事让执行导演去干的，可我暂时还没有物色具体人，而且，我又觉得，让执行导演去做似乎有些勉强。连日的伏案，胸闷腰痛，颈椎发出链条那种声响，我确实累了。

我已经给影片规定了"两个极端"的风格样式。这两个极端——写实和抽象的，都要求让观赏者看得明明白白。比如说，本剧的结尾那场我是由连续划火柴点蜡烛的一组不同角度的大特写开始的，一气呵成。我们要告诉观众，要点一屋子的蜡烛，同时又要告诉他们：这是主观的东西，如果不用这一组大特写，后一个意思我们便无法表达了。

明白地、毫不遮掩我们的企图，是片子使用主观镜头的基本立场。要痛痛快快地告诉大家：这是假的。是我们强加上去的。您觉得合适吗？"假的就是假的，伪装应当剥去"。正如在一位女士的嘴唇上涂上口红——谁都不会认为这女人嘴唇怎么这样红，而会说：口红不错，它让我记住了这张脸。我将此归纳为主观镜头的朴素性。这与片子整体风格的纪实性相辅相成。

——9月27日

自巴赞提出长镜头的基本理论以来，从某种意义上看，它的魅力已压过了蒙太奇。长镜头不是一个简单的推拉摇移，重要的是：它记录着。虽然镜头或说画面的功能除了纪实以外还有表现与揭示，但我们这部片子的长镜头的使命只是记录，记录那么一种情形和气氛。它是"平实感"重要的乃至支柱意义的手段。在一般性镜头处理上，我不主张"跟人走"，摄像机不停地动来动去，应该"跟我走"。很多年前我看根据松本清张的小说改编的影片《沙器》，影片在摄法上给我印象最深的，是占比重60%以上的"静态的画面",而且是大量的全景和中景,摄影机几乎是不动的。剪辑出来的片子似乎都是"硬切"。我很惊异这种手法,因为它完全背离了一切镜头理论,由镜头(画面)的联系来叙述故事,这很不容易。可以说,面对"静态的画面",我们除了把它拍得很美以外,还需要花大气力去找这种看不见的"联系"。

我把"长镜头"与"静态的画面"同时提出来,目的是引起摄像部门的重视。它们是对立的东西,而我们要做的是把这二者统一起来。

屏幕不同于银幕,它就那么大一点地方,很多想法很难"玩"出来,这固然是件憾事,所以我在分镜头时尽可能地摆脱了某些电影观念与手法。

我一直认为,中景是很尴尬的镜位,因为这种景拍出来不太好看。可是中景在一部长篇的电视剧里所占的比例又比较大,尤其是一部打上写实纪录烙印的片子。所以,如何把中景拍好,是一个课题。演员和环境都有一部分进入到中景,镜头(画面)之外的东西完全是直接的延伸,很不容易做文章,我们暂时只能去把它有效地填满,再从中找出需要的东西。

再就是空镜头的问题。在我们这部片子中,空镜头的性质基本是造型手段,用于过渡或用于间隔的极少。我对它的要求是:必须不同凡响。比如回忆中的雪、现时中的云,它的出现应该是奇异的。1993年的某一天,我开车去海南一个叫桂林洋的地方,突然发现一块云自海平线升起,又迅速膨胀、升高——无限的高,我居然吓出了一身冷汗!三年后,我把它写进了一部叫做《朗诵南方风景》的中篇里,我称之为恐怖之云。

——9月28日

既然是视觉的东西,是画面,就自然有构图和调子问题。在这部片子里,画面有两种:无意的和有意的。前者所呈现的是一种抓拍效果,它可能有很大的随意性,甚至违背了一般构图的规则,但这不要紧。关键是这类画面要生动,千万不能死掉。在分镜头时,我有意留出一些段落,期待着未来的捕捉。另一类画面是我们事先摆出来的,确定了机位,确定了演员的走动地位,确定了光,如此等等,这当然要别有用心,否则这种活谁都可以干。但是,"摆出来"要不露痕迹——既然它是客观的叙述，就应该这样，让人相信我们设置的虚伪是真实的。这个意思恰好用主观镜头的立场——坦率地告诉，构成了比照。

所以我把一些头脑中的画面陆续画出草图。我要求它完美与自然。据说黑泽明喜欢这么干，能够用草图显示的，我就不用文字了。

在设置调子、光之前，我要求大家的意识先统一到黑与白的关系上来。就是说，在摄像、美工、灯光以及置景、服装人员的眼中，首先看到的是画面的黑白关系，尔后才是色彩、调子。如同一幅油画的素描。任何一幅画面，只要理顺了黑白关系，才算奠定了基础。毫无疑问，在现场我们有许多地方需要加工甚至改造。就画面而言，我们的加工改造，是为了理顺黑白关系，给剧情一个恰当的空间，给演员（角色）一个恰当的环境。

前几天我偶尔在电视上看到《秋菊打官司》。我想秋菊家种辣子的设置，显然是张艺谋与顾长卫、曹久平三个人商量出来的。从剧情看，秋菊种什么都可以，但从画面看，秋菊只能去种辣子。大片的红色是张艺谋所痴迷的色调，就像我们抽惯了一个牌子的香烟。而我几乎可以断言，顾长卫是无法离开阳光的。所以我们首先要找到黑白的感觉，使之合理、均衡——即使缺了一点，也要想法子把它补上，这之后才是调子，才是完美。

——9月29日

节奏是一个不太好把握的东西，尤其是视觉形式的节奏。最初，反映在分镜头本上，是掐秒，是上一个镜头和下一个镜头的衔接。这不过是纸上谈兵而已。现场还有一个演员即兴创作的问题。昨天晚上，我和前来郑州参加剧本讨论会的田瑛、宗仁发一道去看《秦颂》，最让我感到不舒服的便是节奏问题。有很多戏，让人感到演员还没有演完，而画面已过去了，意未尽而言已绝。所以我们要掌握好，事先要有正确的估计，给演员们留出一些余地，给出一些长度（当然不是信马由缰）。

镜头形成的节奏不是至少不完全是由景前的起伏、技巧的过渡造成的，必须考虑到内容。比如说，我们的戏一开始是大家纷纷上船，然后又移到在餐厅里看电视，有人兴奋地想抽烟了，但是乘警严肃地说，禁止吸烟。于是想抽烟的人便尴尬地将烟收起——这都是闲笔，是铺垫，以一个全景结束。紧接下来是一个大特写——剧中叙述人作家去点火吸烟，拉开后才看清他是在甲板上。这种处理至少有这么几个意思：1. 由全景到大特写的两极镜头形成一个跳跃，表明序幕已结束，故事正文已经开始；2. 由"禁止吸烟"到点火抽烟，是明显的蒙太奇语言；3. 由舱内的黑到舱外的白，在调子上也是一个节奏关系。如此等等，完成了一个过渡与转换。

多年前我看《城南旧事》，记忆犹新的是影片行云流水的叙述节奏。一种被通常称作"情绪长度"的东西掌握得非常之好。这部散文式的影片和后来吴贻弓的全部作品大相径庭，显然过了这个高坡，吴贻弓作为导演的才华就完完全全地干涸了。

所以我要时常提醒自己：什么是最佳时间？不能对剪辑师寄望过高，他的帮忙是有限的。

——9月30日

重排《茶馆》之我见

关于重排《茶馆》的舆论在这出戏演出的半年前就铺排开了。与此并行的是作为北京人民艺术剧院的营地——首都剧场也将投巨资翻修。二者都为了面目一新地迎接国庆五十周年。报章上说这个剧场将引进多少进口设备，音响如何，座椅如何，地面如何。晚报还特别将这台戏主要角色的两代饰演者作了两两比照，这个举动似乎带有某种暗示性，给人一种打擂的感觉。北京人对重排《茶馆》的兴趣在这个秋季来临之前还是表现得十分高涨。10月12日，新的《茶馆》在经过紧张的封闭式的排练后与观众见面了。那些天，北京的传媒上天天都在说这事。一周后，《北京日报》在一版上登出醒目消息，云《茶馆》演出一周票房突破一百万。后又有记者撰文说：到北京不看《茶馆》等于没游故宫，算是白来了。这种不伦不类的比拟在当时听起来还是很叫人舒服的。

翻新的剧场，高额的票房，与故宫平起平坐，加上剧院门口的黑票黄牛，无不说明方方面面对重排《茶馆》的重视与关爱。北京人太爱这个《茶馆》了，即使是我这个外省人也一样喜欢——我甚至觉得就我本人的审美趣味而言，当代中国话剧史上就只有这么一部《茶馆》。于是在10月27日这晚，我接到剧院的赠票，于暮色中赶往首都剧场。我是第二次来这个久负盛名的剧场了，多年前，我在这里看过高行健的《绝对信号》。果然还是座无虚席，7点，演出开始。在大幕被竹帘替代后，随着舞台灯光的变化，几声悠扬的叫卖声之后，台上突然就热闹起来，戏开始了。最先叫我诧异的是舞美的改变，孤立地看，这种以木制穿枋的楼台框架在略为变形之后，是很能引起我兴奋的。但这只是几秒钟的事，我很快就发现——极明显地发现，这台景已不再是景，而仿佛一大人物，舞台上最突出的就是它了。我无法弄清谁是王利发，其他小人物就更谈不上见识了。等到十几分钟后,我才看清王利发(梁冠华饰)的面目。《茶馆》的第一幕几乎所有的主要角色都出场了,然而这些人物的进进出出都是那么的不清晰。倒是一幕过半,马五爷(丛林饰)的一声"二德子"和黄胖子(马星耀饰)的"一路揉眼",给我印象很深。我倒觉得怪了,我要看的不清晰,而清晰的又必须借助角色夸张的表演,难道造成这一切的仅是这台喧宾夺主的景?但是很快我就意识到,这种看法过于简单。那一刻,我想到了"重排"的意味——何谓重排?

重排一出戏本不是什么值得忧虑的事。自《哈姆雷特》问世以来,迄今不知有多少导演排过这出戏,也不知有多少演员演过。但都是从从容容地过去了。有句老话叫"有多少读者就有多少哈姆雷特",这是指文学的《哈姆雷特》,道出的是阅读的参与意识。而不好说"有多少观众就有多少哈姆雷特"。观众到剧院,是一种被动地接受,因为舞台上规定了一切,带有极大的强制性。这是常识。我看过至少四个"版本"的电影《悲惨世界》,得到的是四种不同的感受。而我今天来看《茶馆》,能感觉到的还是焦菊隐和于是之遗留的气息。诚然,当年这些老先生完成了甚至是出色地完成了《茶馆》的首演,把文字的《茶馆》立到了舞台上。这是带有一种使命性的成就。然而这出戏风风雨雨几十年下来,如今才有重排一说,本不是一件正常的事。至少十年前林兆华就可以做这件事了(那时他正是年富力强)。现在林兆华做了,做得很辛苦,但未必做得很开心。是焦菊隐的无与伦比还是林兆华的山穷水尽?抑或是难以承受某种压力或者无法克服某种心理障碍,使后者不能跳出焦菊隐的这道光环?我看不出除了一台景的变化之外还有什么其他的变化。因景而修改的调度只是不得已而为之。至于把一辆美式军用吉普开上台以及把那位"沈处长"(张万昆饰)从幕后提到幕前,充其量也不过是雕虫小技。很显然,作为导演的林兆华未能拿出完全属于自己的对《茶馆》的新的诠释,因此他也就无法给演员们一个说法。而在导演的沉默之中,演员的自悟便极其自然地去寻找各自从前的楷模了。"从角色出发"在失去导演的总体构思的前提下,就成了"向前辈学习",他们前辈的创造下意识地成了他们的一条通往角色的捷径,尽管舒服但远离了光荣。这种倾向本身就是极大的可疑,因为这不是创造而是临摹。既然是临摹那就不必打出"重排"的旗号，干脆就明说是"复排"好了；按照夏淳当年的路子，并在节目单上注明：原剧导演焦菊隐。

　　这种难以言表的心理定式给演员带来了负面影响。饰演刘麻子的何冰在首演之后就这样对记者们说：看着台下的英若诚老师坐在那里，我就觉得自己是在偷人家的东西。何冰很谦虚也很诚恳，但我不希望听到这种表达。何冰无疑就是在这种心理的钳制下去完成他的角色"创造"的。其他人呢？英若诚可怕吗？于是之、郑榕、蓝天野可怕吗？据说首演之后，剧院还特地邀请当年《茶馆》的几个老演员发表意见。蓝天野着重说了杨立新（饰秦仲义）在表演上的不足，而黄宗洛则对冯远征（饰松二爷）提出了批评。如果那一天于是之和郑榕出席了会议，我想也会对梁冠华、濮存昕（饰常四爷）说上几句。但老演员没有说错，因为他们是按照从前自己对角色要求的尺度来做出今天的评判的。他们也一样诚恳。从这两方面就不难看出，所谓重排《茶馆》不过是对外宣传的一句口号。

　　什么是重排？重排意味着将过去否定，否定得越彻底越好。否定意味着放弃过去的一切。否则也就意味着你的创造性消失了。从这个意义上，作为舞美设计的易立明是很孤独的。他天真地做出了一份自我肯定的答卷，然而在其他不变或者小变的大气氛里，他的肯定顿时就成了否定。这就像在一支民乐合奏曲中突然插进了一把小号，尽管明亮但也会被认为是不谐之音。谈到否定，并不意味着过去的东西不好。某种意义上可以说从前的那台《茶馆》太好了，这给今天的重排——如果真是重排的话——带来了重负。也就表明对她的否定十分艰难，这涉及许多方面，如观念，如水平，如能力。很长时间以来我们习惯接受这样的话：继承才能发展；但我们极不习惯另一种表达：否定才有创造。尽管后者的目标更高。林兆华显然没有迈出这一步，困扰这位颇具影响的话剧导演的还是几分继承，几分发展。他不敢去做另外的尝试，面对前人遗留的杰作来一次否定之后的肯定。他实际上是陷入了进退两难的尴尬境地，于是带给我们一部平庸的赝品便在所难免。

　　《茶馆》是老舍先生留给我们这个国家的一件礼物。《茶馆》也是北京人艺以焦菊隐先生为首的那一批老艺术家对舞台最为精致的一份馈赠。

但《茶馆》不是一件文物,如果是文物,那么我们给予的态度就应该是修复。文物的价值在于不可再生性,唯有修复才能使之寿命延长。而《茶馆》不是文物,她是一部话剧杰作,她的生命在于后人对她不断注入最新鲜的解释。导演是如此,演员是如此,舞台上任何一切都该是如此。倘若我们在前人面前迈不开脚,那就干脆一步也别迈,连舞台上的一根钉子也别钉错。据我所知,《茶馆》问世之初,就受到了某种压制,甚至有一种声音说《茶馆》是毒草。但就是在那样不可理喻的年代里,《茶馆》还是从夹缝里求得了生存。这也能看出这部作品在艺术上的成熟。一部优秀之作应该不会受到任何政治因素的困扰。除非政治到了丧心病狂的阶段,就像20世纪50年代的苏联对帕斯捷尔纳克实施的政治迫害,就像"文革"中对老舍本人的摧残。《茶馆》很容易让我想到田汉先生的《义勇军进行曲》,常四爷的那句悲愤感慨让我想到"中华民族到了最危险的时候"。据人艺的演员介绍,历史上《茶馆》的演出每次演到"我爱这个国家,可谁爱我呀!"时,观众都要报以热烈的掌声。10月27日也是如此。但值得强调的是,使我们震动的原因来自剧作自身的魅力。

　　北京人艺这次重排《茶馆》汇集了剧院全部的力量。观众期盼着一台崭新的面孔对《茶馆》做出同样新颖的表达。这是票房好的重要因素。因为《茶馆》的故事大家早已知道,当年老一辈创造的角色光辉也还在大家心目中亮着。大家唯一想看的就是《茶馆》的另一种"版本",如果大家还希望借此对老版本进行一次缅怀,那他们一定会去看谢添拍的同名电影了。

　　我写这篇文章心情是很沉重的。那天夜里我的情绪变得十分复杂。虽然我是个写小说的人,但多少年来话剧使我梦牵魂绕,话剧的舞台在我心目中就是艺术的神龛,我去剧院看话剧是怀有一份宗教般的虔诚的。但那个晚上,我失望而归。我不明白为什么就不能在真正意义上实现重排,哪怕排出一个遭到非议的戏,那也比现在这样的好。因为那是创造,而不是现在这样羞羞答答的临摹。平心而论,我一点都没有否定林兆华劳动的意思,他是一位有实力的话剧导演,他本该走出一条属于他自己的路,给我们以惊喜。我私下推断,在他决定改景的同时,他对自己的重排是持有一份信心的。他本该去做加法,把自己的表达一步步推向极致，但他最后还是做了减法——把自己的创造一一减去了，谦虚地回到了焦先生的面前。我更为北京人艺的一台好演员欣慰，无论是梁冠华还是濮存昕、杨立新，无论是何冰还是吴刚（饰唐铁嘴）、严燕生（饰庞太监），无论是龚丽君（饰康顺子）还是岳秀清（饰小丁宝），他们都有能力胜任他们各自的角色。演员是一种极为特殊的职业，他既是材料（为导演所用），又是产品（角色）；既是艺术过程（表演），又是艺术目的（实现角色创造）。演员以自身为条件去创造另一个自身，这本身就是很刺激的事。然而演员的悲哀也就在于他首先得是导演手里的材料。当林兆华勾画出的轮廓实质上还是焦菊隐的草图时，他们再描也就是"于是之们"的路子了。所以与其说何冰在演刘麻子小刘麻子倒不如说是在演英若诚了。这是怯懦的心态。而怯懦所导致的后果必定是失败。我反对把这台好演员置入一种"可比"的怪圈。我反对今天的 A 角成为昨天的 B 角。我希望看到的是不可比，越不可比越好。倘若林兆华把一切都收拾得像那台景一样，使之达到一种和谐的境界，试想，呈现在我们视野里的将是怎样的一台《茶馆》呢？她或许是那么的格格不入，或许会引起舆论哗然，甚至还会遭到谴责，但却是崭新的。

1999 年 11 月 6 日　北京

我的话剧观

话剧《地下》是我在去年秋天于一周内写成的。但酝酿这出戏的时间至少已有两年。最初的动机是想写出一个话剧舞台上的《三岔口》——我一直很喜欢这个经典的戏曲折子，觉得这是个十分特殊的艺术形式，自然也因此产生了特殊的艺术效果。试想，观众在安静的剧场里，欣赏着明亮的舞台上"黑暗中"的表演，那是什么感觉？中国戏曲的魅力就在于这种虚拟的真实性，于虚假中创造出不可想象的真实。我对此已经痴迷了几十年，随着时间的推移，戏曲的表现形式在我心目中的地位又得到了提升，它似乎越发具有现代性，让我想到毕加索的画和斯特拉夫斯基的旋律，一种形而上的意味每每让我激动不已。

但是，我对戏曲文学从来没有任何兴趣。尽管也有由田汉那样的大手笔写出的《白蛇传》一类的优秀本子，其中"亲儿的脸，吻儿的腮"这种精彩唱段至今还受到称道，可是比起关汉卿和汤显祖，其差距之大也是不争的事实。所以我固执地认为，某种意义上，戏曲的魅力可能与剧本没有多大的关系，它的生命在于其动人心弦的唱腔和久经锤炼的表演形式。这是戏曲与话剧的最大不同。话剧的剧本名副其实地就是一剧之本，就像今天我们谈起《哈姆雷特》自然想到莎士比亚，谈到《死无葬身之地》就想到萨特，谈到《等待戈多》就想到贝克特，而当我们面对《失空斩》和《霸王别姬》时，只能想到马老板与梅先生了。或许正是这种作为话剧作家的举足轻重，使我在比现在年轻二十岁的时候就迷上了话剧。我可以说，从一个写作者的角度，如果问我最喜欢写什么，是小说还是话剧，我似乎只能做出这样的回答：都喜欢。（事实上，我的处女作就是一个独幕话剧。）甚至可以说，写作一部话剧成了我的一个梦想。

我历来认为，任何一种艺术形式，包括综合艺术，都有其本性与属性之分。正如小说的本性在于叙事空间的不可限量，而非对人讲一个故事，话剧的本性在我看来是表达人对世界的一种认识态度，而非在舞台上对日常生活进行一次逼真的临摹。换言之，话剧只承载思想。我厌倦在话剧的舞台上去罗织庸俗电视剧的内容，厌倦喋喋不休的家长里短。我也不主张把话剧当做喉舌，去向观众解释大政方针。

形式意味着本性的确定不移，这是至关重要的一点。老舍先生写了很多小说，今天可以读的似乎不多，但他却意外地给我们留下了一部《茶馆》。说意外，是因为老舍还写过《龙须沟》、《西望长安》、《女店员》这种明显的宣传品。老舍是一位语言功底扎实的作家，据说还享有过像"语言大师"这样的美誉；但在我看来，《茶馆》之所以留住了，关键还在于老舍把这部话剧的本性弄清楚了。简言之，《茶馆》不能成为小说，也不必改编为电影，它只能是话剧——这是命定的价值，老舍看准的可能是这个。我曾经说过，一流的小说永远只能停留在纸面上供人阅读，我所强调的还是本性因素的不移；即使被强行改编了，那也是另一个风马牛不相及的东西了。侯宝林的相声之所以至今还受人们喜爱，就在于他立足于一个"说"，就直挺挺地站在一张桌子面前说，这就是相声的本性。而不是时下的那些货色，说不好了，就又唱又跳，令人败了胃口。

话剧选择舞台安身立命，是舞台能够产生一种类似宗教感的庄严。当偌大的剧场灯光渐暗时，当紫红色天鹅绒的大幕徐徐拉开时，与此同时舞台灯光亮起，我们便觉得自己置身在艺术的殿堂，面对的是一座艺术的神龛。这种富有仪式感的情绪预先到达，构成我们欣赏话剧的前提。也正是因为这点，我不喜欢被称做"小剧场"的演出。我在北京看过一次"小剧场"，尽管演员在离观众很近的地方表演，但是我根本无法融进作品的氛围。这不禁让我想到一个通俗的美学观点：距离产生美。话剧不能走下舞台，哪怕台上只有一个人物，也不能失去距离。

英格玛·伯格曼不仅是20世纪最伟大的电影大师，而且也是一位杰出的舞台剧导演。在他长达60年的导演生涯中，除了拍出了像《呼喊与耳语》、《芬妮和亚历山大》这样不朽的影片外，他还成功地执导了莎士比亚的《麦克白》、布莱希特的《三分钱歌剧》、莫里哀的《唐璜》等话剧。这使他的电影作品里不可避免地渗透话剧的成分，如《第七封印》里骑士与死神的造型以及台词风格。但伯格曼的高超之处就在于他把这些原本是话剧本性的东西化成了电影的属性，从而丰富了电影，也使他的影片别具一格。是否可以说，伯格曼从话剧里获得了灵性？

当初我在构思《地下》时，首先认定的是赋予它的形式。我清醒地认识到，我将要写的是一个话剧。一位担任期刊主编的朋友曾建议我先把它写成小说，我没答应，我说：这恐怕不成，我头脑里活着的就只有一部话剧。我的意思是说，这个题材只能装进话剧这种形式，它具有无法替代的严密性，就像自己的脚不能选择别人的鞋子。自小说《重瞳》发表后，一些朋友给我打电话，说这可以改出一部精彩的大片，我也认为不妥。我倒觉得《重瞳》倘若改编，最佳方案是改成一台话剧。我后来竟为这种构想所驱使，似乎在幻觉中已经看见了戏正随大幕的拉开展现而出。现在，北京正在盖一座气势恢宏的国家大戏院，我真希望在她落成的时候，在这个新世纪的大舞台上演出一部叫做《重瞳》的话剧。我觉得这应该不是个梦想吧？

"生存还是毁灭，这是一个值得思考的问题。"——话剧的舞台上应该永远回荡着这样的声音。

2000 年 1 月 23 日　北京天坛之侧

我所认识的基耶斯洛夫斯基

> 我喜欢观察生活的碎片,喜欢在不知前因后果的情况下拍下我惊鸿一瞥的生活点滴。
>
> ——克日什多夫·基耶斯洛夫斯基

克日什多夫·基耶斯洛夫斯基从事电影这个行当可以说是必然也可以说是一次偶然,因为他在连续两次报考洛兹电影学校落选后,看见——至少是感觉到自己的母亲伤心地哭了。母亲还直言不讳地告诉这个二十三岁的儿子:你或许不适合干这一行。那一天,华沙的天空一阵倾盆大雨,雨水模糊了年轻人的视线,以至于他看不清母亲脸上淌着的是雨水还是泪水。多年之后,已经步入世界电影大师行列的基耶斯洛夫斯基对发生在 1965 年的这一幕还记忆犹新。他说:"我要证明给他们看,我适合做那一行——只因她是如此悲伤,那才是我痛下决心的一刻。"这句表白显现出两层意思:将去证明自己和对作为一个电影导演的艰难的预感。这让我想起中国导演陈凯歌一篇文章的题记,他说在他决定献身于电影事业时,他的父亲陈怀皑这样告诫他:你要懂得一个电影导演的艰难。对这种"艰难"的超前认识,实际上意味着对某种电影方式的确立。因为不是每一个电影导演都能预见并切实感觉到这份艰难的。

1994 年,当基耶斯洛夫斯基拍完"三色"中的最后一部《红》后,正值年富力强并处在事业的高峰的他突然出人意料地宣布息影。在外人看来,这或许与他再次和戛纳金棕榈失之交臂有关。然而他说:"拍电影,并不意味着观众、影展、影评、访问……它意味着每天早上 6 点钟起床;它意味着严寒、雨水、泥巴、扛负沉重的灯光设备。这是一个令人精神衰弱的行业,所有的其他事物都必须退居陪衬地位,包括你的家庭、情感、私生活……或许我不应该再继续做下去了。有一项最基本的东西，是所有的电影人都必备的——耐心——我的已用到了尽头。"这段自白可以看成他对"艰难"以及对其承受力的一次总结。两年后的3月13日，这位内心充满焦虑的导演心脏病突发，死在手术台上，终年五十三岁。

或许电影正是这样一个悖谬而不可思议的行当，它伸出来的是两只手，既要牢牢抓住你的向往，又要摁住你为实现这一目标呕心沥血。它把你对精神世界的不懈追求与对你的肉体的无情摧残完美地结合起来。你在完成电影之后其实也意味着你被电影所消灭。当然这一切都是针对一个电影天才而成立的。基耶斯洛夫斯基无疑是这样的天才，他和英格玛·伯格曼比肩而立，成为20世纪世界电影的双子星座。

1967年之前在洛兹电影学校就读的基耶斯洛夫斯基，可以说是个无名之辈。他的大量作业均为纪录片。尽管在毕业后他于1976年拍过一部叫做《伤疤》的故事片，但没有人看出他在这方面的前途。此时，他本人对此也显得信心不足，几乎想从这支队伍中撤出。但就在这时，他意外地结识了一个人。从后来的事实看，这个人虽然不是能够给他投资的老板，但无疑给他带来了好运气。这是一个律师。这个人就是皮耶谢维奇。青年律师对电影似乎有着与生俱来的敏感，于是很自然地走进了导演基耶斯洛夫斯基的电影世界。1984年，他们合作编写制作了故事片《无休无止》，立刻在华沙引起了轩然大波。官方、反对派和教会都不喜欢这部影片，但它造成的客观影响却是不争的事实。然而内心虚弱的基耶斯洛夫斯基在那个阶段十分沮丧。有一天，他在雨中和他的律师搭档再次相遇。律师似乎不想说已经过去了的事，却提出了一个"可怕的想法"。他对沉浸在忧伤中的导演说："有人应该拍一部讲'十诫'的电影。"见导演没有任何反应，律师进一步强调道："应该由你来拍。"这就是著名的短片《十诫》最初的起源。四年后，基耶斯洛夫斯基完成了它，一举奠定了他作为世界电影大师的地位。他们的合作由此出现了崭新的局面，直至《蓝》、《白》、《红》三部曲的完成，时间长达十五年。

电影作为一门综合艺术，在20世纪得到了迅捷而饱满的发展。好莱坞的电影模式与以法国为中心的欧洲"作家电影"分庭抗礼，但基耶斯洛夫斯基却奇妙地将二者打通了。他的作品具有故事性，而更多的是让你把它视作一个"文本"来用心解读。从这个意义上看，他实际上就是一位用镜头写作的作家——这与某些导演的自我标榜不能同日而语。他的电影叙事达到了惊人的地步，几乎每一个画面都是那么精致。我在看过《十诫》（特别是《杀诫》和《情诫》）与《三色》（特别是《蓝》）之后，曾企图从中找出他与伯格曼、安东尼奥尼、费里尼等人之间的联系，但一无所获。但我可以肯定地告诉自己，这就是我心目中的电影。我甚至诧异于他的电影与我的小说竟是那么的相似！这在《红》（1994）和我的《流动的沙滩》（1991）中表现得尤为明显。值得指出的是，这里不存在任何的借鉴。或许正是这个不可思议的原因，使我仿佛带有自恋倾向般地爱上了这个波兰人。

　　像任何优秀电影作品一样，作为影片载体的故事本身并不复杂。它是简单的，但又不能让你一目了然。实际上这正是优秀与平庸的最初分野。这个原则也一样适用于小说，所以像土地测量员永远也无法走进城堡这样的故事也永远只能属于弗朗茨·卡夫卡。但它们往往走向了人生的终极目标。这就是人的处境与精神家园。基耶斯洛夫斯基深谙此点，他遵循了这个原则，并饱满地把它体现在自己的作品里。《关于杀人的短片》（《杀诫》）实际上只是写了两次杀人事件。少年雅采克因为妹妹死于车祸，所以要选择一个司机作为袭击或者报复的目标，尽管这个司机并非是碾死妹妹的凶手。雅采克因此受到法律的制裁。这就是故事的梗概。而《蓝》则不过是描述女主角朱莉在一次意外的车祸中痛失丈夫和女儿后的一段并不具有戏剧性的日常生活。她企图拒绝包括回忆在内的一切，以有就是无的方式来打发自己的余生，但最后音乐使她的激情重新燃烧，她选择了内心的自由。基耶斯洛夫斯基的作品没有好莱坞剧作那种起承转合的章法，也没有欧洲"作家电影"那种孤傲的气质，它平易近人，它似乎就是随意性的心得，但有着直觉的鲜活，洋溢着艺术的灵性。同时它又是深奥的，令人回味无穷。而这一点就意味着某种绝对的能力——不是任何人都能具有的。《杀诫》向我们直接呈现了两起杀人的细致场面，使个人的复仇发泄与社会的权威惩罚相对立，但却意外地使你产生怜悯与同情。你似乎再也分不清正义、良知、道德与法律的界限在哪里。你说不出个人与社会谁更残暴。这就是基耶斯洛夫斯基的魅力，他总是选择一种暧昧、一种悖论,把判断的权利交给了他的观众。自由的前提是丧失一切(《蓝》),平等意味着阳痿的拯救(《白》),博爱从侵犯他人的隐私切入。如此等等,这个波兰人独特的眼光总是那样的犀利而迷人。

任何艺术都有其本性和属性之分。电影作为一门与科技发展同步的综合艺术,在今天看来似乎与人的作为越发地没有多大的关系了。这显然是个错误的判断,但却又是不可忽视的事实。现代数码技术使得像《泰坦尼克号》这样的影片赢得高额的票房。作为一个华沙土木建筑师的后代,基耶斯洛夫斯基从小就和奢华的生活无缘。他的著名的《十诫》最初只是为华沙电视台制作的十部电视单元剧。几年后才将其中的《杀诫》和《情诫》重拍成胶片,但仍然是成本低廉的制作。不过这丝毫不影响他成为大师。他的影片明显散发着唯美主义倾向,每一个镜头都非常考究,但又是那么不动声色。他牢牢掌握着影像的本性,把造型置于首位,让画面与画面之间建立起一种多元而深刻的联系。他和另外一些电影导演最大的不同就是,他喜欢把这些由镜头组成的画面处理为一种暧昧状态,这就是他所说的"不知前因后果"的"惊鸿一瞥"。最为典型的应该是《蓝》中的那串蓝色的灯饰。它既可以看做是朱莉对过去的怀念,也可以认为是她的内心世界的一种外化形式。或者什么都不是,它就是一块蓝色,与天空、游泳池里的水、浮现在脸部的光晕、棒棒糖的包装纸构成一种情绪的基调——忧郁而伤感同时又是迷惘的基调。每当这串灯饰出现时,影片便告一段落,剧情也随之向前推进一步。直至最后,朱莉给对自己至今一往情深的音乐家打电话,得知他们仅使用过一次的床垫被男人买走,便决定去他那儿。镜头开始运动到以灯饰为前景的位置,焦点骤然变虚,那感觉犹如点亮了女人心中的一盏灯,与此同时激动人心的音乐渐渐响起,寂寥的夜空中传来女高音悠扬的独唱,形成了情绪的高潮。当然这只是我个人的一种解读,我相信别的观众还会有更多的见解。

电影是一种叙事方式。高明的叙事会使一个原本平庸的故事变得深刻而动人。这一点又和小说一致,同样也存在一个"怎么说"的问题。基耶斯洛夫斯基的过人之处即表现在这里。他的每一个设计都非常精致和不同凡响,但看上去又那么漫不经心,以至于你很难找到雕琢的痕迹。《杀诫》中的两次杀人的处理几乎每一个细节都耐人寻味。这里面有对比，有对位，更有联想。雅采克杀那个好色的司机，导演着重的是杀人场面的渲染，作为刽子手的少年紧张而残暴；而到少年被法庭判处绞刑时，又转移到气氛的渲染。国家委派的刽子手则西装革履，一副悠然自得的样子。这个人嘴里叼着半截烟卷，他似乎很负责地给刑具的齿轮部位加上润滑油，再把绳索的绞圈缩小，然后，他又给用于盛放死者临终前因挣扎而导致大小便失禁的盆子里换了一张塑料纸，一切做得老到而冷静，远不像少年杀人时那么惊魂不定。我们看到这里肯定会联想起华沙郊外的那次杀人，继之我们会在黑暗中做出判断，我们会对两根同样致人死亡的绳子感到震惊不已！

　　类似的手法我们还可以从《情诫》中看到，少年偷盗了一只专业望远镜对女画家进行窥视，是对爱情的好奇；而后来女画家翻出自己从前的玩具望远镜对少年的窥视，则无疑是对爱情的迷惘。这是两种希望置换的眼光，但无论是怎样的置换，爱情都是无法看清的对象物。在《白》中，寄居巴黎穷愁潦倒的波兰发型师，雪上加霜地因为阳痿而被年轻貌美的法国老婆逐出家门，连最后的两便士也被突然失灵的电话机吃掉。而电话的那边他过去的女人正在与另外的男人热烈地做爱，话筒里女人夸张的叫床声把这个倒霉的矮个子彻底击溃了。他流落到地铁站，用梳子吹奏一支怀乡的曲子，却意外地引起了一个有钱人的关注。但是这个人却希望落泊的发型师来和自己做一笔生意——杀了他，那人的理由是以这种死亡方式来给自己解脱，同时更重要的是宽慰家人——他不是绝望地自杀而是死于一次意外的谋财害命。于是一声著名的空枪拉开了平等的序幕。发型师先被离奇地装在一只空箱里运回了华沙，继而因为一次小人之举而发迹。然后，他制造了一起车祸丧生的假象来招回自己的前妻，最终实现和她做爱的目标，以此证明自己是个出色的男人，一个比法国男人还男人的男人。这个男人历经千辛万苦终于赢回了原本属于自己的尊严。这次女人的叫床声不是假装的夸张，但却比夸张还激烈——和《蓝》中的那串灯饰焦点变虚一样，基耶斯洛夫斯基在这里使用了亮场——女人的叫喊似乎把天都给叫白了。然而这不是女人的性高潮，而是导演再次创造的非凡的艺术高潮。

　　基耶斯洛夫斯基是个形式主义者。他的镜头叙事堪称精美绝伦。但他没有一味地去玩弄形式,他要做的是赋予镜头以生命。《蓝》中朱莉巨大的瞳孔里反映的医生影像,实际上意味着她对存在的绝望;而在不锈钢咖啡勺子的凸面上摇摆不定的人脸,也暗示女人对自己命运的无法预测。《红》中退休老法官与女模特在空旷的剧场进行交谈,那个经典的垂直升降镜头完全是对当事人内心世界的揭示。《杀诫》最后在行刑室里,少年雅采克失禁后滴在便盆里的几点黄色的大便又怎能不使你感到对法律的无奈与无力呢?这就是基耶斯洛夫斯基的魅力。他的每一次动作都令你铭心刻骨。他有意不让我们看见朱莉最后打电话的表情,以免冲淡那片"蓝色";而他又可以在连贯的交谈中突然出现瞬间的暗场,把女人在那一瞬的内心暴露给你看。他通过一连串的声音(楼道里的殴打声、贮藏室里的老鼠声、风拍打窗户声和关门声)来表现获得自由后的女人的孤独与恐惧。而街头向垃圾箱里扔空汽水瓶的老妇又暗示着这个自由的女人对前途的迷惘(这个镜头贯串了《蓝》与《红》)。像这种朴素而又卓越的处理就该是我们习惯中的大手笔。

  基耶斯洛夫斯基的作品是一种主观化的作品,他习惯以自己的视点来加以观察。在他的影片里,这种称作导演主观视点的角度统领了全局。但是他的作品又明显打着纪实的烙印,这得益于他拥有的纪录片拍摄的历史。于是,这种导演的主观视点往往又与剧中人物的视点相一致。这意味着他是在给自己寻找一位称职的代言人。他的叙事是主观叙事,流露的却是纪实风格。他的另一个奇特的做法是在作品中安放一位与剧情毫不相干的目击者或者旁观者。《蓝》中那个在街边吹奏竖笛的老人,一次喝醉酒后倒在街头与朱莉相遇,却对女人说:你该抓紧时间干点什么了。这仿佛就是上帝对未亡人的一次提醒,胜过好友的屡次劝慰。而在《十诫》中每部都会出现一个冷漠无语的目击者,这个人有着同一张面孔却不断地改变身份(由同一演员饰演),他总是在事件的要害处出现。正是这个人的存在构成了作品的神秘感。这个人是谁?只有两种选择:上帝或者基耶斯洛夫斯基本人。关于这个处理,导演承认是受到一位作家的启发,那是在一次电影观摩中,作家看见在公墓里有一个黑衣人,但实际上并没有这个人,连那部影片的导演都不知道。作家却固执地说他看得很清楚。几天后,这个作家死了。这件事使基耶斯洛夫斯基感到这部作品里缺了些什么。那就是他所说的一种神秘的因素,一种隐秘和不可解释的东西。这也正是他自己作品缺乏的。

1990年底，我写作了《流动的沙滩》。在这部三万言的中篇里，我引用了新小说派的代表作家克洛德·西蒙的一段话作为题记：我们对任何事情都没有十分的把握，因为我们始终是在流动的沙滩上行走。在那篇明显仿照博尔赫斯行文笔法的文字里，我东拉西扯地说了一些事情。但我设计了一种人生的轮回与重复。我把两个年龄恰好悬殊一倍的作家集合到一个孤岛上，并且让他们都去写一部同名的书：《流动的沙滩》。但意外是，在后来的交谈中，他们不幸地发现他们的关系变成了过去和未来——这不是两个陌生人的邂逅交谈，而是处于现在的一个人的过去与未来的对话。他们互为一面镜子，彼此都从对方身上不无准确地看见了自己，以至他们正在写作中的那本神秘的书都成了抄袭——人生似乎就是一个漫长的抄袭过程。这部被批评界视作"后现代"的文本是我被划为"先锋"作家的证据之一。也是我自己值得怀念的一部作品。几年后的1997年，我在北京看到了基耶斯洛夫斯基的《红》，我对剧中一老一少的法官惊人相似的遭遇感到震惊——我自然想起《流动的沙滩》来。我诧异的是，在不同的空间里与不同的艺术形式中表达着接近的含义。我同时也感到了几分的欣慰。

1999年我开始了《独白与手势》的写作。当小说写过五万字时，我突然意识到这应该是个长篇的三部曲，于是我便想起了基耶斯洛夫斯基的《三色》，我似乎毫不犹豫地套用了《蓝》、《白》、《红》，依次作为每一卷的命名。但我不会去解释自由、平等、博爱，我要表现的不过是一个男人三十年的情感经历与心灵磨难。这三种颜色正是小说的基调与意味。而且，我似乎是始作俑者般的把图画引入了叙事，使之构成一种不可替代的层面。那个时刻我还有另一种渴望，希望有朝一日由我自己把它们拍成三部胶片，我将以这种方式向基耶斯洛夫斯基致敬。有一位记者朋友这样问我：为什么要取名《独白与手势》？我说，你可以认为"独白"是文字，"手势"是图画；"独白"是可以言说的，"手势"则是比画。说的和难以言说的，这便是我此刻的工作和毕生的努力。

2000年2月　合肥

达利的背影

萨尔瓦多·达利应该是一个例外。

中外艺术史上不乏哗众取宠的艺术家,但以此最终赢得广泛尊重的绝无仅有。所以说,这个达利最大的天才或许还不是他的绘画成就,而是他把一种自欺欺人的幻想变成可爱。谁都明白这个人的一生是活在自我吹嘘的谎言里,谁都知道他的许多行为是矫揉造作的,但不可思议的是,人们在经过短暂的厌烦之后,居然接受了,把他与20世纪的几位画界大师,如高更、毕加索、凡·高、马蒂斯相提并论。然后,几乎全世界的人都爱上了达利式的谎言以及这个谎言的制造者。

某种意义上,始于1924年、并在五年之后走上鼎盛时期的超现实主义运动,给萨尔瓦多·达利带来了好运气。这场由法国诗人安德烈·勃勒东发起并一直领导的文化运动,在不长的时间内就吸引了全球的目光。作为其中一名中坚分子,萨尔瓦多·达利最精致同时也是最有影响力的作品,就是在这个时期完成的。他因此成为超现实主义最具代表性的画家。不过在当时,他的那些"下意识"创作的"使具体的非理性的形象物质化"的作品并没有引起社会的普遍关注。萨尔瓦多·达利真正的名声来源于一部叫做《安达卢西亚之犬》的电影。这部时间长度仅为二十分钟的默片是他与导演布努艾尔的合作,其中像锋利的剃刀切开眼球这样刺激的镜头,不仅表达了勃勒东宣言中的文化理想,也成为电影史上的经典之作。这让我不可避免地想到另一个可以与当代艺术大师比肩而立的作家,法国"新小说"派主要领军人物阿兰·罗布-格里耶。他潜心多年的小说实验没有引起多大的重视,却因与"新浪潮"著名导演阿兰·雷斯尼合作的一部《去年在马里昂巴德》声誉鹊起,使整个"新小说"度过了阴冷之年。然而不同的是,《去年在马里昂巴德》拯救了

"新小说"，而《安达卢西亚之犬》给达利带来了实惠。我们似乎不再怀疑达利这个人不仅是个形而上的天才，而且也是个形而下的精英分子。"我和疯子唯一的区别，就在于我不疯。"他这句名言其实是一次坦白。他懂得如何炒作自己，也懂得怎样搞好关系，他可以把毕加索视为"第二父亲"。他说，哲学使他读得流泪，并且大言不惭地声称自己早在子宫里就有了思想。"萨尔瓦多"意为救世主，他居然就以救世主自居。于是上到皇室下到妓院把好感都给了萨尔瓦多·达利那别具一格的小胡子。"作为身体商标，他（达利）的小胡子是唯一能与凡·高的耳朵和毕加索的睾丸相匹敌的，"罗伯特·休斯曾这样写道，"但有一点同它们不一样，因为这小胡子是从委拉斯开兹的《腓力四世像》拿来的。"或许正是这种绝顶聪明和过于功利，使他和勃勒东等盟友最终分道扬镳，也注定萨尔瓦多·达利永远只能成为毕加索的"儿子"。

但是，不论好恶，想抹杀萨尔瓦多·达利的辉煌是不可能的。尽管这个人胡言乱语、信口雌黄，尽管这个人不择手段抬高自己，但是他的作品放在那儿，放在全人类的面前。世界艺术长廊如果将《永恒的记忆》、《内战的预感》、《那喀索斯的变态》、《血比蜜甜》这样的杰作剔除，将是一件尴尬而遗憾的事。

达利的作品充满着一种离奇的幻想，无法琢磨的表现物与古典浪漫主义的背影融为一体。他采用考究的构图与细腻的笔触，使他的色彩"光滑得像一面浴室里的瓷砖"。但是这些作品又似乎在揭示着世界的另一种存在的方式，如同一幅幅梦中图景，你能感受到作者内心的焦虑与狂躁。《那喀索斯的变态》很突出地反映出了这些特征。从地下生长出来的手，小心地用指头夹着一枚鸡蛋，裂开的蛋壳中绽开两朵水仙花，正是这些构成了希腊神话中美少年那喀索斯的死亡隐喻。这些作品使萨尔瓦多·达利当之无愧地成为超现实主义大师，这是连安德烈·勃勒东都束手无策的。萨尔瓦多·达利的绘画语言并不新鲜，他的技法甚至都是极其传统的，你可以轻松地从他的作品里看出15世纪后期的学院派让·路易梅索尼埃的技法影响。事实上，少年的达利就曾受教于一位名叫努奈斯的素描大师，后来到马德里美术学校学习学院派的方法，老实地跟在那位在毕加索时期就已是教授的老历史画家莫尔诺·卡尔波纳诺的身后。这使他拥有一身坚实的现实主义传统绘画的功夫。但是这些精细的东西都只是一块块的局部，一旦以荒诞、梦幻的方式组合到一起，传达出来的寓意却异常暧昧。这种手法与后现代主义拼贴手法近似，往往把看似无关的东西置于同一个画面，却在形式意味上达到了惊人的和谐。萨尔瓦多·达利的力量就在于观念上的不可思议，正如罗伯特·休斯所言："达利最杰出的作品的内容过于离奇，过于扰人，以至于无法对它做出滑稽的模仿。"

1941年美国摄影师菲力普·哈尔斯曼与达利相识，此后他们的合作长达四十年。1948年，达利对哈尔斯曼解释自己的作品《原子达利》说："我必须把每样东西都描绘成悬浮于空中的状态。"因为在达利看来，组成物质的原子、电子、中子等都呈悬浮状态。哈尔斯曼就此创作了著名的摄影作品《原子达利》，让正在工作中的达利以及他的画架、椅子、三只猫和泼出的水全处在飞腾的一瞬间。然后他们又共同创作了《空中裸女》，在这幅作品里，达利依然是主角之一，他滑稽地悬浮在空中的裸体美女伸出一条腿，仿佛是他把她踢上了空中；在这个美女的周围纷飞着面包棍，似乎暗示着男性的性恐惧。事实上，在对待女人问题上，萨尔瓦多的能力远不及"父亲"毕加索。某种意义上他就是一个性无能者。长期的阳痿使他对犀牛角五体投地。对女人的无所作为，可能是后来这个名不副实的男人疯狂追逐名利的一个不可忽视的原因。

诚如罗伯特·休斯所言，萨尔瓦多·达利生前羡慕的是两种人物，一种是像拉斐尔、鲁本斯这样的"老大师"，一种是如同凡·高这样性格怪异的"畸形艺术家"。达利一生都在对这两类人物进行"生动的滑稽模仿"，但他特别富有激情，以至于人们无法冷静地对他们之间的差异做出准确的判断。我们可以说达利是个失败者，因为在这样的心态下，他是无法接近他所仰慕的大师的；我们同样也可以说这个达利是个成功者，他得到的似乎比过去任何一位大师都要多。这究竟是达利的错误，还是我们这个时代犯下的错误？

2000年6月，"萨尔瓦多·达利"有了一次中国的"秘密之旅"。那时我恰巧在北京。即将在中国美术馆举行的"达利原作展"是这个夏季京城最为炽热的亮点。那几天北京的传媒都以整版篇幅对萨尔瓦多·达利的亡灵进行了一次预先展出。但是，就在画展开幕的前一天，6月7日，报章上突然披露说，由于举办者事先不知道达利作品的尺寸，所以当西班牙方面把大师的作品送达时,才发现预订的三个展厅显得多余——二十几幅作品充其量只能布置一间展厅。而且,交接手续十分麻烦,连画面上原先的裂纹都要标出长度。于是举办方面只好连夜对一些小幅的作品进行了一次复制放大,以便于观赏。对这种自作多情的应急措施我很不以为然。他们不懂得达利,不知道"小"其实就是萨尔瓦多·达利的一个与众不同的特点。他极少去画一幅巨制。他的作品大多小而精致,有的甚至只有香烟盒那么大,而且他习惯采取纵深的透视效果。这在类似《永恒的记忆》和《十字架上的圣约翰》的作品里显而易见。他笔下的画面是一幅"远望",更是一幅"凝视"。面对像《永恒的记忆》这样的作品,你会感到你似乎在使用一只倒置的望远镜,你会感到你面对的这个世界是经过浓缩的世界,你会感到你和这个世界永远有距离,这是一个深不可测的世界。

原定6月8日开始的展出被延误了一天。6月9日下午我赶到美术馆,结果告示上说公开展要到10日。9日这天是内部展出!我只好在第二天再去。当我走近大师时,大师的气息却被那些"安全护栏"所阻隔。而且更为遗憾的是,我几乎没有看到萨尔瓦多·达利先生的代表作。最后,我停留在那幅《达利画加拉》的面前,想着20世纪60年代中期随着勃勒东一并谢世的超现实主义。那大概是那个世纪最激动人心的艺术狂欢节了,那大概是那个世纪最后一批天真的艺术家和诗人了。但是,按照博尔赫斯的解释,镜子的影像意味着无限。

我面前的达利在画加拉,而我站在他的身后。

2000年6月30日　合肥寓所

也说《大宅门》

　　电视剧作为一种通俗的艺术形式，大家看的无非就是一个故事和几个演员。这应该是带有普遍性的欣赏定式。《大宅门》在我看来，是一个通俗的传奇故事，对这类东西历来犯不着较真儿。这部由郭宝昌自编自导的四十集电视剧，在未播出之前，央视便以"地毯式"的规模在几个主要频道上大做广告。那"片花"自然是漂亮而诱人的。"全明星阵容"这样的字眼儿也是极具市场号召力的。有这一路拳脚开道，于是就使得这部电视剧不怎么费劲，便轻而易举地取得了先声夺人的效果。但这只是生意上的考虑。事实上，《大宅门》的"热"，无非是以下几个因素所致：一是央视自己的投资项目，自产自销理所当然地要大做广告并占据黄金时间；二是一些大牌明星们的出演和客串，以唤起市场的关注；三是故事本身的传奇性。据说，这部带有郭宝昌家族史色彩的电视剧是以北京同仁堂的历史为蓝本撰写的，还有私自张扬"家丑"之嫌。现在《大宅门》是播完了，虽没有造成"万人空巷"的局面，但收视率是一时间创了新高的。观众喜欢这几个演员，这个故事也确实不乏几分好看。《大宅门》称得上一部好看的电视剧，尽管越往后看人越少。实际上，对《大宅门》的话说到这个地步就可以了。

　　但有趣的是，电视剧在播出过程中，北京的报章上便出现了一些令人吃惊的评价。其一是宣布《大宅门》引出了"宅门文化"；其二是称赞《大宅门》是影视作品中的黄钟大吕。更有甚者，言《大宅门》是当今的《红楼梦》。这种简单而草率的评价不在于言过其实，影视圈的吹牛早已是司空见惯的事了，而是反映了一种极不严肃的做人做事的态度，企图以打造时尚去代替创造经典。明眼人一望便知，《大宅门》再怎么折腾，也还是一部通俗的传奇剧而已。它不可能因为媒体的大肆炒作和大牌明星的出演而成为别的什么东西。姑且不论"宅门文化"的概念是怎么回事,但我想并没有谁能从中真的看出什么"宅门文化"的内涵与底蕴来,扯起这面幌子只是装一装门面罢了。似乎如此"文化"一下就有了品位。谁也丝毫不觉得它好似一部当代《红楼梦》——《红楼梦》中即使是一句诗,那分量也不是《大宅门》可以相比的。如果说还是像,那可能就是《红楼梦》写的是一大家子,《大宅门》也是;贾宝玉身边有很多姑娘,白景琦身边也不乏一些女人。前者身上多了脂粉气,后者身上则为江湖气。或者"二奶奶"这个人物无疑是对"王熙凤"的一次初级临摹。以一个家族的兴衰来结构故事,多少年来都不是什么新鲜事。从《红楼梦》到《家》,再到《四世同堂》,都是如此。写一个男人和几个女人之间的关系,照样也不是什么新鲜玩意儿,从《金瓶梅》到《妻妾成群》,再到《白鹿原》,颠来倒去也就那样了。当然《大宅门》里的白景琦不是《金瓶梅》里的西门庆,毕竟后来他在抗日。但是我实在不喜欢他和日本人换刀交友的那种安排。多年前看《南京大屠杀》,我也反感在屠杀三十万中国人这样血淋淋的背景下去设计一个貌似凄婉的中日爱情故事。仇恨就是仇恨,一个民族连表达仇恨都这么暧昧,那不是堕落是什么?《红色恋人》里父亲为保女儿的生命而叛变是可信的,《大宅门》中洋人当着哥哥的面去强奸妹妹,而哥哥居然束手无策则叫人恶心。其实这个细节是完全可以避开的,现在这么处理,就觉得那白三爷后来的杀身成仁也还是让人不舒服。

即使是作为一部通俗传奇剧,《大宅门》在剧作上的问题好像也不少。首先是该剧的前十几集用于见证人物性格特征的笔墨太多,却不能把这些与剧情的发展联系到一起,二者分离自然就是个低级错误。而到了民国时期,东扯西拉的头绪太多了,感觉上剧中人是在忙于解决一个个的问题,不能与故事的核心缠绕一起,也就难以形成对故事本身的推动力。人物的烦琐和头绪的纷乱是这个戏节奏缓慢的症结,很多人物都是呼之而出挥之而去,连交代都那么含糊不清。剧中很多人物,譬如什么姑奶奶、济南的表姐、詹王府的大格格等,都是可有可无的角色。其次是几个矛盾的支点,无论是大爷的药方事故,还是姑奶奶的失手丧子,都显得牵强附会,难以经得起推敲。这种勉强的结怨成仇是不足以造成戏剧的冲突的。因为大家对待通俗剧的宽容,便不去过多追究。再有,白景琦的几度沉浮起落怎么看都是过于简单，完全是一种戏说的"想当然"。就像这个孩子生下来会笑这样的不可思议，这个人物身上与其说是"平生多磨砺"，倒不如说是平生多运气。他俨然是一个特权人物，车到山前便必有路。玩了督军的女人前脚入狱后脚便可以大摇大摆地出来，没有银子可以以一泡屎去换，而且一换就是两千两。那督军和当铺的老板不是傻B是什么？如果世间的事都这么简单，那么京城"百草厅"还有什么"百年风雨"可言？如此这些，都显出了郭宝昌自己在学问功底上的薄弱和驾驭能力上的贫乏。

　　再从导演的手法与制作上看，《大宅门》显得老旧，如果真是与内容相吻合的老旧，那倒是一种艺术上和谐的追求，可惜又不是。节奏缓慢，调度简单，镜头语言单调。而且因为草率，片中的"穿帮"比比皆是——进门是蜡烛，出门便成了煤油灯；三爷的辫子刚剪去，顷刻间就长了起来；小黄春可以被三爷从小姑娘藏到做人媳妇，而二奶奶身边的丫头似乎是吃了长生不老药，几十年始终是青春年少……

　　《大宅门》集中了像斯琴高娃、陈宝国、刘佩琦这样一批具有表演实力的演员，尽管前半部在造型上形象显得老化，但依然是这部电视剧取得一定收视率的一个不可忽视的因素。如果不是这几个演员来担纲，这部电视剧是不会有现在这个样子的。感到不足的还是导演对表演上的要求有些偏离。就我个人的口味，我不喜欢这样"拿着演"，看上去那些人物不是站在地上而像立在舞台上。虽然这是一部年代久远的戏，但是在表演上我还是倾向于自然与生活。其实有些演员是不满意这样处理的，譬如饰演白三爷的刘佩琦就觉得自己的想法与郭宝昌之间有距离。奇怪的是，郭宝昌对演员和对自己的要求是不一样的，他本人饰演的那位西安大夫沈树人倒是比较松弛自然。至于请那些著名的影视人物来友情客串，完全是一种商业计谋，无非是制造一个卖点，使商业运作有钱可赚。但是对观众无疑是一种欺骗。看看那些"片花"大家就会觉得上当了，好在大家看电视不用掏钱。实际的情况也表明，除了李雪健最后那场戏的表演是出色的，其他的大牌无一不是作秀，演得太差。这种习气还是北京影视圈里所追求的那种"噱头"与"好玩儿"。

　　之所以对《大宅门》没有什么批评的声音，其主要原因我觉得不是说明这个戏做得怎么了不得，而是因为它不过是一部通俗的传奇剧。大家看这类东西也主要是茶余饭后的消遣。看过也就过了，没有什么值得多琢磨的。收视率本身不能说明一部作品的成功与否，像曾经火暴一时的《还珠格格》，比起《大宅门》那也是有过之而无不及的。而且它还不是央视出品的，也没有占据什么黄金时间。难道说那也是成功？如果是，那就是商业上的，而绝非艺术层面的。

  我们处在一个由传媒操纵的时代。这样的时代专业标准便会处于尴尬的地位。我的意思是说，专业标准一天天地在失落，传媒的操纵性一天天在加强，这个现象反映在影视圈越来越明显。一件事干得好不好，很少有人以专业眼光去看待，以专业标准去衡量，以理性姿态去评价，而是考虑怎样依靠媒体去"做"。眼下的影视圈有一种倾向，就是把电视剧当电影做，而又把电影当成电视剧去拍，就是说电视剧的投资越来越大，制作得也越来越考究，好比拿着象牙筷子去吃方便面。而电影则相反。据说有的电影的投资只有一百多万，其效果就可想而知了。这种中国特色是让人沮丧的。如此下去，电影这个本来就贫血的孩儿怎么可能健康呢？我们总不能以电视剧去包打天下吧？我曾经说过，一个正常的氛围应该是各有渠道各得其所。好莱坞既能投巨资拍《泰坦尼克号》赚钱赚眼泪，也照样不含糊地拿出《辛德勒的名单》来震撼你的心灵。你的戏如果只是个玩意儿，你仍可以在美国最豪华的场所去演，但是你恐怕进不了"百老汇"。这样的事实至少意味着一种专业精神上的纯粹以及对专业成就的敬重。《大宅门》能否往大处说，应该很清楚了。

2001 年 6 月 3 日　北京

《辛德勒的名单》札记

好莱坞是一个电影商业集团。这种描述并不含有贬义。电影的生产者本来就是企业，它的每一个部门都叫车间。由大牌导演史蒂文·斯皮尔伯格参股的那个公司干脆就取名叫"梦工厂"。

前不久在一次"中德作家对话会"上，有一个题目就是"文学和电影"。我在发言时谈到了国外一些导演，譬如英格玛·伯格曼、基耶斯洛夫斯基、特吕弗、阿姆尔多瓦等，其中也有斯皮尔伯格。后来戴锦华女士取笑我说：你什么人不可以谈，非得谈他，你不觉得这个人身上商人气特重吗？我说，我谈斯氏，特指他的一部作品，就是《辛德勒的名单》。

我认为《辛德勒的名单》是一部史诗性的作品。我看过多遍，觉得很了不起。影片的视角是今天的、回忆式的。所以它由一根火柴的特写开始，把我们今天已经被时尚挤压得变形的、淡忘的记忆重新点燃。然后是悼念亡灵的朴素仪式，然后是，蜡烛熄灭的一缕青烟袅袅而上，与迎面驶来的老式火车相接，这种看似老套的"蒙太奇"剪辑手法却令我感到亲切，影片的彩色淡去了，替代的是黑白，我们记忆中的历史便由此打开。

以"二战"时期一个德国商人千方百计地去拯救许多犹太人的事迹为线索，这个构思在今天看上去有点不可思议。因为像这样的事，发生在半个多世纪前的那场灭绝人寰的灾难中，显然是罕见的。但这的确是真实的历史，不是故事。由于题材的重大和角度的别具一格，一直在好莱坞游刃有余的斯皮尔伯格突然变得严肃起来。这个犹太人的子弟是带着强烈的使命感来拍这部见证自己精神品格的片子的。这一次他选择了黑白。他也选择了朴实。他甚至尽量避免使用"二战"后才发展的摄影技术，他需要的是一次凝重的表现。

《辛德勒的名单》于1993年的3月1日在波兰的奥希维兹集中营开拍。斯皮尔伯格重新建造了焚尸炉，并且要求对现场围观的人群竖立起一道警示牌，那上面这样写道："这里是恐怖事件与悲剧事件发生的地方。为了神圣的纪念，请你以适当的方式，表现出你的敬意。"

"为了神圣的纪念"，正是斯皮尔伯格创作这部作品的纲领。

然而这毕竟还不是一部纪实性的影片。斯皮尔伯格要拍的是一部故事片。他所追求的，更多的是表现而不是再现。因此他理所当然地摈弃了那些背景性的资料镜头，而专心进行艺术虚构，以创造一个超越资料的艺术作品。对于擅长以情节性制造商业片取胜的斯皮尔伯格，这无疑是一次挑战。他面对的将是一堆难题，他要寻找的是处理这些难题的方式。影片的主角是两个德国人，即德国制造商辛德勒和管理犹太人集中营的纳粹军官高斯，分别由利亚姆·尼森和英国人拉尔夫·菲纳斯扮演。另一个不可忽视的人物会计师斯特恩的饰演者，是曾因主演《甘地传》而获第55届奥斯卡金像奖最佳男主角奖的犹太人本·金斯利。这种实力派明星的组合保证了影片足够的分量，同时也保证了票房。但是，正是这种选择也使后来斯皮尔伯格遭到了抨击，其中最为犀利的，应该是批评家杰·霍夫曼。他认为影片中的犹太人被置于次要的地位，而只是"在他们自己的灾难里被降为配角，徘徊在克拉考犹太人区……"

另一个让斯皮尔伯格感兴趣但也容易招致非议的，是对辛德勒这个人物的设计。显然，进入作品的"辛德勒"和历史上的"辛德勒"已经大不相同。面对昨天血腥的背景，今天的人似乎更愿意看到一个正气凛然的英雄拯救行动。但是，作为导演的斯皮尔伯格则坚持把他的主角写成一个"暧昧的人"。从艺术原则上看，这应该是正确的，因为"暧昧"意味着矛盾，意味着这个人物的丰富性。正如原小说作者托马斯·肯尼利所言："斯皮尔伯格对辛德勒的那种暧昧态度非常欣赏，这是他所喜欢的男人的一种特有气质，就是那种自相矛盾的气质，即流氓与救星、恶棍与援助者的混合体，这种人也许对自己的妻子很不好，但对成千上万的陌生人却很好。"斯皮尔伯格后来解释说，他无意去把辛德勒塑造成一个救世主，他说："这不是一个英雄，但他做过一些好事，那正是他的魅力所在。"

从所谓戏剧结构上看，斯皮尔伯格所用的手法实际上还是老套。这与他追求的影片风格是一致的。以辛德勒克服种种困难与纳粹军官周旋，最终达到拯救无辜犹太人的目的，这种几乎任何好莱坞编导都能驾驭的安排自然毫不新鲜。但是，它最后却能使人受到震撼。斯皮尔伯格没有去选择平中出奇，也没有选择那种富有戏剧性的悬疑效果，他更多的是利用镜头的力量，他选择了镜头的暗示意味与那些具有穿透力并具有视觉冲击力的细节。他不拒绝客观的真实，但是他更重视的是那种主观的真实与心理的真实。

影片一开始就是德军占领了华沙，接着对犹太人实行了登记管理。斯皮尔伯格在这场戏里连续用了一组几乎令人感到拖沓沉闷的打字机特写镜头，画外所配的"啪啪"的音响极度的夸张，但这是主观的设计，你会感到对准犹太人名单的不是一台打字机而是一架机枪，你会感到纳粹对犹太人的屠杀实际上从这一刻就开始了部署。这无疑是大屠杀的一次预演。这些犹太人像动物一样被押运上了火车。他们饥渴难忍，于是辛德勒用路边的水龙头去浇他们——这个貌似残忍实则同情帮助的举动，暗示着辛德勒这个德国搪瓷厂老板的下一步拯救措施。

正如一部优秀的小说总是少不了一些伟大的细节，一部杰出的电影作品也同样需要伟大细节的支持。无论是阅读还是观赏，随着时间的磨损，最后扎根在人们记忆深处的还是这样的细节。这便是细节的魅力。斯皮尔伯格没有因为他的主角设计而放弃他的使命感，面对庞大的资料，他作了准确的取舍。他要选择的正是那些伟大的细节。

犹太人被关进了奥希维兹集中营，他们需要接受例行的身体检查，一旦发现身体有病或者看上去带有病容的人，便会"转移"。于是一个女人用针刺破手指，从手指里挤出鲜血，再用自己的鲜血来为自己化妆，以证明自己是健康的而躲过一劫。

一个犹太女工程师出于职业的尊严，对正在施工的建筑向管辖她的德国军官提出质疑，她有力地说：如果基础就这么做了，用不了多久这间屋子便会坍塌。必须要如何如何。德国军官的回答是对这个女人执行了就地枪决。然后他对干活的民工说：照她说的做。从军官从容的表情里，我们得出的结论是：你说得不错，但我们高贵的日耳曼人是不能听命于一个卑贱的犹太人的指挥的。这简直就是强盗的逻辑。

当我们看到类似这样的细节，我们没有理由不被震撼。这些无疑都是具有穿透力的细节，它拥有深刻的内涵与富有感染力的外在形式，同时它们又是"电影的"，是它们在有力地支持着影片，成为震撼力的源泉。

电影是视觉的艺术，那么视觉的冲击力无疑是重要的。在辛德勒的工厂，一个被怀疑为偷懒的老技师要被拖出去枪决。两名军官一边聊天一边掏枪，似乎他们将要做的不是杀人。但是枪突然哑火了，怎么折腾还是打不响。这时的镜头是越推越近，节奏越来越快，观众的心被提到了嗓子眼儿上。那种恐怖是让人不能忘却的。还有一些处理带有浓烈的象征意味。譬如在一片黑压压的人流中，只有那个小女孩的衣服显示着微弱的红色。那仿佛是由犹太民族最后的鲜血染成的。她在暮色中那双惶恐的眼神是对希望的最后寻求，但最后这片微弱的红色还是出现在拉尸体的板车上。譬如那些被送去"洗澡"的女人，当她们赤身裸体地在等候"沐浴"之际，突然灯灭的处理，让人惊恐窒息。这些都充分发挥了视觉的功能，构成了视觉冲击力。

我接触的有些电影人总习惯谈所谓的"电影语言"，却并不懂得这种语言的魅力真正所在。任何艺术的"语言"都是手段，目的是为了表达。这是形式的使命。但是，形式与内容的联系不仅是外在的，它们内在的构成应该是天衣无缝的。就像我们喝一杯红葡萄酒，理所当然地要选择一只高脚的玻璃酒杯，而饮乌龙茶则要用紫砂壶来沏。其实，用紫砂壶喝红葡萄酒也并不会改变酒的品质，可是我们还是需要做出这样的选择。因为，这样的时候，你已经无法把二者拆分开来，或者说，作为载体的杯子此时也成了红葡萄酒的一个部分了，你难以体会的是，这究竟是在喝红葡萄酒还是连同盛它的器皿高脚玻璃杯一并喝下去了？于是，它们构成了形式与内容的和谐，也就传达出了艺术的气息。

影片的最后，那些活下来的犹太人送别他们的救命恩人辛德勒，把自己身上唯一的财产——嘴里的金牙——生拔出来，再熔化打成一枚戒指作为感谢的礼物。这个场面与尾声相呼应——今天的犹太人还保持着祭扫辛德勒墓冢的传统，他们把一块块的石头安静地放在辛德勒简陋的墓前。与影片的序幕一样，影片的尾声还原为彩色——这是今天的颜色，是人类希望的颜色。斯皮尔伯格为此专门请来了那些当年被辛德勒救下来的、至今还活着的犹太人以及他们的亲属走进影中。他带领他们来到耶路撒冷郊外的一个荒凉的墓地，来到他们的恩人辛德勒的墓前。仪式是那样的肃穆而简朴，祭扫的队伍沉默而漫长，有人发现站在队伍最后的那个人，就是导演史蒂文·斯皮尔伯格。

《辛德勒的名单》于1993年底开始在全球公映，遂引起了轰动。这应该是预料之中的。一些国家都以无比敬重的态度对这部杰出的影片给予了非常的对待。一些电影院还作出了诸如放映时禁止吃爆米花之类的规定。它的成功也使导演斯皮尔伯格的艺术创作达到了巅峰。在第66届奥斯卡金像奖上，《辛德勒的名单》一举获得了包括最佳影片奖和最佳导演奖在内的七项奥斯卡金像奖。

五年后的1998年，斯皮尔伯格又以波澜壮阔的"霸王行动"作为背景拍摄了《拯救大兵瑞恩》。为了使一个母亲不再失去最后可能存活的儿子，美国参谋总部最高首长下令，不惜派出一支营救小分队。这无疑是一次冒险的代价，是一次生命算式的悖谬，但却维护了美利坚合众国的价值取向，从而赢得了道德上的胜利和尊严。

*文中引言出自约翰·巴克斯特著作《斯皮尔伯格》（海南出版社1999年版）

2001年12月7日　合肥寓所

京剧杂谈

我们这一代人对京剧的喜爱，最初还是"样板戏"的缘故。那个时候我上小学四年级，每天的广播里都是革命现代京剧的唱腔段子，还专门教唱。学校也经常组织演出样板戏的折子，我演过郭建光、杨子荣和刁德一。但那时虽然热热闹闹，却并不觉出京剧的好来，觉得好，是在二十年后。

1978年我上安徽大学，教当代文学的是李焕仁先生，一讲到"样板戏"，他便会即兴为大家唱上一段，他工的是老生，似乎是学杨宝森的。后来我才知道，他儿子就是批评家李洁非，我们是要好的朋友。洁非对京剧很内行，什么行当都能说出点名堂来，自己偶尔也亮亮嗓子。老师中还有一位孙以昭先生，学的是小生，显然就是蹚叶盛兰先生的路子了。我们班上有个同学姜汉椿是能唱老生的，另一个同学王一强，一手京胡拉得很棒。每逢节日活动，他们自然会来上一段，主要是马连良的三国戏，譬如《失空斩》、《借东风》。那时我想，自己不懂京剧实在讲不过去，因为京剧是从徽剧发展而来的。徽剧源自安徽，更确切地说，应该是源自我的故乡安庆。这一带出过京剧泰斗级的人物，如潜山的程长庚，怀宁的杨月楼、杨小楼等。京剧里一些吐字发音，和我家乡石牌的方言一样。如伍子胥唱"只落得吹箫讨饭吃"——"吃"读作"期"。说话的"说"也念作"薛"，这样的字还很多。

我母亲是唱黄梅戏的。她说，与京剧一比，就觉得黄梅戏什么都不正规。她讲的是表演程式。戏曲在表演上最突出的特点是它的虚拟性，以虚为实，以一当十。京剧自然是最为讲究的，一个武生的"超霸"，往往就要花去十分钟。即使是水袖，也还有"凤尾"、"蝴蝶"、"荷叶"、"车轮"多种之分。《拾玉镯》看的是表演，《三岔口》也是，台上亮着灯，剧中却是黑暗。你在演员身手不凡的功夫中感觉着刀光剑影。有一次看电影《乌龙院》，看到周信芳先生的《杀惜》一场，他那"嘿嘿"两声笑，真是笑里藏刀，甚至你感觉那刀上还真在滴血。

对京剧的兴趣，随着音像制品的增多越发浓了。1996年，我从郑州开车回合肥，七百公里的路程，就是把马连良和于魁智的带子反复地听着，一路哼了下来。我喜欢的是老生行当，其次是花脸，再次是老旦。后来，也喜欢上了花旦青衣。再后来，居然也喜欢了小生。一认真，就感到京剧是一门大学问。第二年我拍电视剧《大陆人》时，美工杨柱来自成都军区战旗话剧团，他对京剧的常识懂得不少，所以采景的路上，我们谈的都是京剧。我唱一段《文昭关》，再唱一段《赵氏孤儿》，哪儿不对，他便替我纠正。

戏曲讲"唱、念、做、打"，唱是第一位的。过去看戏，行家不说"看"，说"听"，说明京剧最拿人的还是唱腔。《乌盆记》里的刘世昌被贼人赵大夫妻所害，冤魂不散，整个一出戏就直挺挺地站在台上唱，唱词意思多半是重复，但没有人感到厌倦。唱腔设计得好，唱得也好，琴师也好，观众要听的就是这个。我看过于魁智演的全本，他唱得如泣如诉，十分悲怆。据说有一次马连良先生看一位晚辈的演出，之后说："唱得好。"别人问有什么不足，马先生说："就是口淡。"——"口淡"，这话说的！我私下琢磨，可能是缺了韵味吧。这可不是能够教得会的。还有一次，马连良夸裘盛戎《铡美案》里的包拯演得好，那句"把状纸押在某的大堂上"——这"大堂上"三个字，如同"三块瓦支起了一口锅"。这样的评价真不容易说清。

同一出戏，流派之间的差距很大。譬如《空城计》，马、谭、奚、杨，四大须生都是保留剧目，却各有不同，也各有风格。"马派"的圆润，"谭派"的高亢，"奚派"的婉转，"杨派"的豪迈。我听见有人评价马连良的唱腔是"油而不滑"。仔细琢磨，还真是这么回事。他的《淮河营》是最能证明这一点的，那是真正的潇洒。我听过当今那些所谓马派传人的戏，听着就完全不是那么回事，大概也就是"口淡"了。奚啸伯嗓子条件有限，但他的唱工却讲究声韵，以字行腔，徐慕云称之为"洞箫之美"。《范进中举》中那段"秋风落叶飘不定"，听来叫人愁肠百结。"以字行腔"最为显著的还是言菊朋先生创立的"言派"，其代表作《让徐州》至今余音绕梁。周信芳先生的"麒派"也了不起,嗓子"倒仓"后,反倒叫出了绝活,现在也没看见好的传人。周先生的《徐策跑城》,那段"高拨子",唱做并举,有无与伦比的美,没有人可望其项背。

新人中,有"杨派"的于魁智,"奚派"的张建国,"裘派"的孟广禄,有"梅派"的李胜素,有"程派"的张火丁。都是我喜欢的演员。只要在电视上碰见他们的演出,我会立刻把手头的事情放下来。有时候我一边听,一边还画几幅速写。戏曲画有着天然的生动与抽象,情趣很高。国内以戏曲画见长的,前有关良、马得,后来还有董辰生等,画的人是越来越多了。我一直想在自己的晚年也好上这一口,那种惬意可想而知。

新开播的戏曲频道有"跟我学"教京剧栏目,只要有机会,我都跟着学。谭派的看家戏《定军山》中那段"师爷说话言太差",就是跟着谭孝增先生学下来的。前段时间,中央电视台举办全国戏迷票友大奖赛,我是每场必看。我也想做一个自娱自乐的票友。我甚至还想娶一个唱花旦青衣的老婆,这可能不太现实,但京剧肯定要伴我一生。

公元1790年"四大徽班"进京,至道光年间徽汉合流,逐渐在"皮黄"的基础上形成京剧,取代北昆等剧种而占统治地位。京剧发展至今,已有二百多年的历史,于上个世纪的五六十年代到达巅峰,成为国戏国粹。在"四大名旦"和"四大须生"之后,往前再迈出一步都很不容易,但是也还有创造的空间存在。"四大名旦"之外走出了赵燕侠,一出以声带情的《白蛇传》成为绝唱。李少春先生的《野猪林》,一改从前武生的路子,加上了大段的念白和大段的唱腔,武戏文唱,那段"大雪飞,扑人面"可谓精彩。他这个林冲,就是一个新的高度了。我曾经说过,艺术上有些东西历史上已经登峰造极,所以只能是继承而不能发展,譬如书法、古典诗词,譬如京剧。这个观点可能会招致非议,不过,我还是需要保留个人意见。我固执是因为我太喜爱京剧了。

2001年12月8日　合肥寓所

北京现在的玩意儿

一

北京是一个很容易热闹的地方。或者说北京确是一个很会制造热闹的地方。这样的评价并不为过。譬如以前王朔写了一篇《我看金庸》，立刻就成了当时的文化热点。其实，王朔作为金庸的一个普通读者，发表一点读后感，本是最正常不过的事，但是不可能。究其原因，我想无非是两点。一是王朔作为老牌公众人物，理应受到传媒格外的关注；其二，那文章是发表在北京的，倘若王朔的文章不是发在北京，而是在广州或者上海，是否还会这么"热"呢？我以为不会。我觉得这样的事只能发生在北京。

追溯一下，早几年前的"情景喜剧"便是这样。"情景喜剧"是个什么概念，我至今不很清楚，心想应该与美国的那种"肥皂剧"差不多。肥皂是全世界既大路又便宜的货色，是日常生活的一个必需品，所以叫"肥皂剧"很纯粹，因为纯粹，就会有像《成长的烦恼》这样人们喜闻乐见的作品家喻户晓。英达在我看来是个不错的演员，他在电视剧《围城》中的表演应属上乘，但是他去美国学的是导演，据说专攻喜剧，选择《我爱我家》作为自己的练手之作本也无可厚非。事实上，《我爱我家》最初的问世在受到一些责备之后，还是走进了千家万户，这说明它有成功的一面。奇怪的是，这之后他一发不可收地拍了许多的"情景喜剧"，怎么拍都不对了。好像他被什么架起来了，一种很无形的东西在要求他非这么干不可，以至于去接近那种俗不可耐。那是什么呢？我想只有他自己才清楚。窃以为，他真正想要的无非也就是一个"钱"字吧。

这之后就是冯小刚的"贺岁片"——这本是港台艺人扔掉的东西，北京人却有模有样地拾了起来，便也照样做火了一把。据说票房是一时间创了新高的。但再接着做，又似乎没什么戏了。据冯小刚自己说，他拍贺岁片，动因是想让大家尽快认识他，以便后面好做别的。照这个意思，所谓"贺岁片"只是冯小刚想早点"出来"的一种手段，也算是一种代价了。后来他的悲剧《一声叹息》便是这代价的结果。这片子我是看了的，看后才知道，也不过是说了一个男人喜新不厌旧的故事。至于他为没有获得"金鸡奖"的提名而为剧组同人的劳动未获认可鸣不平，我个人倒觉不值。既然是职业导演，提不提名你都还是要拍戏的。我倒是希望他从此"只做别的"，因为他还有能力去做得更好。喜剧其实是很难做的，难就难在分寸的不好把握，离哗众取宠仅有一步之遥。像后来的《还珠格格》，纯粹就是扯淡了。奇怪的是它更为火暴，自然也就更赚钱了。对以上这些制作，我无意去挑剔什么，觉得可疑的是，像这种纯商业的东西何以会在京城轰动以至影响全国？尽管它的创作人员一直强调说我们不是在搞艺术。那我就纳闷儿了，不是艺术又是什么？买卖吗？弄了半天，我才明白原来被大家视为艺术家的人八成是在做着买卖。

我是极其憎恶现在的那些所谓的"情景喜剧"与"贺岁片"的，就像我憎恶每年一度、每况愈下的央视春节联欢晚会。这种抵触情绪，我想并非是我的偏激吧？应该源自那些主创人员的才能贫乏与趣味低级。他们并没有给人以欢乐，而是让人肉麻。不知道这样的玩意儿何时才能收场。如果有一天这样的货色灭迹了，那真是一件可庆可贺的事。

二

在北京，当然也还有人是在搞着艺术的。"北京人艺"是当今中国话剧界的第一块牌子，前年掀起了重排《茶馆》的风暴。这出戏还在"封闭式排练"阶段，媒体上的宣传却已铺排开了，似乎与所谓的"封闭"构成了反讽意味。其时我正在北京，自然也是怀着一腔期待去看了这"重排"的，但是很失望，因为除一堂景变化了之外，我看不出任何"重排"的迹象。而且在其他都不变的情形下，这堂被出卖了的大景就分明不伦不类了。至于把美式吉普车开上舞台不过是噱头而已。《茶馆》是老舍先生留给这个民族的一部艺术杰作，而不是一件文物；它的价值就在于可以用新的方式去进行再创作，而不是文物的不可再生性的修复。我看过根据雨果《悲惨世界》改编的电影至少有五个版本，也看过四种《哈姆雷特》，每个版本都是另样。人艺的这次"重排"实际上是复排，所谓"重排"怎么看都是一次炒作。我不明白这个结果是意味焦菊隐的无与伦比还是林兆华的山穷水尽？从这个意义上，我尊重后来李六乙排的《原野》，尽管很多人对"满地摆电视机"难以忍受，但毕竟是实现了一回重排。李六乙的困难在于能力上的缺乏，所以他的"前卫性"更多的是一种个人姿态。

至于孟京辉和张广天这类人的"先锋戏剧"，我也是看过两出的。他们的阐释都很高，看似有整套的理论，但做的活儿却实在不好恭维。譬如那部《切·格瓦拉》，形式上给我的感觉，就是一个"文革"期间风靡一时的群口词，经过一包装、一炒作，于是就成了"先锋戏剧"了。我自觉没有落伍，在艺术观念上也绝不比他们弱智。但我不能认同如此这般的"先锋"。张广天后来大约玩不转了，据说又改行去唱歌了，也没见唱出什么名堂来。孟京辉有一次去中央电视台谈体会，上来就说了一通的毕加索和康定斯基，以此来反驳一些观众对他的先锋戏剧的批评，给人的感觉是，你不懂他的先锋戏剧就如同你不懂毕加索。其实他自己也不见得真懂毕加索。因为他至少是忽略了毕加索不是从天上掉下来的，是经历了漫长的"蓝色时期"和"粉红色时期"才一步步抵达立体主义的。但孟京辉、张广天的先锋戏剧我觉得是从天上掉下来的，它不是个奇迹就一定是个骗局。

艺术，尤其是先锋前卫的艺术，重在以新鲜的形式去表达思想或者诉诸情绪，并以这种形式去刺激欣赏者，形式不应是一个简单或者花哨的载体，这是起码的原则。不解的是，这个从天而降的先锋戏剧落在北京的地头上居然也有辉煌，好在是霎时的。我们没有任何理由去相信无根之木会长青叶茂。

三

　　传媒时代一个明显的标志，是传媒的操纵性。上述事实的轰动效应并非来自自身的影响力，而在于京城传媒的推广——北京人叫"做"，其实也就是如今耳熟的"炒作"。"做"出来的往往不准确但靠得住，譬如《英雄无悔》里演得出色的应该是杜源，但声名鹊起的却是濮存昕。这说明专业标准在传媒时代的尴尬。在这样的形势下，北京文化圈里追逐时尚的风气便日益浓厚了。而一旦盛行起来，对一些原本认真做事的人也构成了威胁。相比之下，他们可能是真的感到寂寞了，用北京话说就是"扛不住"了。于是陈凯歌的《荆轲刺秦王》的首映式就去了人民大会堂，而且现场搞三国语言的翻译，煞是辉煌，尽管谁都明白此举不能改变影片品质的优劣。看似质朴的张艺谋也抵御不了，这个并没有读过几本书、全靠改编小说起家的摄影师，自扎营北京之后，西北的苍凉感便被北京的脂粉气所吞噬。很快，拍《红高粱》时的那股血性和豪气开始在逐渐地销蚀，做《秋菊打官司》的那种灵性与朴素也没有了，有的是来京城表面的那种噱头，满脑子"想着儿"，他似乎很迷恋那些"小情调"，所以就拍出了《有话好好说》这种怎么看都是不伦不类的片子。但这是必然。张艺谋自己给自己定的目标历来很高，他也希望越做越好。他总喜欢言表的一个意思是"人性"或者"人文关怀"，其实什么是人文关怀，他自己心里也没底，做起来当然就是另样了。张艺谋曾经对我说过，他特别欣赏波兰籍的导演基耶斯洛夫斯基，但问题是他们不是在一个层面上。基耶斯洛夫斯基的作品，无论是《蓝》、《白》、《红》，还是《十诫》，表达的是人类的处境与宗教感的情怀，寻找的是人类的精神家园与终极关怀，这在张艺谋的作品里看不见。所以今天他自然要步李安的后尘去当一回《英雄》了。天知道，那是怎样的一个《英雄》！也就是一部制作奢侈的大MTV吧，或者是一部貌似高深实则浅陋的政论片。天字第一号的大投资并非赢得片子的辉煌，它是彻底的失败了。无论是商业上还是艺术上，《英雄》意味着张艺谋的末路。

　　北京的文艺圈中，通用的手段是"想着儿"，所谓的追求则是"好玩儿"。由于这样的一种定式，他们的创作过程从一开始就陷进了低俗的泥潭。这样北京人做的东西小家气象便在所难免。因为"想着儿"就意味着从小处入手,玩些小伎俩以应局部的一时之急。"好玩儿"则无疑是在寻找所谓的兴奋点,甚至就是寻找一种笑料,但它不等于"好看"。即使是笑,那也是大不相同的。有一种常见的比喻,说高级的笑是"我笑你不笑",譬如侯宝林先生的相声即如此,我们一直在笑,不笑的是台上的侯先生,这是真正的笑。而低级的正好相反,是"你笑我不笑"。剧中人个个乐不可支,观众却不知所措。检点一下这些年北京的"好玩儿",恐怕我们看到更多的是后一种了。

四

　　商品经济的来临使艺术圈里立刻多了一个新词:操作。这个词的出现实际上暗示着一种至少是辅助创作的手段的成立。北京的圈里人深谙此道,其手法也是相当高明的。譬如由报上找演员到网上找演员,这都是操作,然后便是给传媒的炒作提供由头——美其名为新闻眼。当然这里有成功的例子,譬如《阳光灿烂的日子》姜文发现了夏雨,最初的理由是"与我长得很像"。这部片子的成功,除了姜文作为导演的天赋之外,还在于他本人在王朔小说的框架里大量填进了自己的"少年记忆"。另一个原因,是姜文无可避免地受到了捷克影片《青青校树》和美国影片《美国往事》的影响,这应该是不争的事实。姜文的出手不凡源自他的谨慎,他不轻易做什么,用他自己的话来说,是不做"一嘴毛"的事。据说他的《鬼子来了》拍得也不错。但是另一个损失也随之而至,那就是作为演员的姜文,似乎后来演什么角色都还是姜文自己。这一点上,他既成不了达斯汀·霍夫曼也成不了赖夫·费因斯。而《有话好好说》的情况则是另一码事,糟糕的剧本(关于剧本的写作经过一波三折,以致编剧想撂挑子)使这部片子一开始就变得不知所云,在导演失去目标的情况下,即使有大牌明星的出演与腕儿们的客串,即使是临摹丹麦导演拉兹·冯·特里艾尔的《破浪而出》(又译《爱情中不能承受之痛》)和香港王家卫《重庆森林》的拍摄手法,也无济于事。最后的结果是迫使张艺谋"逃离城市二度进山",他一气拍了《一个都不能少》和《我的父亲母亲》,企图挽回昔日的辉煌,但为时已晚。他的智慧与才能受到了挑战。

那年李安到内地来发布《卧虎藏龙》。这是一部十分糟糕的片子，连充当"徐克片儿"的对手都难以匹配，实在无法恭维，尽管它得了奥斯卡。于是媒体的文章便做到了女演员章子怡身上，但我丝毫也看不出她在表演上的高明来。有一次我从电视的一则广告上看到，注明这个演员如今已是"国际巨星"了，我相当的困惑，不知她"国际"在哪儿了，更不知何以而"巨"。以后，湖南一个电视台的主持人李湘也来北京拍片，媒体的宣传照样是铺天盖地。试问，这样的人能成功，那全国的戏剧学院、电影学院还有必要开设表演专业吗？这样的事实至少表明，媒体看重的并不是专业能力与专业成就，而是什么"好玩儿"。最有趣的还是先把"小燕子"赵薇抛到天上，紧接着又将其掼到地下，整个过程看起来就像一次预谋。如此的"做"，真是令人生畏。

北京有许多具有实力的好演员，但是演员的悲剧在于其总处在被选择的地位，即使是大牌，他的选择也一样受到局限。这些演员基本上演不了自己想演的剧目，在"闲着也是闲着"的情况下，也就只好不闲。葛优就是如此，这些年他几乎是不闲的，虽然他也选择，但也照样选择了《寇老西儿》，使人对他的潜力不能不产生怀疑。另一位演员李保田，在《宰相刘罗锅》之后，也去演了从前的皇帝和今天的主任，让人无法缅怀他在《凤凰琴》里的杰出表演。而他们对外的宣称则是一个口径：必须严格看剧本。是眼力不济还是心态不稳？他们的艺术青春很难再被角色所证明，倒是被人民币不断地证明着。结果有一天一位叫焦晃的上海人到《雍正王朝》里轻松地跺了几脚，就把时下北京当红的明星全给镇了。

五

现在的北京是个打造时尚而远离经典的地方。我所言的经典，其实并不意味着什么宏大和高深，除了精神上的严肃，我更多指的是一种专业上的纯粹，或者用北京的话说，就是地道。而要想做得地道，就取决于你的专业能力，否则便不可能拥有专业成就。这是一脉相承的。相声是一种极为通俗的艺术形式，但这绝不影响侯宝林先生成为艺术家。侯先生的相声是纯粹的,所以时间越久便越发显出它的生命力。他的相声之所以至今还活在大家心里,是因为他就立足于一个"说"——相声靠说,这是相声艺术的特性,而不像后来的一些货色,站着说不好了,便又唱又跳,让人败了胃口。同样,张艺谋当年的《秋菊打官司》也并没有刻意去追求什么深刻,它只是一个非常简单的故事,但他的讲述却做到了不简单。那是一部堪称艺术上达到完美和谐境界的作品,它无疑也是纯粹的。

  实际上,一个人做什么合适,不在于他多么会折腾,而是取决于他的素质,素质往往是与生俱来的。譬如说,我觉得赵本山怎么折腾骨子里都还是一个"二人转"演员,但现在的事实是他的小品叫好。"二人转"是很有魅力的,它的艺术生命力我敢说绝对超过小品。小品这种东西充其量是低俗喜剧的边角料,但是在今天的北京却最能打造"艺术家"。看看吧,这些年在北京闹出了多少"小品艺术家"!所庆幸的是,小品的气焰看来是不灭自灭了。倒是京剧演员李维康显得明智,她客串了一回《四世同堂》,演得本不错,却见好就收,她知道她的艺术生命还是在京剧的舞台上。现在北京有许多的反串和玩儿票,这似乎也是一着儿,就像某些人总靠花边官司来造势一样。譬如有个导演一辈子排不了什么好戏,临了儿却成了一个笑星;譬如有个歌星唱得不怎么样了,便急忙写了小说;譬如某个演员戏演不了,便立刻对外发布自己要当导演。如此看来,演戏、导戏、写小说都太容易了,好像谁都可以干。甚至张艺谋执导的歌剧《图兰朵》和芭蕾舞剧《大红灯笼高高挂》,那也只是捉襟见肘的雕虫小技,则纯粹是玩儿票作秀,而并非什么创造。他要是真的成功了,那也就意味着对全世界歌剧、芭蕾舞剧导演的集体讽刺。民间有句话可以描述这种闹剧,叫"胆儿大的吓胆儿小的"。有人拿大把的钱请你,何乐而不为呢?奇怪的是这些事往往成为传媒的热点。还是那句话,传媒对你的专业能力似乎并没有多大的兴趣,感兴趣的是你的行为是否"好玩儿",你参与的这件事是否"好玩儿"。就像倒立永远比行走好玩儿。但是没有人会问:倒立能走多远?换句话说,你的专业能力似乎并不重要,你的影响也不在于你的专业成就。所以时间一长,人们就会感到,北京文艺圈里的事闹得再大也不过是小事一桩罢了。最典型的例子是那个"翠花,上酸菜"的雪村,居然也在京城一炮打红——那是什么货色？是音乐，还是艺术？恐怕充其量也就是个杂耍的玩意儿吧？

而我不想看到的，是这热闹、"好玩儿"背后的那种专业精神的丧失与崩溃。

六

一个正常的氛围应该是各有渠道各得其所。美国有《花花公子》这样挣大钱的刊物，不等于《大西洋月刊》就办不下去。好莱坞既能投巨资拍《泰坦尼克号》赚钱赚眼泪，也照样不含糊地拿出《辛德勒的名单》来震撼你的心灵。你的戏如果只是个玩意儿，你仍然可以在最豪华的地方演，仍然可以大把挣钱，但是你恐怕进不了"百老汇"。这是纯粹。

一种正常的心态是各取所需。有人喜欢热闹，有人要专业认定；有人想作秀，有人在做事；有人想当明星，有人愿意做好演员；有人迷恋"好玩儿"，有人敬重专业精神。对当事人而言，前者能给你带来极大的实惠，后者能给予的则是一种亲切的安慰。这都正常，但这是两回事，就看你怎么取舍了。不正常的是传媒的激情总是冲着前者而去，被轻视的是后者。有一次一个记者对我说，以前人们相信的一句话是"只要是金子就会发光"，而现在的情况是"金子未必就会发光"，因为在他看来，金子总是埋在土地的深层的，发光的东西譬如玻璃碴儿易拉罐之类，都是在地表。地下的需要等待开采，而等待就意味着无边的寂寞。这话是不错的，不过我还想补充一句，就是：你在地下是否还相信自己是金子？如果相信，那就不需要等待被证明。这还是纯粹。你的目的是什么，你就奔着这个目的去，尽你所能把它做好。北京人不也是喜欢说"做到位"吗？问题是事情一到北京便复杂了，既要鱼又要熊掌，既要挣钱又要当艺术家。好在人们在北京还能经常听到音乐会，还可以看到画展，还可以听到京剧；要不，再过五十年，如果有人来写一部北京的文艺史，拿什么往里装呢？就这些玩意儿吗？我不希望是这些，真的不希望。

2001 年 11 月 15 日写就　2002 年 10 月再改

缅怀，以诗情画意的方式
——关于朱赛佩·托纳多雷的"回家三部曲"

作为艺术的电影应该是优美的。这是我们对电影人最起码的、也是最后的要求。如果和当今世界像奥立弗·斯通或者佩德罗·阿姆尔多瓦相比，朱赛佩·托纳多雷的风头并不是那么强健。但在我看过他的"回家三部曲"之后，我对这位意大利人肃然起敬。因为他的电影与我对电影的那种私下里的要求竟是那样的相近。这就是诗情画意。

朱赛佩·托纳多雷（Giuseppe Tornatore）1956年5月27日生于意大利的西西里。资料显示，他早年只是一个摄影工作者，并一度在电视台做纪录片导演。不过，他做的纪录片也相当成功。到了1985年，二十九岁的托纳多雷才独自编导了他的第一部剧情片《被称为教授的男人》。此后他的电影作品，基本上都是由他本人自编自导，显示了他作为电影艺术家的绝对能力，使其作品放射出没有文学名著遮蔽的原创光辉。但托纳多雷真正吸引全世界电影界目光的，还是他在三年后做出的那部《天堂电影院》（Cinema Paradiso）。这部仿佛沉浸在童年记忆中的、带有欢乐与忧伤的作品，在戛纳电影节上获得了评审团大奖，次年又一举夺得了奥斯卡最佳外语片奖。1998年，他编导了被称为"史诗巨作"的《1900的传奇》（The legnol 1900），获得意大利大卫奖的最佳导演奖。2000年，四十四岁的托纳多雷编导了至今还在传诵的《玛莲娜》（Malena）。这后两部作品又分别译成《海上钢琴师》和《西西里的美丽传说》。更有好事者把它们叫做《星光伴我心》、《声光伴我飞》和《真爱伴我行》。比较流行的一种表达是"回家三部曲"——我不知道是谁最先使用了这样的概括，但"回家"无疑表现了朱赛佩·托纳多雷对故乡西西里的深切渴望。托纳多雷对故土上发生的传奇故事所持有的情绪应该是一种缅怀。

被称为"作家中的作家"的阿根廷老人豪尔赫·路易斯·博尔赫斯曾经指出,某种意义上,一个作家的每一次写作,都是在写自传。这句话套用到朱赛佩·托纳多雷的电影上,我觉得一样适宜。博尔赫斯强调的是两个意思:一是作家(或艺术家)对表现对象的倾心关注,以至达到那种物我一体的感觉;二是经验(包括直接和间接的)对创作者的潜在约束与无限作用。资料的限制使我无法接触到托纳多雷的生平经历,但从年龄上看,托纳多雷的作品源头大都是从父辈乃至祖辈那里听来的传说,而不是一些人认为的那种"自传体"。这种养分培育了艺术家的故土情结,寄托了托纳多雷的乡思。由于这样的一种制约,托纳多雷的作品由美丽的西西里岛展开,经过大海的翻飞,最后传到了全世界。人们无法不去随着艺术家深切缅怀风光古朴而又生机盎然的西西里,人们也无法不被艺术家所传达的情感、观念所震动。这便是我们通常所说的那种艺术感染力。

也许是西西里这块洋溢着浪漫气息的土地奠定了托纳多雷的电影作品诗情画意的基础,抑或这块土地真正的迷人之处只能由杰出的艺术家才能感悟。我以"诗情画意"对托纳多雷的作品进行概括,自以为没有看错。

传说本身就意味着一种浪漫,它带有很大的传奇性和飘忽不定的主题特征。从这个意义上看,托纳多雷的传奇具有现代主义的特征。无论是儿童多多眼中的"天堂电影院",还是美丽少妇玛莲娜一生的遭遇,或者是钢琴王子"1900"的传奇人生,都具有这样的特征。岁月在不经意中流淌,但传奇永远不会熄灭。正是这样的魅力,使托纳多雷毅然选择了传奇性的故事作为影片的素材。而这样的素材正是培养诗情画意的土壤。意大利人历史上就是浪漫的,意大利西西里岛上的人则更是浪漫。这种血液造就了他们对诗情画意的天赋。如果我们将奥立弗·斯通、已故的基耶斯洛夫斯基与托纳多雷进行比较,会不难发现,斯通更多的是注重对现实生活的反思,基耶斯洛夫斯基的作品显示着对人类处境的深情关切,而托纳多雷则是对过去的那种忧伤的缅怀。这种"缅怀"的基调是艺术家古典情怀的折射,是伤逝,这种情怀是属于意大利人的。它的意味让我很自然地想起另一位意大利的电影大师,托纳多雷的一位前辈的作品,那就是以一部《末代皇帝》摘取奥斯卡最佳外语片奖的贝纳多·贝托卢奇。1995年，贝托卢奇在完成他的"东方三部曲"——《末代皇帝》、《沙漠之茶》和《小活佛》之后，重返了阔别十五年的家乡意大利，在风光旖旎的托斯卡纳拍摄了一部叫做《我独自跳舞》的影片。这是一部关于"寻找"的作品，剧中的那个美国姑娘露西来意大利寻找她的生父，成为剧情发展的主要线索。该片获得了1996年的"金棕榈"奖。在这部影片里，我看到了别样的忧伤与温馨，这似乎与托纳多雷的情绪很靠近。但是，贝托卢奇的作品强调的是今天的"寻找"，表现的是现代人在寻找中那种瞬间的情感，而托纳多雷则是对过去的缅怀——他一味地在进行着孤芳自赏般的回忆，他喜欢用"回忆"的视角来叙述他的传奇故事。他沉浸在回忆的温暖中。"回家三部曲"无不例外。而且，他没有设计一个专职的叙述人。他的叙述人既是故事的叙述者，同时也是故事中的人物，甚至就是一个重要的角色。《天堂电影院》中的儿童多多，《1900的传奇》中的小号手迈克斯，《玛莲娜》中那个偷窥暗恋的少年雷纳多，都担当着这样的使命。这是一种复合的叙事视角。

回忆是对过去的一种审视方式。回忆同时也是一种对过去的过滤方式。尽管在《玛莲娜》中有着不可忽视的对战争造成人性扭曲的控诉，但整个看起来，托纳多雷的回忆是温暖的，或者说，他是在温暖的回忆中提炼出了人生的忧伤情怀，在苦难的环境中刻画出了爱。那是一个浪漫的悲欢世界，一种酸楚的温馨。回忆的感情临界点是缅怀。儿童多多缅怀的是和放映员艾费多在一起的欢乐时光；少年雷纳多缅怀的是从前对美丽少妇玛莲娜的追踪与暗恋；肥胖的小号手迈克斯缅怀的是和传奇的钢琴王子"1900"共同度过的激情燃烧的岁月。

作为以视觉艺术为核心的电影，我们自然关切其画面所引起的审美效应。在托纳多雷的作品里，画面是具有强大的表现力和感染力的。托纳多雷完全摈弃了那种带有随意性与现场感的"手持"拍摄方式，这一点，他与奥立弗·斯通和丹麦导演拉兹·冯·特里艾尔截然不同。他要给你看的也许不是一种原生态的世界，他要对你倾诉的也不是一个经验的世界。他要叙述的是美丽而动人的传奇，带有超验的色彩。他做的是电影艺术。因此他的作品无不充满着绘画的造型感。几乎每一个镜头都是那么讲究，都凝聚着他的思考。《天堂电影院》的第一个镜头是多多家的阳台，是阳台上的那只陈旧而孤独的花盆，面对大海。这是母亲对远在他乡的儿子的思念与期盼，还是预示着回忆即将开始？在《玛莲娜》中，面对广阔画面的纵深向你走来的美丽的少妇，其浑身散发着的那种惊世骇俗的美怎能不让你的心灵为之颤动？看过《1900的传奇》的人是应该不会忘记"晕船弹琴"那场戏的。那是一组大气磅礴的运动镜头的组合。豪华游轮在海上遭遇了惊涛骇浪，船在大幅度地摇晃倾斜，而"1900"却悠然自得地弹奏着钢琴随想曲，肥胖的小号手匍匐在钢琴上，由惊恐转为兴奋。那种镜头的运用，那种激情澎湃的渲染，那种淋漓尽致的抒情，你会感觉到这才是真正的电影。我曾就这场戏的处理对朋友说，一部电影，当你感到任何文学的或者艺术的形式手段都难以表达，只能用电影的方式来表达时，那么这样的电影一定就是成功的。

托纳多雷的作品，往往是集中在某一个关键的细节上进行展开，最后生成的却是一种博大而深厚的人文情怀。这样的剧作十分符合电影的特性。这一点，我们在英格玛·伯格曼的作品中也深有感触。某种意义上可以说，简洁而深刻是大师的标志。他们不喜欢自己的故事显得复杂，相反，他们尽可能的是使故事的轮廓简洁。然而耐人寻味的是，他们的简洁不是一种外在的简单，他们在貌似简洁的载体上寄托了厚重的思想。正是在这个意义上，托纳多雷的作品具备了诗歌的性质。《天堂电影院》最核心的情节是负责审片的神甫要求放映员艾费多把"接吻"场面通通剪掉，几十年后，艾费多把当年剪掉的这些画面剪辑到了一起，成为一部没有情节只有画面的特殊作品。老人这份最后的遗物，送到了已经是中年男人的多多手中。这是影片的最后，也是影片的高潮，那展现而出的、从前被剪去的"接吻"得到了重新组合，构成了今天爱的交响。多多独自在空旷的放映厅里饱含着泪水在尽情地欣赏着，尽管从前的"天堂电影院"已经随着轰隆的爆破声成为记忆。

《1900的传奇》在这方面是走向极致的。一个婴儿出现在豪华游轮维吉尼亚号的那架名牌钢琴上，你可能认为他是被人遗弃的，但实际上这个孩子来自上帝的馈赠。这样的开篇就是大手笔。随着落魄的、肥胖小号手迈克斯的追忆，我们见识了"1900"短暂传奇的人生经历。但托纳多雷着意刻画与渲染的，是这位上帝赋予的钢琴王子从不走下船。这种习惯，在常人的眼中显得匪夷所思，但在"1900"看来，他的客观世界就是那条船,他的生命就是钢琴。他对这之外的世界充满着怀疑与恐惧。当小号手在废弃的船舱里找到他、并希望带他走下船时,"1900"从容地说:"钢琴只有八十八个键,它是有限的,但音乐是无限的。轮船有船头和船尾,它也是有限的,我看得见,我也把握得住;而在陆地上,我无法面对无限的城市,我看不见……"是的,这个世界上的每一个城市对他而言确实太复杂了,他掌握不了。于是,当初被上帝放置在这样一个特殊的位置上的人,最终也需要和这条已经成为废墟的游船一起送还给上帝。那是他的宿命。

在《玛莲娜》中,少年雷纳多的偷窥暗恋是影片的贯穿情节。如果只是一味地描写这些,那么显然就是一次重复。这种东西在我们所见的作品中屡见不鲜。但是,托纳多雷的用意是通过少年的眼光去捕捉一种美,这是纯净真诚的目光,与周围那些居心叵测的市民嘴脸形成了鲜明的对比。少年是伴随着偷窥这种美而成长的,他目睹了美的展现、毁灭与重生。那是一个偶像崇拜年代。那种经验唤起了我的记忆,让我不由得想起1999年写作的中篇小说《我的偶像崇拜年代》。或许正是这样穿越时空的默契,在托纳多雷的"回家三部曲"里,我对这部影片情有独钟,我希望按时尚的说法认为这部影片叫《西西里的美丽传说》。我们都在一个人类极其疯狂的年代去选择了自己的偶像,都在一个污浊的世界里寻找到了美的化身。

托纳多雷在谈到《天堂电影院》时有过这样的解释,他说:"天堂电影院并不仅仅是间放映间,对我来说,这是一个奇特的、文化与社会启蒙的地方。一代意大利人曾在这里熏陶。我倾向于认为,电影院对一个人来讲或许可以说是一种生活目的,在影片和他本身,和他的愿望、期待之间,也许就存在一种联系。"

这种朴素的解释让我感动。多年前我在一篇文章里曾经说,这个社会正一天天地走向现代化,而人心却在一步步地走向了古典。这是一种无法回避的错位。置身今天这样一个喧嚣的世界,我们去电影院的目的,也许就是为了寻找这样的一种"联系",那应该就是一种最刻骨的缅怀吧。

2003 年 4 月　北京寓所

战争电影：再现和表现

广义的战争片，指的是任何与战争有关的影片。它讲叙的就是战争或者战争中发生的某个故事。但狭义的战争片，我的观点是，应该只指那种具有战争史实背景的电影。狭义的战争电影大致有两类——

第一类，是直接描绘某一次战役或者某一次军事行动的。譬如《莫斯科保卫战》、《虎！虎！虎！》、《血战台儿庄》和《大决战》。分别表现的就是"莫斯科保卫战"、"珍珠港事件"、"台儿庄战役"和"三大战役"。这类影片一般都具有史诗性质和文献价值，因此我更愿意称之为"战争历史片"。

第二类，也还是表现某个战役和某个军事行动的，但史实已成为背景，并在这样的背景下虚构一个故事，还是在反映这个战役和军事行动。也就是说，这个故事，战争史上是确有的，只是它距离史实有点远了。譬如《最长的一日》、《桂河桥》、《上甘岭》。像这类的影片，我称为"战争艺术片"。

至于广义的战争片，我们姑且称它叫做战争故事片吧。这类的影片很多，各有侧重。有写战争与人性的，如《野战排》，有以战争为背景来写爱情的，如《珍珠港》，或者侧重于惊险和传奇的，如《风语者》——它实际上应该是惊险动作片的一种，仅仅是借战争的硝烟进行着某种传奇色彩的演绎罢了，其商业目的非常鲜明。

还有一种战争阴云下的灾难片，如《辛德勒的名单》和《南京大屠杀》。战争与灾难，就像一枚硬币的两面，历来是不可分割的。同样是战争的灾难，同样是法西斯的大屠杀，这两部影片给我们的感受是大不一样。前者很逼真，虽然写的是一个德国人为营救一群犹太人的故事，但我们还是能够强烈地感受到那种人类的爱，那种宗教的情怀。而后者呢？

却在三十万中国人头之上虚构了一个中日爱情故事。这是多么的不可思议！几年前我曾在一篇随笔里谈到过电影《南京大屠杀》，我说：一个民族如果连表达仇恨都那么暧昧，无疑就是一种衰败和堕落。这个观点，我至今坚持。

另外，以战争中的人物为主体的影片，例如《巴顿》和《山本五十六》，我觉得归为传记片比较合适。

狭义的战争片，第一类，亦即战争历史片，其实创作者着力要做的，是要再现历史的真实。既然是再现，也就意味着无论是人物，还是事件，乃至场景的布置还是著名的细节，都要求是"历史的"和"真实的"——尽管虚构是在所难免。但虚构也是为了便于再现。从观众的心理看，人们迫切想知道的这段战争史实并非是未知的，在观看电影之前，他们或多或少地已经从图书资料上获得了有关这一题材的资料信息，包括某些细节。譬如中途岛战役，大家都知道这是太平洋战争中美日双方进行的一场海战，是尼米兹和山本五十六在较量，对其中的某些细节，譬如美军情报部门用饮水机失灵去探试日军在无线电波中反复出现的那个神秘的"AF"，究竟是不是中途岛？这些都不是悬念。然而，间接获得的文字或图片资料，毕竟比不上电影的直观性与完整性，人们需要一种身临其境的感受。因此，感受"当时"，应该是观众观看战争片的主要心理定势。这与观众欣赏一部历史片的过程是完全一致的。人们对历史的态度，需要的是客观的感受。某种意义上，所谓战争历史片实际上就是历史片的一个分支。所以，再现真实应该是创作者必须坚持的前提。创作者们必须知道，未来的观众需要了解这场战役的每一个环节，譬如"AF"是怎样破译的，由谁破译的；需要完全掌握那场战争的每个段落，譬如这场战争的转折点在哪里。如此等等。现在世界上只要发生一件惊天动地的事，大家便希望将来有人能把这件事搬上银幕，就诉诸了这种心理需求。譬如美国的"911"事件，布什总统认为这是战争，或许它就是一场战争吧。我几乎可以断言，表现这一震惊世界的特殊战争的电影不久就会面市，而且还不止是一部。

既然我们面对的是这样的形势，那么，再现战争中的状况就成了创作者的最高任务。

作为历史意义的战争片,往往都具有一种史诗感。它有史料的支持,有文献价值,有宏大的规模,有逼真的制作,更有大气磅礴的艺术处理。这正是大家需要看见的景象。所以,真实是这种影片的生命。大家这个时候就像是天上的上帝,俯视着地球上人类进行的这次战争。对交战的双方,观众都获得了那种战场透明度。尽管创作者具有不可动摇的倾向性。在这种影片创作中,创作者很大一部分的工作是选择——从现成的史料中挑选出具有艺术特质的情节和细节。否则便成了史料的堆砌。《大决战·淮海战役》中,有一个被人忽视的细节,就是杜聿明从南京飞到徐埠会战的前线,看见临时指挥部的院子里有几个士兵在锯一棵树。其实这个细节是有根据的,很多年前我就从文史资料中了解到,杜聿明很迷信,他一飞到徐州,就发现作为指挥部的这个四方形院子里有"木",那就是一个"困"了。而他最担心的战场局面就是被困,所以才命令人把那棵树立即锯掉。我不知道编导者为什么不说明这个,这本是个非常好的细节,它既是真实的,又具有艺术意味,无论是对刻画杜聿明这个人物的心态,还是对战争形势的渲染,都是有益的。现在什么也不解释,只有几个士兵在用锯子伐树,仅仅成了一种气氛上的陪衬,所以就让人觉得莫名其妙了。

当然再现,也并不一味地排斥表现。像前苏联系列影片《胜利·攻克柏林》中那个著名的"动物园情节",就是做得很好。苏军的坦克开进了柏林的动物园,那个年轻的坦克手被这些活泼的动物所吸引,而高兴,不忍伤害它们,但这时迎面射来的一颗子弹把他打中了。在《血战台儿庄》中,有这样一个"闲笔":战斗间隙时,来自陕西的老兵用柳笛吹奏家乡的小调"绣荷包",很准确地传达了思乡之情,而不久这个老兵就牺牲了,与日军的坦克同归于尽。

第二类的战争艺术片,某种意义上,是把战争史上真实发生过的事件做了虚构的处理。事件是有的,但怎么来说这个事件就有了很大的变化。《最长的一日》,我们知道它反映的是1944年盟军的"霸王行动",知道是诺曼底登陆。但我们几乎看不到一个历史人物,看到的全是虚构人物——艾帅的出场仅有几分钟。创作者把与这一著名事件的素材艺术化了,但是依然不想摆脱战争史实背景所赋予的实惠。可以肯定,《最长的一日》，关于美军在奥马哈海滩登陆受阻的情况，以及最后突破德军防线的方式，都是真实的。甚至连那句著名的话——"这里只有两种人，死人和正在死去的人"也出现了，不过是换了一个角色在说——这个例子，很典型地反映了此类战争片的处理手法，就是在大的框架里进行局部的虚构和调整。所要求的原则，是在不违背基本史实的前提下进行合理的虚构。但诺曼底登陆到了斯皮尔伯格那里，就只成了一个序幕，之后便幻化成了一个背景，所以像《拯救大兵瑞恩》那样的影片，不是这种类型的战争片。

第一类具有史料或者史诗性质的战争片，既然是史实，那么最好就不要过多的进行虚构。多了，就不是这么回事了。前苏联影片《莫斯科保卫战》打出的字幕就是：本片中每一个人物都是真名实姓。但是电影毕竟还不是历史，照本宣科不得，还得让人觉得好看。这就是矛盾的难题。除了选择，这里还有一个分寸问题和一个处理的手法问题。另一个问题就是结构。故事从哪里说起？先说什么，再说什么，各种人物事件如何交织起来，都属于结构上的问题。那么多的历史人物，那么多的发展情节和细节，都要把它交织起来，协调发展。显然就不是一件轻松事。《莫斯科保卫战》以"巴巴罗沙"行动的前后为大的背景，继之就是"台风"行动，集中写到德军由突然发动苏德战争到进攻莫斯科。兵临城下，最后苏军大举反击，从而取得了胜利。这是事件的线索。在这条线索上，需要写出怎样的情节，刻画出怎样的人物，又折射出怎样的主题，就是任务了。对于这样的影片，应该强调它的文献性，有一种很丰富的信息量。同时，它的脉络一定要清楚。这种战争历史片，头绪繁杂，存在着取舍问题。它所使用的素材应该是经得起推敲的。我厌倦的是那种"伪战争历史片"，不顾史实的篡改和胡编乱造，完全就是为了一种政治宣传的需要。《血战台儿庄》之前，我们看过的抗日电影，整个感觉国民党在这场民族斗争中不仅什么也没干，而且还集体充当汉奸。像这样的东西自然是无法面对历史的拷问。

战争影片中的"表现"，并非仅指那些虚构的情节，而是指手法。如果说再现战争面貌是战争历史片的最高原则，那么，表现战争给人类带来的灾难、刻画战争与人性的关系以及对战争这一极端政治形式的反思，就是战争艺术片的最高原则了。这方面做得最出色的，应该是奥里佛·斯通的《野战排》。越战过去了几十年，但在美国人心中仍然还是一个噩梦。《野战排》中对战争扭曲人性的探讨是其他影片所不能及的。我至今不能忘记那个没有被自己的战友射杀的美国大兵，从丛林里跑出来，跪在地上伸出双臂，向前来营救的直升机求生呼喊的那个升降镜头，仿佛就是对这场战争的控诉。还有那个面对"一条腿的越共"的处理，美军不断对着地上射击，每打一枪，"一条腿的越共"就本能地跳一下。最后这个残废人还是被活活打死了，用的不是子弹，而是枪托，给砸死的。这种触目惊心的设计，构成了视觉的冲击力，让人无法忘怀。

可以这么说，在再现战争真实的前提下，以表现的手法揭示战争给人类带来的灾难与痛苦，是战争片共同遵守的一个原则。区别在于程度。因为使命的不同，手法自然也就不同。在第一类注重史实的战争片中，我们要的是"感受当时"，而在其他的战争片中，我们需要的是"检讨反思"，我们今天之所以要拍摄战争影片，为的就是警示地球上任何一次战争，呼唤人类和平。

2004 年 7 月 23 日　北京寓所

重看《教父》

1968年，美国通俗小说家马里奥·普佐出版了小说《教父》。刚一上市，派拉蒙公司便及时地买下了电影拍摄权，并且由作者本人担任编剧。但是为时两年的剧本的改编并没有让制片方感到满意，于是这件事就落到了弗朗西斯·富特·科波拉（Francis Ford Coppola）手上。选择科波拉，最主要的原因是对他卓越的编剧才能充满信心。当时，他因为影片《巴顿》的编剧获得了当年的奥斯卡最佳原创编剧奖。作为一名导演，他没有及时地展现出导演的拍片才华，却意外地在编剧上大有收获，这种情形是比较罕见的。另一个原因，是科波拉意裔的血统对未来影片可能造成的黑手党社会冲突有一定的好处。但是多年之后，科波拉本人却认为，派拉蒙选择他拍《教父》，主要是看中了他的省钱。他总是喜欢拍成本200万的片子。

事情到了科波拉手里，他最初是不感兴趣的。他的品位决定他很难接受一部通俗小说。《科波拉评传》的作者，著名影评人罗伯特·约翰逊在其著作里记录了这个经过。他说年轻的导演在翻过小说50页之后就看不下去了，认为这是一个不能登大雅之堂的东西。但是，经济上的窘迫使他不能轻易错过这次机会。他自己经营的小公司已经欠下派拉蒙三十万美金的债务了。这在当时，确实是一个不小的数目。在他的好友、同为导演的乔治·卢卡斯的怂恿下，他似乎是无奈地接下了这个差事。然而当他仔细读过这部小说之后，科波拉的态度骤然改变了。他欣喜地感觉到，普佐笔下的这部小说虽然过于啰唆，但毕竟可以筛选出一个值得玩味的、足以拍出一部好看电影的故事，而且有一群非常好的人物与人物关系。他意识到，自己将要拍摄的，不是一个简单的黑帮故事。

与普佐的合作始终是愉快的。或许是小说的名声不太好，抑或是科波拉刚刚因为《巴顿将军》获最佳编剧奖，所以原著者与改编者之间没有什么分歧。科波拉过滤了小说中那些烦琐拖沓的东西，同时把扣人心弦的部分理顺得到张扬。剧本得到了认可，但接下来的事情还是不顺利，这集中表现在由谁来扮演教父堂·柯里奥一角上。科波拉坚持起用好莱坞大牌明星马龙·白兰度，结果却遭到了派拉蒙的断然拒绝。他们认为白兰度是一个很难伺候、同时价钱不菲的家伙。于是几经周折，科波拉甚至不惜当场装作气愤晕倒，才迫使他的老板采纳了他的建议。后来的事实证明，导演科波拉的选择是正确的。一部教父，看的就是两个人：导演科波拉和演员白兰度。如果还有第三个人，那么这个人就是饰演教父小儿子迈克尔的艾尔·帕西诺。他的录用也同样得助于科波拉的坚持。

《教父》于1972年公演，并一举夺得了当年奥斯卡的最佳影片奖。科波拉本人也获得了最佳编剧奖。马龙·白兰度获最佳男演员奖。而且令派拉蒙高兴的是，它创下当年的票房冠军。这部实际投资五百万美金的影片，在全世界的票房收入就已逾七个亿。1990年，《教父》被评为美国在文化、历史和艺术上具有保留价值的25部经典影片之一。1995年，为纪念电影诞生一百周年，来自全世界的六十位导演、制片人和影评人投票评选一百部最佳影片，《教父》名列前茅。科波拉的朋友，同样是"学院派"的著名导演斯蒂芬·斯皮尔伯格称赞《教父》，是这个时代"最后一部伟大的杰作"。

事隔三十二年，重新看这部作品，我依然还是激动不已。好莱坞的"学院派"，长期以来有一个定势，就是力求拍出既叫好又卖座的片子。追求个人艺术趣味与市场口味的统一，这实际上是一个两难境地，但这回科波拉做到了，而且做得很漂亮。首先，科波拉出色的编剧才能帮了他的忙，他删繁就简大刀阔斧地把剧本做出来，其次是他对演员遴选的坚持取得了成功。这两点，是成功的关键。

科波拉的不同凡响，在于他根本没有把《教父》当做一部黑帮片，尽管它确实具备了黑帮片的种种特征。他着力要刻画的，是人物，是黑帮家族之间的那种杀机四伏的境遇。由马龙·白兰度扮演的教父，从出场就显出了那种罕见的神秘和威严。他以轻慢的口吻质问求他摆平事情的人：为什么找警察之前不来找他？仅这一句台词，就把这个人物凌驾在国家法律之上。而为了自己的一个养子出演一部影片的男主角，采取杀掉爱马成癖的导演的马，并将血淋淋的马头放置在那个导演的被窝里，则显示了教父家族的残暴与霸道。这种看似蜻蜓点水的手法却达到了令人毛骨悚然的效果。当老教父堂·柯里奥遇刺后，他的小儿子、身着军装的迈克在餐厅里剪除仇敌，预示着教父家族的后来居上。

《教父》最出彩的地方无疑是影片的高潮。在老教父去世之后，迈克尔继承了他在家族中的位置，成为新的教父。他在教堂里参加妹妹康尼的孩子的洗礼仪式，而在同一时刻，他已下达了向其他五大家族进行血洗的命令。洗礼与血洗成为两条平行交叉发展的线索，展示的却是截然不同的两组画面，洗礼与血洗同步进行。神圣与残暴、宁静与血腥如此强烈的交织在一起。科波拉有效地组织了富有力度的声画的对位，一边是教堂的音乐与钟声，一边是杀人的枪声与击碎玻璃的惊心效果，一边是是假惺惺的谎言，一边是赤裸裸的残暴。一边是婴儿的笑脸，一边是倒下的死人。从而不仅使故事走向高潮，同时也形成了视觉上的高潮。

杀了这么多人，迈克却那么平静，仪态从容。当影片的最后，迈克的妻子凯依质问他"这些都是真的吗？"迈克镇定地回答：不是。言毕，他离开了女人，走进了自己的办公室，在那里，等候接见的人正依次亲吻他的手，尊称他为教父。一个新的教父自此诞生。然后，门被关起。他的妻子与观众被关在了一片黑暗之中。这是《教父》最后的几个镜头，教父的虚伪使这个世界成为谎言。科波拉说，他想以这种方式对迈克进行严正的谴责。

出于商业的需要，科波拉后来于1974年和1995年拍摄了《教父》的续集和第三集。就续集而言，它依然取得了很大的成功，被称为"最成功的续集"并开了好莱坞影片续集的先河。而且，《教父》第二部还囊括了奥斯卡十二项提名，并获得了最佳影片、最佳编剧、最佳导演、最佳男配角（罗伯特·德尼罗）、最佳美工和最佳原始音乐等六项大奖。美国导演公会宣布科波拉为当年的最佳导演。但就我个人的口味，我喜欢的还是《教父》的第一部。它在艺术上几乎是无懈可击的。虽然科波拉使用的电影手法与电影语言在今天看来，显得陈旧，但它带来的那种朴素的震撼力，是同一时代其他作品难以达到的。同时也为后来的影片带来了启示。这便是经典的意味。

2004 年 11 月 19 日　北京寓所

和珅·历史·电视剧

自从多年前电视剧《宰相刘罗锅》播映之后,随着这种查无实据的戏说,和珅便以一个贪官奸臣的形象家喻户晓,尽管这部剧作已声明"不是历史"。最近,我又看了一部叫做《乾隆王朝》的电视剧,还是制作《雍正王朝》的那个班子做的,对和珅的形象,倒是有了新的、截然不同的印象。严格地讲,这部四十集的电视连续剧似乎更应该叫《和珅传》或者《乾隆与和珅》。因为整个戏的结构,就是以乾隆与和珅关系、和珅的平步青云直至由盛而衰为线索发展而来的。值得注意的是,这实际上是一部为和珅平反的戏。它着力刻画的是和珅的聪明才干,并以此在最高权力机构里巧妙周旋,费尽心机地为乾隆皇帝服务,为国家效力,排忧解难,最后却因为个人的权势太大,既得罪了新皇嘉庆,又为同僚所挤兑,才落得一个三尺白绫赐死的下场。在这部戏里,我们更多的是看到了和珅作为忠臣和能臣的一面,看到他的百般艰难与忍辱负重。与以前的电视剧比较,和珅的形象天壤之别,可见文艺作品对于历史面目的影响之大。历史题材的电视剧姓"剧"还是姓"史",是一个值得探讨的问题。我认为,应在不违背大的史实前提下进行合理虚构。依这个原则,《宰相刘罗锅》之类就不值得一提了。那种想当然的戏说,只能是个可供消遣的玩意儿。就电视剧艺术而言,——倘若它还有艺术可言的话,《乾隆王朝》的制作也没有什么可谈,但它诱使我对和珅这个形象发生了兴趣。

和珅,字致斋,姓钮祜禄氏,满洲正红旗人。生于乾隆十五年(1750),父亲名常保。和珅曾祖父尼雅哈纳曾因战功赐巴图鲁,授三等轻车都尉世职。和珅十岁即与其弟和琳到咸安宫读书,这是一座创建于雍正六年的贵族学校,除主修满汉蒙古语文和经史典籍外,还接受军事锻炼，学习骑射。但是天资聪颖、出类拔萃的和珅却在结婚后的第二年参加顺天府试落第，只能成为一名三等侍卫，挑补拈竿处。这个处的主要职能在皇帝郊游出巡时，为其捕鱼罝雀，同时又带有护卫的性质，是御前近侍。（电视剧《乾隆王朝》中有一情节，乾隆午休，室外知了喧闹，和珅以拈竿捕逮，似乎是暗示着这个从前的身份）关于和珅如何被乾隆所看上，民间野史有许多说法。有的近似荒唐。譬如说和珅的长相与雍正时期的一位妃子相似，而这个妃子曾经被乾隆戏弄过，以致被父皇赐死，让乾隆愧疚，故而得宠。又说一次随乾隆出巡，皇帝在轿内看边报，得知有要犯脱逃，十分气愤，随口说了"虎兕出于柙"。边上人不懂，唯独和珅理解，说"爷谓典守者不能辞其责耳"。这便引得乾隆的注意，问："汝读《论语》乎？"和珅点头。

据《乾隆传》（唐文基、罗庆泗著，人民出版社1994年版）记载，和珅的发迹始于乾隆四十年，其时和珅二十五岁。这一年他被提拔为乾清宫御前侍卫兼副都统。翌年正月，授户部侍郎；三月命为军机大臣；四月兼内务府大臣；十二月兼步兵统领；十一月充国史馆副总裁，戴一品朝冠。短短两年时间，他就从一个三等轻车都尉成为一品大臣，这种变化令人吃惊，可谓平步青云。然而乾隆对和珅的提拔还远没有停止，随后的几年又成为户部尚书、兵部尚书、议政王大臣、国史馆总裁、《四库全书》总裁、文华殿大学士和翰林院学士，并封一等忠襄公。难怪《清史稿》说他"宠任冠朝列矣"。钱穆先生认为清代的政治是缺乏制度，仅有法术，而法术出自私心。钱先生所言的政治制度，核心问题是人事。自然清朝大臣的进退，全凭皇帝一己之见，但历史上的乾隆并非昏君，这样破格重用和珅，无非是说明了和珅的才干深得圣心。譬如乾隆四十五年（1780）正月，三十五岁的和珅亲赴云贵，查总督李侍尧贪污案，首先拘审管家，取得实据，使这个案子一举告破。电视剧《乾隆王朝》把它挪到王亶望案上，无非也是这个意思。事实上，和珅也确实有才干。他不仅精通满、汉、蒙文，还熟悉藏文，这在当时的朝臣中实属罕见。他的诗词与书法也令人称道。

电视剧《乾隆王朝》写足了和珅的机敏与才干，使之成为乾隆赏识重用他的理由。这未尝不可。但关于和珅的贪，却没有一笔提及。非但没有，甚至还有为和珅辩护之嫌。譬如，写到了乾隆皇帝把一座华丽的园子以及康熙御笔"福"字赏赐给和珅,写到乾隆把最为宠爱的十格格和孝公主许配给和珅的儿子丰绅殷德(这个名号也为乾隆所赐),并给了大量的嫁妆,和珅反倒觉得没有必要这么铺张操办,因为国家需要银子的地方实在太多。这实际上是在为和珅后来被查抄家产在打掩护,其意是说,和珅的确有一些家产,但这其中有不少是皇帝恩赐的,而非贪污受贿。这显然是作者自作多情的杜撰,我不能同意。乾隆于嘉庆四年(1799)元旦后三天去世,享年89岁。乾隆一死,嘉庆便立即动手剪除和珅集团。当天,和珅就被软禁起来,至正月初八,将其逮捕。同时抄家,宣布其二十条大罪。十天后,赐死于狱中。事实上,自嘉庆登极,和珅的家族就接二连三地遭到了不幸。先是他的次子死了,接着是他情同手足的弟弟、时任四川总督的和琳死了,然后是孙子夭折和原配冯氏中道而别。和珅虽妻妾成群,但冯氏的死,还是令他备感伤怀。他写了不少悼亡诗,其中有这样的句子:"今日我哭伊,他年谁送我?"和珅在这样的日子里熬过了三年,终于轮到他本人上路了。

关于嘉庆杀和珅,民间有"和珅跌倒,嘉庆吃饱"一说。至于在和家抄出多少家产,更是众说纷纭,莫衷一是。和珅的家产富可敌国,说是抄出了价值白银八亿两,这个数字,相当于清政府十年财政收入的总和,显然是臆测。现有的资料表明,抄出的白银与黄金,总计折白银1000万两,当然还有几处私宅和园子,最著名的一处是后来的恭王府。这个事实也表明,作为权倾朝野的和珅,贪墨之事不能说没有,也不可能没有,按今天的解释,至少也是一个"巨额资产来历不明"。后来公布的查抄清单至今还在,无法抵赖。历史上的和珅是一个巨贪,这个定位不可改变。但作为一个人物形象,他又是复杂的,这正是耐人寻味之处。

显然,嘉庆诛杀和珅,并非仅想"吃饱",最深层的原因还是君权和相权的冲突。嘉庆初年,乾隆是太上皇,和珅则被人视作了"二皇帝",连当时的外国使节都这么看。嘉庆岂有不气愤之理?他曾这样感慨:"如今天下只知有和珅,不知有朕。"这种感慨本身就暗藏着杀机,他不能不杀和珅。这一点,和珅本人也应该是清楚的。尽管他在嘉庆登基之前,曾做过许多工作,甚至还向这位皇十五子永琰递送金如意,事先泄露禅位机密,但最终这件事却成了重要罪状,还是没有逃脱一死。

所以他在元宵之夜，临刑前的绝命诗有这样的感慨——"对景伤前事，怀才误此身。"和珅死于他的过分才干，这是连嘉庆皇帝都不能容忍的，更何况是他的同僚了。和珅又偏偏不是那种能夹着尾巴做人的人物，目无礼仪，行为不慎，树敌太多。乾隆一死，便有御史广兴、郑葆鸿，给事中广泰、王念孙等人相继上疏参劾和珅。这些似乎都是意料之中的事，只是看嘉庆的眼色相机行事而已。

电视剧《乾隆王朝》，对和珅是完全同情与赞美的。这个立场显而易见。像和珅这样的宰辅之臣，其境遇如明代的张居正，虽才干过人最后也毁于才干。这是作为"奴才"的痛。宦海扬帆，伴君如伴虎，如履薄冰，历来如此。唐太宗时，曾夸魏征为忠臣，后者却不敢领受，说，"愿陛下使臣为良臣，勿使臣为忠臣。"太宗不解其意，魏征说，历史上但凡忠奸之臣子，最终都无有好的下场的。而良臣则"身获美名，君受显号"，彼此共荣而共存。这句话，虽不能视为真理，但令人深思不已。

2004 年 12 月 22 日　北京

奈许的幻觉与尼克松的心理
——关于人物传记片的思考

以美国普林斯顿大学研究教授约翰·奈许的生平经历为蓝本的影片《美丽心灵》，是一部不俗的人物传记片。与以往一些传记片明显不同的是，这部影片由于独特的结构方式，充满了浪漫与传奇的色彩。约翰·奈许是一个数学家，但他却痴迷着自己的经济理论。他对数字有着先天的禀赋，善于破解密码，这使他有了与五角大楼合作的可能。事实上，奈许就是这样的角色。或许就是这种颇不寻常的兼职，导致了他一度的精神失常。他产生了幻觉，而且这种幻觉几乎支配了他的一生。影片的创作者，正是看中了这一点，意识到这个题材有着极大的可以拓展的创作空间。但是，约翰·奈许毕竟是一个健在的历史人物，影片创作自然受到道德和法律的约束，不好人云亦云，想入非非。倘若抛弃这种近乎传说的素材，那么影片就必然失去了精彩。这是一把双刃剑。

然而创作者最终还是找到了一把钥匙，这就是把种种道听途说的可能，置于了一种暧昧的状态。使你（观众）不敢作出肯定的解释。你甚至都不敢相信，约翰·奈许那段传奇经历究竟有几成是真的？也不妨把它视为一种虚构。这样的手法，很具有后现代主义文学色彩。它提出了多种的可能性。创作者紧扣的就是奈许的幻觉，并以此来结构故事，似乎是在对这位传奇教授进行一次弗洛伊德式的精神分析。故事和视点，皆因主人公的幻觉而起，现实与梦境的路仿佛打通。当创作渡过这一难关之后，往下的路就十分平坦了。这部影片着重要说的，是约翰·奈许在精神失常之后重新振作起来，并以自己独特的经济学理论赢得全世界的尊重的过程。最终他获得了1994年度的诺贝尔经济学奖。他在斯德哥尔摩的授奖词中讲出了自己的心声。他说："数字只能推演出逻辑，但它无法推演出爱的力量。"一个数字天才最终被爱情征服。站在领奖台上的约翰·奈许向他的妻子挥动了别在胸口的白手绢，它的正面绣着一簇粉色的小花。那是爱的见证。

像文学作品一样，一部影片让人难忘的是它的细节魅力。除了白手绢，还有奈许对着繁星满天的夜空画出一把小伞——那是上帝送给他唯一的保护伞，是他的爱人，但同样是幻觉。还有，当年奈许以莘莘学子的身份瞻仰伟大的爱因斯坦，看见他的崇拜者把自己的钢笔放到大师的面前，而多少年后，这一幕又重现在他自己的身上。

影片最有力量的一笔，还是来自奈许眼中，乃至心中的幻觉。他一直觉得，在自己身边有两个人的身影在活动着。一个是作为国家机器化身的安全局官员威廉·帕契，另一个是出卖者、葡萄牙室友莫里斯，以及他的外甥女——这似乎是人民的化身。这是具有一定象征意味的刻画。一个为国家效劳、并作出巨大贡献的人，他的回报却成了"国家"和"人民"对其实施的精神折磨与肉体摧残。可以肯定地说，美国政府并没有对奈许本人怎么样，但是他从此陷入到恐惧的幻觉阴影中也是不争的事实。我们似乎可以得出这样的感受——

一个天才在现实生活中是孤独的，他与现实格格不入。

关于人物传记片，电影史上有很多经典的作品。但仔细分起来，无非这么两类。第一类，是以一个人物的生平经历为线索，来构架一部影片。譬如本文提到的《美丽心灵》，还有1997年获得奥斯卡奖的《甘地传》等，中国的影片《李时珍》也属于此类。观众看到的是这个人物的从小到大，从年轻到衰老的过程。另一类，是截取某个人物一生中最辉煌或者最惊心动魄的片断，来刻画这个人物。如"二战"之于《巴顿》、"水门事件"之于《尼克松》，"虎门销烟"之于《林则徐》。前者立足于展示，因为观众关心的，是这个人物不同寻常的成长过程；后者着力于刻画，由这一片段的历史来塑造这个历史人物。对于前一类影片，选择片断和剧作结构是关键。一个人的生平总是具有长度的，几十年的光阴，如何对这部打开的个人历史作出选择，继之用何种方式加以结构，是衡量编导者水准高下的尺度。《美丽心灵》之所以不同凡响，很大程度上体现了创作者选择与结构上的成功。尤其是以奈许的幻觉作为支点，统领全剧，实为天才之举。而第二类，难点在于刻画。因为人物的生平极大的压缩了，那么这个人物的性格与风采，倘若没有有效的刻画手段，是难以获得成功的。

《巴顿》的刻画是独到的，在编剧科波拉笔下，巴顿的魅力不在于他是"二战"中盟军的一员骁将，而在于他本质上是一个职业军人。这种定位是准确的。我曾经在一篇随笔里，拿巴顿和拿破仑作过比较。我说，有两种军人，一种是打仗为了当官，另一种是当官为了打仗——巴顿显然是属于后者，这个人仿佛是为战争而生，他渴望的是指挥千军万马，施展作为军人的抱负。一旦战争结束，他就变得无所事事，只能带着他的狗去逛菜园子了。作者科波拉本职是导演，深谙视觉艺术三昧，他赋予巴顿的细节都不乏力度，譬如用皮鞭抽掉军营里好莱坞女明星的艳照，用左轮手枪射击飞机，提拔之前就迫不及待地按上表示军阶的五星，这些都无不显示了巴顿作为职业将军的性格与风采。我们感觉到的，是一个霸道而又智慧，热爱荣誉又牢骚满腹，气宇轩昂而又信口开河的军人形象。最精彩的，是影片的开场。全副武装的巴顿在星条旗下对着镜头发表长篇的个性十足的演讲，这段戏已成为经典，以至于后来我们看到的沙叶新的《陈毅市长》的开场，明显带有模仿的痕迹。这种手法，本来是编剧之大忌，因为容易造成影片的沉闷。但科坡拉反其意而用之，使巴顿这个人物的形象一下子就鲜明地站到了我们面前，取得了意想不到的效果。《巴顿》使得科波拉获得了那一年奥斯卡的最佳编剧奖，正是这个荣誉，为他叩开了好莱坞的大门，几年后，他作为导演拍出了不朽的作品《教父》三部曲和《现代启示录》。

1996年，奥里弗·斯通在继《刺杀肯尼迪》之后，执导了人物传记片《尼克松》。它的面貌与以往我们看见的人物传记片似乎有所不同。奥里弗·斯通摈弃了"故事结构"和"时间线索"，它所依据的，是尼克松这个特定人物的"心理结构"。心理结构在小说里并不少见，当代文学史上就曾出现过"心理现实主义"和"心理小说"。但运用到电影上，尤其是运用到一部历史人物传记片上，有着相当的难度。心理结构完全打破了那种故事发展的线形关系，它刻画的并非是人物性格，更多表现的是人物的心理状态。它器重的也不是故事，而是人物的情绪。影片《尼克松》从著名的"水门事件"切入,这是尼克松的滑铁卢,是这位前总统下台前最后的挽歌。影片采取倒叙的方式,但又不是回溯,而是随着"尼克松"波动的心理向四方发散,影片的形式感继承了《刺杀肯尼迪》,在手持摄影的支持下,似乎带有极大的随意性,黑白与彩色的交替出现,营造了一种纪录片的感觉。这是一个大胆的选择,无疑也是一次冒险。然而奥里弗·斯通准确把握了"尼克松"这个特定阶段的心理,使之外化为视觉效果。观众没有因"混乱"失望,反倒在前总统的混乱思绪中受到强烈的震撼。他们似乎可以推测出,笼罩在"水门事件"阴影下的美国总统的心态是那样的波澜起伏,那样的焦虑不安。他的目光纷乱、迷离、日益衰老。而正是在这样复杂的目光中,他最后看见的——也是我们最后看见的,是几十年前,那个坦然对母亲撒谎的少年。当年,那个少年从容不迫地欺骗了他的母亲,而现在,他欺骗了全世界。

　　一部人物传记片的使命,并非是向世人树立一个做人的楷模,而是以有效的艺术手段解析、塑造一个性格。在这里,不应有过多的道德判断,因为人物性格已经解释了一切。中国的人物传记片之所以苍白,很大程度上是我们至今没有摆脱这种主流意识形态的束缚。我们力图打造的都是时代英雄,其理解与表现又过于简单化,从这个意义上看,我们没有一部人物传记片。确实没有。

2005 年 1 月 16 日　长沙岳麓山下

关于死刑的电影

　　1997年夏天,我在北京第一次接触到波兰导演克日什多夫·基耶斯洛夫斯基的作品《十诫》,这是他为波兰电视台拍的十部短片。其中影响最深的,是《杀诫》,也即《关于杀人的短片》。关于这部系列作品的起源,基耶斯洛夫斯基在回忆录中是这样介绍的。那是在1984年的某个雨天,基耶斯洛夫斯基的合作者、曾经担任《无休无止》编剧的皮耶谢维奇,遇见了青年导演。当时导演因为《无休无止》引起的轩然大波,正沉浸在忧郁和沮丧之中。皮耶谢维奇是律师出身,他建议与导演再次合作,他说应该有人去拍一部关于"十诫"的电影了,这件事应该由你来做。基耶斯洛夫斯基意识到,律师所讲的"十诫",并非《圣经》中摩西晓谕颁立的传说,而是现代的故事。于是他们的合作就这样自然而然地开始了。基耶斯洛夫斯基原来打算请上九位导演与自己合作,每人拍一部,但是等剧本完成后,他毅然改变了主意,剧本的精彩程度显然超出了他们的预想,他觉得应该由自己来单独执导。另外,他还有一个将其中的两部拍成胶片的考虑,他本人挑选的一部,就是《关于杀人的短片》。正是这部影片,使我开始关心起死刑问题。在我阅读过一些刑罚著作和研究一些死刑案例之后,2003年11月,我完成了第六部长篇《死刑报告》(人民文学出版社2004年1月版)的写作。

　　与此同时,我有了写一篇关于死刑电影的文章的想法。但这篇随笔的缘起,来源于另一位著名的导演,丹麦的拉兹·冯·特里艾尔。

　　因为英格玛·伯格曼,很久以来,我一直有这样的感觉,欧洲最好的导演不是出自老牌的电影大国:法国、意大利和德国,而是诞生于斯堪狄纳亚半岛的北欧。另一个地方是东欧的波兰和捷克。在与伯格曼、基耶斯洛夫斯基相遇之后不久，一部叫做《破浪》的丹麦影片又认识了导演拉兹·冯·特里艾尔。这之后，我开始留心并搜集这位导演的作品，先后看到了他的《白痴》、《欧洲特快列车》、《狗镇》以及我在本文中着重要说的《黑暗中的舞者》。

拉兹·冯·特里艾尔在2000年执导了《黑暗中的舞者》，基本上延续了《破浪》的意蕴与手法。即还是在表现道德与法律边缘的问题，同时使用了"手持"的摄影方法。所谓"边缘"问题，我的意见是指那些在观念上比较暧昧的、比较模糊的东西。我们很难对它进行准确的判断与界定。这实际上也就使作品的主题具有多维性和不确定性。故事很简单，一个叫莎蔓的东欧女人，带着独养儿子移民来到了美国的堪萨斯。她是一个高度近视患者，却在工厂里做着力不从心的工作，以挣取微薄的薪水，攒下来，为同样是因遗传而近视的儿子实施手术。莎蔓租借了警察艾尔的房子，他们因此成为邻居。在影片最初的一段里，我们感觉艾尔和莎蔓相处得不错。艾尔为莎蔓的儿子买了一辆自行车，作为生日礼物。艾尔还经常与莎蔓谈心，诉说自己工作中的烦恼和因房屋贷款导致的夫妻纠纷。艾尔的劳累，让莎蔓很同情。但是，艾尔不久便发现了莎蔓的藏钱之处，便将这一笔钱——三千五百美元偷走了。莎蔓为了要回自己的钱而在争执中误杀了艾尔。然后她被判为一级谋杀罪。在用辛苦积攒的钱请律师为自己赎回性命与为儿子做手术的问题上，莎蔓毅然选择了后者。她选择了绞刑。

影片绝妙的地方，应该是作者把高度近视患者莎蔓同时写成了一个热爱舞蹈的女人。尽管她的舞蹈基本上是在黑暗中或者想象中完成的。这大概是拉兹·冯·特里艾尔邀请性情暴戾、喜怒无常、同时又聪明可爱的冰岛歌星比·约克来饰演女主角的理由所在。

把莎蔓写成一个业余的舞者，无疑是一个很好的创意。它丰富了这个女人的内心与幻想。同时在形式上乃至手法上也构成了一种"复调"关系。我们很容易看出，影片在舞蹈部分的拍摄方法是中规中矩的，讲究造型和影调。摄影师运用了多机位、多机器——据资料介绍，最多时运用了一百多台摄影机。还有诸如轨道车、可移动平台、升降机等辅助性器材。这与拉兹在另一部作品《欧洲特快列车》中的手法大体一致。导演显然是要作出这样的一种效果，那就是心中的世界永远是美好和浪漫的。在这样的画面和段落里，开始了比·约克美丽动人的演唱。那是比·约克的歌喉，更是莎蔓的心声。

对手持拍摄方法，我曾经有一个自以为很恰当的比如——"毛边感"。如同用手撕纸的效果，而不是用刀裁纸。（也可以说，那种讲究造型的，是裁纸）在我看来，生活由于自身的复杂、忙碌与丑恶，是具有毛边感的。它不应该有那么规矩讲究的构图、色调与看上去很让人痴迷的光效。手持拍摄很好地解决了这个问题，它带来了长镜头流动性的效果，增强了现场感。摄影机的运用与画面中人物的心理是完全一致的。在这方面，拉兹的《破浪》就有了成功的尝试。这部《黑暗中的舞者》更是运用得合理自如。这种手持摄影，镜头的运动依据是主人公莎蔓的主观视点与心理感受。我曾经与张艺谋《有话好好说》的摄影师吕乐就"手持"交换过意见，他当时很想改编我的《海口日记》。我说，如果你要拍《海口日记》，我就觉得应该采用手持的方式进行。我喜欢那种随意性，也就是我所说的"毛边感"。同时我在坦率地认为，在《有话好好说》里，手持摄影的运用是很不成功的。原因就在于失去了人物的心理依据。整个画面的摇晃，完全就是导演的想入非非和自作多情。导演并不知道为什么要这么晃，观众则更是茫然。

在《黑暗中的舞者》中，手持摄影的选择还十分符合主人公莎蔓的身份。她是一个高度近视患者和一个流浪者，她的眼睛所看到的世界并不美好，而是那样的凌乱与浮躁，也是那样的飘忽不定。但是，她想象中的世界却是十分美好的。那是音乐与舞蹈的世界，是色彩斑斓的世界。影片中几段舞蹈场面，如"车间舞"和"桥头舞"，"法庭舞"以及和警官艾尔的双人舞，都非常精彩，也非常朴素。即使是在最高潮的时候，舞蹈也还是穿插其中。这种天衣无缝的穿插，构成了影片最大的特色。这是对比的效果，它就如同一首复调结构的交响乐。

《黑暗中的舞者》对弱小人物怀有极大的同情。影片中出现的作为警察的艾尔，具有国家机器的象征性。国家在盗取一个母亲的爱心，同样也是国家在剥夺一个女人的生命。《黑暗中的舞者》实际表现的就是舞者的黑暗。她生活在一个黑暗的世界中，她的光明只能在幻想的歌舞中得以实现。她因为爱，因为捍卫自己的梦想而被送上了绞刑架。

这又涉及对死刑制度的思考。自1764年意大利法学家贝卡利亚第一次对世界喊出废除死刑的呼声以来，这两百多年里，全世界废除死刑的运动就没有停息过。当今世界，具有基督教背景的国家，除了美国的部分州，基本上已经废除了或实际终止了死刑。欧盟的东扩，对那些东欧国家的首要条件，就是要废除死刑，否则免谈。特别是1989年12月15日，第44届联合国大会通过了废止死刑的国际公约，世界废除死刑的运动掀起了更大的浪潮。到目前为止，全世界已经有一半的国家在法律上废除了死刑或事实上不执行死刑。（顺便说一句，我国的死刑未减反增，执行死刑占每年全世界的四分之三）。这种人道主义的观念显然在影响着欧洲的一些电影导演。在导演拉滋·冯·特里艾尔看来，生命是神圣的，一个人无论是犯了怎么的过错，都不能被剥夺生命。死刑作为国家名义的合法杀戮，实际上也是不人道的。更何况，被送上绞刑架的是那样一个值得同情、充满爱心的女人。这样的思考，在之前的基耶斯洛夫斯基的《关于杀人的短片》和之后的阿姆多瓦的《对她说》中，都有表现。前者提出的是，死刑究竟是不是一种暴力形式？代表国家的杀人与作为谋杀的杀人区别和界限究竟在哪里？后者实际上是企图在爱与罪之间寻求答案。一个护理工是那样爱着已经成为植物人的前芭蕾舞女演员——无独有偶，女人和舞蹈成为一种美的化身。他每天偷看她练功，这个男人由偷窥而暗恋。结果有一天，练舞的姑娘没来，接着他听说这个年轻漂亮女人成了植物人。于是这个男人就申请当上了她的义务护理员。他每天对她进行护理，每天对她说，每天对她倾诉，他觉得只有这样不停地对她说，她的生命才能苏醒，尽管这个行为在任何人眼里是多么的不可思议。但小伙子还是锲而不舍，以真挚的感情挑战冰冷的科学。他有这样的信念，因此就有这样的力量。最后，他使她怀了孕——阿姆多瓦自然想不让我们认定这是一种强奸行为，因为他大量地表现了男人对女人的爱。但是法律不这样看，法律认定的就是一宗强奸案奸，于是，小伙子被枪毙了。《对她说》实际上因袭的还是多年前阿姆多瓦的那部使他一举成名的《捆着我、绑着我》的意蕴。那部影片说的是一个刚获得释放的男人，以温柔的方式绑架了一位女明星的故事。这显然是犯罪，但随着故事的开展，我们最终发现敌对的关系转变成了爱情。男人的行为由绑架演变成对赢得爱情的时间测验。

迄今为止，表现死刑的影片，最为深刻的，还是基耶斯洛夫斯基的那部《关于杀人的短片》。这部作品以一种自然工整的"对位"手法，细腻地向我们呈现了两次杀人的经过。第一次，是雅采克，一个华沙街头散漫而忧郁的少年，他因为自己亲爱的妹妹死于一场车祸，因此决定对一个司机进行报复。值得注意的是，雅采克选择的目标并非就是轧死妹妹的那个具体的肇事者，那个人只是一个司机。因此雅采克的谋杀带有随意性，更具象征意味。雅采克的谋杀显然是一种"以血还血"式的等害报复行为：一个司机杀死了他的妹妹，因此他就必须杀掉一个司机。所以他做得有条不紊，是因为这样的谋杀在他那里实际上已经成为"使命"。而有趣的是，司机因为贪恋偷窥一个送牛奶女工的大腿，在拒载了一对老夫妻的乘客之后，似乎很不情愿地接受了后来者雅采克。至此，这个人的生命处在了极度危险的边缘。这简直就是在劫难逃了。于是，在华沙郊外一条清冷的河边，少年雅采克顺利地公开地谋杀了司机，他的凶器是一条绳索。没有人注意到这个发生在光天化日下的谋杀，只有一匹马在茫然向这边看着。

接下来，就是第二次的杀人了。国家以法律的名义宣判雅采克死刑，似乎代表着一种正义的惩罚。国家杀人的凶器也同样是一条绳子——绞索，这似乎暗示着国家也与这个无知的少年一样，坚持着"以血还血"的等害报应方式。但是，国家以杀人的方式来制止杀人，这个命题，就显得十分荒谬了。这便是基耶斯洛夫斯基企图实现的目标。他揭示出了这种荒谬，却无法制止国家实施的谋杀。在谈到这部影片的主题时，基耶斯洛夫斯基曾这样说："我想这部电影反映的真正主题不是死刑，而是普遍的谋杀现象。"故事虽然发生在波兰，但具有的意义则是世界性的。基耶斯洛夫斯基在描述这个世界，他说他要描写的，是"一个可怕的世界，一个人们互相之间没有任何同情心的世界，一个人们之间互相憎恨的世界，一个人们之间不但不互相帮助反而互相拆台的世界，一个人们互相厌恶的世界，一个人们独居的世界。"（见《基耶斯洛夫斯基谈基耶斯洛夫斯基》）无疑，这部电影是对暴力的一种控诉。在基耶斯洛夫斯基这里，置人于死地是最高形式的暴力，而死刑也是这种形式。他承认，"该电影是反对死刑作为一种暴力形式的。"

拉兹·冯·特里艾尔多年前在《破浪》中，要表达的是，爱比性坚强，更有生命。一个女人为了使自己的丈夫活下去，同意了丈夫近乎无理的要求，每天与别的男人私通或者鬼混。并要把性交的经过详细地讲给他听。在她这里，性是为了实现爱。而在那个差不多成了植物人的丈夫那里，对妻子的爱是通过性的实现来达到的。男人希望自己心爱的女人不要因为自己的彻底残废而使生命肉体萎缩，那无疑是残忍的，不人道的。但是，在宗教的偏见和世俗的眼光里，这个女人无疑成了一个堕落的咎由自取的婊子。影片的震惊是在这里。所谓"破浪"，即是向一种传统的宗教的和习惯的势力在挑战的姿态。而在这部《黑暗中的舞者》里，拉兹·冯·特里艾尔表达的是，爱比生命更坚强。

关于死刑的电影，值得提出的还有一部美国的影片《死囚的168个小时》。这部由著名影星苏珊·莎兰登和西恩·潘联袂主演的作品，表现了一个修女对一个拒绝忏悔的死囚的说服过程。经过修女不遗余力的工作，死囚在走向死亡的前一刻，向受害人的父母进行了道歉，他大声说出了"对不起"。这显示了正义的力量，也显示了宗教的力量。正如绝大多数基督教国家都废除死刑一样，在所有涉及死刑的电影里，都无一例外地洋溢着宗教情怀。自从耶稣钉上十字架之后，世界得到了救赎，世界的秩序进入到了一个新的阶段，也就是《新约》阶段。在《新约》里，已经看不见"以血还血"这样的字眼了。耶稣的血最终凝结成的是两个大字：宽容。

2001年9月，一位世界级哲学家和法学家，法国的雅克·德里达教授，开始了为期16天的中国之行。据旅法学者张宁先生记载，德里达的首场演讲是在9月4日，地点是北京大学理科楼的会议厅，演讲的题目是《宽恕：不可宽恕与不受时限》。他的演讲受到了欢迎，但一位来自美国的学者当场提问说，如果一个人强奸了我的女儿，我宽恕了他，那等于是纵容他去强奸我另外的女儿。如此宽恕的后果，我们有什么理由去宽恕呢？德里达的回答是：我并没有要说宽恕的好与坏。我也同意宽恕有可能会有不好的后果，但我的工作不是去评价宽恕的好与坏，而是要分析我们所继承的这份宽恕遗产的悖论，尽我微薄之力向人们揭示我们生活在一种怎样的宽恕传统之中。

德里达指出:"宽恕的可能在于它的不可能,宽恕不可宽恕者才是宽恕存在的前提条件,宽恕的历史没有终结,因为宽恕的可能性正来自于它看似不可能、看似终结之处。"

关于死刑,德国法学家古斯塔夫·拉德布鲁赫曾经说过这样一段话:"只要死刑还存在着,那么整个刑法就都散发着血腥的气味,整个刑法都带有阴森恐怖的印记,整个刑法都充满着报仇雪恨的污点。"死刑的存废,至今还是一个世界性的话题,但废除死刑是人类文明进步的趋势,这是不容改变的。在这个也许是十分漫长的过程中,与死刑相关的文艺作品,特别是电影,起到了独特的作用,他唤醒的是人类的良知,弘扬的是人类的理性,履行的是思想启蒙的使命,这应该是一种特殊而杰出的贡献。

2005 年 1 月 16 日　北京寓所

黑与白

——黑白电影与电影里的黑白

有一个问题曾经困扰着我。少年时代看过的一些国产电影，留在记忆里，基本上都是几部黑白片，譬如《南征北战》，《平原游击队》，《小兵张嘎》、《烈火中永生》、《冰山上的来客》。这里自然有一个政治上的原因，那时期的中国能公映的电影，基本上就是这么几部黑白片。但1978年之后到"第五代"出现之前，那些基本上又都是彩色的影片，除了极个别的，如《城南旧事》，就几乎没有什么印象了。因此我想，魅力或许来自黑白自身。

绘画上通常会注意到一幅画的两个关系：黑白关系和色彩关系。这里的黑白关系也可以称作素描关系，它是造型的基础。如果拿一幅画——尤其油画，作分析，我想业内人首先都会注意到作品的黑白关系，因为这种关系涉及构图的均衡、造型的力度以及营造的氛围。只有当这种黑白关系理顺之后，色彩才有所依据，调子才有所寄托。我们去看看伦勃朗的不朽作品《夜巡》，就十分清楚了。作为以视觉为主体的电影，其造型主要手段是光和影——这就天然形成了黑与白的前提。即使是一些彩色影片，为了达到造型效果，不惜动用一些人工手段去矫正这种黑白关系。《一个和八个》在摄制时，就曾经把一个窑洞的内部用墨汁刷了一遍。

毋庸置疑，但凡电影史上的黑白影片，除了受到时代或经济的制约外，主动作出这种选择的，大都看中了黑白这种特殊魅力的造型手段。我们不妨对两部影片作出这样的假设——假如马丁·斯科西斯的《愤怒的公牛》、斯皮尔伯格的《辛德勒的名单》使用彩色胶片摄制完成，视觉上会是怎样的效果？我想有一点是肯定的，绝对没有黑白效果好。

《愤怒的公牛》是经受了不断打击的斯科西斯在他的朋友,也是一贯合作伙伴的演员罗伯特·德尼罗的帮助下,于1980年拍出的黑白作品。当时他是抱着"最后一片"的决心来拍这部影片的。斯科西斯之所以做出这种选择,首先是因为题材。作品描写的世界轻量级拳王拉莫塔传奇一生,它的主题性显然受到了海明威的小说《老人与海》的启示:一个人可以被打败,但不会被击倒。斯科西斯精心打造的,是一个具有悲情色彩的英雄。其次,是导演对拳击运动的理解。这个充满力量、危险乃至血腥的运动,是影片的贯穿动作。影片至少一半的篇幅是表现拳击场上的搏杀。我私下推测,正是基于这两点,斯科西斯毅然选择了黑白,尽管冒着再次在商业上失败的风险。黑与白的结合,有着与生俱来的简洁、明快,也有着非同寻常的造型力度。这些都是彩色无法达到的。事实证明,《愤怒的公牛》在艺术上最终获得了极大的成功。

　　《辛德勒的名单》是一部以第二次世界大战期间,纳粹德国迫害犹太人为背景,描写一个德国搪瓷厂的老板千方百计地拯救几百个犹太人的故事。值得注意的是,这个故事并非完全虚构,它有着真实的原型。某种意义上具有文献性和史料性。影片于1993年3月1日在华沙附近的奥斯维新集中营开拍。在拍摄的现场,导演向围观的人树立起了一道警示牌,上写:"这里是恐怖事件与悲剧事件发生的地方。为了神圣的纪念,请你以适当的方式,表现出你的敬意。"从这块警示牌上,我们注意到这样几个关键词:恐怖、悲剧、神圣的纪念。而这些正是作为犹太人后裔的斯皮尔伯格选择黑白片来履行这个使命的理由。影片一经公映,就在全世界引起了巨大轰动,成为那一年奥斯卡的最大赢家。

　　我们现在很难见到一部新近摄制的黑白片了。见得多的,是另一种情形:即在一部彩色电影里出现的某个黑白的段落。我将其称为"彩色里的黑白"。这种情形也可以反过来使用,成为"黑白里的彩色"。这种黑白与彩色交融的手法自然丰富了造型和叙事的手段。后来也自然引进到了一些电视剧中,不过它们往往起到的作用只是时空转换,看不出多大的匠心。

　　《辛德勒的名单》的序幕和尾声都使用了彩色。这是时空转换上的需要,斯皮尔伯格使用的是倒叙、回忆的方式,那些当年被辛德勒拯救下来的犹太人后代，在今天，默默为他们的恩人祈祷，更显示出的是对人类和平的呼唤与向往。人类总是由黑暗走向光明的。但这部影片最令人叫绝的，应该是出现在黑白空间里，那个穿着浅红外套的小女孩。这是全剧中唯一的颜色。这是大屠杀阴霾笼罩下的华沙唯一的希望之色，给我们带来了仅存的安慰与欢乐。但是最后，我们惊骇地看见，那件浅红外套出现一辆运送尸体的车上。斯皮尔伯格做到了"惜墨如金"，把这力量的一笔写进了世界电影史。

　　姜文作为导演，先后拍了两部作品《阳光灿烂的日子》和《鬼子来了》。第一部是彩色主体中最后出现一段黑白；第二部则是在黑白主体中最后出现一段彩色。《阳光灿烂的日子》尾声阶段，是当年的几个小伙伴都长大了，都发了，在奢华的房车里喝着洋酒。他们在天安门广场上邂逅了那个唯一长不大的傻子。我曾经和姜文谈到过这段戏的处理，我说，这是一种"反色彩"的处理，因为通常的做法都是所谓过去是黑白的，而今天则是彩色。《阳光灿烂的日子》反其道而行之，把今天的尾声处理成黑白，意味着这些发达的伙伴对逝去的那段"阳光灿烂的日子"的一种缅怀。但是有一个镜头，就是傻子的主观视点镜头——看着在眼前通过的那辆房车，看着车窗里伸出来的伙伴们对他吆喝，然后他很不屑地说了一句"傻×"。我觉得这个镜头应该还原为彩色——因为在傻子的眼中，今天依旧还是"阳光灿烂的日子"。否则这种差异就没有表现出来。至于《鬼子来了》，被中国人砍下的贾老三的头一旦落地，影片就成为彩色，这个用意是什么，我至今没有琢磨出来，因而觉得勉强。

　　前苏联系列战争影片《胜利》，在黑白的处理上有一个独到的做法。凡是涉及斯大林或者希特勒出场的段落都是黑白的。创作者作出这种处理，很可能是为了增强影片的文献性和史料感。似乎在提示人们，这里没有虚构，一切都是真实的。由于这种黑白段落的加入，影片平添了一份厚重。根据作家瓦西里耶夫同名小说改编的电视剧《这里的黎明静悄悄》，是一部以黑白为基调的作品，但在每个女兵的回忆段落都呈现出彩色，形成了一种对比，也是一种视觉节奏上的需要。这种设计是有心理依据的，人，尤其是女人，处于战争中的回忆应该是色彩斑斓的。而且创作者把这彩色的回忆处理得十分抽象，如梦如幻。正是这些彩色梦幻成为战争中的女兵们的精神支柱。《这里的黎明静悄悄》成为电视剧的经典,与这种黑白与彩色的交织手法关系极大。

我第一次看英格玛·伯格曼的《野草莓》,就强烈感受到作品黑白经营的凝重。片中的老人置身于由老照片、文具、书籍环绕的书房里,孤独而寂寞。死亡仿佛已经抵达了空旷清冷的大街,而脱缰的马车和那口掀翻在地的棺材使这种预感得到证实——尽管它来自老人的幻觉。这部作品散发出的死亡气息以及随之而来的关于死亡的思考,一直在吸引着我。我感觉自己似乎不是在观看一部电影,而是打开了一本书,可能是文学的,也可能是哲学的。那上面记载着一个迟暮的老人,当他行将走近死亡之际,情不自禁地对身后的一次次回顾,然后我看到了生命的欢乐时光。

电影史上的黑白影片联系着一些大师的名字:奥尔斯、卓别林、希区柯克、伯格曼……

以及中国的费穆。

他们在黑白世界里建立了属于人类的辉煌。

2005年1月25日　长沙岳麓山下

砚边点滴

书与画

书画同源。

李苦禅老对二者的关系,曾有高屋建瓴的概括。他说:书到高时是画,画到高时是书。这是一般人难以企及的境界。以我的理解,苦老这两句话博大精深,既有艺术的辩证法,又含审美的原则。我在谈到小说或文章时,也曾说过:好的文章都是先做加法,后做减法。前者讲的是积累,后者讲的是提炼。

从前看齐白石,不觉得妙;如今读来,妙不可言,我看出了大师的性情与笔墨趣味,知道了一种大巧若拙的美。

但凡文学艺术创作,朴素的美终是大美。

水与墨

某种意义上,我更愿意把中国画看做水墨画。

从绘画材料上看,正是因为有宣纸,有墨砚,有毛笔这样的文房四宝,所以才有中国画。其实,还有第五宝,就是水。水能使"墨分五色",水能制造浓淡干枯,水能造就空灵、趣味、性情。

中国画技法,最讲究的是笔墨。如同听京剧,听的是唱,是腔;看好画,赏的是笔,是墨。

中国画最重要的关系,是水与墨的关系。杰出的国画家,都是独特把握这关系的高手。同样是"黑",李可染的"黑"不同于张仃的

"黑",前者润,后者焦。前者飘逸,后者深沉。

赖少其喜欢以"江山铁打成"来题自己的写意山水,这个铁,可能指铁线,也可以理解为焦墨,给人厚重感。

一幅好画,要有水气和墨味。

小说和小品

这里的小说,特指短篇小说。我对文学史上依靠短篇小说立足的作家,从来都是敬畏的。例如中国的鲁迅,法国的梅里美,还有阿根廷的博尔赫斯。短篇小说由于受到篇幅的限制,它的经营便煞费心机。短篇小说应该是一个专有名词,与内容的浓缩其实没有什么关系。我曾经有一个比方,觉得短篇小说和传统中国画中的那种叫做小品的形式很接近。小品不是浓缩的国画,当然放大了也不是巨制。小品就是小品,要求的是那么寥寥几笔,尽得风神。但这寥寥几笔往往是要命的,因为要出大境界。所以八大山人、吴昌硕、齐白石是大师,他们是出了大境界的。短篇小说核心的一点,是在有限中企及无限,这也是要命的。

文人画

"文人画"这个称谓,最初是由明代的董其昌提出的,但追溯可以到汉。它的精髓之处,是主张让中国画进入到一个诗、书、画相通交融的境界。画中有诗意,有墨趣,有性情,有思想。无论是唐之王维"以诗入画",还是宋之苏轼"以书入画",为的都是这个,与当时的民间工匠画和宫廷绘画有着显著的不同。随着时代的发展,所谓文人画实际上已经演变成了一个文人表达主观情怀的载体。倪瓒讲"自娱",顾恺之讲"形神",本质上是一致的,都是在力图寻求一种与自然亲近的方式,抒发自我的情怀。

按陈衡恪(师曾)的解释,文人画"不在画里考究艺术上的功夫,必须在画外看出文人之感想。此之,所谓文人画或谓以文人作画,知画之为物,是性灵者也,思想者也,活动者也,非器械者也,非单纯者也。"无疑,陈师曾重视的是文人画的精神与品格,轻视的是那种匠气与呆板的技法。或者说，文人画是画中带有文人的情趣，画外散发出文人的思想，这样的文人画方为上品。仅就技法而眼，我喜欢石涛的简约，八大的恣肆，吴昌硕的洒脱，齐白石的天真。我相信"法自我立"，追求手心相应，落笔成趣。

陈师曾在谈到文人画的要素时这样指出："第一人品，第二学问，第三才情，第四思想。具此四者，乃能完善。"可见，这已经不是画的境界了，而是人的境界。

2007年2月24日　北京

与话剧有关的笔记

一

我一直是把话剧当做一种独特的书写形式来看待的。这是我喜欢话剧的最大理由。

在我二十五年的写作生涯中，用于写作话剧的时间其实很少。但我还是喜欢这种形式。这种对形式的内心确定，对我是十分严密的。它有着起码的几条原则，比如，不是任何一个题材、一个故事，都是可以写成话剧的。这种形式应该有着不可替代性。老舍先生的《茶馆》，如果就这个题材写成小说，必定没有话剧好，至少，我们看不到于是之等前辈艺术家的杰出表演了。但是后来改成的电影，又让我们失去了那种无法割舍的剧场效果。因此，某种意义上，这种形式的唯一性成为话剧的灵魂，也是话剧自身的魅力所在。因为这种作为载体的形式，实际上也并非只是对内容的一种简单承载，要承认，形式自身也是内容的一部分。这与我对小说的要求完全一致。

1999年我写作话剧《地下》，剧本发表于《北京文学》2000年第五期。这是这家刊物自新时期复刊以来破例发表的剧本，这之前的1964年，发表过吴晗的《海瑞罢官》。《地下》发表之后，在文学界引起了广泛注意，《北京文学》后来以"《地下》与突围的先锋文学"为题展开了一次学术讨论。这个戏至今没有立于舞台，自然有其他方面的原因。但我还是相信，将来会在某个适当的时间里，把它排出来。或许由我自己来排。

《地下》的写作，首先是出于对形式的敏感。最初我的想法是要写出一个话剧的"三岔口"——我喜欢这个京剧折子。戏曲的魅力之一，就在于这种虚拟表演的真实性，于虚拟中创造出不可思议的真实。我觉得让演员在"黑暗中"进行表演具有很大的诱惑性，同时也是对表演空间的一次拓展。这就像是习惯中所说的那种"开放式悬念"，观众看得明了，剧中人却蒙在鼓里。诚然，《地下》是一部有思想的戏。它借一场地震后的废墟，借四个被埋在地下的人——男人、女人、老人、青年——之间的对话，探讨了一些大家熟悉，却又不肯深究的问题，在将死的边缘谈论着重生，于黑暗中思索光明。

所以，我坚持认为，话剧承载的是思想。而不是喋喋不休的家长里短。话剧也不是大政方针的喉舌，它面对观众表达的，是发自内心的倾诉。

二

话剧属于文学。或者说话剧本身就是文学。某种意义上，它也接近于哲学，至少有一种话剧是这样的。比如迪伦马特的《贵妇还乡》、萨特的《死无葬身之地》，就更不用谈贝克特的《等待戈多》这种现代派典范之作了。依我朴素的理解，作为话剧里面的文学和哲学，是一种色彩，更是一种意味。它往往是先从一个形而下的故事开始——因为是戏，自然离不开故事，但是仅仅在这个层面逗留远远不够，需要做进一步探索，直到上升为形而上的意味。而意味又具有不确定性，它决非单一的意义，多元而复杂，甚至是只能意会而无法言表。正是这样的一种意味，使话剧具拥有了高贵的品格。但是很遗憾，企图走通这一步将十分艰难。如果到头来说的舞台上演的还是一个故事，那么这样的话剧便可有可无。

我曾经就这个判断，以两部电影作过比较。意大利导演朱佩塞·特纳多雷的《1900 的传奇》（通俗译名为《海上钢琴师》），和中国导演陈凯歌的《和你在一起》。二者的最初出发点大致一样，一个婴儿遗留在国际邮轮的一台无人打理的钢琴上；另一个婴儿抛弃在简陋的火车站长椅上，边上放着一把小提琴。但是，故事发展下去就大相径庭了。前者最终突破了故事层面，上升到一种哲学的意味，那个遗留在钢琴上的婴儿可能来自上帝的馈赠，他无师自通地驾驭着钢琴，以此作为和世界、人类沟通的手段。他说:"钢琴只有88个键,它是有限的,但音乐是无限的。轮船有船头和船尾,它也是有限的,我能看得见,也把握得住;而一旦走上陆地,我将无法面对无限的城市和那些错综复杂的街道……"他是对的,他的忧虑也正是我们的忧虑,我们同样需要面对生存的巨大恐惧。主人公最后决定不走下这艘轮船,而选择与它同归于尽,实际上是传达了对这个世界的绝望,也是它的宿命。而后者继续沿着形而下的故事蹚下去,成了一部刻苦磨炼然后成才的"励志片",这品质与格调当然就完全不一样了。

天机不可泄露,意味也很难一语道明。姜文的《太阳照常升起》,关于"天鹅绒"的那一段,改编自作家叶弥的小说《天鹅绒》。小说中最有意味的,是一个男人想象中的天鹅绒和某个女人皮肤的特定关系,正是这个比照激发出了一段性爱野合,即使当事人遭到死的威胁,他也希望临死之前知道什么是天鹅绒。但是,现在电影里,这个致命的诱惑被处理成一面打开的肮脏的锦旗,这就说白了。

但我仍然支持任何形式上的探索。这种属于内容一部分的形式。

三

2004年我写了两个话剧:《合同婚姻》和《重瞳——霸王自叙》(后来演出剧名改为《霸王歌行》)。这两个话剧都是根据我本人的同名中篇小说改编的。这是两出风格迥异的戏,我分别交给了中国两大话剧团体——北京人民艺术剧院和中国国家话剧院。前些日子,日本汉学家,也是戏剧杂志《幕》的主编饭冢容先生问我,当初把这两个剧本做如此处理是否经过考虑?我说是的,依据便是这两个团体的传统以及两个导演的手法。历史上的北京人民艺术剧院是以演出现实主义的剧目闻名立足的,这也是他们引以为荣的地方。而国家话剧院的前身——中国青年艺术剧院和中央实验话剧院,也拥有着在话剧形式上进行探索的基础。《合同婚姻》写的就是当代人的婚姻生活困境,并由此对婚姻制度提出质疑,这是创作的初衷。这个戏在北京演出了几年,观众很喜欢,今年北方的哈尔滨话剧院也演了。但是,遗憾的方面是话剧演出本,最后要求我往回找,找到符合官方能够通过审查的那一点上,也就是说,大家还是要认真对待婚姻的,还是需要家庭的。这就完全违背了我的意思。我要求的是质疑,而不是折腾半天去作出一个道貌岸然的回答。当然,这是中国的现实。最近,这个戏又拍成了电视剧,连剧名也不可以叫《合同婚姻》了,说是挑战了《婚姻法》。这就更让人摸不着头脑了。《婚姻法》难道不能挑战吗?不能挑战,那么后来人大对这个法律的修改作何解释?无奈之下,只好改作《婚姻背后》。

《重瞳——霸王自叙》,无论是小说还是后来的话剧,最大的价值是在没有离开司马迁《项羽本纪》等典籍中规定的那些史料,在这个前提下,去寻求了一种个人化的解释。所以我对一些媒体公开说过,这个戏不能简单地视为历史剧。另一点,小说和话剧都是第一人称。也就是项羽的个人自叙史——以一个两千多年前幽灵的视角展开叙事,俯视苍生。作为"霸王自叙",移植到话剧上,就是项羽的内心独白。导演王晓鹰是一个勇于在形式上进行探索的导演,他最初是想做出一个独角戏。因为缺乏操作性,才改成现在的这个样子。其中,最大的创造是让演员张昊一个人扮演了范增、韩信等十三个角色。这个戏的导演手法和舞美设计与剧作的先锋性达到了一致。

四

我以前是比较排斥"小剧场"的。我心目中的话剧还是应该在舞台上安身立命。舞台是仿佛一个神龛,紫红色天鹅绒的大幕徐徐拉开,那就产生了一种庄严的仪式感,让观众肃然起敬。但我的这两部话剧后来都是在"小剧场"演出的,从演出效果上看,也都不错。但是作为编剧,我认为《合同婚姻》利用"小剧场"未尝不可,因为它能令人产生身临其境的感受——对于一部写实的话剧,这应该是最为强烈的感受。而《霸王歌行》则不是这么回事。它是一种诗性和哲理性的东西,无论是剧作还是后来的舞台处理,都是比较写意和抽象的,走下舞台就顿时让人觉得"矮了三分"。我曾经就这个问题和王晓鹰谈过,他有他的解释,抑或因为某种限制(比如资金),他才做成了"小剧场"。今年春天《霸王歌行》在北京的首演很成功,后来去了其他几个城市,都受到了好评。最近又去了韩国、埃及演出,据说反映也很好。然而,我依然期待这个剧目未来能有一个大舞台的版本。

所谓"剧场效果",不是所有的掌声和笑声,它应该是表演者与欣赏者之间构成的一种互动气息,一种天然的默契。北京的话剧舞台有一种奇特的现象,就是"搞"。我无意去评价这种"搞"出来的效果是什么,但我可以说,这不是我心中的剧场效果。或许正是这个心态,我不喜欢赖声川的《暗恋·桃花源》。不能简单地认为,观众的掌声和笑声就是对你的赞美,因为掌声有时可能是廉价的,笑声有时或许是盲目的。正如网络上的点击率,也不是都与所见之物的价值成正比。"艳照门"点击率应该不低,但你能说陈冠希是最好的摄影师吗?

其实有些戏是无法用掌声和笑声来进行呼应的。有时候沉默或许是最佳的剧场效果。让观众于沉默中思考,内心在沉默中爆发。比如,《霸王歌行》。

五

这两年我在忙于电视剧,自编自导,在做一个"谍战三部曲",前两部是《五号特工组》和《海狼行动》,接下来是第三部《惊天阴谋》。做这样的事情出发点有两个,其一是挣钱,我历来把自己的写作(包括用镜头),分为两类,即内心需要的写作和生活需要的写作。小说和话剧,以及今后那种我想拍的电影,属于前者;后者大概就是电视剧这种东西了。其二,是希望通过这种导演的实践,来赢得投资方对你能力的认可,好出钱让你做你想做的电影。就这么简单。我做电视剧没有压力,因为没有人会指责我,你的电视剧一点也不深刻。大家关心的是好看与否。所幸的是,我做的这两部都还好看,收视率很高。这就够了。但是,这又并非我想做的。我离不开的,还是内心需要的写作。这种写作是一个人的战争,既残酷,又奢侈,而我恰恰又是一个爱跟自己较劲的人,要不别打,要不打赢。

我在筹备拍摄我的第一部电影《重瞳——霸王自叙》。

我在考虑写一个叫做《私奔》的话剧。

这个话剧,在我脑子里已经想了很久,让我最先激动的不是"私奔"这个过于古老的话题,而是剧作的形式。但凡创作都是忌讳重复的,但这次，我要不断重复，乃至把重复做到极致。可能是三幕，也可能是四幕，每一幕演的都是某个特定历史时期的某一夜，每一夜的行动都是私奔。这且不算，剧中的两个人物，男人和女人，台词也大都是重复的。虽然如此，但是，由于时代变了，人物所处的社会环境变了，因此由语境导致的意味也在发生变化。举一个例子，20世纪60年代，如果有人说你"真是活雷锋啊！"，这无疑是在夸你；而今天再对你说这句话，你认为还是在夸你吗？

因为这一点的刺激让我激动。

我意识到，我想要的那种话剧的形式，又一次出现了。

2008年11月23日　北京

潘军文集

第拾卷

序与跋

《白色沙龙——大陆新潮作家潘军先锋小说选》序言

本书所纳文字，是我近十年笔墨生涯的一部分。我自一九八一年开始作小说以来，迄今已逾百万言。两年前，为了方便我的小说研究者们，我拟订了一份主要作品目录；其中对我本人比较满意的作品还做了标记——它们基本上放进了现在的这本《白色沙龙》。然而这种选择，并非完全出自个人的偏爱。作者的用意还在于希望通过这样的安排使读者了解一个青年小说家的"运行轨迹"。读者或许有些疑惑，这些面目各异的小说是否出自同一个潘军之手？倒很像是应验了中国民间的一句俗语：一娘生九子，九子不像娘。这正是潘军的追求。

什么是小说？我回答不了。我想一些权威人士也未必能回答得了。《辞海》里关于小说的界定早已倾斜。小说的发展总是令人始料不及的。去年，我在接受《光明日报》记者采访时，说过这样的话：时代赋予小说的形式。换言之，小说的形式源于对时代的理解。不同的理解会带来不同的小说。面对当今喧嚣与骚动的世界，小说家该作何思索？显然，习惯于一种思维模式、恪守一种创作套数的作家，必将为时代所抛弃。从这个意义上讲，我非常情愿做一名"见异思迁"的作家，不肯被所谓的风格绞死。我快乐，因为我不成熟。

今天的小说业已回归到它的本体意义上。我以为，小说只能是语言的艺术，但又不是文字的游戏。语言不仅作为载体，同时自身也应成为被载的一部分。那种形式内容的和谐默契，永远让我陶醉。

大陆及至海外的一些文学批评家，对我作为小说家的判断历来是不一致的，甚至大相径庭。或言我是一个严格的现实主义作家，或将我纳入"先锋派"营垒。但又似乎各持己见，自圆其说。我想这也是正常的。从眼下这本集子所反映的，也无不充满矛盾。写实与写意、再现与表现、经验与超验、思辨与感觉、理性与非理性等等，交织一起，甚至交织在同一篇作品里。我说不出这是怎么一回事。我只能说我是一个胡思乱想、想入非非的作家，这或许不好或许很好。一篇作品公诸于世就是一个客观存在，读者有评判的权利，我可以躲到清凉处去听，自然不同的声音最好。让我安慰的是，写作业已成为我个人生活中不可分割的一部分，没它我活得枯燥。写作正如血液一般，伴随我生命舞蹈。

我十分地感谢林惠珍女士及她领导的"贯雅"，使我的作品有幸与台湾广大读者见面。我与林女士素昧平生，她的热忱与精干给我留下了很深的印象。我还要感谢为这本书的出版付出辛勤劳动的朋友。海峡两岸同是炎黄子孙，作为作者，我由衷地希望自己的作品能够为台湾以及其他地方的读者所喜爱。并且，我在千里之外殷切地期待着大家的批评——我的通信地址在一篇小说里藏着。

是为序。

潘　军
1990年5月29日夜于
合肥寓所

《中国当代作家作品选集·潘军卷》自序

　　这本小说集所收入的,是我十多年间(1987—1998)发表的部分中短篇小说。按照人民文学出版社这套丛书的体例与要求,由作者自选编定。

　　作者出选集是希望读者通过这些作品,了解其一段写作历程。然而事实是这比较困难。因为小说的写作不同于某项科研,可以预先确定一个目标,再按部就班地发展。写作者如同夜行者,始终是困顿而迷惘的,只能凭感觉前行。写作是未知不断显现的过程,所以一个作家的创造历程往往是无序的,至少对我是这样。当我回头再看——大致看看这些旧作时,心情还是有点复杂。

　　来自官方的荣誉以及媒体的炒作,从来就不能视作对作品价值的衡量尺度。即使是某些打着学术招牌的评议,也很大程度上偏离了起码的学科意义和专业精神。在这种情况下,对写作者的慰藉除了写作成为需要外,就在于读者对阅读给予的态度了。我称之为事先没有约定的空中握手。十多年前,也就是这本集子开始的时候,我说过这样的话:一篇好的小说作者永远只能写出它的一半,另一半应由读者完成。这如同茶叶和水的关系,上好的茶叶上好的水才能沏出一杯好茶。作为作者,我觉得有必要介绍一下这本书其中某些作品的发表情况,我想或许是有趣的。

　　《白色沙龙》写毕于1986年10月,首投《人民文学》。结果稿子在编辑部压了半年之后退了,这是我与这家刊物唯一的交道。我后来将这个中篇转到了同在京城的《北京文学》,于翌年10月号刊出。有些朋友认为《白色沙龙》是我创作生涯的转折点,我同意。有件趣事值得一提,发稿时,责任编辑陈红军女士电话相告,说少了一页。"但是,"她又说,"将上一页最后一句划掉,又似乎与下一页接上了。"我立即同意就这么"接",至于那少掉的一页写着什么,我至今不晓。

《南方的情绪》是我应《收获》程永新先生之约而写的,其时他正在着手编一期"先锋小说专号",希望我写一篇。这篇小说不久就在第六期上发表了,这是1988年秋天的事。现在批评界把我纳入所谓先锋营垒,可能与此有关。我后来在《收获》上发表的小说,包括这本选集里的《三月一日》和《海口日记》,均由程永新担任责编,他的专业素质和文学立场给了我很深印象。

1990年初,我在歇笔半年后又为《收获》写了《蓝堡》。据说编辑部对这篇作品给了不错的评价,但基于当时的某种原因,稿子暂不能发,要我等待。"什么时候能发,我来信通知你。"程永新在给我的信中这样写道。(他至今认为《蓝堡》是我最好的作品之一。)然而不久我接到《作家》宗仁发先生的约稿信,手头没有别的货色,便将《蓝堡》寄了去,他很快就编发了。我和宗仁发可谓神交已久,直到1993年初,我们才在海口见面,自然是一见如故。《作家》办得好有口皆碑,但我是冲着宗仁发写的。

与《蓝堡》同一时期写出的还有《流动的沙滩》,由《钟山》发表,责编是傅晓红女士,几年后的《结束的地方》也是由她编发。这两个中篇我本人是喜欢的,但并未引起什么关注,这当然很正常。作者满意的作品未必就是轰动的,况且我历来就不曾有过轰动。

1992年春天,我只身去了热火朝天的海南岛,从此开始了自我放逐生涯。之后我又到了郑州和北京,于是在我的创作中有了一批与都市相关的小说,其中以《海口日记》、《对门·对面》为代表。后者发表于《花城》1998年第三期,是我的老友田瑛先生和林宋瑜小姐组稿的。我在北京一家宾馆里写这篇小说,却不可思议地写得很顺手。脱稿的那一天正是我四十岁的生日,但我的对门和对面全是陌生而冷漠的面孔。

选集中还有一些短篇,是我从自己近四十个短篇里挑选的。我很喜爱短篇小说这一特殊的叙事形式,在我看来,它类似传统中国画里的小品,要求的是寥寥几笔,尽得风神,于有限的篇幅里出大境界。这无疑是难以企及的目标,我的努力不过是表达某种欲望。我对写作的情感深度始终保持在爱好的份上,这或许缺乏进取精神,但却给我带来了美丽的生存状态。我看重的正是这个。

是为序。

1999 年 3 月 5 日　合肥寓所

《潘军中篇小说自选集》自序

大众文艺出版社的卢昌五先生在与我有过一次的交往后，便提出要编我的小说集，这很让我意外。这些年来，我对出集子一直持审慎态度，究其原因似乎也很站不住脚，却是我的原则。譬如某一套丛书，编我一本，我就要问除了我还有其他哪些人？倘若我觉得我和其中某些人在写作的立场上原本不是一回事，势必我就想退出。再有，某套丛书的主编者，在我看来既算不上权威又非朋友，我就觉得我跻身于其麾下不太光彩，自然不合作。还有就是这集子的背后有无附加条件？譬如以此举交换一部长篇的预约？若是，我又得退出。所以市面上几乎见不到我的小说集子。

然而我有时候也为此犯愁。朋友们经常给我寄新书，而我则以旧书赠还，似乎拿不出手。尤其是我时常收到一些读者的来信，问哪儿能买到我的集子？有的还把信写到像《花城》、《小说月报》这样的杂志社，通过他们转来。有的则直接给我打电话。我很感谢这些喜欢我小说的读者，我视他们为朋友，因为某种意义上，是他们成就了我，使我能把一种好的写作状态保持到今天。这样，当卢先生提出要求后，我们便在一小时内商定了出版这套书的思路。这就是分上、下两卷，每卷二十多万字，集中介绍我的中篇小说。我想他的考虑不无道理，这些年我的小说探索表现在中篇这一形式里比较明显。

选集由我自选编定。十四部作品是从我近三十部中篇里挑选而出的，但我没有按发表时间的顺序排列，而是作了另外的考虑。批评界一直把我划在所谓的"先锋作家"行列，这么划分有多少道理我说不好，但自1987年以来，我对小说的写作进行多方面的尝试却是事实。从1987年的《白色沙龙》（一般认为这是我的成名作）到最近的《重瞳》，时间长达十三年，至少说明我的探索没有停止。所以集中在这套书里的作品，在写法上会有不少的变化。这不是一个小说家故作姿态的刻意标新，而是在一部小说的写作之初，最先进入我大脑的并非内容而是形式。我需要找到一种最为恰当的叙述方式，找到新鲜的语言，才能有信心把它做完，否则我将寸步难行。很难想象在叙述上把《南方的情绪》和《海口日记》交换一下是怎样的后果，尽管二者都是第一人称的口吻，也无法知道《对门·对面》与《三月一日》互调表达是多么的可笑，虽然它们说的都是城市故事。我历来不喜欢所谓"风格"一说。我认为一个作家为风格所束是一件可悲的事。如果说我有什么风格，那么就会作这样的回答：我的风格就是没有风格。

选集的上卷，集中选了可读性较强的作品，而下卷则对实验性较强的作品有所偏重。从这十四部小说里大致可以看出我这十几年对小说的努力。但无法判断出带有什么规律性的东西，因为写作对于我是未知不断显现的过程，往往是无序的。我希望的是读者能通过这些作品与我建立新的沟通，这或许就是我愿意出版这套选集的初衷。

潘　军

1999 年 10 月 25 日　北京天坛之侧

《潘军小说文本系列》自序

　　大约是在1981年5月,我在合肥出席了一个小型的会议,内容是关于《青年文学》杂志创刊的座谈。那时我还在安徽大学读书,由于写了一个叫做《前哨》的话剧而获得了意外的荣誉,便被看做了文学青年。在那个会议上,我认识了从北京来的编辑牛志强。据18年后的牛编审回忆,他当时对我的印象有两点:其一是这个24岁的小伙子长得挺帅,其二就是这小子很狂,因为我在会上批评了一位当时正红的青年作家。但他还是组了我的稿,希望我能为即将创刊的《青年文学》写一个短篇。我还记得他说过这样的话:你说人家的东西不灵,那你就给我来篇灵的吧!于是我就抱着试试看的态度完成了这篇作业,等第二年正式发表出来,仍是觉得有点不可思议。这篇小说叫《啊!大提琴》,可以看做我的小说处女作。现在,当我和牛先生再次坐到一起来编这套《潘军小说文本系列》时,想起我们在合肥的初识及后来的交往,不禁有了恍然若梦之感。时间往往就是这么于不经意中流逝而去。

　　然而我不愿把那个时候看做我写作生涯的开始。我觉得我的小说创做真正开始是在5年之后,以发表在1987年10月号《北京文学》上的中篇《白色沙龙》为标志。因为,这是我理解小说的开始,尽管这之前我已经发表了近30万字的小说。

　　对小说这一叙事形式理解的不同,实际上意味着一个作家某种写作原则的确立。由于这至关重要的一点的改变,小说逐渐脱离了传统习惯的故事框架而走向了对叙事空间的探寻与开拓。在我看来,只有这样的小说才能构成一种文本的意义。小说的发展究其本质而言,也就是形式的发展。形式显示着一个小说家的思维方式与叙述能力,更表明他对这个世界的态度与立场。小说家可能放弃了解释世界的权利,但从未放弃过对世界的认识与刻画。然而即使这样，小说家仍是困惑与不安的。因为写作不同于科研，不能预先确立一个目标，再按部就班地发展，最终获取一个明白无误的结果。至少在我看来，写作是一个未知不断显现的过程，其中不乏困顿和迷惘。写作者如同夜行者，所能依赖的只有自己的感觉。而我又是一个极端崇拜偶然与直觉的人，检点我1987年之后的小说，就不难发现即兴的成分占有很大的比重。我的写作很大程度上依赖于我"写作中"的状态。这或许是批评界把我纳入"先锋"营垒的一个不可忽视的原因吧。

每个作家都有自己的原则，每个作家都渴望有"自己的小说"。尽管我们身处一个很浮躁的时代，尽管20世纪的最后一天与21世纪的第一天没有什么两样，但还是有许多的小说家为营造自己的小说孤芳自赏。这个事实至少证明了两点：其一是汉语写作具有内在的潜质，它将为我们提供充满诱惑的叙事可能性；其二是这些作家已自觉地把小说这种东西置入了一种学科的意义上进行观察。正是有这样一批人存在，构成了当代中国文学的希望。他们远离了来自官方的荣誉，远离了传媒的炒作，更是远离了毫无科学态度的肉麻吹捧，使写作回归到了真正的意义上。他们对写作除了热情与执著还有着与生俱来的天赋，从而把叙事变成了一种绝对的本领。我愿意把这样一些人看做职业小说家，并引为同志。

我曾经说过，写作是门手艺，写它十几年只有一个理由，就是喜欢。一个男人能喜欢一样东西这么长久并非容易。写作属于我日常生活的一个部分，所以谈不上什么神圣。如果说一个作家有什么野心的话，那么我觉得，这野心就只能局限在一张纸以内，而不要跑到纸以外的任何地方去。当我在这个寒冷的冬天编完这套书后，我对自己十多年前树立的信念更增加了一份乐观。虽然这套六卷本的《潘军小说文本系列》没有包括我的几部长篇，但囊括了我的中短篇较好的作品，足以反映出我对写作的立场以及我对人生的努力。至少，它记录了我的一份对形式的痴迷。

是为序。

1999年12月22日　合肥寓所

《中国当代小说珍藏版·潘军卷》自序

去年冬天,林舟博士由苏州来合肥做我的访谈,认为有一个时期我好像是消失了,他说:不知是文坛遗忘了潘军,还是潘军遗忘了文坛?林舟说的这个时期,应该是指1992年之后的五年光景。我于那一年的春天去了海南岛,在那里住了近三年,以后又去了中原郑州。我把这段日子称之为"自我放逐",虽然过得身心疲惫,但毕竟拥有了一份可贵的自由。当时我似乎有意把自己从所谓的文坛里"摘"出来,因为在我看来,这个文坛委实不怎么可爱的。我对文学的喜欢,实际源于一种欲望,写作中的欲望。李陀曾批评我是个"过分迷恋叙事快感"的人,我想这或许不错吧。

然而在中国,一个作家如果想专心致志地坐下来写作,还不是一件简单的事情。俗话说"靠山吃山,靠水吃水",但一个作家想把自己养到安心写作的程度,却是相当困难的。这一点我在那时就已看得很清。我深知谋生和写作一样的艰难。而以写作谋生则就难上加难了,尽管有许多畅销书作家,但我不希望是这个样子,所以我需要把谋生与写作分开——这应该是我"下海"的初衷。

在我看来小说写作在成为一门艺术之后,小说家和艺术家的职责以及为履行这份职责所面临的需要克服的困难也完全一致,这就是表达的困难。他们都需要不断地去寻找新的、特殊的形式,作为表达的手段,并以这种特殊的形式去刺激欣赏者的想象力。这就是说,小说的叙事对于小说家是至关重要的,甚至可以这么认为,叙事是判断一个真伪小说家的尺度。这无疑是个素质问题,仿佛与生俱来。某种意义上,一个小说家对叙事的能力大小决定其小说品质的高下,这也可以看作我的写作立场。

1996年秋天,我在为生存、为安心的写作付出五年辛劳之后,在中原郑州的一间民房里完成了一部叫做《结束的地方》的中篇小说。我的商海生涯结束了,这种结束正好预示着我写作的重新开始。收入在这本集子里的,全都是"重新开始"后的作品。其实,即使在这之前,我和小说的叙事也并没有疏远。所以这本集子的出版也是对那逝去的岁月的一次深切的缅怀,一次纪念。

按照编者规定的体例,作者对本集中收入的长篇小说《独白与手势·白》作了一些调整,即对作品中的"图画"进行了删除,这当然很遗憾,因为这些图画已经不再是传统意义上的、可有可无的插图,而是小说叙事的一个不可替代的层面,从而构成一个完整的文本。这是需要向读者说明的。

前几天,我去南京参加中国书市。在6家出版社的台子上摆放着我新近出版的15本书,这很让我吃惊,因为我并没有觉得自己是个多产作家。其实这之中的大多数,本该在以前出版的,只是那个时候我在考虑生存,也因此被遗忘。那天晚上,我得到了如今已是"旅法作家"的高行健先生荣获今年诺贝尔文学奖的消息,之后便是接到许多媒体记者的电话采访。他们问我,对高先生的获奖是否感到意外?我说不,我说我很高兴。因为毕竟是一个华人得奖了。我记得80年代中期,高先生在北京搞"先锋话剧",而我们一些小青年在写"先锋小说",无论"先锋"的表达今天看来是否准确,有一点我想应该比较一致,那就是叙事的方向性。我说不意外,还在于我历来认为,一个职业作家的使命是写作,他的日常生活也还是写作,与世上有没有文学奖并无多大关系。他们为欲望——叙事的欲望而写。至少我是这样的。

我从1982年发表第一篇小说至今,已历时18年。每一次编选自己的小说集总会生出一些感慨来,这便是写作的艰难。

是为序。

2000年10月25日　合肥

《潘军散文》自序

严格地讲，编这本《潘军散文》为时过早。因为在我看来，散文这种东西不是轻易就可以做得好的。它不像小说，依靠的往往是天赋与才情，散文更多的是需要一种老辣。何谓老辣？依我的孤陋寡闻，它至少包含着两个意思：其一是学识，其二是美文。就学识而言，它能使你的文章写得从容，而文字的锻炼会让你的文章好看。所以古人云：文章老更成。这"文章"指的就是散文这种东西，绝非小说。

令我困惑的是，今天似乎许多的文学青年，总把小说看成是比散文还要困难的货色。而且我经常听到有人这样对我说：等我把散文写得差不多了，就专门来攻小说。这委实叫我惊讶，可是仔细一想，又觉得不足为怪。看看这些年，文坛上出了多少"散文明星"。难怪文学青年们纷纷效尤，都以为散文太好写了。是的，那种散文写起来确实一点不难。而且又很讨好，之后便是风头出尽，大把赚钱了。但是却无法避免当事人来自内心的惶恐，尽管表面的羞涩业已荡去。如何继续横行霸道便成了心病。自然遮丑的方法也多，首先是理论上新奇称谓的提出，如"文化散文"、"新散文"、"大散文"等等。紧接着便是捧出这类的"家"来，似乎连鲁迅的文章也不显得"文化"了，周作人、朱自清自然是旧而小了。其次，是运作方式的狡诈。一面可以对老实的学者兜售矫情笔法；另一面也可以向正经的作家贩卖所谓的学养，颇一副煞有介事的样子。这就好比一只鸭子，既可以与马比浮水，也能够和鱼来比赛跑。一时间，散文仿佛成了一只收垃圾的大口袋，什么都可以装。

推崇这种货色的致命错误，还不仅在于扰乱了视听，造成了良莠不分的后果。更严重的是，某种意义上会让今天的散文读者对《史记》这样的"无韵之《离骚》"都不屑一顾，会使中国散文这一脉不能承接。

我想我这些话不能算是危言耸听吧。平心而论，当代文学与现代文学相比，小说的整体进步显而易见。但就其散文的成就，无疑相对逊色，更谈不上什么发展了。这不是我作为一名小说家的孤芳自赏而导致的偏激，它就是事实，不在乎承认不承认。

　　我曾写过一篇文章，题目就叫《怕散文》。我这样写道："我所说的散文，概念极窄又难以言表，大约是指道理清楚、叙事明白、文笔朴素的文章吧。清楚、明白、朴素，都是大难，都值得怕。"所以这次出版社来约这本散文集子，我是心有余悸的。我自觉我的散文还远不到火候，离我心目中的标准相去甚远。现在这么响应了，着实有些勉为其难。浙江文艺出版社这些年对作家散文系列的经营有口皆碑，但愿不要因为我这一册影响名声。收入本集的，是我十五年来的散文随笔选集，但其中相当的一部分却是近作，甚至都还没有来得及拿出去发表。这些作品能反映出我对散文的有限能力，好在这回的几位作者都是我的朋友，与他们在一起，我也不需要为自己护短。但我期盼着来自读者的批评。真心期盼着。

2000 年 6 月 25 日　合肥寓所

《风印》自序

我的朋友洪峰认为，一个小说家在短篇小说领域里的作为，完全可以与人类登月的那种壮举媲美。这句话在外人看来似乎显得大逆不道，狂妄而有点神经质，但是，作为一个小说家却会感动。因为这并非孤芳自赏地进行浅薄的炫耀，实际上是在暗示着短篇小说写作的艰难。正是这种艰难，使中外文学史上那些依靠短篇小说立足的前辈，如梅里美、霍桑、鲁迅和博尔赫斯，至今令人肃然起敬。

1999年《作家》的第一期是个短篇小说专号。主持人宗仁发先生约请了包括我在内的六位作家为其撰稿，要求除写作一个短篇外，还需要附上一则关于短篇小说的创作谈。我于是写了名为《短篇小说是个专有名词》的短文——

> 短篇小说首先是篇幅之短。因为这种限制，它的经营便煞费心机。我不认为这其中有内容浓缩一说，就像长篇也不是大量兑水的结果。短篇小说是个专有名词，这就表明它有自己的本性，或者说有它的意识所在。选择短篇这一形式不是因为要写的事情少，而是只能用这形式来表达。
>
> 传统中国画里有一种叫做小品的形式。小品不是浓缩的国画，当然放大了也不是巨制。小品就是小品，要求的就是那么寥寥几笔，尽得风神。于是这几笔就要了命。八大山人、齐白石都是小品大师，他们的那几笔出了大境界，因此不朽。我觉得短篇小说多少有点这种小品的意味，只是发展到了今天，成就不怎么样。鲁迅还是一块丰碑，他在有限中企及了无限，而且使汉语写作活在了小说之中。

这应该是我对短篇小说的基本认识立场。去年，北京召开我的小说研讨会，林斤澜先生看过我的几个短篇后说：潘军的基本手法是白描。白描是很基础的，但是做得好却相当不容易。林先生还打了一个生动的比方，说一个好的短篇就像是一次游玩，要边走边看，还要边走边站。我琢磨这"走"、"看"、"站"也是需要花大气力的。所以，现在当我把自己这近二十年来所写的短篇小说经过挑选，编成第一个集子时，心情却显得有些复杂了。因为我深知自己的努力还很不够，但我相信自己还可以写得更好。

潘　军
2001年2月28日　北京天坛之侧

《水磬》自序

这套作品集的策划者及责任编辑李珊利女士,是我在安徽大学时的同班同学。她在阅读过我的随笔集之后,便提出了一个有趣的问题:怎样为这本书取一个书名?然后她接着说:"你最好取一个与水有关的名字,因为你文章里的'水'意味深长,而且你反复提到,你父母的姓氏——潘、雷,也都包含了'水'。"这样,在北京这个受到沙尘暴侵袭的黄昏,我却为我的书想到一个清丽嘹亮的名字:水磬。

大概没有一种乐器叫水磬的,但是很多的时候,我在遥远的山里,或者在故乡的那条河边,我能感到水声如同磬音,让我心旷神怡,思索遐想。

我的故乡怀宁今属位于长江边上的古城安庆。老家的那条河是长江的支流。1999年,我在长篇小说《独白与手势》里写到了这条河以及河边的故事,它们就像流水销蚀着石头那样让我铭心刻骨。并且,我为这条并非虚构的河流取了一个好听的名字:琴河。我在这条河边生活了20年。到了1992年的春天,我只身去了南方之南的海南岛,从此开始了自我放逐生涯。在我的记忆里,涛声依旧的两年南方生活总是呈现出南中国海的一片蔚蓝。这以后的1994年,我又去了中原重镇郑州,那是我第一次与黄河的亲密接触。所以这些年我的漂泊总是没有离开过水。现在,我蛰居在北京的屋子里来写这篇序言,逝去的岁月却有恍然若梦的感觉。我似乎预感到,北京不是我这只船最后的停泊地。我应该择水而居。

作家选择随笔这种形式把自己对这个世界的体验与感触表达出来,是因为这种形式的自由与活泼。而这恰恰是水的形态。

与水相关的一切都会让我感动。

2001年3月2日　北京天坛之侧

《逸韵——安徽省合肥一中作文选》序

历史上的合肥一中就是一所著名的中学,她以独特的教学方式令社会瞩目。百余年来,合肥一中培育了众多优秀的人才,已是不争的事实。在这座历史悠久且又颇具生机的学校百年华诞之际,将遴选的学生诗文汇编成册,当然是一件有意义的事。它是一次检阅,更是一次纪念。

关于作文,前辈的教育家和作家们已有许多灼见。这里我只是发表一点浅显的感想。我觉得作文的意义首先应该是文字表达的训练。通常的情况下,很多人总是想得很好,一旦落在笔下,就成了另一回事。"想"与"写"的距离存在于每个人,区别在于大小。所以,作文训练的第一个目标,就是要缩短这二者之间的距离,把要表达的人物、事件、情绪、观点乃至思想说清楚——这看上去似乎很容易,其实不然。即使是一个训练有素、著述等身的作家,也照样面临着"说清楚"的挑战。因为清楚不仅意味着明白,还意味着准确。这后面才是"说得好"的问题。

从某种意义上说,作文还不是文章,而是实在的训练。作文的训练并非只是针对未来的作家,它的对象应该是一切运用文字进行书面表达的人。它是一切文字表达的基础。不久前,我读了美国著名医学家刘易斯·托马斯的一本叫做《最年轻的科学——观察科学的札记》的书,感觉中就不是一册医学论著,而是一部伟大的人文著作。这种情形很容易让我想起以前读法布尔《昆虫学》,那种准确而生动的表达令我陶醉。我记忆里,1902年的诺贝尔文学奖得主是德国人特奥多尔·蒙松,他是一位历史学家;1927年颁给了法国哲学家亨利·伯格森;而1950年的获奖者则是英国著名的学者伯特伦德·罗素,他不仅是哲学家和社会学家,同时也是一位杰出的数学家。按照诺贝尔文学奖的评选条例,"文学"

不仅包括纯文学，而且还应该包括"在形式与内容上体现了文学价值的其他著作"。

不过我自然也希望在这些同学中间，将来会有几位我的同事。我希望他们以文字的方式与我们赖以生存的这个世界去作沟通，而非无病呻吟。同时这里我还有一个提醒：文学的路是一条寂寞的小径，它的宽畅与明亮是现实中难以寻觅的，但你能在心中与之相遇。

按时尚的说法，中学时代是人生的"花季"，所以当我看完这部文集时，能够强烈地感受到这种鲜活的气息。他们的思维活跃、文笔清新，许多篇章属于文章的"破格"，这非常好。一个写作者最难能可贵的品质就是"自由之精神，独立之人格"（陈寅恪语）。另一件使我愉快的事是，我的女儿参与了这本书的编辑工作，而我现在作这篇序言，并非是以一个作家的身份，而是以一个合肥一中学生家长的身份。这让我有了亲切感。自从我女儿成为一名学生，她的每一次家长会，我都是积极参加的。现在，我仿佛又一次亲临了家长会的现场，因此我的话暂时就说到这里。

是为序。

2002年3月26日合肥寓所

为什么需要写作？
——序姚岚的长篇小说《花开何处》

不久前，经老友唐先田先生引见，我与姚岚在合肥有了第一次的见面。她与老唐是宿松老乡，老唐在电话里说，他的这位小同乡完成了长篇小说的处女作，马上要付梓印刷，希望我能写篇类似序的东西放在前面。对这种事，我历来是不轻易做的，原因是我觉得这样的序言难免显得生硬，何况我自觉也没有到达作序的年纪。但是，我后来还是接受了这个要求。我是安庆怀宁人，就地理范围而言，我和本书的作者姚岚也是老乡。家乡能不断有青年作者出现，总是令我高兴的。

姚岚长期生活在基层，中学教师出身，现供职于《宿松报》社，在大学读书时期便开始发表作品了，已经出版了一部小说散文集《越狱》。她的工作经历也就是由"说话"和"写作"构成的。这样的基础和训练使她与生活有了天然的亲近，也容易与文学结下不解之缘。她无疑是勤奋的，也有相当的能力，按照这样的方向走下去，我们有理由相信她会越写越好。这部《花开何处》就是写了她本人所熟悉的生活，写了在偏远内地的一个小县城里，几个不同性格的年轻女人的坎坷经历和情感波折。她是用女人的眼光在看女人的世界，也是在用女人的笔调写女人的情怀。尽管这部作品有些急就，在叙事和结构上都还需要推敲，但我还是能感受到这样的气息，也能从中窥出她本人的真实体验和一个写作者的良好素质。

不过，那次的见面我倒是没有具体谈论这部作品的得失。我对她只提了一个最朴素的问题，这就是为什么需要写作？对于一般的作者，这个问题简直就不是一个问题，但对有志于把写作当作事业并且进行下去的人来说，这个问题则是个首要的问题。因为它的定位会直接影响到你今后的发展轨迹。在回答这个问题之前，我首先需要说明，现实生活中有多种多样的写作。在所谓的文学圈子里也自然就有五颜六色的作品了。这一点也不奇怪。目标不同，也就意味着出发点不同。写作究竟会给写作者带来什么呢？难道除了名利，除了会引起周围对你的重视和官方对你的青睐，就不会剩下点什么了？这些年我们看到过许多的"文学爆发户"，却很难发现一个货真价实的好作家。因为，做这样的爆发户显然要容易得多。譬如投其所好，譬如迎合市场，譬如为一部电视剧这样的东西提供蓝本，都是捷径，也都容易奏效。但是，要在文学上不断树立专业目标，那就不会这么轻松了。这样的写作与这样的文学，从来都是寂寞的。1985年我在一篇随笔中提到"自己的小说"和"需要的写作"，我认为一个写作者只有像蜜蜂采花那样，凭借自己的趣味与判断，在喜欢的花卉上停下来，那便意味着她会拥有一份快乐的写作，也才会产生"自己的小说"。但是，需要指出的是，这样的文学道路只会越走越窄，因为它很难给你带来意想不到的实惠，能给予你的，恐怕就只是一份心灵的慰藉了。然而这样的写作是高贵的，因为它是一种表达的需要，是一种你面对世界需要倾诉的欲望满足，也是对你自身的永不停息的挑战。只有当写作进入到你的血液之中，成为你的骨质，那么，我们就有理由说，这样的写作是幸福的。

我希望姚岚女士在这样寂寞的路上留下轻松的步伐。

是为序。

2002年10月5日，合肥凤巢园

序《水边的戏台》

半月前晓红来电话,说她母亲因突发脑溢血已经陷入昏迷,这不是个好消息。但那次电话里,我并没有过多地去谈治病,而是建议她应该为母亲写一本书。她说这件事情同事谢鲁勃已经帮忙在做了,接近完稿。"但是,"她又说,"妈妈可能见不到这本书了。"我说,这没有关系,重要的是完成了这件事,等于实现了一个女儿的心愿。今天中午,一接到晓红的电话,我就预感到不妙。果然她告诉我,母亲自从昏迷,就再也没有醒来,已于12月5日谢世了。

这些年与《江南》杂志若即若离,但与晓红始终保持着朋友的联系。这其中的原因,除了作者和编辑的工作关系外,还多了一层母亲与戏曲的关系。晓红的母亲张茵女士是越剧名家,"浙派越剧"的重要代表人物,她主演的《西厢记》、《白蛇传》、《孔雀东南飞》等剧目,至今为人称赞。我的母亲是黄梅戏世家出身,其表演与唱腔也一直受到学术界和民间的尊重。而且,我们都随母姓。

读了《水边的戏台》书稿的部分章节,我发现,母亲们的从艺经历在某些方面有着惊人的一致,比如,都是过去的江湖艺人,都是九岁这一年在戏班登台,都是日后所在团体的当家花旦,在表演上都显现出过人的天赋,都于上个世纪五、六十年代步入黄金岁月,而最后也都是怀着一份意犹未尽的抱憾心情告别了挚爱的舞台。

张茵女士投身越剧,自故乡嵊州乡班起步,成名于大都市的上海,是二分天下有其一的"浙派越剧"的重要代表人物。本书的作者以"一个人和一个剧种"作为纲领,以散点的透视、婉约的文字叙述了张茵女士数十载从艺经历和艺术成就,也折射出一部"浙派越剧"的简史。

"发端于1905年的越剧是一个年轻剧种,从早期的'落地唱书'、男班'正调清笃'到绍兴文戏,走了三十多年,才逐步形成女子越剧的格局,正式打出越剧的旗号,此后,又几经流变,数度革新,在上个世纪40年代后期,曲目形式由花旦轴心转向以小生为主,女小生的性别美学成了剧种的主要特征,百年越剧树冠如云,荫匝辽阔,蔚然全国第二大剧种……"

作者继之认为张茵"不是越剧这个剧种的顶级人物,却与之有着剪不断、理还乱的缠绵;她是百年越剧水系里的一条支脉……"而正是这条支脉的存在,为日后"浙派越剧"半壁河山奠定了基础。毫无疑问,作为越剧表演艺术家的张茵女士,是这个剧种举足轻重的里程碑式的人物。我为晓红有这样一位好母亲感到骄傲。

无论是作为旧社会的江湖艺人,还是新社会的表演艺术家,她的艰辛与欢乐,外人是不容易知道的。作者这样写道:"许多年来,已往岁月的舞台景致虽然还在不停地转动变幻,但张茵却是把自己变成了一个观众,白日里淡若云烟,夜梦中旧戏重演,都只是深藏在了自己心里,很少再在人前提起。早些年就曾有人表示愿意为其写传,张茵一概婉言谢绝了,她只想独守往事。"其实,独守着的是一份属于自己的梦想。某种意义上,这样的人,从走下舞台的那一天,实际上已经完成了人生的最后谢幕,但他们心中仍然有梦,梦想不曾破灭。意大利电影导演朱佩塞·托纳多雷曾经拍摄过一部杰出的作品《1900的传奇》(又译《海上钢琴师》),说的是一个天生的钢琴家,从一出生就不肯离开他的钢琴、他的船、他的海。他拒绝走向这个社会,因为在他看来,钢琴只有八十八个键,可以把握,可以随心所欲地演奏心灵的旋律,但社会正如岸上的城市里的大街小巷错综复杂,让人畏惧而退却。这位钢琴师最后宁可随着废弃的轮船而炸得粉身碎骨,也不肯走上岸来。他不畏惧肉体的被消灭,他唯一担心的是,上帝别把他炸碎后的手臂接错了。

多年前,我故乡的剧场失火,母亲曾经站立半个世纪的舞台一夜之间成为废墟。第二天一早,她就去了坍塌的后台,对着一面烧焦变形的、自己当年的穿衣镜号啕大哭,我知道,被焚烧的不是一面镜子,而是她心中的梦。

"如果以金木水火土之五行来对应中国戏曲的各大剧种,最与越剧相贴切的恐怕就是'水'了。"按照作者的这种联想,我觉得故乡的黄梅戏更接近于"土",她的乡土气息是今天的生命之本。水与土是难以分离的。

晓红说,我以后没有妈妈可叫了。我没有过多地去劝她节哀,我只是劝她相信,我们的母亲都去了另一个世界,那里有天堂,也有水边的戏台。

是为序。

潘 军
2005 年 12 月 21 日夜半　北京

罗朗与罗朗的画
——序《罗朗画集》

1984年我由安庆调到合肥,成为某部的一名干部。罗朗也在这个单位,虽然平时我们没有多少交谈,但由于专业上的喜好,性情上却有不少一致的地方。比如说,我们都想离开机关,到文联这样的单位去搞专业。我们不是机关人,是专业人。几年后,这个愿望却因为一个戏剧性的人事变动意外地实现了。我们都去了安徽省文联。这样,我们二度成为同事。我在写小说之前,曾经自学了一点绘画,所以很愿意结识一些像罗朗这样的朋友。记得这年的秋天,罗朗和他的三个同学在合肥举行了一次画展。我应邀出席了开幕式,后来还写了一篇叫做《日出·印象》的文章。在那篇不长的文字里,对罗朗的画有过这样评价——

"作为风景画家的罗朗是大胆的。他毅然放弃了为目下不少同行所痴迷的'暗示性细节'。这种摆脱局部表象的选择使他关于徽州的思考走出了徽州,进入到一个新的境界——从整体文化氛围上去把握客体,从而表现出本质上的内涵。从他的《皖南系列》及后来的《孔府系列》,都不难看出这种朴素的美学思想。"

1992年之后,我辞去了作协的职务去了海口,开始了自我放逐式的漂泊。这样与罗朗的见面就显得少了。偶尔回合肥,在单位遇上他,就闲聊上几句。但是,对罗朗的画,我是一向注意的。只要在某个杂志或者画册上看见他的作品,我都会认真去看。然后很自然地想起我们曾经的"峥嵘岁月"。从这些零散的画作中,我虽然看不出一个画家成长的轨迹,但却能感受到一个画家的生命状态,这便是对自然与生活的爱。

　　学院派出身的罗朗，最初是作为一个擅长写实风格的画家出现在大众面前的。有所不同的是，罗朗从一开始就没有去刻意模仿自然，也不是随心所欲地把自己的主观意志强加在自然之上。罗朗走的，始终是一条寻找与发现的道路，他立足于这个基点，努力在寻找自然本身存在的那种"有意味的形式"，继之发现美感。在他许多以徽州为题材的作品中，不难看出，画家是在借助徽派建筑结构产生的那种接近几何意义的形式感，借助白墙与青瓦的那种简约而强烈的对比，在写实的基础上做出了抽象的表达。他的作品是灵动的，散发出清新的生活气息。

　　任何一种艺术形式，都会经历一个由简到繁、再由繁到简的过程。先做加法，后做减法。正如一个写作者，最初总是担心自己的文章写不长，可是到后来又担心文章写不短。我想画家大约也是这样，必须要经过一个长时间的积累与磨砺，才有可能真正地"由繁到简"。有所成就的罗朗现在是在做减法了。最近看到他的一批画，我感受到这一点。这些作品不少都带有写生的痕迹，侧重的已经不是先前的结构与技巧，而是总体的印象，一种自然本身放射而出的光辉。这种大的色块与粗犷笔触的交错，以及光与影构成的和谐，都让我联想到法国印象派的代表画家塞尚。我是喜欢塞尚的，喜欢他的强烈与高屋建瓴。

　　罗朗现在也在作着国画。他的一些国画风景，显示着融入西画技巧的特点。像《雾航》、《港口》和《溪边人家》等，都不难看出这个优势。他的国画布局经营有自己的风格，比如讲究有一个大的调子，比如强调有一种色彩的氛围，这都是西画的营养。而笔墨的分量并不重，更多的是一种彩墨，这或许受到吴冠中先生的启发吧。但是，对于他的中国画我也还有不满足的地方，其中最为突出的，就是觉得缺乏笔墨的韵味。尤其是线。中国画是讲究"书法入画"的，没有这个基础，线就立不起来。比如那幅《悠悠岁月》的前景芦苇，笔墨的组织就显得薄弱。我觉得罗朗可能面临着这方面的压力，他的线没有真正立起来，显得不洒脱，不果敢，缺乏力度。这只是我个人的一点意见，仅供参考了。但是，后来我又听说，罗朗之所以这样地去作国画，其目的还是为了探索，他想把国画里的一些东西带进他的油画里。他最为钟情的，还是他的油画。

很久没有罗朗的消息了，只知道他去了上海。所以突然接到他的电话，我还是意外中带有高兴。他说要与几个朋友出一个画集，按照策划者要求，需要找一个了解他的人写篇文字放入其中。我觉得自己并非最佳人选，因为对罗朗的作品，我接触得不算多。但我决定还是写下几句，算是对朋友的一个交代了。

潘　军

2005年6月12日　北京寓所

拾穗者说
——序孙必泰《拾穗集》

1975年我高中毕业，来到本县一个叫平山公社的地方插队。当时的平山公社隶属于黄龙区的管辖。区里有一个文化站，经常组织一些配合当时形势任务的文化活动。我因会点美术，所以就成了文化站编外的小兵。这个文化站实际上就两个人，其中负责的，就是被我们称作孙老师的孙必泰先生。算起来，我和必泰先生认识，已经整整三十年了。后来我才知道，其实孙先生在五十年代就与我父亲雷风是朋友。那时，他们都是风华正茂的文学青年，但是不久，也双双成了右派。我想，孙先生当时对我的看重，与这一点是有关的。

我眼中的孙老师，是一个正直而幽默的男人，他和你的谈话有激情，也十分有魅力。他当时就在写作一些歌词和诗歌，经常在一些像《人民日报》、《人民文学》、《歌曲》这样的知名报刊上发表。这在一个偏僻的乡村，无疑是一道奇异的风景。而且，他那里还订有不少杂志，我就常向他借一点，其实这一借，往往就不想还回去了。虽然那时我的兴趣是在美术上，但对文学的热爱似乎一直是潜伏于身。回想起来，我和孙必泰先生的交往，从来都是随意的，但每次见到他，我都感到亲切，能体会到一种来自父辈的温暖。所以现在他把这本诗集的样稿送到我手上，并嘱我写上一篇序言，我欣然答应。

这册称作《拾穗集》的诗集，是孙先生的第二本集子。多年前，他已经出版过一本叫做《心之声》的歌词集。孙先生是一位出色的歌词作家，在那本集子里，有不少后来被谱成了歌曲，获得奖项，至今还在传唱。其中《拾稻穗的小姑娘》除了入选为"全国优秀少儿歌曲一百首"外，还入选了国家小学的音乐课本。我甚至这样想过，年近古稀之年的孙先生依旧还保持着一颗童心,与他挚爱的这份事业密不可分。《拾穗集》是诗集,孙必泰就是一名拾穗者,终身守望着属于他的田园。诗人写下的,是一个赤子眼中的故乡情怀;记录的,是一个游子对自然的眷恋。但,这情怀除了爱还有沉重,这眷恋除了缠绵还有忧伤——

  一部弯弯曲曲的历史
  用竹筏和木排　书写（《皖河》）

  泪水　无声地　滑落
  一滴一滴地　溅动
  这一井死水　在诉说
  一位女神　化孔雀　飘然飞天（《兰芝井》）

  孙先生是一个在艺术上有着执著追求的人,其个性也执拗,他的诗大都是短的,八句上下;这是他一贯的主张和坚持。他的理由也很简单,他说,诗不可太长,古人作诗一般都是四句八句的,今人谁也没有嫌短啊?真是位可爱的先生!诗言志,热爱生活的孙必泰是达观的,他的诗自然也夹带着乡风一般的清新,有着田园一般的恬静,但我从中也看出了一份隐痛和忧伤。因为我深知,在这个时代,一个真正遵从自己的原则去写字的人,处境往往是孤独而艰难的,命运甚至需要他长久地伫立在阴影之下,然而他的心中充满阳光。

  是为序。

潘　军
2005 年 8 月 12 日　合肥

序《唐罡画集》

唐罡先生要出版画集，来电话嘱我作序，这是客气。我是从唐先生的字接触到唐罡这个名字的。那还是在十五年前，我的单位安徽省文联的杂志《艺术界》和《清明》上，发表了唐罡的书法作品。匆匆一眼，就给我留下了深刻的印象。我欣赏书画作品历来只凭直觉判断。在我看来，唐罡的字，最可贵的是一分稚气，或者是一种大巧若拙的美。这无论从结体上还是用笔上，都不难看出。书家，最怕的是碑帖带来的匠气，难得的是这份稚气。画家何不如此？这是我喜欢唐罡的理由。

认识唐先生却是在十五年之后。他是我的老乡，担任着安庆市图书馆的馆长。去年夏天，我回故里省亲会友，市文联的负责人也是我多年的老友金海涛先生提议，邀请唐先生和我，在他家里举行一个小型的书画笔会。于是，在那个阳光明媚的上午，我和唐先生第一次见面了。简短的寒暄之后，笔会闲散地开始。先是唐先生为我们写字，挥洒之间，那些形态可爱的字跃然纸上，好是生动。然后是我们合作完成一幅写意山水。我起笔画了湖泊和沙丘，唐先生视察之后，果断地在近景位置添上了两株老柳，绿色一染，气氛浓郁。这张随意之作后来为海涛兄收藏。

唐先生的画，属于文人画。作为书法家的他，有着"书法入画"的便利条件。书画同源。李苦禅老对二者的关系，曾有高屋建瓴的概括。他说：书到高时是画，画到高时是书。这是一般人难以企及的境界。以我的理解，苦老这两句话博大精深，既有艺术的辩证法，又含审美的原则。我在谈到小说或文章时，也曾说过：好的文章都是先做加法，后做减法。前者讲的是积累，后者讲的是提炼。但凡文学艺术创作，朴素的美终是大美。唐罡的画里还散发着一分水气，很润，很天真，很空灵，这是他对自然的态度。

唐罡,本名唐根生,1942年出生于安徽枞阳,他的出生地是长江之中的江心洲,那是一个四面环水、不过十几户农家的小村落。六十年后,唐先生在出版的书法作品《唐根生草书桃花源记》的后记中,满怀深情地这样写道:"我家的三间茅屋,坐南朝北,正好面对滚滚东去的大江。朝起,漫天晨雾,日暮,满江晚霞,江上沿溯穿梭的白帆点点,岸边漂浮风动的流沙片片,还有那堤旁柳树丛中的牧童横笛,以及小桥村头的流水炊烟,构成一幅极其幽雅美妙的画卷。"我之所以注意到这个,是我至今坚持这样的观点,无论文学还是艺术,作者的童年记忆决定了他日后的创作方向。某种意义上,正是这些"童年记忆",最初悄然开启了唐罡内心的绘画之门。他需要以绘画——中国画——写意的形式,表达对这个世界属于自己的感受。如今的唐先生已经在书法上取得了很高的成就,但我以为,一个真正的艺术家是不会看重这个的,他关注的是自己的感受与表现。这才是唐罡作品——无论是书法还是绘画的源头。所以他以自然为师,自称为"大江之子",并将这一称号治为金石,他承认"我家乡的那片沃土给我精神的孕育和美感的启迪却起了决定性的作用"。

"文人画"这个提法,最初是由明代的董其昌提出的,但追溯可以到汉。无论是唐之王维"以诗入画",还是宋之苏轼"以书入画",都是企图让中国画进入到一个诗、书、画相通交融的境界。随着时代的发展,所谓文人画实际上已经演变成了一个文人表达主观情怀的载体。一种与自然沟通的方式。按陈衡恪(师曾)的解释,文人画"不在画里考究艺术上的功夫,必须在画外看出文人之感想。此之,所谓文人画或谓以文人作画,知画之为物,是性灵者也,思想者也,活动者也,非器械者也,非单纯者也"。无疑,陈师曾重视的是文人画的精神与品格,轻视的是那种匠气与呆板的技法。读了唐罡的一些作品,我以为他是行走在这个大的方向上。他也讲技法,但更重性情。他的笔墨技法,深受石涛和八大以及近代黄宾虹的影响。石涛的简约,八大的恣肆,黄宾虹的随意,都不同程度被他吸收。说他是一个严谨的人,是指他刻苦勤奋,就像当年按照林散老的笔谈点拨,从唐碑开始往上学,由晋行而入汉隶,再入秦篆,然后回头一直梳理到宋元明清诸家,打下坚实的基础。说他洒脱,是他不拘泥于古人,相信"法自我立",手心相应,落笔成趣,才使得作品流露出大家气象。这也是我的最爱。或许正是这样的原因，使我与唐罡一见如故吧？

陈师曾在谈到文人画的要素时这样指出："第一人品，第二学问，第三才情，第四思想。具此四者，乃能完善。"可见，这已经不是画的境界了，而是人的境界。

是为序。

潘　军

2006 年 1 月 15 日　京城寓所

需要的写作
——《戊戌年纪事：潘军最新小说》自序

今年春天，我应邀去一所大学讲演。举办者希望我能随身带些自己的书去，因为他们所处的城市买不到我的任何一本书，而学生们则有这样的要求，以至去书店买了些关于我的小说评论的书籍，而非我本人的作品。又从网上得知，也有一些热心的读者在四处求购我的作品。我忽然觉得，自己应该编一本新书了，这应该是出这本集子的初衷。

这两年，坦率地说，我的心思不在小说上。我去做影视了，不仅编剧，而且导演，譬如眼下正在全国各地热播的电视剧《五号特工组》。我历来做事专心，不能同一个阶段样样都来，那做不好。我也历来把写作分成两大类，即需要的写作和谋生的写作。电视剧就是"谋生的写作"，它是个很通俗的东西，只是向大众讲叙一个动人的故事，而小说需要的是叙事，它可能更多地突破了故事的层面，直抵人的内心。不过，电视剧能满足你一些物质上的需求，解决你一些实际问题，譬如买上一套房子。而小说，在于我就是纯粹"需要的写作"了。这种需要是内心的需要，欲望的需要，也是因为那一部分关心你的读者存在的需要。这是一个写作者的基本态度和立场。

前些日子，在北京的一次关于文学的聚会上，在讨论到为什么写作时，我有过这样的表述——我认为一个作家是为自己的内心在写作。但这不等于说，可以忽视读者的存在。相反，这是在尊重你的读者。就像一个女士出门，首先得对着镜子为自己打扮，然后才是"悦己者容"。你自己都收拾得不体面，谁会来多看你一眼？更别谈"回头率"了。所以我坚信，一个认真负责的作家首先是把作品写好，才能引起喜爱你的读者的关注。不过，别指望喜爱你的人很多；多了，就可能出现泛滥，那便是另一种东西了。所以我继之认为，这样的写作，读者是小众而非大众。作者和读者之间这种默契的关系，如同我多年前说过的那样，"是一次事先没有约定的空中握手"，足以让一个作家安慰。与作家内心的信念构成了一种相互的支持，也是我为什么选择"需要的写作"的理由。

　　收入在这本集子里的小说，都是我近几年的作品。其中大多数没有结集出版，都先发表在多年与我合作的刊物上，其中几篇，还获得过奖项。读者或许一眼可见，当年那个作为先锋作家的潘军似乎淡去了，不过我还是想在此作几句解释。其实一个作家的写作都是处于不断调整之中，目的都是想把小说写得好看。至于什么才叫"好看"，那也是见仁见智的事。作为写作者，我只能按照我的原则、我的方式去写，发自内心地去写。这是我唯一能够做到的。倘若做得不够，那是我的责任。现在，我把它交给文化艺术出版社，算是对自己创作的一次阶段性检阅，也是对那些多年来一直关心我的读者朋友的一种交代。

　　谢谢你们！

　　是为序。

潘　军

2007 年 9 月 10 日　北京寓所

别样的痛，别样的温暖
——序钱红丽《俗与媚》

我在写小说之前，是学画的。自学，但所下的力气一点不比后来用在小说方面少。这颇有点梨园行票友味道。票友的优势，虽没有科班的训练，却意外获得了一片自由的天空。直到今天，在一部小说或者一部影视剧做完之后，我会腾出一段时间来弄墨试纸。我曾经说过这样的话，六十岁之前舞文，之后弄墨，就这么把此生交代了。钱红丽嘱我为她即将出版的读画笔记作序，应与此有关。

认识钱红丽，是因了自己一篇叫做《重瞳——霸王自叙》的中篇小说，那小说是以第一人称写西楚霸王项羽的，之后报端便出现了不少的评论。这其中便有钱红丽的一篇即兴短文，叫《云霄之上的浪漫主义》。这一说法，当时即给我留下了印象，至今这句话还不断被批评家们反复引用。可见，红丽的眼光是"毒"的。后来我们在合肥见了面，那次短暂的谈话，她给我的印象也有别于他人。她是沉静的，有时也不免激动得有点"怪"，譬如她坚持认为电视机不是她日常生活之需，她的屋子里从来就不搁置这样的电器。但她的"怪"，因为自然，所以真实，且散发出独有的可爱来。今年春天，我根据这部小说改编的话剧《霸王歌行》，由中国国家话剧院在京首演，反响很大，我又想起了她的那篇短文来，我想，我们在很多方面是相通的。

既然相通，那么就可能有某些志趣方面的一致。从钱红丽这本书的目录中，她喜欢的画家，无论是明清的徐渭、郑板桥、八大，还是现当代的齐白石、李苦禅，抑或外国的凡·高、高更乃至列维坦，也一律为我所爱。尤其是徐渭和凡·高，我视作此生的楷模。1996年我独自漂泊到郑州，有一个时期——也许是我最潦倒的时期，无所事事，就闭门专心去临凡·高了。而每次见到青藤山人的字画，我会不禁想起苏轼的《定风波》——"竹杖芒鞋轻胜马，谁怕？一蓑烟雨任平生"。那是一个孤绝于世的身影，悲凉中透出自信。有一年我去绍兴领一份文学奖，还特地去叩拜了"青藤书屋"，不料却败了胃口，我不信徐渭生前有这样的境遇。

但凡称作艺术的东西，作为创作者，本质上是一种内心深处的表达和倾诉，而在欣赏者，无疑是一次受洗。艺术品是一面镜子，既反映出创作者的才能与境界，也照射出了欣赏者的素养与格调，这是艺术特有的魅力。读画，是创作者与欣赏者之间一次次的促膝恳谈，惺惺相惜，彼此慰藉着，这该是一种别样的痛与温暖。世上原本就有许多无奈的事，比如花天价藏画的，未必懂画，也未必肯读，他们想到的是占有与增值。这与徐渭梵·高们生前落寞，死后哀荣，构成了对这个世界最大的嘲弄。但毕竟还有人愿意读着他们。

学问之重，在于一家之言，自圆其说。而非综合他人以学舌，那是央视的"百家讲坛"。读画用的是眼，更是心。读画的趣，在于读出属于自己的好来，尽管这好未必都是舒心。

"看他（徐渭）的画，如读晚唐的诗，有'红楼隔雨相望冷，珠箔飘灯独自归'之感。"这感，属于钱红丽；

"列维坦的画里，始终有一种光，让人眼前一亮，温暖而圣洁……"这光，也属于钱红丽；

"他（郑板桥）的书法往往从绘画里寻找灵感。仿佛是他画的兰，运笔气势兰一样秀气端庄。"这联想，还是属于钱红丽。一如同她本人所欣赏的我已故的同乡，诗人海子，面对梵·高的《星空》所吟诵的那样"其实，你的一只眼睛就可以照亮世界/但你还要用第三只眼，阿尔的太阳/把星空烧成粗糙的河流。"

钱红丽读画，仿佛杜鹃啼血，伴她的是一颗虔诚的心，一份悲悯的情怀。

是为序。

潘　军
2008 年 11 月 28 日生日之夜　北京寓所

麦田的守望者
——序《安庆版画五十年》

还是初夏之际,我因一部电影的选景去了皖南,适逢《安庆版画回顾展》在铜陵展出,而我竟遗憾地错过了。然而两个月后,这部《安庆版画五十年》画册的小样送到了我的面前,市文联的领导盛志刚先生希望我为家乡的这本画册写几句话,我欣然接受,不能不说这是一种缘分。

缘分其实应该追叙到三十几年前。那时的我,身在故乡怀宁的平山乡(当时叫公社)当知青,却一心幻想着将来成为一名画家。几经努力,也经常参加省、地组织的美展,因此这本画册上的一些资深画家,如朱曙征、范竟达、王华龙、张旺清、陆平等,我已早知;有的,如黄惠连,后来也成为我私人的朋友。记得那时一来安庆城,免不了要去老黄的画室涂上几笔。到了1977年,国家恢复高考,我毅然选择报考美院。由于在国家报刊上发表过几幅作品,很快就被国内一家美术名校初选,体检也过了,眼见美梦成真。但是那一年的高考需要政审,而作为一名右派子弟的我顷刻间便如一口气吹灭的蜡烛,最后剩下的只是一缕青烟。

但凡作为梦想的东西,是不容易破灭的,一口气,纵使是神仙的一口气,能算作什么呢?在以后三十年的光景里,无论是写完一部小说,还是拍完一部电视剧,我都会腾出一段时间来圆自己的梦——专事书画。所以现在,当我仔细看过这本画册的全部作品之后,便生出了常人不会有的感慨来。我本当应该成为这本画册的作者之一,现在却成了它的欣赏者。这也是好的,这本画册,对于我实在是一种缅怀。于是为这本画册写序,成了这个夏天我回到故乡最美好的记忆。

正如某种意义上一个作家的少年记忆,决定着他的写作方向;一个画家的创作，更是与这块土地息息相关。这些，无论是从朱曙征的"九华山系列"还是从范竟达、王华龙、张旺清的作品里，都给我一种强烈的感受。这感受是一种故乡的气息，更是一种情怀。这感受不仅是山川物态的写实描摹，更是在显现一种爱，对故乡的挚爱。与以上前辈画家所不同的是，后来者纪念、赵军、秦文、宫义、曹晓阳等人的作品，他们脱离了写实的轨迹，传递与宣泄的往往是一种情绪的意念。他们不再描摹，更多的是在表现。正是这样的一种继承与发展，成就了安庆版画的五十年辉煌。

　　版画艺术的不朽，在于其高度的概括力和表现力。版画讲究刀法和木味，如同国画讲究笔墨，油画追求笔触。彼此不可替代，却可以融会贯通。看过这些作品，技法上给我的印象是，前辈画家无论是构图还是色彩，都鲜明地带进了国画的元素，而纪念、秦文这样的年轻版画家却从油画中吸取了营养。殊途同归，艺术家正是经过这样的揣摩，最后达成他心中的形式感，正如很多年后，版画的魅力又不可避免地影响到了国画和油画。这在吴冠中、贾又福等画家的作品中显而易见。画种之间这样的互通有无，取长补短，正是当今绘画美术的潮流。很多年前，我曾拜访过已故书画家赖少其先生，他的画室取名为"木石斋"，我便琢磨起这一木一石的意味来，后来写了一篇名为《木石精神》的文章，在那篇短文里，我斗胆作出这样的评价，说赖先生的木刻刀法融进了他喜欢的金东心的书法精髓，不料受到了老先生的几声赞赏。晚年的赖少其投身国画，有所谓衰年变法，在他后来的一系列国画作品里，你能体会到其曾经作为版画家的履历。

　　在这个炎热无比的夏季，一本《安庆版画五十年》让我如沐春风；在物欲横流、人心浮躁的目下，一本《安庆版画五十年》让我看见了大自然麦田里依然有一批最后的守望者，正是有了这样一些优秀画家的坚守，给安庆这座古城带来了荣誉与尊严。

　　谢谢他们！

潘　军
2011 年 8 月 16 日

关于土地，我们需要怎样的诉说？
——序王新宇《风吹云散》

本书的作者王新宇与我并不相识，但朋友把《风吹云散》的书稿传给我，并要我作序时，迟疑之后，还是接受了。因为，这是一本关于土地的书。这块土地是滋养作者的故土，就是皖北农村。随着叙事的展开，我依稀看见多年前一个农家少年单薄的身影，走在黄昏的田野上。在他身后，是沉寂的村庄，炊烟散尽，仿佛连鸟声也都远去……作者忧伤的情怀还是触动了我，同时也勾起了我经历中的一件往事。

1988年，为纪念"大包干"十周年，我应安徽电视台之邀，为其撰写一部大型政论片《绿土》。作为总撰稿，我肯定了"大包干"的历史地位，却没有为其大唱赞歌，相反，不合时宜地泼了一瓢冷水——作为农村联产承包责任制策源地的安徽，在改革开放十周年之后，却落在了时代大潮之后，这是为什么？质疑与思考便由此开始。在我看来，安徽农村的落后源自土地的富足，土地变相回到农民手中，在暂时解决了农民的温饱同时，也无可避免地滋生了他们幸福的惰性。而在土地资源溃乏的温州，农民无法享受这种土地带来的眼前实惠，只能背井离乡游走四方去买拉链、纽扣和打火机。然而十年过去，安徽的农民还是农民，温州的农民却被迫掉进了商品经济的大潮，成了中国城市中最早的农民工、小老板乃至民营企业家。富足的土地成为坚实的负担，迷恋短视便会失去远见，这是土地的灾难，还是人的灾难？片子播出之后，反响空前，一个月内电视台便收到了几千封来自四面八方的观众来信，他们基本上都是安徽的农民。但是这部片子仅仅播了一次，就被上面叫停了，理由是给安徽抹了黑，之后还成了我的一条罪状。

毋容置疑，故土情怀是这部小说的原动力。在作者心中，"皖北是一块伟大的土地,这里诞生过老子和庄子,正是由于这样的文化传承,养育了农民们悲天悯人的情怀、豁达淡定的心胸、朴质端肃的性格。"但他同时又深深忧虑,因为"这种中国农村的农耕文明在纷涌中几乎断掉了脐带。"作者忧虑的正是这种农耕文化的"断掉",尽管他不曾明示,"纷涌"之前需要强调的某些定语。

我丝毫不怀疑作者炽热的感情,但我又想,这种被作者称之为农耕的文明,被断掉,是幸还是不幸?对于土地,对于农民,我们是否还带有某种陈见和常规的希冀?似乎即是土地自然就要淳朴,身为农民自然也就要敦厚,这样的土地是否意味着可以随便被剥夺?这样的农民是否可以任意被欺凌?放眼今日之农村,田野犹存,家园何在?对此,王新宇笔下有刻骨的描述,他每次返回故里,最怕见到的,或许就是那一扇扇被生了锈的铁锁把住的农家门户吧?转眼"大包干"三十多年了,大批的农民依旧背井离乡,在城市里流浪……

年前我在美国转了两个月,纽约、旧金山的大楼未必好过北京、上海的大楼,但美国的农村绝对好过中国的农村,这才是真正的差距,也是致命的差距!

我的观点未必和王新宇完全一致,但我相信,对于土地,对于农民,我们有着一样的良知。这也正是我乐意来写这篇序文的理由。我能体会到他伴随这场写作过程中内心的纠结。某种意义上,一个作家的少年(乃至童年)的记忆,决定着他一生的写作方向。王新宇说:"当经历成为记忆,就是告别,是背叛,是易水边远去的壮士背影,心有不甘但别无选择。"正是怀有"一种情感的救赎和自欺欺人的慰藉",年近不惑的王新宇完成了《风吹云散》。但是,风过之后,云真的散了么?

是为序。

潘 军

2012 年 4 月 26 日于北京寓所

潘军文集

第拾卷

答问录

小说的今天
——答《安徽青年报》记者问

时　间：1988年2月

问：目下有许多"探索小说"，对此你是怎么看的？

答："探索小说"这个提法很宽泛。当然，今天来给小说下定义似乎还是个棘手的问题。《辞海》里关于小说的界定很不科学。贝克特曾提出"反小说"的口号，罗伯·格里叶、克罗德·西蒙等人也打出"新小说"的旗帜，都是向巴尔扎克时代的小说挑战的。但谁也不能不承认巴尔扎克在法兰西乃至世界文学史上的显赫地位。我觉得，小说的形式很大程度上受到时代的制约，也与作家对时代的认识层次密切相关。我们正处在全面改革的年代，文学反映改革，改革也影响文学。每个有为的作家都在努力寻求最能反映时代风貌的语言形式。我们是否可以这么说，"探索小说"是对时代探索的产物。仅仅从方法技巧上来估价"探索小说"，是片面的。应该认为这是有追求的作家精神上的折光。

问：你对"文学是人学"这一著名论断是怎么理解的？

答：高尔基这句话无疑是正确的，但长期以来，我们的理解比较狭隘，好像一谈"人"，就是指人物形象、典型性格。我觉得这只是"人学"的一面，甚至可以说是最表层的一面。现在企图从一些小说里发现类似唐·吉诃德、阿Q这样的艺术典型恐怕很困难。如果再这么写下去，"人学"总有一天会灭迹的，因为能称作"典型"的人物会越来越少。我指的是典型，不是类型。然而，小说仍在迅猛发展，作家还得写人，不同的是"向内转"了，深层次地写人。作家通过人的感觉、情绪去触摸本质的东西，去发掘内心世界。弗洛伊德为什么会赢得作家的青睐？

因为他发现了人的潜意识领域，从而拓展了心理学研究的空间，实际上也启示了文学空间的拓展。情节是性格发展的历史，这是不错的。人的意识包括潜意识的轨道如何捉摸，这是有生命力的作家面临的新课题。

问：刚才你谈到作家的"向内转"，这会不会导致文学脱离生活现实而束之高阁呢？

答：我所理解的"向内转"是作家注重自我的内省意识，注重表现对象的内蕴，而不是闭门无病呻吟。比如写改革，写改革在大刀阔斧地实践和写改革者的灵魂搏击就是两种截然不同的写法。我倾向于后者。

问：那么，你对生活和创作的关系是怎么看的呢？

答：生活是创作的源泉，但不是唯一的。创作的发轫来自许多方面，比如一个画面、一个梦幻、一片色彩都可能成为创作的契机。莫言写《透明的红萝卜》就是由梦见一个透明的红萝卜的画面开始的；我本人写《白色沙龙》，首先出现在头脑的是一座白色铁房子，我觉得它很有象征意味。我们再谈谈"深入生活"。这里有一个态度问题，也有一个角度问题。深入生活贵在体验。体验不等于身体力行，也不是浮光掠影。体验，就是作家对生活倾注爱。这爱不是轻佻的而是深沉的。作家在生活中获得独到的感受，并且突破表象把握住生活的底蕴。有些人离不开生活是因为临摹的需要；有些人从生活之源中汲取一滴水便能反射出太阳的光辉。福克纳说，他只需要邮票那么大的生活就可以写下一辈子。他是天才。加西亚·巴尔克斯只写了一个小小的马孔多镇，却让"百年孤独"笼罩了整个拉丁美洲。同样，曹雪芹笔下的"大观园"也囊括了中国几千年封建社会的兴衰。所以，我认为，作家对待生活，是提炼而不是堆砌。

问：有人说你的《白色沙龙》是"现代派"小说，你同意吗？对西方现代派作品你持什么态度？

答：我想先把问题的次序颠倒一下。对西方现代派作品，我比较偏爱。我觉得这些作品中有许多创作手法可借鉴，比如庞德的"意象拼合"、乔伊斯·沃尔芙的"意识流"、卡夫卡的变型和象征、巴尔加斯·略萨的多维结构等。我不以为这些大师们在故弄玄虚，他们各有自圆其说的理论主张，并且使之高明地表现了所要表现的东西。我们翻开克洛德·西蒙的《弗兰德公路》时，会发现其中有不少没有标点符号的段落，但这不是在玩文字游戏。西蒙说，标点引起的顿挫以至于把内心现实里相连的东西切断。当然，借鉴不是临摹更不是照搬。这之间有一个"化"的过程。手法的新颖不等于作品的优秀。

至于《白色沙龙》，我把它看作自己创作的一个小小的转折。我承认这部中篇有些地方让人费解，但不能以此称它为"现代派"小说。

问：舆论界已提出"纯文学"缺少读者的问题，你是如何看待的？

答：这是一个问题。"纯文学"实际上是针对"通俗文学"而言的。没有绝对纯或者不纯的文学。现在一些主题比较严肃、手法比较新奇的小说缺乏读者，我想原因是多方面的。其中作家是一方面，有些作品让人扑朔迷离，看不懂，因此就不能成为畅销书。关于"看不懂"，也要做些分析。一种"看不懂"是因作家故作高深所致，这个不值得提倡；另一种"看不懂"，则是读者欣赏习惯的局限。

问：能具体谈谈"参与意识"吗？

答：参与意识是一切现代艺术的审美要求。作家或艺术使自己的作品成为引起欣赏者审美再造的媒介，欣赏者能从某个方面把自己的经验融汇进去。比如我们欣赏毕加索的立体主义绘画，不可能完全理解它，但是我们可以从某一个或几个方面去进行创造性的读解。我曾经说过，好的小说是茶叶而不是现成的茶，水在读者手里，谁想喝谁就拿水来泡。因此，茶是否好喝，取决于茶叶的质量和水的度数。"阳春白雪，和者必寡"。这话不科学。我们既不能说和者寡的就必定是阳春白雪，也不能说和者众的就必定是下里巴人。我觉得，不同风格样式的作品应有不同的尺寸标准。

问：有些时候，文学界对"文体"讨论很热烈。对此，你有何见解？

答：这个问题我只能谈点感想。我觉得，任何一种艺术门类更重要的是确定本性和属性的位置。比如电影，它的本性应该是强调画面造型效果以体现视觉艺术特征，至于戏剧纠葛、故事情节、主题音乐，都是它的属性。《黄土地》的成功在于其端正了影像的位置。由此谈及小说，我以为其本性只能是语言的艺术。这就不能不研究叙述方法和叙述语言。问题是老的，方法是新的。金观涛、刘青峰敏感于此，故以控制论的方法去揭示中国封建社会长期停滞的内在奥秘，让人刮目相看。应该说，小说界从"写什么"到"怎么写"是一场了不起的革命。认为语言只是表现内容的手段这是极片面的。语言本身就有其创作力。语言是载体同时又是被载的一部分。

文体的建立，还涉及结构。这个观点是老作家林斤澜告诉我的，我当时还有些不解。现在看来不无道理。我把结构看做一种运动，其节奏与小说家内在的情感节奏趋于一致，渗透于字里行间。因此，王蒙说："结构在某种意义上也是一种语言。"所言极是。

问：有人说你的艺术感觉不错，你能谈谈"感觉"吗？

答：我的艺术感觉谈不上不错，不过是前辈和朋友对我的鼓励罢了。但我看重感觉。我认为，这是作家必备的素质。当然，单凭感觉成不了好作家，如同嗓子好不等于就是歌星。但好的作家感觉则必然好。我在一篇题为《小说者言》的文章里谈道，感觉是作家与客观世界沟通的桥梁。感觉的升华可以看做是作家的自我超越和心境外射。一个作家感觉的升华，取决于他的经验积累和知识积累，还有天赋。作家神游于大千世界和芸芸众生之间，猎取了鲜活的意象，遂用与之相吻合的符号——文字，将其固定，于是，产生了奇句和奇境。像"飞流直下三千尺，疑是银河落九天"，纯粹就是感觉的产物。

问：你个人的成长顺利吗？最近有什么新作？在新的一年里，你是怎么打算的。

答：我是1981年开始写作的。应该说，我的成长过程还算顺利。因为我遇到了不少热心的编辑，比如牛汉、范若丁、苏辛群等。现在我业已三十，但未立。与外省的一些同行相比，还有不小的距离。去年，我完成了长篇处女作《日晕》的创作，将由人民文学出版社出版。接下来写了中篇《省略》。谢谢！

隔海呼渡
——答台湾《幼狮文艺》读者问

时　间：1993 年 2 月

[《幼狮文艺》按] 揆诸两岸，今日的青年作家已以鹏鸟之姿，各占山头，他们越过成熟的笔调、日益明显的风格，为文坛塑造了一片新领域。但，不动笔的片刻，他们想些什么，做些什么呢？《幼狮文艺》特邀请台湾朱天心、大陆潘军两位作家，于不同时空畅谈所感，并收编如下，俾使读者稍识两岸文人之异同，并略见大环境的变貌。

问：您业余还爱做些什么？一般在什么时候写作？

潘：我一般是在夜间，确切地说是在晚上十点以后写东西。我业余时间和大家的安排可能差别不大，尽量挤满，干些自己喜欢干的事。当然也有不喜欢干的事，比如做饭、刷碗。

朱：每天看书的时间大概要花上六七个钟头，但写作就不一定了。因为写作必须很专心，也很任性，那种感觉很微妙，仿佛瓜熟蒂落了才写，且酝酿期很长，有些可能是 10 年前就想写的，现在才动笔，短的也有几个月准备就够的。

问：有人说，作家的生活都是很浪漫的，尤其是在"私生活"方面。请问您是否也这样？

朱：浪漫的定义指的大概是追求自由、不受拘束。写作的动力有时需要这些。可是这样的浪漫也需要付出代价。不是谁的运气都那么好，能像华严、琼瑶一样嫁个能养她浪漫的人。虽然结果看来都是不愿意工作，不愿意在体制内生活，因为那会磨损很多想象力、空间及自由度，但有些人的浪漫是需要金钱做后盾的。有人羡慕我不用工作，可以悠闲地到处坐坐、在家里睡觉或要出国就出国，可是他不知道你有很多时间，却没有出国的旅费。所以只要清楚自己在干什么就好。领月薪的人到领薪水时会感觉对社会有所贡献，但作者酝酿了好几年，在作品还没有出来前都不算数，作品出来也要有一定成绩，才有被肯定的感觉。所以要懂得割舍，才能成就此浪漫。

潘：说作家的生活浪漫我想或许是一种陈见。其实我倒觉得每一个人的生活都应该是浪漫的。作家不过是过多地拥有了一份浪漫的幻想而已。

问：有人说中国艺术家的创作灵感来源于自然，西方艺术家则来源于人体，您同意此说吗？您的创作灵感来自何处？

潘：灵感是什么，我说不好。这是文艺心理学上一个有争议的概念，如同"顿悟"在禅学里同样让人不知所云一样。我不知道我是否有灵感，或许有过，只是我没有认识到。中西方艺术家的审美判断，从本质上讲，是有区别的。造成这种区别的原因是多方面的，我认为不在于对自然或人体的态度，而在于文化。其中包括政治制度、经济形态、历史、宗教观念等等。从我的创作经验看，的确有许多让我茅塞顿开、恍然大悟的因素存在，比如一个梦幻、一片色彩、一个细节、一个意象，它们可能形成小说创作的契机。

朱：所关心的事物必须有客体的存在，而是否有感情、心得或互动关系，对我也有很大影响。我并不是在做摄影的工作，只有对方存在而无我；我也要有能力、感情，是一种互相激荡的过程。若要强行归为两类，好像都不能清楚地解释出来。

问：您的作品都是自己的亲身经历吗？如果不是，您是如何"体验"的？

朱：我并不以为生活中一定要经验过什么才能写什么，因为这是纯粹的经验论，应该是生活中对人性的洞察力。这有部分是才能，但也有部分是需要培养的，我不相信对生活没有感觉的人，在环游世界几十年后还写不出东西来。一个对世事都抱持着关心、好奇的人，要在有限的空间中去超越那些有经验的人，必须在生活中，长期去关心身边环境并持续地注意才做得到。

我的写作，从以前到现在，都是"生活在前，写作在后"。我不习惯为了要写什么题材，而特别去过什么生活，或因此选择不同的行业。我觉得那是很生硬的方式，甚至带了预设的立场。写作对我而言，应该是生活的结晶吧！不写或写不出来，我的生活态度还是一样的。像有人问我为何关心政治，这个问题其实满怪的，政治的力量并不是无远弗届到可深入每个阶层，但毕竟政治的改变或权力的交接，影响人群还是最大的。所以，关心"人"到后来一定会关心到"政治"。我对政治有兴趣而去观察，是从高中大学就开始，到现在才写，是因为以前长期在困惑中——为什么有的人，我曾以为是英雄、烈士，但后来却发现这么堕落、腐败？这当中的种种变迁，十几年来是疑惑、学习、观察多过一切，直到这几年我比较有把握，有些结论，才敢用来当质材。越熟悉的东西，准备起来的时间越少甚或不需要，陌生的领域或题材，准备起来就需要长时间。所以一个作者没有写出来的题材，并不表示他不关心，代表的是他以更慎重的态度去面对。有部分作者可能较封闭，关在象牙塔中，不写的有可能就完全不关心，至于其他相当多的作者，相信是以更慎重的心情来观察而还不敢写。这也是较负责的态度。

潘：我不可能拥有那么多的亲身经历。在我的小说里，我个人的经历所占比重非常小。一个作家，"体验"的方式是很多的，读书是体验，聊天是体验，观察更是体验。我必须强调一下，我这里所讲的体验与斯坦尼斯拉夫斯基所倡导的那种"体验"，是根本不同的。我不是那种进入规定情境的角色体验，我是借题发挥式的、妄想式的。这一点，使我受益匪浅的是阿根廷的大作家博尔赫斯，还有西班牙的画家达利、毕加索。博尔赫斯说：他一生都在书籍中旅行。这与中国的"读万卷书"是一致的，但与"行万里路"针锋相对。"行万里路"是讲身体力行，似乎是对"读万卷书"的一种扩充，使之相辅相成，当然也有道理。然而在我看来，读书能使你获得一切。你可以发挥才智与想象，从而进入一种超然的境界。我这样说，不是用以抵制身体力行。很多作家，比如说台湾的陈平（三毛），就赖旅行进行写作。

问：潘先生，您觉得由散文向小说需要怎样过渡？

潘：今天看来，小说和散文的界限似乎抹淡了。这种变化是由小说的方面引起的。什么是小说，这个题目很棘手，我回答不了。从前人们区分小说与散文的一个尺子，是小说包孕着一个或几个完整的故事，现在呢，在不少小说里你会发现故事已经消解了，但它们还被固执地叫作小说。在前辈作家里，沈从文的一些作品你是无法完美地区分出是小说还是散文的。后来他的高足汪曾祺，也因袭了这一点。所以，我觉得大可不必为这一点疑惑。你写你的，交给编辑，他们说是什么就算什么好了。这可不是我杜撰的，而是我经历的。我曾经为我的女儿写过一篇6000字的散文，发表出来却变成了"报告文学"；不久前我写了一个中篇小说，编辑说，这不像小说，像散文，我说那就算散文吧。

问：中国作家及他们的作品在世界上占有什么样的地位？中国没有出现获得诺贝尔文学奖的作品，其主要原因是什么？

朱：除了马奎斯得奖那年让大家觉得众望所归外，几乎每一年的得奖者大家都不晓得是谁，所以我不认为诺贝尔奖可以拿来当做很公平的世界文学的最高标准，除非我们跟欧美一样，所有的作品都能全面流传出去被他们看到，那时再讨论得失是可以的。今天出去的东西屈指可数，在不公平的基础上讨论实不具任何意义。

潘：我个人认为，当代中国文学存在着追逐世界文学大潮的前景。自1981年以来，发展很快。但就目前状况看，并不乐观。我们必须承认一批"胆大妄为"的中青年作家，尤其是青年作家，以自己不懈的努力正在寻找中国文学与世界文学的接轨。他们的实践使中国文学跨入了新纪元。然而令人忧虑的是，这些作家，包括前人在内，迄今并没有找到自己的思维方式与叙事方式。他们或多或少是在用威士忌的瓶子装茅台酒。这就像我们悲哀地发现，德克萨斯午夜牛仔的旧裤子正在目下中国市场走俏一样。有一次我同作家李陀谈到这个问题，他激动地说：中国作家太没出息了。连日本的文学都曾出现过"新感觉派"，我们为什么不能自己打旗子走而一味地跟着洋人屁股后面跑？的确是这样，中国作家应该持有自己的文学护照去周游世界！很遗憾，我们没有。但我坚信，我们很快就会有的！

关于诺贝尔奖，我认为它是具有权威性的。能够证明这一点的，是这些年来，特别是近几年的获奖作家，比如美国的艾·巴·辛格、索尔·贝娄，法国的克洛德·西蒙，英国的威廉·高汀以及大家熟知的哥伦比亚的加西亚·马奎斯，他们无疑都是当今世界第一流的大作家，他们的作品都无一不是世界文学长廊的精品。当然，和任何一种奖励一样，诺贝尔奖也有令人遗憾的疏漏。譬如遗漏了托尔斯泰，近期最突出的例子是举世公认的阿根廷作家博尔赫斯没有成为得主，尽管他生前连续三年被皇家科学院评委会提名。

中国作家没有获得这项奖，在我看来原因是多方面的。最主要的莫过于我们作品的质量还不够格。其次是，由于现在绝大部分的中国作家不能使用国际上通行的语种，如英语、法语、西班牙语等来写作，而瑞典的评委会仅有一名委员马悦然先生较知华语，很多作品都是通过转译形式提交上去的，自然有不少的差别，影响了原著的风貌。1975年有一个中国作家获得了提名，此人就是台湾的林语堂先生。他的《吾土吾民》、《生活的艺术》，便是直接用英文完成的。我们没有获得这项殊荣，是一件憾事。有些人说不在乎诺贝尔奖。说这种话的人，如同一个被击倒在地的汉子骄傲地说："我情愿躺着。"自欺欺人的哲学。但是如果我们有一件小玩意在国外拿到了一项普通的奖，又说是为国争光了。

问：当代中国作家中，您最喜欢谁？最欣赏哪部作品？您最得意自己的哪篇小说？

朱：大陆作家中，我觉得钟阿城是第一级的，其他像对莫言、王安忆的作品及韩少功的少数作品，也挺喜欢。不过这也很难讲，因为大陆的作品我们较不熟悉，只能纯粹就目前能见到的作品而论。台湾的作家则属大春、天文，及早期的念真。

通常人家会的而我不会的那一个领域，会让我觉得很可观，但如果写的是相关的领域，就比较不会珍惜。至于说到我的作品，我还是很喜欢《眷村》的写作过程，因为那正是我开疆辟土的过程，很辛苦但也很愉快，可以说写了十几年，终于享受到一点写作的乐趣。那个过程我很怀念。至于成绩则应该问别人。

潘：很抱歉，我不敢面对这个问题的一系列"最"。

问：不学"文学理论"能当作家吗？您对理论持什么态度？

潘：世界上没有一本文学理论能培养出作家的，但可以丰富作家。从这个意义上，我相信不学所谓的文学理论是完全能够去当作家的。我对理论一般持怀疑态度，因为"理论是灰色的，生命之树常青"（歌德语）。

朱：这可能跟人的质比较有关系。其实学校教育给人的影响有限，不管是启发你或限制你的，其实从整个生长背景来看，生活的东西比学校教育的意义来得大。理论较机械性、较清楚，却没办法捕捉人性中的模糊朦胧，文学则可以表达出来。通常对评论文字，会有某种程度的回避，但在下笔的那一刻，文学评论、市场、读者都不存在了，只会想着如何能不经磨损地写下来，并无第三者存在的空间。

我想做评论文章的人，较能将文章分类整理，但创作者并不会因为分不清类别而不能下笔。其实我认为更需要去避免做文章的分类，因为作者无法用逻辑来整理自己的东西，若是整理得来，就用那样的文字写了。举《红楼梦》为例，曹雪芹那时代没有版税，他是为什么而写？当然有人说他每写一回就拿去换一只烧鸭吃，但要是能用几句话就把在大观园的一生都说清楚，他就一定这么做了。正因为他一生的经历无法用简短的话说出来，只好把整座大观园搬给你看，让阅读的人如饮水般冷暖自知。

问：当您走到人群中，是否觉得自己不一般呢？

潘：不不，我从来就没有这种感觉。有这种感觉的人必定吃错了药。我很一般，甚至连一些时髦的女士都习惯把眼光从我身上跳过去。我是个作家，作家的概念无非是一个手艺人。

问：您是否会抱持"文以载道"的态度？

朱：青年时期对社会现状很不满时，会。我也没别的能耐，只能写东西，所以将写作当做社会责任或是公民的义务。这对文学本体性来说其实是不好的。因为文学变成了工具。不过每个人在那种年纪时，都会认为自己该对人群有些贡献。现在我已经进入另一种文学的心情，不再把那么大的责任加在文学作者身上。但文学作者并不是一无责任的，因为人活在世上，必然有权利义务或是责任存在，这并不一定要比别人多或免除多少，而仅仅是跟一般人一样。我现在的感觉是：人生就像是探险。对大多数人来讲，如果知道四五十年后的情形是儿女成群、经济能力很强，也许就是很大的幸福；但对少数人来讲是很可怕的！看到人都会死都会怎样，就会认为：算了，反正也没什么新鲜事。我就是这样的人。所以一个好的艺术作品对我的意义是：在快觉得人生没意思时，让你感觉到所知的还太早——原来这世界还有很多新鲜、好玩又有点危险而不可思议的事，会让你觉得值得再走走、再探险。也因为艺术作品对我有这样的影响，所以我对我的创作也会有这样的要求。在既有的领域已开发出既定范围时，我会很想到处冲撞，去开疆辟土，连已发展到极致的也去试试，也许这里可以开出一扇窗来，让别人看到另一番风景。

问：当前文学创作中，"性"的描写颇为流行。难道非如此就不能表现人性吗？还只是佐料而已？中西文学在"性"上面有何分歧？

朱：作者对"性"的看法不同，呈现在笔下就有差别，有些仅是聊备一格，有些则当作主体来写。基本上它在生活中占有多少比例，我就写多少，就如同吃饭、睡觉一样。人类老祖宗在从事性行为时，是最脆弱也最容易受到攻击的，因此人类早先选择隐秘的地方，并不是因为羞耻而是基于安全。演变至今，则成了羞耻之事，是以虽同于吃饭睡觉，应占相对比例，但本质上是不同的。此外，因题材也会有所不同，好比写《佛灭》时，里面的女子对"性"的开放，代表了人在面对种种压抑时的解放形式，对男主角的意义非常重大，所以较多着墨于性的描写。其他的文章，若提到夫妻，就以正常的篇幅来勾描。因而我的回答应是介于两个预设的答案之中。

潘：文学是人学，这是高尔基的著名论断。性作为人的生命之最高级形式，显然是要进入文学范畴的，无可讳避。中西"性文学"在我看来，其主要分野在于：西方注重"性意识"，而我们比较关心"性行为"。具体地说，西方的一些较高层次的文学作品，总是把性作为一种人类的最高级的精神状态来反映，从劳伦斯的《查泰夫人的情人》到克劳德·西蒙的《弗兰德公路》，都是如此，性似乎是一种形而上的东西。他们是在作性的精神探索。而中国的文学，不大关心这一点，一般是把性作为对生理的刺激和心理的调料放进去的。最典型的作品自然是《金瓶梅》，尽管其中也含有个性解放的因素，但绝大部分是在描绘西门庆同一群妻妾的性行为，写了许多性交姿态。今天看来，书摊上一些东西的确写得不堪入目，很糟，这实际上已不只是添放佐料了，而是在犯罪，至少是对文学的犯罪。

问：潘先生对当今中国诗坛有何高见？

潘：我阅读一些优秀的诗歌作品，喜欢庞德、艾略特、叶慈和金斯伯格。我也喜欢中国古典的唐诗宋词，喜欢李白、李商隐和李清照。对于当今中国诗坛，我没有任何高见可谈，请原谅我的孤陋寡闻。

问：您在大学里是怎样读书的，您现在又是怎样读书？读哪些书？

朱：从小也许因为父母都从事写作，常鼓励我看课外书。他们并不指定或引导我看什么，所以在我陆陆续续的探险跟探索中，可以说走了很多冤枉路，也看了很多没价值的书，但摸索来的是真实而属于个人的。而且，父母完全不在意我的功课，有时考得很好连夸奖也谈不上，考坏了也不加责备，因为父母的价值观并不把个人的成败建立在功课上，所以我自然会把生活的重心摆在教科书以外的世界，也建立了很好的阅读态度。生活到某个程度时，知道爱情是怎么回事，结婚、男欢女爱是如何，子女又是如何……知道人的处境其实蛮重复的，所以需要看书，因为书本可以在空间上横跨世界，时间上纵越千年，是写作的重要吸收来源。

我现在看东西还是很随性，有些书读了有兴趣就一头钻进去，觉得差不多了再出来。这对专业的人来说可能很没效率，但到达某种程度，感到每家之言约能心知其意了，我就转头到另一领域。好比我现在对社会现状很有兴趣，有部分的时间就用来阅读杂志及报纸，尽管很多人会认为那是垃圾资讯，三五年后就不再会引起注意。

潘：首先我要承认我不是一个好学生，因为我在大学时代经常旷课。虽然教育本身是平庸的，大学也不例外，好比一个门，谁都可以通过，不过旷课毕竟不太可取。那时候，不懂事，心比天高，不在乎"千里之行，始于足下"。所以有的课，我没有学好，比如古汉语和英语。如果要为自己的错误寻找辩护的话，那就是我利用正常教学时间钻进图书馆多读了几本书。我读书历来比较乱，凭兴趣读。有的书，尽管谁都说必须读，但不对我的兴趣，我是坚决不读的，也读不进去。比如巴尔扎克和莎士比亚的作品，我只是随便翻了翻。我特别喜欢读一些在同学们看来属于左道旁门的杂书，比如《西方建筑史》、《禅与心理分析》、《攻击与人性》、《名茶制作》、《中国娼妓史》、《中国陶瓷史》等等。我认为这个习惯是好的。另一方面，我读书又非常专一。凡我喜欢的作家，我都尽可能地把他们的作品找来读掉，甚至一部作品读它几遍。比如福楼拜、海明威、福克纳、卡夫卡、梅里美以及后来接触到的罗伯·格里叶、巴尔加斯·略萨、博尔赫斯、纳博科夫等等。我记得大学二年级的下学期，就只读了海明威。或者，我把同一派作家的作品找来集中读掉。前几年我这么干过几次，其中读了"意识流"、"新小说派"、"精神分析学"、"魔幻现实主义"。我觉得这么干是有收获的。读书的确有一个方法问题，但没有唯一的方法，因人而异，因职业而异。读书的目的我认为有三个：占有知识、研究、消遣。总之，要有乐趣可图，千万不要苦了自己。

问：请问，在生活经历中，哪一阶段最值得您回忆？对您以后的创作有影响吗？

潘：让我先简单地介绍一下有关我个人身世的背景材料。我生于1957年11月28日，与弗里德里希·恩格斯是同一个日子出生的。这个日子也许真是个黄道吉日。我的童年是不幸的，由于一场历史的误会，使我从小就失去了宝贵的父爱。我的父亲，他是一位剧作家，离开我们家庭去农场进行劳动改造的时候，我来到人世仅6个月。我是由我那茹苦含辛的母亲一手拉扯成人的。我非常爱我的母亲。我是个孝子。等我长到18岁的时候，我的父亲才回来，其时他已是一个老头了。我母亲是位黄梅戏的演员，她没有念过书，但十分聪慧。她的为人和她的意志，给了我很深的影响。客观地说，我小时候在生活上并没有吃什么苦头，但在精神上是屡受折磨的。我受过多次的挫折与打击。

我的经历是很平淡的。和诸位略有不同的是，我有幸经历了"文化大革命"，以后又成了知青，在农村干了3年多。"文革"时，我虽然刚刚10岁，但那个时代给我的印记却是永远也不会抹去的。那是个无比疯狂的时代，也真够刺激的。在我的小说里，有不少素材来源于那时的生活。

朱：最值得回忆的⋯⋯好像都是很值得回忆的！我是个很喜欢往后看的人，过去的人、事、物，不管是发生在自己身上还是在朋友身上的，都很恋恋不舍。从我能记事起的每个阶段都印象清晰。甚至看到我女儿时，也会因此而忆起我那个年纪所想的事。各人的写作动力不同，可能对过去时空、人、物的恋恋不舍，就是我写作的动力。

问：男作家和女作家在气质方面有很多不同吗？作品是否带有各自性别的特色？

朱：这是"应然"或"时然"的问题。有些女性主义作家，认为

"照理不应该"有性别上的差异,像西蒙波娃的《第二性》,总认为每个人生出来都是一样的,性别是从小家庭社会教育教导的,所以应该没有差别,也不应该有差别。可是当我们走进书店或看到一些作品时,还是觉得男女作家所处理的题材确实有别。像男性比较喜欢较大的题材,比如政治社会,女性就较喜欢处理爱情生活,确实有些比例上的差别……这实在很不好讲,因为似乎要牵扯到价值问题,是否该承认现状或认为女性应扩大眼界等。这当中有许多复杂的关系存在,并不能尽如我意的调配。

潘:一个作家创作风格的形成,与诸多因素有关,性别便是其中一个重要的因素。我指的是作品,不是个人的气质。虽然一些女作家也很洒脱,能抽烟也能喝酒,可是一旦进入写作,性的差别就自然流露出来了。比如法国的玛格丽特·莒哈丝,她的烟瘾很大,但她的《广岛之恋》,特别是《情人》,那种细腻酣畅的情感,我想男人是把握不好的。另一位法国女作家弗朗索瓦·莎冈,笔下流动着一种忧伤不果断的感情之泉,也是女性的特有感受。而海明威的《老人和海》、福克纳的《喧器与骚动》,则完全是男人的风格。

问:爱好写作的人不少,可是总有一种感觉:想要表达的东西很多,但就是写不出来,该怎么去做?

潘:这种感觉很正常,我也是这样的。这不是谦虚。一个作家最渴望做到的,就是感觉与表达同步。不可能做到,只能逐渐缩短这种距离。文学和其他艺术形式一样,都存在着手段的局限。文学不能直接表现色彩、声音、气味。作为语言的艺术,文学只能扬长避短,用语言来刻画世界和人。至于该怎么去练习写作,我没有什么有价值的经验。我觉得读书是重要的,观察也是重要的,再就是训练你的语言表达能力,多动动笔,也许就觉得顺当一些了。这有一个水到渠成的过程。当你要表达的意思说清楚了,你必须追求表达的不同凡响。当然,前提是应该有不同凡响的感受。

朱:我觉得不要急。有些初写的人认为第一篇的成败很重要,可是仍该放开心情,因为并不是下半辈子就决定在此一篇。即使失败也没关系,可以再写,没有谁决定你只有这一篇的机会。尝试只设定一两个主题或从身边的琐事写起,虽然写小事会有些不耐烦,但仍应该试着讲真话，写真的感情。因为人要是说谎说惯了，真的感觉就会遗失，甚至捕捉不到。想写大社会，其志可嘉，但亦应量力而为，并掌握真实的处境。我十几岁时，也曾跟父亲有过类似的谈话，父亲累积多年的写作经验、人生阅历、文字技巧，我根本无从比起，可是他说："今天若要写一个十几岁的孩子，我写不过你，因为我已经很难能像你这么真实地捕捉到你们这个年纪所想的了。"所以有时要珍惜自己那别人不能取代的，你能处理的题材。把真实生活捕捉下来就是很好的磨炼，不要管成败。

问：您的处女作是什么？您的创作道路顺利吗？您是否也经历过大量退稿的阶段？

朱：小时候投稿国语日报的不算，真正写下心目中认为是小说的，大概是刚上高中时写的《梁小琪的一天》。写的就是自己的身份，一个15岁的女孩在光辉的10月里，由小到个人周围之事，大到国家民族的简单的感情。那时候感情很充沛，但生活还是很单调，写作像在宣泄感情或展现想象力。由于身边并没有什么大事，只能描绘学校及家庭的猫猫狗狗，在文章里头作次想象力的发挥。这个年纪还喜欢发表意见，常是长篇大论地写。到今天，我写作的年代，其实已经超过了不写作的时间，退稿的经验及自己的信心好像始终不足以造成困扰或难题，也不会因为报纸喜欢什么就去迎合，或想着用什么来喂饱读者及考虑哪些评论家会看到。问题反而是自己面对瓶颈时，该如何不去重复或在还不足以成形时，有时长达三四年的酝酿。是面对旧的东西不想写，新的东西未成形前的疑惑。

潘：如果从文学创作的角度看，我第一篇印成铅字的作品是话剧《前哨》，发表于1981年的《戏剧界》第5期上。这个戏是在大学三年级的时候写的，后来获得了"全国大学生文艺汇演优秀节目一等奖"。接着又改成了电视剧。打那以后我转入了小说创作，因为我讨厌综合艺术形式，它破坏了我的艺术追求。我的小说处女作是发表在1982年《青年文学》创刊号上一个短篇《啊！大提琴》。我的创作道路总的说起来还算顺利，虽然也收到过一些退稿，不算多，因为我本来写得就少。

问：您常收到读者来信吗？您对读者态度热情吗？是否摆出一副作家的架子？

潘：我经常收到读者来信，面比较大，几乎所有的省份都有。这是让我幸福的事。我至今仍保留着每一封读者来信。一般情况下，我都要回一封。我觉得人与人应该互相尊重，作家不过是一种比较干净的手艺人而已，谈不上有什么架子好摆的。有的人可能喜欢端一副架子，其实是自我安慰，没人会睬这套。

问：我经常从一些评论家那里知道，您是一个具有争议性的作家。对此，您持何种态度？

潘：确实如此。在批评界，甚至在一些读者眼中，我是不一样的。有的说我是一个严格的现实主义作家，有的则认为我纯粹是个新潮作家亦即现代派作家。他们各持己见，但似乎又能自圆其说。至于我的态度，我只是觉得蛮有趣。在我看来，一部作品就是一个客观存在，别人怎么说话都是自然的。我倒希望能听到不同的声音。中国有句俗话，叫"一娘生九子，九子不像娘"。我认为一个作家面对不同的对象，应该有不同的处理方式，不是千篇一律的。我不关心自己归属于哪种流派，我所要做的只是关于小说的主题，这些年一直在争论着。一篇小说写什么，好像这是属于主题范畴的。其实，也不尽然。拿"意识流"小说来看，就很难找到一个叫做主题的东西，它往往只记录表现人的意识包括潜意识的活动。还有一些小说着意表现的是自我的感觉或者某种情绪。就是在一些传统的小说里，你也不易发现一个主题。《社会楼》的主题是什么？《阿Q正传》的主题又是什么？沈从文的《边城》到底暗示了什么主题呢？所以，我是反对主题论的。生活本身就是朴素的主题，无需进行人为的图解。小说不是教科书，也不是辞典，它只提供引起审美思考的图景，传播作家对生活的感受。因此，我们的阅读大可不必紧张，要彻底放松。你读小说不要在乎有所知，要关心有所悟。一千个读者便有一千个哈姆雷特，这正是艺术的魅力。人生最高的境界就是知趣。知趣者即为幸福之人。我觉得人生最大的享受就是去做自己认为其乐无穷的事，不要看别人的眼光。写作之于我，似乎已成了私生活，离开了它我就非常难受。

朱：《想我眷村的兄弟们》的分类其实并不重要，但总有人问：它到底是小说还是散文？因为以前总习惯以人物、外在、职业甚至情节来勾描一个人。可是我写了十几年都是这样的方式，已经不耐烦了。为什么人物的出场一定要交代长得怎样，到后来，我甚至感觉像是文字游戏或作文比赛。在文字技巧上，我好不过张爱玲跟天文，他们对我来说已是神乎其技了。所以我写一个人不停地说话，陈述他的意见，而不去着墨这个人。也许一篇小说完了，你还不知道这个人的长相、年纪等等，但看完后你还是能了解：啊，这是怎样的一个人！不能因为是第一人称叙述方式就认为是散文。虽然我觉得散文、小说也不那么重要，只是不晓得为何会引起这样大的困惑。

问：据说潘先生写作是没有构思阶段的，您能就此谈谈吗？

潘：这个问题有点儿绝对，有点玄。作家创作一部作品，应该有构思阶段。但是所谓构思，并非意味着把要写的东西想清楚，至少我不是这样。我也需要大致的考虑，而这种考虑不是为了把某些事情弄清晰，相反，是使一些完整的东西消解，使一些清晰的东西模糊——让你未来的小说处于一种"弹性状态"。其次，我非常看重写作中的状态，我依靠写作时的心境和即兴的流露。我有相当一部分的作品就是这么写出来的。似乎有点禅宗的味道，很难说清楚。比如我有些小说，是从第一句话开始的。我认为后面还有第二句、第三句，直到写完最后一句，我才意识到：哦，写完了。

（编者注：此文在辑入时略有删节）

近观影视之散见
——答《作家》杂志问

时　间：1998 年 4 月 26 日

问：你和《作家》是老朋友了。不过今天我想请你谈谈影视方面的话题，大家都知道，你正在过一把"导演瘾"。

潘：其实我对影视的兴趣先于小说。我在大学图书馆借的第一本书就是库里肖夫的《电影导演基础》，后来的毕业论文也是论述电影导演艺术的，系里没法评价，因为当时中文系没有这方面的课。我对电影文学没什么兴趣，但渴望做一名导演。我觉得这个职业能调动我各个方面的才能。我学过美术，也喜欢表演，对石挥、蓝马、金山这样的演员很敬佩，还有田方。但是电影不像小说，它需要投资——没有人轻易把几百万上千万的钱交给一个写小说的人去玩，所以我必须先拍出几部电视剧，让未来的投资人来相信我。我肯定要拍出几部电影的。

问：前苏联的舒克申、诗人叶甫图申科、法国的罗布·格里叶都曾做过导演。

潘：我对这个职业很痴迷。去年我拍了 26 集的《大陆人》，每天只睡四五个小时，但还是很兴奋。70 多天就封镜了，令我的合作者都很惊讶。因为我毕竟是第一次导演呀，可他们不知道我对这个行当已潜心 20 余年。今年我又要拍 20 集的《海口日记》，如果顺利，明年我有可能拍出我的第一部电影。

问：现在大家都不怎么满意电视剧的水平，你觉得问题在哪方面？

潘：问题当然是多方面的，但其中编导的问题很突出。没有好剧本、导演没文化，这个问题比较普遍。一方面有文化的导演找不到好剧本，另一方面好的剧本又在没文化的导演手中漏掉了。对编剧而言，往往是他们想写的投资者不要；投资者想要的编剧又不想写。这是很无奈的事。但不管怎么弄，电视剧的市场还是很大，而且这个市场又是超稳定的——电视台一开播就是"永动状态"，每天得有节目来源，其中电视剧就占去了很大一块。据说每年全国各机构能生产12000多集电视剧，如果以每集平均投资人民币20万元来计，这个资金数额就很吓人了。和其他产品一样，凡市场有潜力的产品，质量总有些问题。不过我相信，等一些投资者赔了之后，会出现好的作品的。

问：现在也有不少作家来写剧本，因为同小说的稿酬相比，电视剧的稿费高得惊人。但据我所知，他们最想写的还是小说。

潘：对于写作者而言，我认为没有比写小说更开心的事了。小说是叙述，这叙述属于小说家自己。写剧本纯粹就是为人作嫁的差事，如果有叙述，那也是导演的。我觉得作家来写剧本是件好事，其一，通过这种操作他们可以挣一大笔钱；其二，中国的职业编剧队伍原本就十分薄弱，作家的介入使这个队伍有所充实，事实证明一些好剧本都是源于小说家之手。张艺谋的成功可以说是小说在电影上的成功——他的每一部片子都来源于小说，甚至由小说家自己来改编，比如刘恒和余华，他们改得很好。去年中央电视台重金征集电视剧本，拿头奖二奖的是周梅森和陆星儿，还是小说家。

问：你好像是自编自导。我听说你不轻易卖小说和剧本，是想自己拍？

潘：这要视情况而定。不过《海口日记》我确实没有卖，因为我写这个剧本时，就站在一个导演的立场上。除了台词，我完全是一个导演的叙述和处理，差不多就是导演台本了。还是那个意思，我涉足影视，主要是基于作为导演的考虑，乐趣也在其中。我从来就不想成为一个职业编剧——除非写话剧。

问：最近的《水浒》并没有引起足够的反响，对此你怎么看？

潘：我只偶尔看了几集，觉得不理想。戏不好看，我认为是导演的问题。很多处理过于简单，比如说宋江浔阳楼题反诗，镜头语言太单调，既没有节奏也没有视觉冲击力，就是在宋江和店小二之间切来切去。还有风雪山神庙，林冲偶然发现陆迁是害自己的人，两下子就把他杀了，心理过程一带而过，戏拍得温温吞吞，大的节奏都失去了，当然导演有责任。中央台的春节晚会也是每况愈下，我觉得不要关起门来搞什么轮流坐庄，应该敞开门去请高手——从选节目、策划到编排，都应该向社会招标。中央台倒是播出了一些优秀的电视剧，比如《车间主任》，我认为就很好。这种片子很难拍，搞到这个水平不容易。电视剧是个十分通俗的东西，但做到家了也会立住的。侯宝林之所以是相声的一块里程碑，就是他在这个行当里做到了家。他立足于说——这是相声的本性，而现在的相声是强化了属性，又唱又跳的，使人倒了胃口。电影、电视剧首先是视觉的东西，观众希望看到一个好故事，精彩、动人，与之同喜同悲，这没有什么不好。很多自命不凡的艺术家排斥好莱坞，我觉得奇怪。《与狼共舞》和《阿甘正传》这种片子不好吗？脱离观赏性来谈影视艺术就好比剜掉乳房去谈女人。我不主张影视作品去表现什么高深的主题，其实所谓的高深，和一位哲学系低年级大学生思考的问题差不多。安东尼奥尼的作品我很欣赏，但同时我还必须承认：我欣赏得很累。

问：舆论界对北京近年来的电视剧水平颇有微词，甚至认为上海、广州两地的势头看好，不管这种评价是否客观，但至少反映了老百姓的一种情绪。我现在想听听你的看法，可以谈谈吗？

潘：过去一些好的电视剧差不多都出在北京，比如《四世同堂》、《编辑部的故事》、《北京人在纽约》，上海有一部《围城》。但后来北京的电视剧带有模式化，就不好看了。北京的一些编导者喜欢找乐子、想招，力求达到所谓轻喜剧的效果。而且随着胡同、大杂院的戏抖落完，就不知还有什么可拍的了。去年我在北京看了《甲方乙方》，剧组里一位演员问我：怎么样？我说就那样了。我的意思是说像这种片子在商业上有所成功就不错了，还能谈什么？那位演员就问，你不觉得在喜剧的路子上又向前迈了一步吗？我说我不觉得，不过是《顽主》的举一反三吧，能博大家一笑也就不容易了。北京的影视氛围很浓，有一次我在一条胡同里居然撞上两个剧组。一些影视界小有名气的人都纷纷做起了公司，独立拍片，独立运作。十有八九是奔钱去的，这也很正常。不过这样势必出不了什么好作品。影视的尴尬在于这东西不是个人能力所决定的，需要一拨志同道合、高度默契的人共同来做。投资者的定位与创作者的定位永远不是一码事，投资者总要求以最低的投入换取最大的利润，而创作者——特别是导演，又总想尽可能去表达自己的个性。这一表达就得花钱。久而久之，双方都做出一些让步，勉强拍完收摊。当然，从另一方面看，导演的素质、能力很重要。国内也常有什么大制作，钱也没少花，可是作品仍然不灵。有一回我同一位朋友说，如果有人掏2亿美元，中国的导演完全能拍出《泰坦尼克号》，但拍不出《辛德勒的名单》。中国有些导演不乏才华，但确实颇缺学识。搞影视仅凭几分才华是显然不够的。比如《辛德勒名单》中，纳粹军官枪毙了犹太女工程师，然后又下令按这位已经死去的工程师意见去做，修改工程。这便道出一个强盗的逻辑：我们日耳曼民族尊重科学，但决不听命于一个犹太人。再比如，最后那些被救下的犹太工人，用老虎钳拔下各自嘴里唯一的财产——金牙，汇在一块为辛德勒打了一枚戒指。多少年后，当人们在辛德勒墓上放下一块块石头时，我又想到那些金牙。像这些具有穿透力的细节不是"想招"能弄出来的。说到喜剧，我是发憷的，因为喜剧的尺度不好把握，离哗众取宠仅一步之遥。我喜欢像前苏联拍的《办公室的故事》那种不动声色的喜剧。那才是真正的喜剧。

问：上次同你聊，你对《秋菊打官司》和《阳光灿烂的日子》有很好的评价，可否再展开谈谈？

潘：《秋菊打官司》是张艺谋最为完美的作品。我说完美，是指影片的和谐。整个影片浑然天成，无疑形成了一个高度。据说他后来的《活着》也不错，我没看到。《秋菊打官司》的操作定位是"纪实风格"，它几乎破除了故事的假定性，"把假的拍得像真的一样"，这是见功力的。《九一八大案纪实》请原班公安人员进行复排重演，严格讲起来，是记录而不是纪实。记录是手法，纪实则是风格，是进入审美范畴的。记录的过程不过是复制还原的过程，自然不能与创造同日而语。《阳光灿烂的日子》的成功，有一个不容忽视的因素在起作用：姜文在王朔提供的故事构架里大量填进了个人性质的"少年记忆"。这很重要，因为在姜文心目中，一切都是那么栩栩如生，所以他拍得很从容。姜文面临着第二部的选择，他很审慎，用他自己的话来说，他希望做"一口咬到脖子上"的事而不是"一嘴毛"。

问：你对陈凯歌的影片怎么看？

潘：我只看过《黄土地》、《大阅兵》和《霸王别姬》。陈凯歌的审美境界不俗，也是位文化功底很厚的导演，多年前他写张艺谋的那篇长文《秦国人》，我至今仍有印象。但我不喜欢他的影片节奏。这回他拍《刺秦》，我曾对姜文讲过四川一位作家的一篇小说《衣冠似雪》，这是我见到当代写"荆轲刺秦"的最好的小说，尤其是对"图穷匕见"的改造，使这个传说有了新意。我希望陈凯歌能读到这部小说，或许对《刺秦》有些作用。

问：你在接受《羊城晚报》采访时，曾提出一句口号，叫文学改造影视。是为你由作家而导演作辩护呢，还是批评影视作品缺少文学性？

潘：我当然是指后一层意思。作家与导演本来就不是一回事。演员能当导演，摄影美工也能当导演，为什么作家不能当？去年我在北京，晚上闲着没事胡看电视，看到梁晓声等几位作家在北京电视台专栏里做客。有观众问梁晓声，你认为一个导演需要什么条件？梁晓声说一是身体好，二是身体好，三还是身体好。这当然是一种调侃，也反映他对现在的导演水准的不满。还有一件事，中央台电影频道曾经讨论过什么"导演证"，好像提出今后导演这行要持证上岗，就是说导演这事还挺严肃的。其实懂得怎么拍戏的确不难，就是身体不好也可以当导演，比如坐在轮椅上看监视器。但拍好戏就太难了，是大学问。至于"导演证"一说显然很可笑，要是这样，张艺谋和姜文都出不来了。我觉得艺术这种东西某种意义取决于人的禀赋，他是这块材料就好办；不是这块材料折腾几次他也就收兵了。写作也是如此，都是写句子，都是叙述，有的人一下笔就神了，比如说阿城，当年《棋王》一发表就令人刮目相看。类似的例子还有奥立弗·斯通，这个当年越战中的美国大兵，一上手就能拍出《野战排》和《刺杀肯尼迪》这样的片子，说明他天生就该是个电影导演。我见过许多一级作家和一级导演、一级演员，也不知道他们这一生忙了些什么。

文学是影视的基础，我想这个应该得到承认。说剧本是一剧之本，这话还是对的。现在不少投资者揣着钱找好剧本，说明剧本重要吧。有一次我碰到韩刚，就是参与拍《宰相刘罗锅》的那位，他说经常有人给他送剧本，而他又总是看不中。这些剧本太水，故事不好，台词极差。连许多演员也抱怨好剧本太少，一些台词简直就不是"人话"。所以我主张一些优秀的小说家来写剧本，主张文学素养较好的导演来拍戏，主张喜欢读书的演员去演角色。综合艺术应当用加法来运算，各个部门都去丰富、去再创作，而不是做减法。总之，文学的水土不能流失。

问：市场经济对文学艺术的冲击越来越大，一些纯文学作品难以出版，由此推测，一些在艺术上有追求的影视作品也难以找到投资。这个因素是否带有制约性？

潘：某种意义上是这么回事。出版是企业，影视更是企业。对产品的投资意味着通过产品得到回报，这很正常。票房和收视率自然对投资者构成心理上的压力。我的投资人曾对我说，不赔是起码的标准，我想这已经是很宽容了。前些日子香港《明报》的记者与我交谈，问我对香港影视的评价，我说我几乎不看香港的片子。以前对吴宇森、徐克的几部作品还有点印象，当然都是奔票房去的。吴宇森在好莱坞打下一块地盘实属不易，动作片能拍到那种水平，我认为就不简单了。他们定位很明确，就是好看，让老百姓高兴。我很烦那些装腔作势的作品，既不好看又不"艺术"，当然是浪费钱了。

问：自从你执导电视剧以来，你的自我感觉如何？

潘：没什么特殊的感觉，只是觉得自己能做这种活而已。《大陆人》算是个热身赛，由于受到投资方的限制，许多想法没有实现。这回的《海口日记》会有所改变。这是根据我的同名小说改编的，小说发在《收获》第3期上，我会尽力把它拍好。这部片子的投资方就是北京的一家公司，他说剧本让他耳目一新，我想这或许是他看烦了"京味剧本"的缘故吧。从近几年的情况看，北京的电视剧非常一般，倒是外省人滕文骥的那部《北京深秋的故事》，多少挽回了一点面子。这或许是个信号，意味着原先被视作大腕的那些人戏唱完了，该轮到别人上场了。北京历来就是个藏龙卧虎的地方，因此大家都应该伸手探一下自己的米桶，看看还能煮上几碗饭。

答安徽大学校友问

时　　间：1999年11月18日
地　　点：安徽大学学术报告厅

问：潘老师，今天回母校做学术报告，你有何感慨？

答：感慨？那应该是有一些的。21年前我进来时好像还很帅，一发校徽立刻就别上了，那时上大学跟"范进中举"似的神气。所以今天见到我的一些老师和朋友，我很高兴。不过我不是来做学术报告的，我没这个本事，我只想和大家一起聊聊天。大学这道门我是进了，那时我的想法很单纯也很朴素，就是先解决一个户口问题——我是从农村当知青上来的。等我想当作家的时候，忽然发现，像我这种人好像更应该从窗户里翻进来。

问：请问潘老师，你在大学期间是怎样读书的？

答：我首先得向大家说明，我在校读书期间大概不能算是一个好学生，因为我经常旷课。但我同时又自觉是个认真读书的学生——只要是一些我不感兴趣的课，尤其是那些莫名其妙的公共课，我都企图"旷"它，然后就一溜烟钻进图书馆。不过在图书馆看书容易令人分心，好像我边上总有谈恋爱的人。这样就只好夹着书回到宿舍了，躺在床上看。我看书都是凭个人的喜爱，也看得比较杂。譬如说，我记得我借的第一本书是前苏联导演库里肖夫的《电影导演基础》，那本书比砖头还要厚，有很多经典影片的剧照，我差不多是把它连画带摘地抄了下来。等觉得自己以后会去写小说时，我开始选择我喜好的外国作家的作品——选择很重要，譬如我就不喜欢巴尔扎克，而喜欢福楼拜；不喜欢托尔斯泰，而喜欢陀思妥耶夫斯基。选择最初都是一种直觉的，仅仅凭个人的口味，当然也与其他原因，比如说与翻译家的译笔，有一定关系。我喜欢《包法利夫人》，某种意义上说与李健吾先生的那种译笔有关。他那种短句子在当时很吸引我。再就是，我后来喜欢把某个作家的作品集中起来读，我记得在二年级的下学期，我就只读了海明威。

问：你是什么时候开始进行文学创作的？你的处女作是什么？

答：1977年我报考浙江美术学院，他们不要我，第二年进了安徽大学中文系，读汉语言文学专业。由于这种原因，使我在进校之前就对自己的未来作了粗略的设计，我想我将来不会去搞研究，更不会去做行政，我要干的还是创作。于是在进校后的不久，我就往这方面动作了。我的处女作，应该是1981年发表的独幕话剧《前哨》，这个戏是为纪念鲁迅先生诞辰100年而写的，也是我自编自导自演的，我扮演了鲁迅先生——造型很像，后来获得了全国大学生文艺汇演一等奖。第二年我在《青年文学》的创刊号上发表了短篇小说《啊！大提琴》，这是我的小说处女作。不过，我一直把1987年当做我写作的真正开端，以在《北京文学》上发表的中篇小说《白色沙龙》为标志。尽管这之前我在《花城》、《中国》等刊物上已经发表了近30万字的小说。

问：为什么你把1987年当作的你创作的开端？是因为《白色沙龙》是你的成名作吗？

答：我认为1986年前后对当代中国文学是一次革命性的转折，其标志是一些作家特别是一些中青年作家开始有了文体上的自觉。由于这一点的确立，使小说创作颠覆了传统的模式，形式的重要性一下提到了很高的地位，作家由"说什么"转变到"怎样说"，小说叙事成为一门艺术。这不仅是一个简单的方式方法问题，它涉及文学的观念、立场、原则的改变。当一些带有现代色彩的外国作家，如卡夫卡、塞林格、博尔赫斯、马尔克斯等的作品引进之后，给青年作家带来了很强的冲击力，同时他们及时调整了路子，开始写出自己早期的那些优秀作品。我把这个阶段称作当代文学"好看的时刻"。《白色沙龙》实际的写作时间是在它发表的一年半之前，当时先投给了《人民文学》，结果这家刊物因为马建那篇写西藏的小说惹下了麻烦，编辑部把我的稿子压了一年，最后还是退了。这也是我和这家刊物打的唯一的交道。我改投了《北京文学》，他们当头条发了。这篇作品算不算我的"成名作"，我本人不清楚,但它对我的写作生涯构成的意义重大,这之后我好像知道自己该怎样写小说了。有一个趣事我顺便提一下,发稿时,我接到责任编辑的电话,说某一页少了,找不到,但又说,把上一页最后一行划掉,又与下一页接上了。问怎么办?我说那你就这么接吧。至于弄丢的一页写的什么,我至今不知道。

问:潘老师,你喜欢哪些中国作家?你对《围城》这部小说怎么看?

答:我喜欢鲁迅,《鲁迅全集》我通读了好几遍,直到现在我睡觉前还喜欢拿先生的杂文读读。另外我也喜欢周作人、沈从文、郁达夫,还有冯文炳(废名)。《围城》我是认真地读过两回的,钱先生的叙述与表达,不乏一些机智的东西,但作为一部长篇小说,它并没有舆论说得那么高。首先是它的结构不舒服,有一种不连贯的感觉、头重脚轻的感觉,缺乏有效的安排。其次是有些地方笔墨过于随意,譬如一开始写方家,非常啰嗦,这种铺陈使小说失去了精致。我想《围城》这本书的影响,某种意义上还是由海外夏志清几个老人捧起来的,传到国内,使一些人有了先入为主的印象,于是先承认它是名著,然后再去读它。

问:你刚才在报告中说,读书要依靠直觉,相信自己的判断力。但有些书是否需要指导?

答:我是这样读书的。但这只是我个人的方法,不会也不可能适用于每个人。读书当然需要必要的指导,问题是你不能因此失去你的判断力,放弃你的理解。我们有些习惯的提法实际上是值得商榷的,譬如古典文学的"四大名著",我就不同意这种看法。为什么非得是四部而不是五部或者三部呢?即使我们名额有限,只能是四部,那么在我眼里,《三国演义》、《西游记》就不能算。我要提《儒林外史》和《聊斋志异》。当然这里还有一个需要说明的问题,就是一个作家的阅读和一个读者的阅读,本质上是不同的。作家读作品,主要是了解"怎么说",读者则是要了解"说什么"。

问:作为中国先锋小说的代表作家之一,请你谈谈先锋小说与别的小说有着什么不同?

答:这是一本书的题目,我回答起来可能很勉强。所谓"先锋小说",某种意义上是批评家们做学问的需要,是一种归纳,就像对"寻根文学"同样也是一种归纳一样。中国先锋小说——姑且沿用这个既定的概念吧,在1985年开始有了一些气候,当时称"现代派",出现了刘索拉,随后出现了马原和莫言,这之后是余华、苏童、格非、叶兆言、孙甘露、北村,也包括我。由于这些人比较集中一些,另外就是他们的主要作品是发表在《收获》、《作家》、《花城》、《钟山》以及稍后出来的《大家》、《山花》上,从总体上似乎呈现出了某种态势。我记得1988年第6期的《收获》就辟了"先锋文学"的专号,发了我们这些人的作品,影响很大。就我个人的亲历,我对那个时期的写作状态至今十分留恋,那种对叙事的激情是完全可以用"自由奔放"来形容的。但那个时期的作品最大的不足就是对形式上的东西过于沉醉,于是刻意的痕迹在所难免。等到几年后写《流动的沙滩》,才觉得自然一些。如果问我的小说与传统小说有什么不同,我想大家最好去看我的小说。

问:潘老师,我去年看了你的《海口日记》,最近又看了《关系》,这两个中篇都是写海南的,我知道你在海南生活过几年,请问,这两篇小说是否带有你个人经历的影子?

答:我是1992年春天去海口的,在那里前后生活了近3年。海口是很好玩的。我写了这些关于南方的小说,当然还是有感而发。但我需要向各位声明的是,既然是小说,就意味着我们首先得把它看成是一个虚构的文本,故事肯定是我编的嘛!不过,这中间的一些感受很真切。这可不表示我真有多少货真价实的体验。《海口日记》发表后,我收到很多读者来信,其中也有安大的,不知道这位朋友今天在不在场。有不少读者在信中问了同样的问题,他们大概觉得我就是小说中那个倒霉而又幸福的作家吧!有一位天津的读者先后来了几封信,询问海口有没有那么一条废弃的轮船,倘若有,他就想去住了。他说他很想过那种漂泊而诗意的生活。我吓得赶快回信,说这是我瞎编的,你还是安心工作吧,别把饭碗砸了。我觉得一个作家的体验关键在于他对事物的敏锐判断能力,需要一种悟性的理解,别人看不见的地方,他看见了;在大家都看见的地方,他看见了更深的或者更有意味的东西。美在发现——我觉得这个观点永远不会过时。发现就该是独一无二的,解释也应该是独一无二的,哪怕人家说你偏激,说你片面。我记得黄子平很早就提出了一个观点,就叫"深刻的片面"。当然小说家的使命不是来给这个世界下个什么结论的,他甚至都不解释,他只向你呈现。不过他心里应该大致是清楚的,只是不愿把小说写得太明白。这样一来,小说就具有了一种内在的张力,获得了一种弹性,由于主题的不确定性,反而给阅读带来了丰富性。譬如《海口日记》的那个结尾,作家在天桥上遇见拉胡琴的瞎子,瞎子却提出一个非分的要求——摸他的脸,作家竟也顺从了。不料瞎子却说:我们长得是不是很像?这个结尾,你可能不会一下子想出什么来,但你会去想,去琢磨。不会是像《林海雪原》那样,座山雕一抓,红旗就飘起来了。

问:请问潘军老师,除了写作,你还有其他哪些爱好?你喜欢音乐和喜欢旅游吗?你觉得阅历对一个作家是不是很重要?

答:我好像爱好还挺多。我喜欢绘画、书法,喜欢当导演去拍我想拍的电影。音乐我是喜欢的,但我自己一样也不会,只能欣赏一些交响乐和民乐,却不爱听歌。这可能与我的年龄有关吧。至于旅游,不花钱的旅游还可以,我倒不是小气,我在一篇小说里作过这样的表述:旅游就是花大把的钱去过一种颠沛流离的日子。其实这是一个懒人的自我宽慰,阿Q式的。谈到阅历和创作的关系,我认为还是重要的。就我个人的情况看,我这些年在4个城市里待过,这比守着合肥会有意思一些。要不,我怎么能写出一批关于海南的小说呢?不过还有另一种旅游。博尔赫斯说,他一辈子都在书籍中旅行。就是说,读书也是旅游,"读万卷书,行万里路",古人已经说得很明白了。也许是为了弥补不喜欢旅游的遗憾,我每天睡觉之前都要读几页书。

问:潘老师,我刚刚在《上海文学》上读到你的一个中篇《桃花流水》,是写40年代的事的,我想知道像这样的题材,你写的时候有什么参考的素材吗?

答:没有,没有素材一说。这种看上去很陈旧的故事,我拿来只是为了寻找一个载体,说别的事,有点王顾左右而言他的意思。除了我之外,我的一些朋友大概都会这样做,譬如余华的《活着》、苏童的《妻妾成群》、叶兆言的《枣树的故事》、格非的《迷舟》,应该都是如此。这样的作品我写过好几部,像《蓝堡》、《夏季传说》、《结束的地方》,还有第二部长篇《风》。借历史说故事,并不是至少不完全是有意回避现实,主要是觉得借这个构架会说得好一些,有趣一些。当然也有一些作品，在一定程度上表现出对那段历史的反思，我想《风》中这种意识比较强烈。

问：对于一个想写作的人来说，他的起步阶段该怎么做？你认为当一个作家应该具备什么条件？

答：我想学会读小说应该是最重要的第一步。我刚才说了，作家的阅读和读者的阅读有着本质的不同，如果你想当作家，你就必须从别人作品里读出好来。你能读出主题的消解，读出结构的设置，读出细节的安排，最要紧的是你能读出语言的魅力——叙事上、表现上、语感上，甚至遣词造句上的魅力。我现在读小说，只要第一自然段让我不舒服，我就不会再看。依我看，一个作家的基本条件应该是他对生活的认知能力和表现能力。这里面有后天的锻炼，也有先天的禀赋——凡是带有创造性的劳动都离不开这一点。我举一个例子，就是阿城和他的《棋王》，我印象里这是他第一次发表小说，可能也就是处女作，至少是成名作吧，给我的感觉就是不同凡响。他的句子非常有魅力，从中你能感觉到他的学识，感觉到他古典文学的功底，更能感觉到他的天赋。所以《棋王》一问世，原先那一堆写知青的小说便黯然失色了。

问：最近文坛上王朔批金庸的事搞得很热闹，对此你怎么看？你又是怎样评价金庸的武侠小说的？

答：我已经对人说过，像这种事本来就不是什么话题，更谈不上是热门话题。王朔作为金庸的一位读者，发表对作品的意见是最正常不过了，怎么就成了问题呢？即使有问题，那也是传媒自身的问题。前几天我从报上看到，金庸发表声明，声称他与王朔并没有个人的恩怨，这就更好玩了，难道我对你的作品说了几句批评的话，就表示我与你有怨？关于对金庸小说的评价我一点也谈不出，因为我从来没看过。

问：请问潘老师，对于"新生代"作家，你是怎么评价的？

答：我还谈不出什么评价，对"新生代"这种称谓也不习惯。但是我觉得像韩东、李冯、朱文、李洱，他们有些小说写得挺好，其实我觉得大家在文学立场以及写作的原则上是一致的，现在经人这么一划分，好像就多少有了不一样，这很荒唐。中国文坛有许多这样专门取名号的人，时常这个派那个派的煞有介事，并且还喜欢把自己提出了什么当作一生的荣誉，实在莫名其妙。

问：在你的创作中，哪些作家对你的影响大？你怎样给自己在当代文坛上定位？还有，你认为先锋文学能成为文坛的主潮吗？

答：第一个问题我似乎已经回答过了，我上面提到的那些我喜欢的作家，换个角度看，即他们的作品都是对我产生影响的。我并不偏爱某一个作家。第二个问题不是由我来回答的。不过我还是有兴趣说几句。我曾在一篇文章里写过，当代文学的一个重大遗憾就是权威的缺席，没有大师；而另一个同样重大的遗憾是，似乎又到处都能见到以大师自居的人物。缺乏大师意味着失去权威而公正的裁判——所以这些年我们这些人实际上是在踢一场没有裁判的足球。那么，面对这样的球赛，要想把它踢下去，唯一支持自己的就是踢球人的心态了。所以定位一说根本就不能成立——谁给你定位？来自官方的荣誉以及媒体的炒作，从来就不能视为对作品价值的衡量尺度，即使是某些打着学术招牌的评议，也在很大程度上偏离了起码的学科意义和专业精神。1993年，我在海口会见一位加拿大的汉学家，她就问过：你怎样看待自己在文坛上的地位？我说一个鲁迅能压几代人，现在我们能谈什么地位呢？我想真正愿意写作的人是因为喜欢写作，而不是喜欢什么地位。即使确实存在着地位一说，那么我觉得，是指一部作品——作家应该活在作品里，不要活在印了很多头衔的名片上。最后一个问题，回答很简单：不能。我们这种写作，某种意义上是一种边缘写作，它需要同时远离主流意识形态的中心话语和民间大众的公共话语。这种写作是寂寞的，乐趣只有自己知道。

问：潘老师，我最近看了你的长篇新作《独白与手势》，我想知道"独白"与"手势"意味着什么？

答：这个标题最初的考虑是有一种字面上的吸引力。我觉得好看，读起来也好听。因为对这篇小说我做了一个尝试，就是把图画当作叙事的一个层面放进去，也可以说它是个双重的文本。这样，我就觉得，所谓"独白"与"手势"其实都可以理解成一种叙述，"独白"是说的，"手势"是难以言说的，是比划出来的。你们现在看到的只是小说的第一部《白色》，第二部是《蓝色》，发表在明年第1期的《小说家》上，第三部就是《红色》，现在还没写。

问：有人说，现在小说家的出名得依靠影视的手段，特别是和张艺谋这样的"大腕"合作。譬如像苏童，如果没有《大红灯笼高高挂》，他的知名度就不会有这么大。你对此怎么看？

答：我不同意这个看法。一个导演有可能捧红一个演员，但不可能捧红一个作家。和张艺谋合作的作家很多，苏童、余华、莫言、刘恒这几位，在没有和他合作之前就已经是优秀的作家了，其他几位，合作之后我看也没怎么红起来呀！我没有别的意思，就是证明一下导演没这种功能。我倒觉得是这些作家成就了张艺谋。至于名气，是各式各样的，有人有民间影响，有人为官方赏识，有人被学术认定。这取决于他的作品品质，各得其所，就像磁铁永远不会吸住一块土或者一块金子，它只能抓住一块铁。

问：潘老师，我看过你一篇随笔，在说到作家的底气时，记得你说过类似的话：大家都应伸手探一下自己的米桶，看看还能煮上几碗饭。虽然你有难得的清醒，但我觉得也表现出你个性中偏执的一面？

答：偏执吗？或许是有一点。我是针对那些历来自我感觉良好的人说的。他们把自己想象得很了不得，其实作品很臭。作家是什么？高尔基说是人类灵魂的工程师，这话从前感召过我，但等我成为一个作家时，我才意识到作家不过就是一个手艺人。你们别笑，我这可不是什么调侃，我说的是实实在在的话。他得靠这一行吃饭，靠这一行养家糊口，当然他自己爱这一行，但一个木匠同样也爱他那一行呀！不信你去问问一个木匠，是你写的小说好，还是他打的家具好？谈到底气，我又觉得我们这些写作的人，又像是运动员了，马拉松运动员。一开始总是很热闹的，但慢慢地就觉得路是越跑越长，脚是越跑越软，究竟有几个能坚持到终点，还真难预料。

问：潘老师，请你坦率地回答，如果你没有今天这样的成功，你还会有今天这样的自信吗？倘若你失败了，对这种选择后悔吗？

答：我并没有意识到今天的成功，但我同样也不会意识到我的失败。为什么这么说呢？因为写作的愉快在于它是一个未知不断显现的过程，如果有一天你能觉得不写作很难受，那就对头了，就像好酒的人一样，一天不喝他就不舒服。但你问这个人，如果喝醉了你后悔吗？他肯定说不，或者摇摇头。即使我今天一事无成，我对我这种选择也无怨无悔，因为在我失去或者还将失去一些东西之后，我至少获得了一样，那就是心灵的自由。（鼓掌）

恐惧的对面就是爱
——答《中国书报刊博览》记者问

时　　间：2003 年 11 月

问：您在描绘自己的生活状态时曾说过，您基本上是一个"住标准间的男人"，现在还是这样吗？

答：我说过这样的话。1992 年春天我去海口，从此开始了一种"自我放逐"的生涯。之后我又去了中原的郑州，然后又来北京，在这漫长的日子里，我浪迹四方，所以说是"住标准间的男人"。

问：作为一个先锋派作家，当年您以《南方的情绪》、《流动的沙滩》、《风》等新潮作品在文坛很风光的时候却选择撂了挑子，选择了自我放逐。您经过商，怎么后来又拿起了笔？

答：我从来不觉得自己有过什么"风光"，1992 年去南方，基于两个目的：一是换一种活法——当时我在安徽的境遇很差，到了省文联，却没有一个具体的部门要我。我被临时"挂"在办公室，感到非常沉闷，所以要离开；二是想挣钱，因为我意识到像我这样按照自己的意志进行写作，其实是很奢侈的。那么首先得想办法把自己养起来，至少不要沦落到卖文为生吧。这样折腾到 1996 年，我以一部中篇《结束的地方》结束了我为期五年的经商生活，实行了"软着陆"，顺利回到了案头。

问：您的作品都体现出一种对生存的恐惧，为什么？您在生活中有这方面的经历吗？当生存危机来临时，您会以一种怎样的心态面对？如果您曾经有过这种危机的话，您是怎么过来的呢？

答：我想每个人的生存境遇中都有恐惧感。恐惧不一定是某个具体的事实，而更多的是一种气氛，属于人的心理范畴，某种意义上是人与社会构成的那种紧张关系的特殊反映。这与生存危机是两回事，当然，所谓的生存危机也是每个人都会遇到的，但这个我不觉得可怕，而采取的做法也是以不变应万变，该干什么干什么。

问：批评家施战军在《标准间内外》一文中说您"爱文学，不爱文学界"，所以您不加入中国作协这样的组织。那么您对当今中国文学界是怎么看的呢？

答：不了解，自然也就谈不上什么看法。写作是纯粹个人的事，与任何组织、机构无关，这是我一贯的立场。因此我不会加入这样的组织，倒是喜欢一种沙龙的感觉，志趣相投的人有空可以一起畅所欲言。

问：您曾说："一个作家只有切实感到路越走越窄时，心理才踏实，才算没有摸错方向。"那如果真有了这种感觉，也就意味着面临着一种危机，您会怎么办呢？

答：对于一个小说家，我觉得最值得关心的是：你能否写得更好？小说作为语言的艺术，讲究的是叙述的方式，这种对叙事空间的探索其实是很艰苦的，自然不会那么轻松了。但小说就是这样发展下来的。我不认为这种感觉是一种危机，倒是分享了一份艰难。如果有一天我感觉"江郎才尽"，那我就不写了。我不会像有些作家那样去"耗小说"。

问：您在北广演讲时曾说："文学能影响到你的观念，最终会改变你的生活方式和思维方式。"从事创作这么多年来，您的生活方式和思维方式有哪些改变呢？

答：这不是几句话就能够说清楚的。一个人立足于世，自然有不同的价值观念和取向。我选择写作，是因为这个职业很适合我，写作使我与这个世界发生了联系，也成为我个人的存在方式。我以文学的眼光观察世界，以写作的方式表达对世界的看法，很快乐。

问：您曾撰文评论贾平凹说他的素质不能成为小说家，那您心中小说家的标准是什么呢？

答：我心目中优秀的小说家，是坚持自己的文化立场，按照自己的判断，在叙事上勇于探索，并且显示着人类良知和人文关怀的那种人。

问：随着时代的变化，一个作家的写作立场和原则也不可避免地要发生一些变化，创作这么多年来，您的创作心态变了吗？

答：时代某种意义上对写作会有制约，但对于一个好的作家，其肝胆素质是不会改变的。一个作家的调整，如果发自文学的内在需要，而非迎合主流意识形态或者商业形势，是很正常的。我写作二十余年，心态没有变——我依然是在认真努力地去接近我专业上的目标。

问：您的创作是否和您的经历有很大关系？

答：一个作家的记忆与经历，决定了他的创作方向。正是在这个意义上，博尔赫斯才说"一切文学都带有自传性质"。但并非是拿着经历当素材的，至少对我不完全是这样。

问：写作对您来说意味着什么？生命？全部？调味剂？还是什么？

答：是使命，更是日常生活。

问：您从小的梦想是做什么？当作家吗？那时您对作家的理解是什么？

答：我从小的理想是当一个画家。后来上了大学中文系，才开始写作。我对创造性的劳动有兴趣，包括做饭，但天天做不行。

问：人每个阶段的阅读重点都会不同，您呢？能否谈谈您从小到现在的阅读？

答：我一直喜欢读杂书。以前读过一些文学名著，主要是西方的，我以自己的眼光选择喜爱的作家。进入四十岁之后，我的阅读偏重于历史典籍。

问：有没有一本或几本能影响您人生、生活的书？是什么？怎样影响的？

答：如果有，那就是《鲁迅全集》，我读了几遍。

问：当前的小说家有一个困境，那就是如何在故事泛滥的时代里讲故事，您认为呢？

答：我不清楚现在是否是"故事泛滥的时代"，但我知道小说和故事是两码事。小说是一种叙事文本，它更多的是突破故事的层面去探求形而上的意味。这里就永远存在着一个叙事发展的问题。小说家真正的困境，可能是不知道"怎么说"。

问：能说说您的创作近况吗？

答："非典"期间，我在北京就地卧倒，作了一批画。最近广西师大出版社出版了一套三卷本的"潘军作品"（《海口日记》、《合同婚姻》

和《山水美人》），其中的《山水美人》是一本散文随笔集，就插上了这些画。另外，我刚刚写完一部长篇小说《死刑报告》，将发表在《花城》杂志今年的第六期上，单行本将由人民文学出版社出版。这是一部对中国的死刑制度进行拷问的小说，我想应该很好看的。

答《中国文艺家》杂志问

时　间：2003 年 11 月

记　者：潘军先生，众所周知，你最早是以先锋派的姿态步入文坛的，学术界一直把你视作这一流派的代表作家之一。你早期的作品，比如《南方的情绪》、《流动的沙滩》等，虽稍显晦涩，但对小说的结构和叙事技巧做了大量的探索。1996 年你结束了为期五年的南方之行后，写作风格日趋圆熟，作品也变得好看、好读且耐人寻味。这个调整对你意味着什么？

潘　军：一个作家的调整，应该是发自写作内在的需要，这是个前提，而不是某种妥协的结果。所谓文学上的"先锋派"，某种意义上是批评家们对一种文学现象的归纳。80 年代中期，当代文学确实出现了一批新鲜的小说，还有诗歌。这些作家以对传统文学反叛的姿态出现在中国文坛上，立足于形式的探索，他们的作品也集中发表在《收获》、《花城》、《钟山》、《作家》这样的杂志上，也似乎有一种"派"的感觉。从文学实绩看，他们的作品是对后来的作家产生深远影响的，也是对当代文学做出了贡献的。作为"先锋文学"的亲历者，我缅怀那段美好的时光。但是，到了 90 年代之后，"先锋文学"的阵营开始发生了变化，一些作家都不同程度地进行了调整。我曾经说过，一个作家刻意把小说写得晦涩，那是一种病态；主动去迎合什么，那是媚俗；而努力把小说写得好看，应该视为一种追求。

记　者：那么，是不是从这个时候起，你的小说开始引起一些影视制作机构和影视导演的关注的？

潘　军：或许是这样吧。我不是一个在民间拥有知名度的作家。可以说在1996年之前,没有多少读者知道中国有一个叫潘军的作家。等这以后,我的一批中短篇小说,如《海口日记》、《对门·对面》、《关系》、《重瞳》、《秋声赋》、《和陌生人喝酒》等,相继被《新华文摘》、《小说月报》、《小说选刊》这样的刊物转载,喜欢我的读者才逐渐多了起来。去年我编《潘军文集》,粗略看了看,仅《小说月报》这几年就转载了我二十来篇小说,这个量很大。也就在这个时期,正如你们所言,一些影视机构和导演开始与我联系了,要买版权什么的。但我和别的作家不同,我本人是可以自己来做编剧并且自己当导演的。1997年,我自编自导了一部二十六集的电视剧《大陆人》。

  记 者:当时是什么动机驱使你作出这样选择的?

  潘 军:有两个原因吧。第一,我需要通过这种方式去挣钱,给自己的写作一个支持。我是一个职业作家,这个定位和国家体制内的专业作家有所不同。我认定的那种职业作家,是按照自己的意愿去写作的,是自我表达的实现,丝毫不受指令支配。在今天,这样的写作其实是很奢侈的,因为它的艰难劳动与得到的回报往往不成比例。因此你就首先必须把自己养起来,养得从容一点。第二,我有一个导演梦。我对影视,特别是电影的兴趣早于小说。上大学之后,我从图书馆借的第一本书就是前苏联导演库里肖夫的《电影导演基础》,比砖头还厚。我几乎是连文带图地把它抄了一遍。那个时候,我就渴望将来去做一名电影导演,我觉得这个职业可以最大限度地展现我的才华。我生长在一个梨园世家,从小就在"戏园子"里看戏。我喜欢像石挥、蓝马这样不着表演痕迹的演员。上大学之前,我是学画的,对构图、造型、色彩都很敏感。所以到了1981年,我大学三年级的时候,我自编自导自演了一个独幕话剧《前哨》。这个戏是为了纪念鲁迅先生诞辰一百年的,我演鲁迅,后来获得了全国大学生文艺汇演一等奖。那年我二十三岁。后来我的毕业论文也是关于电影导演艺术的,系里当时没有老师可以指导,但都觉得还不错。

  记 者:《大陆人》作为你影视作品的处女作,你觉得是否已经达到了自己预期的目标?

  潘 军:远远没有!这个戏当时是在郑州筹备的,由我一个人开始,逐渐搭成了一个剧组。主要的拍摄地是在海口,由于条件的限制,前期勉强对付过去了。但问题出在后期。等拍完了，我才知道投资方与你的立场完全不同，他们只希望以尽可能小的投入，得到最大的回报，根本不想多一份投入就会提高一份质量。一部二十六集的戏，投资规模还不足三百万人民币，前期不到两个半月就封镜了，对创作一方是多么的艰难！等到后期，问题突然来了，原先谈好的条件被无端否了，劳务标准也大打折扣。你的一些合理要求得不到满足，你对所谓艺术上的追求得不到任何同情，这样的合作真是很痛苦，也很无趣，所以我没有介入后期，从此就离开了郑州。导演不参与后期，那么片子的品质就可想而知了。

记　者：经过了这次不愉快的合作，你是否放弃了当导演的想法？还是希望接着再尝试？

潘　军：1998年，我在北京拍摄了一部叫做《对话》的"电视电影"。也是自编自导。当时投资人对我说要拍一个都市系列，要拍十部，口气很大。结果第一部拍完了，觉得没什么钱可赚，也就草草收场了。《对话》是一个伤感而温馨的故事，一个来北京看儿子的乡镇老人，在儿子家里却怎么也与儿子、媳妇处不好，自己也觉得难受，却意外地和邻居的一个哑巴孩子沟通了——所以叫《对话》，两个不具备对话条件的人却可以"对话"，而能对话的人却怎么也说不到一块去。这部片子，"电影频道"播了好几回，但影响不大，反映平平。从导演的角度看，存在一些问题，而最大的问题还是老问题，资金不足，以至于不得不偷工减料，很多东西实现不了。但《对话》里那台演员，我是喜欢的。李丁饰演的父亲，杨立新饰演的儿子，张岩饰演的儿媳妇，吴刚饰演的哑巴孩子父亲，刘梦梦饰演的孩子继母，都很好。特别是饰演哑巴孩子的陈海滨小朋友，是我专门到北京聋人学校挑的。当时制片方说找一个正常的孩子来演，我说不行，哑巴孩子身上那种特有的表现，正常的孩子是演不出来的。我坚持挑了这个残疾孩子，还专门请了一位手语老师。

记　者：现在很多影视作品都是根据小说改编的，你也是颇受关注的作家。你认为影视机构和导演看中了你小说中的哪些元素？

潘　军：当然是故事啊！他们无非就是从你的小说里找到一个好故事嘛，无非就是看中了小说里的人物关系和情节冲突。但是，我一直认为，一流的小说是不可以被改编的。即使强行改编，那也是另外的一个东西了。

　　记　者：为什么可以这样说？

　　潘　军：一个纯粹的小说家从来就不会因为自己的作品被改编而感到骄傲，这与民间的判断完全不一样。经常听见人说，某某作家的小说被搬上了银幕，搬上了荧屏，似乎很了不起。其实不是这么回事。作为小说家会觉得，小说被改编了，从某种意义上讲，就说明小说本身不够纯粹。一流的小说之所以不能被改编，是因为它的内部有一种不可动摇的因素凝结在一起，成为一个不可分割的整体。一流的小说在于思想和叙事。被改编，说明这个作品本身还存在着可能移植的空间。即使一些名著被改编了，那就是另外的东西。比如说，米兰·昆德拉的《生命中不能承受之轻》，改编成电影《布拉格之恋》，就完全是两个东西。小说中所表达的那些形而上的意味，那种夹叙夹议的叙事风格，电影都无法表现。尽管那部电影拍得也还不差。

　　记　者：你当初写作这些小说时有没有考虑过日后会被改编为影视作品？

　　潘　军：我可以负责地告诉你们，没有。虽然我有一些小说后来被改编了。我习惯的做法是，直接写剧本。小说和影视是两种不同的东西，前者讲究的是叙事，后者关心的是故事。但你们说的这个现象，我也注意到了。确实有这样的小说家，动笔之前就产生了将来被希望改编的心理定势，甚至还有先写剧本，再把这个剧本还原成小说——这能算小说吗？

　　记　者：作为文学的小说，你认为在影视作品里应该起到什么作用？

　　潘　军：最重要的作用是成为剧作的基础。张艺谋最初的几部电影，都是从小说改编过来的。某种意义上，应该是几位优秀的小说家成就了导演张艺谋。可是一旦扔掉小说这根拐杖，他行走的步伐便不尽如人意了。这次的《英雄》就是如此。虽然他本人也加入到了编剧班子，但要表达什么，自己没有底，手下自然就会离谱。难道"胸怀天下"就是英雄？按照他演绎的这个逻辑，希特勒是不是也该算英雄了？因为他也一样"胸怀天下"啊，哪个独裁者不"胸怀天下"呢？至于形式上的东西，不足为奇吧，无非就是钱堆出来的嘛。一部电影的文学深度应该是作品的最高目标。我们今天无论是谈论英格玛·伯格曼还是克日什多夫

・基耶斯洛夫斯基，都是在谈他们的电影里的文学精神，那种宗教情怀，那种人类的终极关怀。一部电影，它的局限大小，取决于文学上的深度，这是无可置疑的。

记　者：你第一部被改编成影视剧的是哪篇小说？

潘　军：《海口日记》。这是一部中篇小说，始发刊物是《收获》。当初剧本也是我自己改编的，结果拍出来之后才知道导演自作多情地做了一些手脚，让我沮丧不已。

记　者：《海口日记》在读者中是影响很大的。

潘　军：应该是吧，我记得当时就收到了不少读者来信。去年，一位德国的同行打算把它翻译成德文，他正在考虑编一套世界作家与海有关的书。他让我用一句话把《海口日记》的主要意思说出来，我就说，有一个作家为了摆脱麻烦，隐姓埋名地去了一个岛上，结果却遇见了更大的麻烦。他高兴地大笑，说这个意思很妙。但是后来电视剧的气味就变了，先是剧名也不叫《海口日记》了，而叫《生死有情》——活脱脱的港台味。其次是经导演这么一改，原来的那个妓女虽然也还坐台，但既能演唱还能作曲——这样的女人还可以做妓女吗？如果有，唯一的理由就是她太想做妓女了。诸如此类的例子还很多，但我没看出什么高明来。我并不反对导演修改剧本，根据现场需要对剧本进行一些合理的调整很正常，而这样的修改，我很不明白。所以后来我也学了一招，不就是电视剧吗？你随便弄吧，大不了将来我不署名好了。好在《海口日记》的电影版权还在我自己手上，也许将来我自己来重新拍一部。

记　者：除了自己的小说被改编，你这两年还直接写过电视剧吗？

潘　军：有一部二十集的《好好活着》，去年已经拍完了，至今也没播。从制片人送我的一套带子看，明显两点不足。一是导演水平不够，无论是大的结构、节奏，还是细节刻画，都是问题；甚至连一场戏的"戏眼"在哪里都弄不明白。怎么可以找这样的人去做导演呢？第二，制作上太经济、粗糙，一部二十集的戏，居然没有下一场雨，令人无法想象。如此的偷工减料自然就大伤作品的感染力。但对女主角吕中的表演我还是满意的，她是北京人艺的一位老演员，具有表演功力，这次在《走向共和》中饰演的慈禧太后，也很不错。

记　者：前段时间，媒体上在大肆宣传说，一家公司在拍你的《对门·对面》。现在这部电视剧播出了，又没有见到字幕上你的名字，这是怎么回事？

潘　军：这是一个毫无幽默感的笑话。《对门·对面》是我在1997年写的一部中篇小说，始发刊物是《花城》。这部小说是我"都市系列"中的代表作之一，写的是城市人之间那种距离感，那种困境，那种焦虑，先后有不少公司跟我谈过影视的改编。2000年，我给了现在这家公司，当时因为我在写作长篇《独白与手势》，所以没有担任编剧。于是他们另找了两个编剧，最初还是打算按照小说的结构改编。我还专门为改编到北京同他们谈了自己的想法，讨论了剧本提纲。后来的事情我就不知道了。前些日子我接到一位朋友的电话，说你的《对门·对面》已经面目全非了，整个一个韩剧《冬日恋歌》的克隆。你赶紧告他们吧。我这才打开电视机看了一个片头，果然没有"根据潘军小说改编"或者"原著潘军"的字样。我很惊讶，怎么今天还有这样明目张胆践踏法律的侵权行为啊！具有法律效力的合同难道成了一纸空文？居然干出这种偷梁换柱的小人勾当！既然你克隆韩剧，那么你为什么一直在报纸上大肆宣传说"根据著名作家潘军小说改编"，这不是欺诈吗？但我并没有去告他们，对于这种人，真的不屑一告。我只在《北京青年报》上说明了一下真相，但保留诉讼的权利。

记　者：现在很多人抱怨电视剧越来越没法看了，你觉得这其中的主要原因是哪些？

潘　军：原因是多方面的。要解决这个问题，首先是要取得投资方和创作方的互相信赖，实行"钱"与"权"的相对分离。投资方不要过多地去干涉创作方面的事情。你信赖他，就把钱掏给他。在创作上，应该实行"导演中心制"。导演是对这个作品全面负责的人。而现在的情况是，什么都是投资方说了算，包括演员的遴选。那还要导演干什么？第二，要解决没有好剧本、导演没文化的问题。剧本是一剧之本，尤其是在电视剧上，剧本更显得重要。某种意义上，大众看电视剧就看两点，一是看好故事，二是看好演员。中国的编剧队伍很薄弱，需要一些小说家的加盟，才会改变这种不良现状。我们今天所看到的几部好的电视剧，不是根据小说改编的，就是小说家参加了编剧。现在的情况往往是，一方面是有文化的导演没有遇上好剧本，而好的剧本又在没文化的导演手里弄走样了。这是一个致命的错位。

记　者：很多作家都有当一回导演的想法，有的作家已经在这方面作出了尝试，你怎么看待这种现象？

潘　军：作家当导演不是新鲜事。前苏联的舒克申、法国的罗布·格里叶，都有做电影导演的经历。中国现在也有了几位，这很好啊。有人说，中国的导演跟会计一样多，这句调侃的话暗示着似乎什么人都可以干导演。是的，如果你有几分聪明，在片场混过几回，你就知道导演这活是怎么个玩法了。但是如果你想玩出个名堂来，稀里糊涂地扔掉一条命还不明白是怎么回事。我觉得一个人干任何一件事，只要是创造性的劳动，哪怕是做一个木匠，首先得想想自己是不是那块材料。齐白石四十岁才开始学画，似乎是漫不经心地一挥而就，一不留神成了大师。其实他就是具备了大师材料的那种人。美国导演奥里弗·斯通，从越南战场上回来，一上手就拍出了《天生杀人狂》、《刺杀肯尼迪》、《野战排》这样的大气之作，也说明他天生就是吃这碗饭的。

记　者：如果你有机会还能自编自导一部电视剧，你认为你能拍出一部什么样的作品？

潘　军：我刚刚完成一部以抗日战争为背景的间谍剧，叫《最危险的时候》。这是一部具有传奇色彩、惊险样式的作品，但又不是随意写出的，而是在真实史料的基础上进行的合理虚构。2005年是世界反法西斯战争及中国人民的抗日战争胜利六十周年的日子，我写这个戏，就是为了纪念这个日子。我相信只要遇见合适的投资方，肯花气力打造，我自己能拍出一部风格独特的好看的电视剧。还是那句话，我有这个能力。但我最想拍的还是电影，比如前面提到的《海口日记》，还有《秋声赋》、《结束的地方》、《桃花流水》等，都能拍。有一次我遇见著名摄影师吕乐，他说自己曾经很想拍摄《海口日记》。我说《海口日记》一定要拍出那种"毛边感"——用手撕纸的感觉，而不是用刀子裁纸那么整齐。具体到摄影，我主张完全用"手持"。电影在导演这里，如同小说在作家那里，实际上就是完成一个叙事的过程，都是一个"怎么说"的问题。所以电影是导演的艺术。而电视剧则看重的是"说什么"——这个故事好看吗？我想，这是二者最本质的区别。

记　者：你曾经谈过，电视剧谈不上什么艺术。这话今天看是否有失偏颇？

潘　军：我是拿电视剧和电影作比较时这么说的，不能脱离这个具体的语境。我认为电影是门艺术，而电视剧则不能算，或者说它的艺术含量比较低。我这么说，是因为我本人就是这种心态。即使投资人对我很宽容，我也只能拍出一个好看的电视剧，但它还是叫电视剧，它就是这么一个胚胎嘛。电影和电视剧的差异，不在器材上，而是二者的艺术思维不一样，在篇幅上也不一样，在投资规模和技术手段上还是不一样。电影的篇幅就是一百分钟，它要求你在这个有限的时间里讲述一个貌似简单、其实内涵丰富的故事，这就出现如前所说的叙事技巧。而电视剧呢，没有篇幅限制的，于是就可以汪洋恣肆地说话。我在北广演讲时跟同学们说，电影是能不说的尽量不说，电视剧呢，是能说的尽量说——否则怎么可能有三十集、四十集呢？从技术上看，用胶片拍出来的感染力和摄像机拍出的画面差别极大。但最关键的，还是我提到的"怎么说"。电影是讲究叙事的，既然是叙事，就存在着一个表现手法问题。而这一点在电视剧里并不重要，观众关心的是你说了什么，他感不感兴趣。中国现在有一个特别奇怪的现象，就是电视剧拍得越来越讲究，拿它当电影拍，投资的规模在不断追加，演员的片酬在飙升。电影呢，越来越抠门了，据说有的电影投资就一百多万人民币，你能拍出什么？这样的时候，我就特别缅怀过去的电影制作。像上个世纪60年代的《烈火中永生》，仅是演员，就集中了上影的赵丹，北影的于蓝、项口、张平，长影的庞学勤，八一厂的胡朋、王心刚，还有中戏的蔡松龄，这样一台好演员啊，能不出好作品吗？而现在呢，基本上都是小圈子，能折腾出什么呢？

记　者：那么，你心目中的优秀电影是哪些呢？

潘　军：我对电影的要求很高。前面提到的几位导演，都是我喜欢的。还有美国的弗朗西斯·科波拉，丹麦的拉兹·冯·特埃尔，意大利的朱佩塞·特纳多雷，西班牙的佩德罗·阿姆多瓦，都是我喜欢的导演。

记　者：一部好的电影作品能与一部好的文学作品相提并论吗？

潘　军：我觉得文学的力量还是超过电影，尽管电影与现代人的沟通比文学迅捷得多，也轻松得多，但是文学对一个人的陶冶和影响力，肯定是超过电影的。文学更多的是传递思想，语言的独特魅力让你内心震撼,你感觉在被文学征服。我们经常听说"影响世界进程的十本书",但没有听说过十部电影。

记　者:曾经读过你一篇随笔《北京现在的玩意儿》,看后很过瘾,也让人震撼。

潘　军:那篇随笔我实际上就表达了一个意思——北京这么多年来一直在忙于"打造时尚",却远离了创造经典。这是个让人忧虑的问题,因为北京是咱们国家的首都,是"文化中心"啊,我们总不能老去看"贺岁片"和"室内剧"吧?

记　者:那么。你所呼吁的"经典"又是指什么呢?是指像交响乐那种高雅的艺术吗?

潘　军:我实际上是在强调一种艺术的纯粹性,与艺术种类没有关系。比如相声就是很民间的东西,但它照样会出经典。侯宝林先生就是,他立足于相声的本性——就是一个"说"字,卖嘴皮子,但他做到了纯粹,他就是大师。不像现在的某些演员,说不了,就又唱又跳,让人倒了胃口。再比如京剧,立足就是一个"唱"字,舞台上就两把椅子什么的,很抽象,表演是虚拟性的,没有什么声光、电子、布景,但它照样流传至今。它有纯粹性,它就可能成为经典或者接近经典。

记　者:你近两年小说似乎写得少了,去年就看见你一部很有意思的小说《合同婚姻》。这部小说至今还有人在谈论,最近又获得了《小说月报》第十届"百花奖"。你是怎么想到这个题材的?

潘　军:我一直觉得人类最大的败笔,就是设计了这样一种婚姻制度。你看,如今世界上的离婚率多高。婚姻制度暗示着从一而终,尽管允许离婚,但这种暗示逐渐成为政府的希望,这是连神也难以做到的呀。如果一个产品有如此之多的返修率或退货,那说明生产这个产品的流水线出了问题。我的思索便是这样展开的。虽然每个人都向往那种"执子之手,与之偕老"的情怀,但在实际生活面临着种种苦恼。人生苦短,人不该被苦恼所围困。

记　者:谢谢你接受了我们的采访!

最好的感觉是说不
——答《安徽商报》记者问

时　间：2006 年 4 月

记　者：几年前，曾经出现了"潘军年"，许多出版社争相推出您的作品。读者非常关心您现在有什么创作？写不写小说？

答：所谓"潘军年"，指的是 2000 年发生的事情，当时国内有包括人民文学出版社在内的七家出版社不约而同地出版了我 16 本书。这在中国出版界比较罕见，所以引起了媒体的关注。我记得最早是《北京晚报》以《出版界打造潘军年》为题，以一个版的篇幅这么说的，接着国内十家文化单位共同出资在京联合举办了"潘军作品研讨会"，后来中央电视台的"读书时间"又做了《潘军与小说》的专题，所以热闹了一阵子。值得一说的有两件事。第一，我不可能一年之内写出 16 本书，就是抄也抄不出来；在文学界，我一直被视为先锋作家，但我和余华、苏童等人不同，他们一直写着，没有间断。而我从 1992 年起，就过起了孤身漂泊的生活，我自己称为"自我放逐"。因为那时候安徽文联没有一个具体的部门愿意收留我，我被暂时挂在办公室，只能选择离开。先去了海口，之后又去了郑州，最后是北京——合肥两地跑。就这样跑了六年。那几年的生活叫做"下海"。我要生存，就必须去挣钱。到了 1997 年之后，我才回到文学创作上来。这些作品慢慢积累起来，就一下出了那么多。第二，除了我的母校安徽大学出版社出了一本《坦白——潘军访谈录》外，安徽没有出过我的书，至今没有。

2001 年，我本来要去德国进行访问写作，但母亲得了癌症，所以不可能去了，也不可能安心写作。尽管这样，还是写了一点，比如长篇小说《死刑报告》，中篇小说《合同婚姻》、《犯罪嫌疑人》，短篇小说《纸翼》、《临渊阁》、《枪或者中国盒子》等。最近，又写了一个中篇《戊戌年纪事》。我对小说的创作历来很严肃，是一种远离功利的写作，是叙事欲望的满足。当然，我是在证明自己还能够写得更好。除此之外，继话剧《合同婚姻》之后，我又根据自己同名小说改编，为中国国家话剧院写了话剧《重瞳——霸王自叙》，还改编了一个京剧《江山美人》。今年我主要在搞电视剧，一个是根据《合同婚姻》改编的三十集连续剧，何群拿去拍了，另一个三十集的《五号特工组》由我自己来拍，估计五六月份开机。

记　者：创作上有压力吗？如果有，是来源于内部的还是外部的？怎么消解创作欲望或者说是创作心理的紧张与焦虑？

答：如果说有压力，那么我的压力完全是自己造成的，也即你所言的"内部"。写作是一个人的战争。我不紧张，但焦虑。焦虑是总觉得自己写得不够好，总觉得自己最满意的作品一直没有写出来。既然我这种写作是一种叙事欲望的满足，那么写作中的状态就很重要。一般情况下，状态不好，我是不写小说的。我有时候出去走走，四处会会朋友，看点闲书，作点书画，打打麻将。

记　者：您不在安徽生活有些年头了，现在您定居北京，是否意味着北京给您提供的空间比其他地方都大？

答：我至今还是安徽省文联的专业作家，但我没有申报任何职称，也不担任任何职务。我的工资应该是作家中最少的。但这样很好，相互不欠。我选择北京，不是或不仅仅是因为那儿的舞台有多大，天地有多宽，而是京城的能人太多，反倒有一种"大隐于市"的感觉。这样的氛围，能让你彻底地放下来，也能抑制你骨子里的轻薄，不拿自己当回事儿，使你的内心保持住一份宁静。而做事，正需要这样的宁静。

记　者：现在一天能睡几个小时？最烦恼的是什么？

答：我神经衰弱，睡眠一直不是太好。最烦恼的事是没有梦。

记　者：在外地是"诗意地栖居"还是现实的漂泊？理想的和现实的生活状况有区别吗？如果有，在哪？喜欢传统文人式的弄花吟月，还是赚足了钱从事写作？

答：现实和理想永远有距离，这段距离叫"痛苦"。是人就免不了痛苦。我向往诗意的生活,但我无法回避现实的漂泊——即使定居,也不意味着心灵的不再放逐。我喜欢传统文人的风范,喜欢士大夫式的清雅,喜欢琴棋书画,不喜欢弄花吟月。

我历来是把挣钱和写作区别开来的,比如我做电视剧,就是为了挣钱,没有成就感。我的写作,指的是我愿意进行的那种写作,遵从内心的写作,恪守文学立场的写作。但这样的写作,很奢侈。因此,先得把自己养好。否则,所谓的写作就会沦落为谋生的手段,而我不希望这样。

记　者:您最近在读什么书?不同人生阶段读的书主要是哪些?能否列举一两本?

答:最近读了《皇帝与秀才》(美·史景迁著)和《沈从文的最后四十年》(李扬著)。四十岁之后,我很少读文学方面的书,喜欢读文史类的书、好的人物传记,以及一些杂书。以前读书,多少带有些功利性,虽然有用,但失去了阅读的快乐。现在读书,是日常生活一个不可分割的部分,是纯粹的阅读,每天读几页,是享受。

记　者:您也画画,和专业画家相比,有什么不同的地方?

答:1978年上大学之前,我业余自学美术。当时想考美院,可是第一年的高考需要政审,而我父亲是没有平反的右派,这样,我就失去了成为专业画家的可能。但绘画的欲望始终没有泯灭。我现在偶尔还画一点,是自我性情的一种表达。在中国作家中,我自觉我的画应该算好的。但我承认,我还是业余,我宁愿做一个"票友","票友"的好处是自娱自乐,无需顾忌专家的评价和舆论的压力。

记　者:从我与您几次的接触来看,您心气高,底气也比较足,是一个很直率,敢于流露真性情的人,比如对贾平凹的批评,对当年法籍华裔作家高行健获得诺贝尔奖引发中国作协发表声明提出异议,等等。是什么让您具备了这些?

答:所谓对贾平凹的批评,不过是几年前我在《北京青年报》上的那篇小文章。其实,我只是指出像贾平凹那种小说,与我的文学立场相悖。他的小说还是明清话本的一种延续,看不见叙事,这当然是我的一家之言。但后来贾平凹说,潘军的观点没有权威性。这就有点负气了。至于高行健获奖,怎么说他都是一个华人。怎么说他都填补了百年文学奖华人的缺席,我没有理由不高兴。我困惑的是,中国作家协会为什么不高兴？一个作家表达自己的观点，一点都不困难。问题在于你是否敢于表达。不敢，是因为有求于人，我敢，是因为我可以说不。

记　者：您既不申报一级作家的职称，也不肯加入中国作协，为什么？

答：因为不需要。

记　者：您一直说作家不要揽创作以外的许多社会事务，您觉得自己是个纯粹的作家吗？

答：我好像没这么说过，我只说过一个作家的野心，只能局限在一张纸上，而不要跑到纸以外去。我希望自己能成为一个纯粹的，或者比较纯粹的作家。其标志，就是永远按照自己的文学主张去写作。

记　者：您认为自己的小说和散文是否为经典作品？能流传下去吗？

答：我从来没有奢望自己的作品能成为经典，并加以流传。这是时间决定的问题，不以个人的意志为转移。我说过，当代文学最大的遗憾是大师的缺席。而另一个遗憾，是到处都能见到以大师自居的人。

记　者：到目前为止，最满意自己的哪一部作品？

答：我一直觉得自己满意的作品没有写出来。

记　者：对于您的评价，似乎绕不开"先锋"两个字，您怎么理解"先锋"的？您认为自己还是先锋作家吗？

答：所谓先锋作家，只是批评家做学问的一种归纳。而我所理解的先锋，指的是一种文学精神。就当代文学而言，出现在20世纪80年代中期的先锋文学，侧重于小说形式的探索，具有反传统的倾向，这对当代中国小说的发展，起着不可估量的作用。先锋小说式微后，它的主要作者，都有着不同程度的回归现实。我认为，这是一种调整，旨在使自己的小说变得更好看。就我个人而言，我感兴趣的不是文学史或者批评家们对我的定位。任何头衔对于写作者都是多余的。我的文学主张从来没有丢弃，但涉及到具体作品，写法又各有不同。我要写的依然是我所理解的那种小说。

记　者：据说您女儿潘萌的小说《时光转角处的二十六瞥》已经入围"春天文学奖"，您希望她走怎样的文学道路？有无具体的引领？

答：潘萌有良好的写作天赋，但我希望她把写作作为终生的爱好，事实上她也是这么做的。对她的写作，我谈不上"引领"，倒是我们爷俩儿经常交换一些看法，往往是互不买账。《时光转角处的二十六瞥》是她的长篇处女作，出版后，受到一些鼓励，但我不希望她看重这些。

记　者：安庆过去和现在都出了许多文人（作家、艺术家等），您欣赏谁？

答：历史上安庆这块土地，出过著名的"桐城派"，出过"四大徽班"的领军人物程长庚、杨月楼，出过大书法家、金石家邓石如，出过新文化运动的领袖陈独秀，这都是安庆的骄傲。这样一些人物，出自同一块土地，无疑是一个奇观，但我至今找不出他们内在的联系。当代文学上，已故的诗人海子一直为人称赞，他的诗让我联想起文森特·凡@高·的《向日葵》。

记　者：您认为安庆为什么会出那么多文人？

答：我没觉得安庆出过"那么多文人"。

记　者：故乡高密在作家莫言的作品中多次出现，怀宁在您个人的记忆或者是作品里有无反复出现？

答：某种意义上，一个作家童年或少年的记忆，决定了他今后写作的方向。一种地域文化，对于一个作家意识的形成，是起着相当重要作用的。我的很多作品，都与我的故乡有关。比如说，长篇小说《日晕》、《独白与手势》等。

记　者：您曾当过知青，有没有打算就知青经历进行创作或者就敏感的话题反思？

答：我无意去写一部"知青小说"，但知青生活，作为我个人的一段特殊的人生经历，曾经渗透在我的作品里。那是一段值得缅怀的时光，多年前，我曾去过当年插队的地方，以后我还会去的。

记　者：回望故乡，您最想说什么？

答：一言难尽。

作家最重要的品质是立场
——答《新安晚报》记者问

时　间：2007年1月

　　编者按：在采访潘军之前，很多认识潘军的人笑着告诉我，"潘军是很牛的"，但从这些人的语气中听出的绝对不是疏远和难以接近那么简单，他们所谓的"牛"有佩服甚至敬重的态度。从很多熟悉潘军的人那里也听过很多颇有传奇色彩的故事，那些真的都是传奇，尤其对于一个以作家身份作为社会角色的人来说，这些故事，譬如写作生涯半道下海，譬如在文联开会竟然戴着墨镜叼着香烟，而发起言来又滔滔不绝。

　　很难在没有见过潘军的情况下勾出一个潘军的形象，而网上的潘军照片，确实让人想起一个词：桀骜不驯——如同他的作品。也许就是这种豁达开放的人生态度才能成就今日的潘军。

　　问：您觉得自己是安徽文学的一哥么？或者说您觉得自己可以作为安徽文学的一面旗帜么？安徽作为文化大省为什么总是显不出"强"呢？

　　答："一哥"是什么意思？没听说过。至于"旗帜"一说，有点肉麻。文学不需要旗帜。一些文学机构实际上也是多余的。事实上，我是安徽文联专业作家中待遇最低的作家，月薪一千多元。我没有任何职称。这不怪组织，是我自己不想申报。除了户口，我不喜欢申报任何东西。历史上安徽这块水土不错，"五四"时期的陈独秀、胡适都是安徽人，但也就仅仅是安徽人。准确地说，他们是安徽籍的文化名人。现在的安徽算不算文化大省，我不知道。但一个黄梅戏是撑不了多大门面的。

问：所有对您的采访都说您从小就喜欢书，说您1975年高中毕业后去农村插队时就顾着看书了，到现在还清楚地记得那些书中有周立波的《暴风骤雨》和劳伦斯的《虹》。这是不是有些煽情？一个文人的童年兴趣真的那么重要么？

答：这是事实。《暴风骤雨》，是我从中学图书馆偷来的。除了这一部，还有巴金的《雾·雨·电》，还有50年代的《文艺报》什么的，偷了一麻袋。《虹》是我插队的时候，村里一个劳改释放人员送我的。这都是1975年前后发生的事情，我写过一篇散文，就叫《窃书记》。

问：2000年被出版界称为"潘军年"，您现在回头看看那些日子，觉得那些荣誉重要么？这种爆发式的荣誉当时给您的感觉是什么？

答：这只是一个巧合。2000年之前，我的作品发表之后，基本上握在手里，没有顾得上结集出版。后来七家出版社不约而同地找来了，用他们的话说，我是一条漏网之鱼。所以加在一起就出了16本。一个作家出书是最正常不过的事，就像做服装的应该出服装，做鞋的应该出鞋，谈不上什么荣誉。

问：大家都说，如果熟悉潘军的人，会知道他是一个非常"有趣"、"有活力"、"想法很多"的人，我们很想知道潘军怎么评价自己的为人？

答："我是谁"是一个哲学问题。我不想在报纸上讨论哲学。

问：您下过海，当过老板。有人说您在文联开会是戴着墨镜叼着烟，发起言来滔滔不绝。您怎么看自己的这种姿态？即便有这种不羁的性格，但您的人生中有特别重要的某些转折点或者引路人吗？

答：那几年我下海是因为缺钱。我觉得对于一个职业作家，钱是一个实际问题，那么就需要解决。在现实社会里，能够摆平事的只有两个东西：权力和金钱。在谋取权力和挣钱之间，我选择了挣钱。因为挣钱只需要卖力，谋取权力则往往需要卖身。有了钱，就可以安心写作。我的写作分为两类：一是欲望的写作，是我自己想写，有一种表达和叙事的欲望在驱使着自己，我需要满足。另一种是实用的写作。前者是精神寄托和生存方式，后者则为谋生手段。我没有意识到自己开会戴墨镜抽烟的姿态，但我觉得这个姿态还不错。

如果说有"引路人"一说，那应该是我故去的母亲。我母亲是个黄梅戏演员，她没有什么文化，但有着过人的天赋、骨气和善良。在我十七岁插队当知青的时候，她就告诉我：你只能靠自己。

问：您怎么看待自己这些年在文学创作上的得失？能从自己的观点概括一下您从事文学创作的态度和方式么？

答：一个职业作家只愿意遵从内心去写作。我不喜欢回顾过去，最大的愿望是希望自己还能写得更好。

问：有评论说您的长篇三部曲《独白与手势》之《白》、《蓝》、《红》奠定了您自己在文学界的潘军领域，甚至说《白》是20世纪中国成长小说的巅峰之作，您自己怎么看这个问题？

答：《独白与手势》是我在小说文本上的一次探索，我引进图画作为叙事的手段，作为尝试吧。这是我满意的方面。至于对《白》的褒奖式的评价，我也看见过，但这只是某个批评家的一家之言。一部作品出来，就是一个客观存在，我希望大家关注它，但不留意对它的评价。最近，最高法院终于收回了死刑复核权，这令我高兴，因为四年前我就在《死刑报告》中就此大声疾呼了。我在北大的讲台上也同样是在大声疾呼。

问：您至今最满意的作品是什么？

答：我不喜欢回答带"最"的问题。

问：您去年在北京写了不少电视剧，您觉得现在中国的电视剧市场应该有更多的文学作者加入到剧本创作中么？您觉得作家写电视剧是因为纯作家的待遇不好么？

答：我做电视剧是"实用的写作"，没有多大成就感，也没什么好说的。如果早知道去年的股市这么牛，那我就该去炒股，一样赚钱嘛。当然，中国的编剧队伍薄弱是一个事实，有正经的作家加入编剧队伍，自然会提升电视剧的品质。但好作家都愿意写小说，那是他们的看家本领。

问：在您看来，文学边缘么？

答：我十分希望文学边缘。文学本不该这么热闹，不需要敲锣打鼓，那是明星们喜欢的。

问：怎么看文学的商业属性？譬如以评价两极的余华的《兄弟》为例谈谈。

答：作品本身就具有商品的属性，谁都希望自己的书卖得好。可是如果有一天自己的书真的卖火了，卖了百万册，那么，要是我，会感到沮丧的。因为我不相信会有这么多的人喜欢我的书。那这个事实意味着什么呢？可能就是我迎合了什么，这自然是悲哀的事。余华的《兄弟》在没有出版之前，陈村就发给我前两章，我就读了这两章，直觉是，这不是余华的水平。

问：您觉得先锋作家的定位适合您么？您怎么看待先锋小说这个概念？为什么您会以这种姿态被大家接受，和您的性格与经历有关么？

答：先锋作家是批评界的一种归纳。自20世纪80年代中期起，有一些青年作家受西方现代派文学思潮的影响，写出了明显有悖于传统文学模式的作品。如莫言、马原、余华、苏童、孙甘露等，也包括我，于是他们就成了先锋派。这种来自批评界的定位一定程度影响了读者对这些作家身份的判断，其实，这些作家都一直处于变化和调整之中，到今天早就不是那么回事了。先锋文学的意义在于它倡导了一种文学精神，并加以实践，对中国文学的发展是起了很大作用的。但"先锋作家"这件衣服，对我不重要。我更希望读者关注我的作品。

问：您比较欣赏的中外作家是哪些人？

答：外国的作家我比较喜欢的是卡夫卡、加缪、塞林格、陀思妥耶夫斯基、福克纳、海明威、罗布·格里叶、博尔赫斯等等，我可以报出几十个。中国的作家我只喜欢鲁迅、沈从文。

问：近两年，余华很火，褒贬不一。您曾经说自己很重视对叙事的探索精神，您觉得余华是这样的么？简单谈谈您对余华的看法。

答：我和余华是老朋友，1984年《北京文学》召开笔会，从自然来稿中挑选出来的就两个小青年，海盐的余华和安庆的潘军。这么多年过去了，我们都是"奔五"的人了。我刚才说过，《兄弟》我没有看完，就小说叙事上看，我是不喜欢的。余华是位很优秀的作家，但每个作家未必都能使自己每一部作品优秀。舆论上说，这部《兄弟》是余华的"十年一剑"的结果，可我觉得这不是事实。《兄弟》显然写得很急就，否则就不会上部和下部分开出版了。

问：80后作家以一种近乎嚣张的姿态出现，甚至向一些公认的权威发难，您怎么看80后作家的存在？

答：我不觉得现在有什么"公认的权威"。以前我说过，这是一个大师缺席的时代，或者说是"大师"泛滥的时代。最近在网上看到王朔在骂"80后"，比如郭敬明。我没怎么接触过"80后"的作品，但郭敬明的抄袭是可耻的。我女儿潘萌属于"80后"，她的文字还不错，也有一些想法。好在她不嚣张，很安静。任何一个作家都是靠作品来证明自己的，我希望80后多出作品，出好作品，出足以把50后、60后、70后作家统统打倒的作品，那么，等那一天真的到了，他们可能什么话就都不说了。

问：易中天和于丹借助电视媒体《百家讲坛》焕发了自己的第二春，您怎么看现在这种对传统文化包括经典的重新解读？

答：事实上他们没有第一春。以前没有人知道他们。学者利用电视媒体，向大众传播课堂上的教学，这是件好事。但有一个事实必须说清楚，就是，讲学属于教员干的活，不是学者的事。一个学者的最好归宿应该是在书房里、图书馆里。既然喜欢上电视，做名流，那就不要顶着学者的名分。所以大众在他们的书中，更多地看到的是历史常识与掌故——所有的历史书中都能找到，但见不到学问。所以他们后来也不想做学问了，都忙着去做什么代言人了。

问：您写过著名的《重瞳》，您本人是否也有想要走上《百家讲坛》的愿望么？

答：偶尔上电视当一回教员可以的，就像我偶尔也去某个大学演讲。但不可能长期这么干。因为我还想做小说家，不想做教员。

问：您曾经批评过贾平凹不是小说家，但一直没有正面回应过这个问题，现状能谈谈么？

答：我是根据我对小说的理解才提出贾平凹不是小说家的。他的小说不过延续了明清话本的东西，对小说自身的发展，没多大价值。这纯属个人的学术观点，没有一点偏见。我认为贾平凹是一个不错的散文家，这并非是说，小说比散文了不起，反倒是说做散文家更难。古人说"文章老更成"，这"文章"指的是散文，不是指小说。

问：对张艺谋的电影您持什么态度？

答：我和张艺谋曾经有过几次接触，因为合作上谈不拢，就算了。张艺谋以前的电影，都是拄着小说家的拐杖前行的，所以他取得了成功。为什么？因为，张的缺陷一直是在文化上，他的表达能力没有问题，问题是在理解能力上。以前有小说蓝本，那么故事的意味就比较清楚了。可一旦撇开了这根拐杖，他就显得手脚无措。比如说《英雄》，企图阐释的是：胸怀天下者即为英雄。那么我就需要质问：以此逻辑，阿道夫·希特勒是不是英雄？任何一个独裁者都是胸怀天下的。这是什么逻辑？张艺谋后来一味地商业化运作，我觉得可惜。他插手那么多他根本不懂的活，比如歌剧，比如芭蕾舞，比如印象剧，比如开幕式等等，就是可笑了。他不可能什么都"著名"吧？但这个世界往往就是很容易被糊弄。

问：那么，对陈凯歌的《无极》呢？

答：陈凯歌曾经想拍我的《死刑报告》，但是选题在电影局没有通过。中国有许多令人费解的事，小说可以出，但根据这个小说改编的电影却不容许拍。后来他又约我写一部知青的题材，投资商又没有什么兴趣。可见，在中国做电影不是件轻松事。他的《无极》，我没有看，后来陈红送了我一盘碟，我还是没有看。没有看不是因为没有时间，是不想打开这个"潘多拉的盒子"。在与陈凯歌的多次交谈中，我的感觉，他一直是想做出自己心中的电影，他也应该有这个能力。只是，他没有做出来。大家怀念的还是他的《黄土地》和《霸王别姬》。

问：您曾经说如果在一个孤岛上只可以带一本书，您选择的是新华字典，原因是"我们这些作家，识字很有限"，这话怎么理解？

答：这是我个人的切身体会。我本人认字就有限，至今还是字典不离手。

问：您觉得一个作家最重要的品质是什么？

答：立场。写作的立场。

问：您觉得安徽文学在当代中国的位置是什么样的？或者说您怎么评价安徽文学的现状？有您欣赏或者看好的作家么？

答：我目前是旅居北京，客籍他乡，对安徽的文学现状不甚了解。作为安徽人，我当然希望安徽能出有影响的作品。

问：近期有什么创作上的打算？

答：在写小说。可能是一个长篇吧。但不知道什么时候能够完成。

问：现在出版物鱼龙混杂，对大家尤其是初上文学之路的年轻人读书有什么自己的经验之谈和建议？

答：读自己喜欢的。拿起来放得下的不读，只读拿起来放不下的。以谈恋爱的心情去读书是享受。

问：虽然已经著作等身，但就您个人而言在文学追求上还有什么具体目标？

答：我写作至今已有二十五年。我希望自己能写得比以前好一点，如果有一天发现确实写不好了，那我就不写，画画去。就这点出息。

间谍不朽
——关于电视剧《五号特工组》的答问

时　间：2007 年 5 月

一部以翔实史料为背景的抗日间谍片《五号特工组》已于 3 月 24 日起在上海东方电影频道热播，创了该频道开播以来的历史最高纪录，成为上海影视收视率的一匹"黑马"。最近，又分别在天津、广州、武汉、长沙等城市播出，依然是好评如潮。该剧被誉为中国版的《加里森敢死队》，历来特立独行的著名作家潘军此次自编自导了这部悬念题材剧。这部描写抗战时期中（国共汪日）四方间谍大战的新剧以最新的表现形式来歌颂为祖国的完整统一浴血献身的先辈，充满了悬疑和惊险，一波三折，扣人心弦。

问：三十集电视连续剧《五号特工组》已经陆续在全国各地播出，从目前播出的情况看，收视效果很不错，对此，您感到意外吗？

答：不觉得。这部电视剧在上海开拍之初，我就在新闻发布会上对媒体说过，我做电视剧，是因为觉得眼下好看的电视剧不多，我只想拍出一部好看的电视剧。当时有人私下里觉得我这个话说得有点大。其实我相信自己有这个能力。上海东方影视频道据说是创下了收视率最高纪录，天津第一天就到了 8%，有点像潜力股的"高开"。济南齐鲁台的势头也非常好。

问：当初您怎么想起来写这样一部电视剧的？

答：这话说起来就有点长了。《五号特工组》最初叫《最危险的时候》——"中华民族到了最危险的时候"，咱们国歌里的一句歌词。初稿写于 2002 年。那也是我母亲最危险的时候，她不幸身患癌症。我陪母亲在北京治病，住在北京空军招待所里——我一个本家的叔叔在那里当所长。我母亲很坚强，自知来日不多，还怕自己耽误了儿子的正事。为了让母亲安心治病，我决定在这期间写一个好玩的电视剧。有空就写上几页，写完了拿到隔壁房间给她和父亲看。就这样慢慢完成了初稿。现在片子拍出来了，而我母亲却去世已经三年，让我很悲痛！

问：是不是可以这样说，这个戏的诞生有点意外？

答：是的，很意外。虽然以前我写过电视剧，但自己最想写的还是小说。

问：您既写小说，又当编剧，而且是自编自导，您怎么会想到写一个这样的故事？它到底是中国版"加里森敢死队"，还是中国版 007？

答：第一，我是一个正经的作家，也是一个不错的编剧，当初在写这个剧本的时候，我的定位很明确，就是好看，让大众喜欢。没有人会指责我，说你的电视剧不深刻。但大家会说好看或者不好看。这是基本的定位。这个剧本首先有一个全新的角度——它说的是一个"洋抗日"的故事，又是间谍题材，没有炮火连天，只有刀光剑影。我认为，间谍题材是和爱情、死亡并列的、不朽的题材，特别适合做成影视作品。"007"不是已经拍到今天了吗？还有，这个戏不是凭空捏造的，它是在大量真实史料的基础上进行了合理的虚构。剧中一些事件，都是历史上真实发生过的。第二，我对影视潜心琢磨二十多年，看过大量的作品和书籍，有足够的知识储备。我对表演、导演、摄影、美术，胸有成竹，能够从容驾驭，手还很快。

问：《五号特工组》是您的第一部自编自导的影视作品吗？

答：不，是第三部。我以前还自编自导过一部二十六集的电视剧《大陆人》和电视电影《对话》。但因为一些条件不具备，所以有些想法没有很好地实现。

问：那是不是可以这样说，《五号特工组》是您自编自导自演的第一部作品呢？

答：如果就影视作品而言，《五号特工组》确实是我的第一部编导演合一的作品。但我在大学的时候就自编自导自演了一个话剧《前哨》，我演鲁迅，这个戏获得了全国首届大学生文艺汇演一等奖。那是 1981 年的事了，那时我二十三岁。

问：这次您又演了军统头子戴笠，您是不是特别喜欢演历史人物？

答：我演戴笠算是"友情客串"，主要是担心别人会演得脸谱化，虽然戏份不多。戴笠不是汉奸，对抗战也是有功的。另一个原因，是我想通过这种方式和演员交流、沟通。其实也就是告诉大家，我还能演戏，所以我对表演上向演员提出表演上的要求，他们更容易理解。譬如说，我要求演员表演要"提半口气"，得端着点，不能过于生活化。

问：在当代文学史上，您被称为中国先锋派的代表作家之一，怎么现在做起影视了？这个跨度确实太大了。是玩票吗？也有人说，您是一个多才多艺的作家，是这样吗？

答：我对电影的琢磨一点不比写小说的时间少。就个人素质而言，我做导演的条件肯定比当作家的条件好。我是一个认真的作家，我个人的兴趣比较广泛，除了写作，也喜欢书画，喜欢京剧，我从小就是在"戏园子"里长大的。这些对做导演是有益处的，比如说，戏曲里讲究行当搭配，这非常有道理。但凡一台好戏，行当都很齐全，生旦净丑都有。再比如，国画讲究含蓄、留白、写意，这也会使你在拍戏的时候丰富你的手法，触类旁通吧。

问：有人说，您这个人做事，往往追求"轰动效应"，比如说，2000年，您一下子出版了16本书，被舆论称为潘军的"出版年"。再比如，2004年，您又同时为北京人艺和国家话剧院分别写了话剧《合同婚姻》和《重瞳——霸王自叙》，于是又有媒体称是您的"话剧年"。而去年，您一下写了两部大型的电视剧，这是不是您的"影视年"？

答：我没有想过什么"轰动效应"。事实上所谓的"轰动效应"也不是你追求就能来的，是自然形成的局面。那年国内七家出版社不约而同出了16本书，并不是我一年写了这么多，而是以前写的没有及时拿出去而已，碰巧一起出了。去年我的兴趣是在做电视剧上，出发点很简单，其一，这种方式能挣钱，能解决我很多实际问题。其二，就是不满目下电视剧的水平。打开电视机，都说好看的电视剧太少。那就做它一部吧。我觉得电视剧要做，首先必须好看，让大家津津乐道。它是一种特别通俗的东西，你不要在这里面耍花腔，不要自作多情到这里面来当艺术家。作为编剧，你要讲一个扣人心弦的故事；作为导演，你要把这个故事说清楚，说动人。一个好的导演，最重要的素质，是要把全剧组所有人员的积极性和潜力调动起来，不能唱独角戏。

问：您觉得作家当导演有什么优势？您会就此当导演还是继续写小说？

答：如果说优势，最大的优势在于对剧本的理解。剧本是你写的，你自然要理解得透一些。这也是演员特别需要你的地方。另外，如果你对影视这个行当有研究，你会有一些不寻常的设计与处理。毕竟，这里还是有一个文学基础问题。这个基础薄弱了，做起来就不会那么到位了。我举一个例子，《五号特工组》中有一个情节，来自英国考文垂的工程师李智博，他的妻儿在纳粹轰炸中双双身亡，电报来了，其他人却一直瞒着他。最后，在他迫切追问下，只好把电报拿出来。当时拍这场戏，演员冲动地一把将电报抢了过来。我说不，这样太一般了。我要求他的手在接触到电报的那一瞬间，慢慢缩回来。我说，一个人面对巨大的悲痛，内心是拒绝接受的。我觉得这样会更有意味，戏就在这只手上。我不会从此改行去拍电视剧。我最想做的事情还是写小说。写小说是自我挑战，永远面对一个问题——你能否写得更好？当然，我也希望这辈子能拍出几部表达自己内心的电影。

问：现在都在重塑当年事，烽火岁月的故事都被说得特别有激情特别有人性，您这算不算是跟风？它和别的故事最大的不同是什么？

答：我这人做事从来没有所谓"跟风"的习惯。我刚才已经说了，《五号特工组》是几年前写的，因为忙于母亲的治病，才延缓到现在做出来。

问：现在对某些特定历史时期的一味正面描写好像尺度放松了很多，您觉得这种宽松的极限会是什么？会不会对一些特别敏感的时期和事件容许争议和争鸣？

答：《五号特工组》是一部立足于史料，进行合理虚构的作品。我写的是一个"洋抗日"的间谍故事，而且，第一次正面去写了"军统"。这当然是现行文艺政策比较开放的结果，这是好事。文艺创作如果限制太多，势必会导致成果的苍白。

问：剧中两个日本女间谍，明显的有"断背"倾向，您是故意要制造这样一个噱头吗？

答：不，我要表现的，是对战争的诅咒——战争把女人变得不像女人。

问：对这部片子，您有什么觉得遗憾的地方吗？

答：那太多了！影视是一门综合的艺术，至少是综合的劳动。我曾说过，剧组只有两种人，一种是酷似明星的人，另一种是酷似民工的人。我是工头。某一个部门不称职，就必然会带来遗憾。比如说，我们的美工、道具部门开始不好，因此需要作出调整；比如说，个别演员的表演缺乏深度；比如说，后期配音和音乐不理想，甚至有不少错别字和常识性的错误，这些都直接影响了作品的感染力。我会在今后的工作中努力克服这些，把遗憾减到最少。最让我难受的，是剧中关于战争和人性的刻画，被审查时勒令剪掉了！最后大结局，马云飞在衢州机场击毙酒井，原来有一个设计，酒井倒地之后，衬衫领子大开，马云飞便蹲下来把她的纽扣扣好。这个细节是说，作为战场上的对手，我必须消灭你，但作为女人，我要给你死的尊严。可是审查官员不这么看，说是模糊了阶级性、民族性。没办法，只得剪掉。

问：最近您的另一部电视剧《合同婚姻》，也即将摄制完成了，这部作品是否因袭了您同名小说的主题？

答：《合同婚姻》是根据我的同名中篇小说改编的，我写了剧本第一稿，因为时间关系，摘不开。这个戏的导演何群也是我的朋友，但剧本和小说很不一样，增加了人物和事件，将来的剧名或许不叫《合同婚姻》，说的还是婚姻的事，但小说里的"合同婚姻"，占的比例削弱了，观念也似乎往回收了。中国许多事情没道理，小说能这么写，话剧也能这么演，但电视剧就不许你这么拍。

问：它和《中国式离婚》有相似的地方吗？

答：相似的是大家都在谈婚姻，不同的是各有各的说法。

问：现在情感剧非常泛滥，您怎么看现在的这些情感剧？

答：所谓"泛滥"是因为做得不好，好的东西，无论什么题材，都还是好，多多益善。

问：您看不看韩剧？

答：不看，可能应该是我女儿那一代爱看的吧。

问：有没有兴趣写一部偶像剧？内地偶像剧质量老是上不去。

答：北京有人找过我，但被我拒绝了。我只做我自己感兴趣的东西。

我喜欢做充满悬念的事
——答《合肥晚报》记者何素平问

时　间：2011年2月4日
地　点：合肥

记　者：作为一个作家，尤其是作为一个先锋作家，突然有一天不写小说了，而改行做了导演，一气拍了好几部颇具影响的电视剧，我很想知道，是什么缘故让你做出了这样的选择？

潘　军：首先申明，不存在改行一说。我只是去做了一点别的事情。我曾经跟朋友讲，一个人，比如我，前半生一直在写作，写了很多的小说，出了几十本书，后半生又回过头来把其中一些小说改成了影视作品。这种生活应该十分有趣。我做影视，主要就是冲着这个"趣"字去的。我喜欢自己的生活，包括日常生活，都过得有趣。乏味的日子是很熬人的！当然，我自己很清楚，这种选择最根本的原因是在于，我觉得自己的小说创作很难再写出一个高度来，至少近期不行。最近一家出版社打算编一套十卷本的《潘军文集》，我自己抽检了一下，觉得自己作为作家的最好的阶段还是在2004年之前。我是一个不允许自己止步不前的人。既然自觉写不好了，那索性就暂时放下来，做别的去。我的兴趣还能使我做出这样的选择和安排。假如有一天我发现自己作为导演的才华也逐渐丧失了，那我就毅然不做导演了，再去想点别的事情干干，比如说，书画之类。总之，我是一个渴望随心所欲的人，我喜欢做充满悬念的事。

记　者：一些你的小说读者并不满意你做导演，你以后还有可能写小说吗？

潘　军：这些读者是真正喜欢我小说的，我谢谢他们，也接受他们的批评。但是现在又有很多观众问我，你最近拍什么电视剧了？我们等着看呢。看看，两难了。我也时常问问自己，还写小说吗？回答是要写的，但要等到我感觉能比以前写得好的时候才可动笔。

记　者：从你的"谍战三部曲"——《五号特工组》、《海狼行动》、《惊天阴谋》之后，你又拍了哪些电视剧？

潘　军：还有两部，一部是个清装戏，类似《乔家大院》那种的宅门戏，叫《河洛康家》；最近杀青的一部叫《粉墨》，写的是从1949年到1979年这三十年的风雨沧桑。这两部戏今年都会与观众见面。应该比"谍战三部曲"更好看，因为有了人物。不过，创作者认为好的，观众也未必认为就好。

记　者：经常能从一些演员那里听到，说和你这样的导演合作很开心。他们对你很尊重，也很服气。

潘　军：我和演员的合作从来都是愉快的。无论是什么样的演员，有名的或者无名的，都能合作。他们信赖我，也支持我。我的剧组，不会发生任何不愉快的事情，在我看来，一个好的导演，才能固然重要，但最大的才能不是自我表现，而是能把各个部门的潜能充分调动起来，再统一到你的意志之下。这样工作效率就会很高。比如刚杀青的这部《粉墨》，三十一集，单组双机，六十天就完活了。

记　者：有消息说，今年你准备转向电影了，能具体谈谈吗？

潘　军：对，我的电视剧生涯或许很快就结束了。说实话，我是一直不喜欢电视剧的，我曾经调侃说，电视剧是个痴呆儿，你不疼他不行，因为他是你的骨血，但是疼也白疼，他还是痴呆儿。其实我从1997年就开始自己动手拍电视剧了，一上手就是二十六集。那时就产生了厌倦，所以我想早点了结这个活，从今年开始转向电影。眼下已经分别和北京的华谊兄弟公司和唐德影视公司谈了两部电影，也是根据我的几个小说改编的。

记　者：你一直都是自编自导？

潘　军：对，自编自导。这是我的优势。我不出卖自己的小说改编权，我也不拍别人的剧本。每年都有给我送剧本的，都被我以这样的方式谢绝了。我这样做比较干脆，不需要进行编剧与导演之间的没完没了的沟通，事实上这种沟通是挺麻烦的，编剧说，导演乱提意见，把我的本子弄坏了；导演说，这个编剧根本就不会写戏。其实是每个人站的角度不同。我是以一个作家的底子去写剧本，又以一个导演的角度来加以控制，因此就很方便了，这个本子只要我认为行了，那就是行了。投资商从来就不会管的。

  记 者：选择这个时候做电影，是基于国内电影市场回暖的判断吗？

  潘 军：不，我不管市场的，那是投资人的事。我只是觉得现在可以做了。第一，几部电视剧做下来，证明了我作为一个导演的能力，让投资方明白你行。涉及几千万投资的事，用嘴说不行，要做出来给人看。因此我是不需要四处去找投资的，会有人主动与你联系，给你钱。第二，几年的电视剧导演经历就算是热身吧，让你的团队和演员都认识到你这个人的能力。第三，我只做我内心的电影。

  记 者：什么是你所言的"内心的电影"？

  潘 军：就是符合我自己心愿的电影，或者说，良心电影。在我这里，电影和电视剧最大的不同还不是剧作形式或者表现手段，更不是器材差别，这些都不重要的。而是在于，电视剧基本上是为大众奉献的东西，或者说是符合投资方要求的东西，而电影不是，电影对我首先是一种个人表达，这跟写小说是一致的。从内容到形式，都是我想要的那种，容不得掺杂杂念。

  记 者：这与欧洲那种"作家电影"相似吗？

  潘 军：有相似的地方。所谓"作家电影"让我感觉有点高高在上，而我希望的是平民化。我追求的是朴素、良心，我也一直把它看成是中国电影的前途。

  记 者：这种电影你觉得会有市场吗？

  潘 军：前些日子我跟华谊的老总王中军先生交谈过，我们希望未来的合作成果，是一部叫好又叫座的电影。他对我说，这次华谊给我投五千万或者六千万，他们测算了一下，认为未来的票房过两亿没有什么问题。我说，我对市场从来没有判断，我的任务就是把这个片子拍好。我唯一的要求就是在创作过程中得到充分的自由，表达的自由。

  记 者：你会做一部商业片吗？

  潘 军：我不会一上手就去拍一部商业片。有一家公司想让我为周杰伦拍一部投资过亿的电影，我谢绝了。投资商说这不是一部商业片啊，它讲的是"二战"背景下的爱情故事。可我还是认为，周杰伦本身就是一个完美的商业符号啊。

记　者：你是否对商业片有成见呢？

潘　军：也不能这么说，电影的形态是多种多样的，好的商业片我也欣赏，但我不会做，或者说我做不过人家，都是理由。但是我十分清楚，艺术创作和商业运作是两码事，一部艺术电影和一部商业电影的制作流程是完全不一样的，甚至完全就是背道而驰的。艺术创作，无论是一首诗、一首曲子或者一幅画，最初都是由一个人的内心深处出发，慢慢绽放开来。比如我的电影，首先必须是从我潘军的内心而出的，然后由我去影响到我的合作者，我的团队，最后齐心协力把它做出来，去影响广大的观众。而商业运作不是这样，艺术家首先是不会出场的，出场的是老板，他先得分析市场，看看今年哪些是能够卖出去的，哪些是卖不出去的，然后，再回头来让一些制作者填空。比如说那一年孙红雷因为《潜伏》大红，"小沈阳"因为春晚小品大红，闫妮因为《武林外传》大红，好，就将他们仨装进去吧，至于拍什么，不是很重要了。于是就有了一部《三枪拍案惊奇》，这就是商业运作。

记　者：最近姜文的《让子弹飞》你看了吗？

潘　军：回来过年之后我专门去电影院看了。这部片子很热闹，也很刺激吧，但我觉得，其实这不是姜文自己的电影，而只是姜文送给大众的电影。

记　者：商业电影和艺术电影，最大的不同是什么？

潘　军：要是从最后的结果看，商业电影最高的境界无非就是让人快乐、兴奋。但绝对不会打动人，更谈不上震撼人的心灵。然而，艺术电影是能够达到这个境界的，如果达不到，就是你没有做好，而不会是观众看不明白。当然，也有一部优秀的电影会在各个方面兼顾得很好，比如《教父》，就是成功的范例。

记　者：你对自己将要做的第一部电影，心中的目标是什么？

潘　军：我希望能赢得一个好的专业口碑。让同行觉得，这电影还行，老潘还行，也就够了。如果观众喜欢，在票房上取得成绩，那自然更好了。就这点心气吧。

记　者：你对中国电影的现状怎么看？

潘　军：这个题目有点大，我看国产片极少，不好回答，只能谈点个人粗浅的感受吧。

我们衡量一部作品的高度，尺度应该是放在全球电影的框架里。米兰·昆德拉说过，一个作家如果只能写出让本民族读的书，那他是在犯罪，因为他造成了这个民族的短视。同样，一个导演也不能只局限在狭小的民族空间里自娱自乐。为什么人家能拍出来《通天塔》？人家能拍出《生死朗读》和《贫民富翁》？这些电影都是人类的文明财产，而不会因地域不同、民族不同失去生命力。我一直在思考这样一个问题，一部电影的成功，不应该是投资规模的大小，也不是明星多少，而在于创作者的良知和才华。巴西的电影《中央车站》投资不大，韩国的电影《八月照相馆》投资也不大，日本的电影《入殓师》投资还是不大，而台湾的电影《不能没有你》就更小了，为什么这些电影总能打动我们？原因自然是多方面的，但与创作者的良心和才华的差异关系极大。

记　者：你打算做小投资的电影吗？

潘　军：计划中是有的。有一部叫做《后来》的本子，说的是一个农村哑巴姑娘的事，我喜欢这个故事，觉得它的形态符合那种"以小见大"的意味。我打算把这部电影的投资规模控制在一千万以内。我不会去找明星，甚至不会去找一张熟脸，我会选择那些不知名的好演员来完成。女主角我很想物色一位真正的残疾姑娘，没准一不留神还能打造出一个"哑巴影后"呢。

记　者：我在《作家》杂志上读到了你的电影文学剧本《重瞳——霸王自叙》，这应该也是你电影规划中的吧？

潘　军：这部电影因为投资规模会超过一亿，应该是在两年或者三年后才会启动。这么大的投资，当然要谨慎从事。这部电影是根据我本人的那部同名中篇小说改编的，剧本最大的魅力，是将话剧和电影做到了一个文本里，让话剧去展示电影中的人物内心。将来的影片，话剧里项羽和电影里的项羽，是由同一个演员来完成，这一定十分有趣。其实这之前，我根据小说改编的话剧《霸王歌行》，已经由中国国家话剧院演出两年了，去年又到韩国、日本、埃及等国家演出，都很成功。我对话剧是有情结的，最近，美国华盛顿的"黄河话剧团"也在演出我的另一部话剧《合同婚姻》，在当地也引起了不小的反响。我本人也会在适当的时候去做一部话剧。和我合作的演员，比如说陈瑾、施京明等，都希望今后能在话剧上再次合作。至于什么时候去做，要等到我考虑好，具体地说，就是你需要一种满意的形式。我做事有一个习惯，对自己信心不足的行当从不涉足，必须要等到我琢磨透了，那就立即动手。我最近在北京看了田沁鑫的话剧《四世同堂》，我就觉得，在话剧舞台上说这些陈年旧事意思不大。或者说，这种题材不适合搬到话剧舞台上，话剧承载更多的应该还是思想吧，比如萨特的《死无葬身之地》，比如迪伦马特的《贵妇还乡》，就是我心目中的优秀话剧。这是我的话剧观。

我特别看重一种艺术形式的纯粹性，这种纯粹，用朴素的话语来说，就是不可替代性。这个题材，用什么形式表现最佳？小说的？话剧的？还是影视的？虽然彼此之间有互通的一面，但肯定各自有其的本性。强调这种本性的力量，那就是纯粹。很多年前我写了一个叫做《地下》的话剧，写的是四个人因为一场地震被埋在地下生活三日的情形。有朋友就说，这个完全可以做成一部电影啊，可我觉得它更应该是话剧。为什么？因为这部话剧承载着思想和人文情怀，人们在地下思索着地上，在黑暗中思索着光明。而且，将来立于舞台，我希望它能成为话剧的《三岔口》——演员在"黑暗中"的那种表演一定是非常地迷人！

记　者：除了这些，你还有别的计划吗？

潘　军：我会在我的几部电影之后，集中精力去拍几部舞台艺术片。我出身于梨园世家，对舞台，对戏曲，都有独特的感情和体验。我会选择几部经典的戏曲，挑几个剧种，如京剧的《白蛇传》，昆曲的《牡丹亭》，越剧的《梁祝》以及黄梅戏的《女驸马》作为蓝本，根据我的理解，先对剧本进行合理的改编，让其更符合今天的审美趣味，然后再拍成舞台艺术片。比如说黄梅戏的《女驸马》，我会删除冯素珍娘家的那场戏，一上来就是这个漂亮的女子满怀欢喜地进京寻夫，可是等到了京城，才知她的夫君因为某件事已经身陷囹圄，马上就要砍头。冯素珍走投无路，这才铤而走险去揭了皇榜……这么写下来，尤其要强化她和公主之间的不断纠缠，试探，设局，坦白，好看的应该是在这里吧。至于到了拍摄阶段，空间就更大了，在棚里建造出各种的舞台，可以利用今天的技术手段把它拍得诗情画意一些，把戏曲的表现手段发挥到极致，如此等等，我相信，这将是一个值得期待的工程。

潘军文集

第拾卷

访谈录

建构心灵的形式
——访谈录之一

时　　间：1999 年 12 月 21—23 日
地　　点：合肥九狮苑宾馆 305 室
访问者：林舟
受访者：潘军

林：你迄今为止的创作历程，可以划为明显的几个阶段吗？

潘：如果从发表小说处女作时算起，在 1987 年的《白色沙龙》之前，应该是一个习作阶段。不过我一直愿意把 1987 年视为我写作生涯的开端。从 1987 年到 1992 年我去南方之前，以《风》为结束，是一个阶段；到海南后，有一个较长时间的停顿，约到 1996 年才陆陆续续地重新开始，一直到今天可以看做一个阶段吧。

林：在你早期的小说中，你自己最喜欢的是哪一部？

潘：有两部中篇，即《蓝堡》和《流动的沙滩》，至今我仍认为这是早期作品中比较好的，发表在 1991 年的《作家》和《钟山》上。

林：在此之前，你已经有过长篇小说《日晕》，它在你的创作生涯中有怎样的地位呢？

潘：《日晕》的写作时间是 1987 年，这是我的第一个长篇嘛，虽然说它是第一个长篇，我在叙事上还是有了一种自觉。吴义勤就曾谈道，我比较早地把一种中短篇里面的文本叙事实验引进了长篇。我那时候好像就是有意识地把这个长篇小说写成一种心理结构的小说，或者说心理现实主义的文本、心理结构的形式，整个小说的篇章结构都是每一个心理衔接，把很大的空间留给了心理活动，而把那种描述、描写尽可能地减少。等到三年后写《风》，这一步迈得就大了。

林：在《日晕》与《风》之间，你的《蓝堡》、《南方的情绪》、《流动的沙滩》等在当时的先锋文学中较有代表性的作品都出来了。

潘：这几个中篇实际上体现了我对先锋小说的所作所为，甚至在那个时候就觉得自己最好的中篇小说也不过如此，这样的话，我的兴趣就转移到长篇上去了，这便有了《风》。

林：在你的小说中，譬如《蓝堡》、《南方的情绪》、《桃花流水》、《结束的地方》等等，都是一个人去寻找什么。《风》也是这样的，去寻找一个秘密，你好像对寻找这种动作比较痴迷，你是否特别看重这个动作的叙事魅力？

潘：是的，我的许多小说的叙述人扮演的都是一个探寻者，甚至是一个侦探者的形象。我想之所以如此，可能是综合因素的作用。比如说，依据结构的需要或叙事的需要，这个动作可能会给自己带来一些方便。但是，你仔细看一下，以上你提到的那几篇作品有很多不尽相同的东西，比如说《蓝堡》，你会感到故事以外还有一个巨大的故事存在着。朱苏进曾经写过一篇小说，好像是《在绝望中诞生》吧，中间有个细节很有趣，就是那个作战参谋到职以后，考核他的人把一张军用地图的中央部分挖掉一块，然后叫参谋凭他的记忆再把道路山川河流连接起来。我觉得这很像我的小说，我往往可能就是……或者说有意识地去改变那种线性状态，试图改变它的那种因果逻辑关系。但是，我希望读者把这种视点或思考的范围，扩展到一种故事以外的东西里去，为了达到目的，我又频频暗示，那么这种东西就像插着很多路标，让人走走，当然也可能会走到一种文本的迷宫里去。

林：实际上我在看《蓝堡》的时候，就想到：就是当你意识到你不想把那些东西告诉给别人，不想全部托出来的时候，这种控制，我感觉到除了通过视角的那种变化以外，还有其他的东西，你自己是怎么看的？

潘：我个人在很大程度上把它看成一种结构上的变化，就像在《蓝堡》中，当我在写某一件事的时候，比如说写到那个哥哥余百川，"百川归海"，在海上死了。这个事可能在别人看来是一种漫不经心，好像那个相依为命的哥哥死去了，而我又完全按照大家以为的那种方式让那人死去，因此小说到此也就不再提他了。这实际上是一种结构上的考虑，在不提他的同时，我又无处不在地涉及一个神秘的男人在小说中影子一般地出入。那么既然哥哥死掉了，这个人又是谁？这本身就是一个迷宫。这个人其实我知道，还是她哥哥，她哥哥并没有死，只是在故意制造的海难中伤了自己的眼睛，成了瞎子而已——你后来不是看到一个须髯飞霜的瞎子了吗？而且他还系着一条很宽的皮带，旧军队里使的那种。我们可以想象他的脸都烧得面目全非了，没有人能识别他，但他熟悉这里的每一寸土地……当然这只是我作为制作人的一种解释，是故事之外的一种可能的故事。我相信别人还可能有其他的解释。

林：《风》在你的创作中，应该是那些实验性极强的文体的一次诤言，除此之外，它的意味即便是在今天也是颇为值得注意的。

潘：陈晓明在一篇谈《风》的文章里说，我是在企图怀疑一部巨大的历史神话，我觉得这是很有见地的，历史变得一切都不可信。我为什么叫"风"呢？某种意义，我们每个人就是生活在风中，每个人都拥有一部风中的历史，都能感受到，却谁也不能去把握它。连档案都是值得怀疑的，因为档案可以伪造。《结束的地方》延续了这种意蕴，只要是从中国人开始杀中国人的那天起，这部历史就是荒诞不经的历史。你看，为一个"莫须有"的人送了那么多人的命，这些人死死杀杀忙活了半个世纪，最后都是被一个骗局所迷惑了，今天的一纸消息就把昨天的那个神话粉碎掉了，故事也彻底颠覆了。

林：《风》中的这种意味仍然更多地是通过结构的处理来传达的吧？

潘：我的解释简单地说就是，过去的东西对我就是此时此刻的现在，它是一个断简残编的东西，我需要在这个断简残编中间去寻找一种联系的可能性。我同时告诉读者，我只选择了一种可能性，你们还可以选择其他的可能性。这种东西我把它称之为"主观缝缀"。我用一种主观的、自作多情的方式把它联系起来。"作家手记"的部分呢，它应该是弦外之音。于是断简残编、主观缝缀、弦外之音，这三块整个就构成了这部《风》的叙述构架。正是由于这么一种东西存在，也就意味着故事本身不可避免地带有一种虚无的、怀疑的倾向，带有那种神秘的、不可知的色彩。这些充斥在我的小说里面，无论是一种宏观的故事，大的主题走向，还是一种局部的细节，它都是与这种气氛连在一起的。

林：我觉得在《风》中，与对历史的怀疑和解构相联系的，是对人的主体自我的怀疑。一开始的那种寻找很认真，找人谈，答问，笔记。当对象随着寻找变得更为扑朔迷离时，寻找本身成了一种目的，而当寻找本身成为目的的时候，它最初确立的价值指向就动摇了，不攻自破了，显示出人这种动作的盲目性。但是作家的手记本身却以一种局外人的眼光介入，造成一种距离，造成一丝缝隙，能够让我们看到一种相对真实的关系、真实的位置，从而透露着理性的微光。除了《风》，《流动的沙滩》这个中篇在你的整个创作中是否带有一种自我总结的意味？关于这篇小说，我听到的谈论特别多。

潘：《流动的沙滩》在那个时期我自觉应该比《省略》、《南方的情绪》更成熟一点，至少是自然一些。当初写这个稿子的时候，首先比较痴迷的就是想作一次很从容的叙述。取名《流动的沙滩》，源自西蒙的那段话，实际上除了形式上的考虑外，我想在这个小说中强调一种对人和历史发展的感觉。有人说，以《流动的沙滩》为标志，我对自己从1987年开始的那种先锋探索有了一个终结或者告别的姿态。

林：在这个小说里，博尔赫斯的影响也比较突出吧？

潘：这显而易见。写《流动的沙滩》的时候，至少我非常向往自己能写出一部具有那种博尔赫斯式的语言意味的小说，就是既完全改变传统小说的那种结构模式，又即兴地随手拈来了很多东西。但是把它放在这么一个统一的语言系统里面，又有它内部的一种和谐，这一点当初下笔的时候就非常明确。

林：对博尔赫斯和其他一些拉美作家的东西的热衷，当时似乎形成了一种普遍的倾向，对一种小说形式着迷，个体的关系是非常强的，但是到了许多人都不约而同地如此这般的时候，他们背后有什么共同的因素在起作用？

潘：就我个人而言，我就是因为喜欢博尔赫斯这样的小说，才公开地效仿他，别人承认不承认我不知道。那个时候，我根本就没有在意博尔赫斯的小说里到底说了些什么，这与我看卡夫卡一样，我更多的是看他怎样说。就这一点来说，这两个作家实际上都给了我不同程度上的影响。那个时候就是非常痴迷，我记得第一次接触到博尔赫斯的作品就是那个小32开的王央乐译的单行本，这也是我迄今为止见到的博尔赫斯最好的译本，它的名字就叫《博尔赫斯短篇小说集》，上海译文出版社

1983 年版。1993 年春天，马原拍《中国文学梦》去了海口，我们还谈到了这个版本，他说也拍了王先生。我想他也是因为喜欢这个译本才去拍的。这本集子我看了很多遍。所以《流动的沙滩》发表以后，有很多人对我说，你学得很像——这种语言的感觉很像。如果说我自己有什么欣慰，那就是这一点证明我自己还有能力去写类似的小说。至于小说本身它承载了什么，我想，在这个小说中，一个人在面对自己的前世或是未来在进行一种交流对话，既有一种亲切感，又有一种恐惧感，这种东西它肯定隐藏了我个人对人生的一种理解，一种认知方式——这是毫无疑问的。

至于你所说的"不约而同"，我想与那个时期大量地、集中地引进西方文学的思潮有关系。如果我们早 30 年介绍博尔赫斯，早 20 年介绍马尔克斯，早 40 年或 50 年介绍卡夫卡，情况可能大不一样。如果那个时期我不接触到这些作家的作品，就不可能导致我自己在文学观念、文学立场以及文学方式方法上的改变。正是这些在那个时期非常优秀的国外作家，当然更多的是带有现代主义色彩的优秀作家的引进，促使了中国当代文学有这样一批人转变了自己的观念，这些人当时都是二三十岁的人，接受东西是最快的。正因为这个头开了以后，然后就回头对自己的写作作一番检讨、思索，再慢慢地把别人的东西变成了自己的东西。我一直认为当代文学"好看的时刻"，就开始于这个时候。

林：最初的那种触发，那种刺激、提示，可以说推出了一批面目迥异的作家以及作品，但是当这些东西真正化成我们自己的东西的时候，就应该不是作为一种外来作品的模仿，或者如有的人不无尖刻地说的，是一种翻译性的作品，这当中的转化，是不是还需要具备其他的条件？

潘：从我个人的经验来讲，从那些作家的书中实际上我得到的是他们的方法，这些方法让我知道了故事可以这么讲而不是那么讲，所以今天让我去谈那些作品的内容的话，我是基本上都忘记了，一鳞半爪还记得那么一点点，但是他们的那种叙事的东西已经沉淀在我的记忆里了，那么是不是转变成自己的一种自觉的东西了呢？这与作家本人自身的条件有关系。比如说他被某一点震撼了，而另一个人却被另外一点震撼了。他可能是被某一点点亮了自己心中的一盏灯，而在另一个作家那里，他就忽视了，所以我曾经说过类似的话，对小说这种形式的理解的不同，实际上也就意味着一个作家写作原则的初步确立。

林：你能够谈谈你对外国作家作品阅读的具体情况吗？

潘：我对阅读的态度历来是相信自己的直觉判断，我不大愿意去做一种理性的分析，比如说我读博尔赫斯，觉得有两点让我很震撼：第一个是我觉得他的书很智慧，他的句子很智慧。比如他写一个高大的人出现时，说这个人和他的嗓门一样高大——从来没有人把一个大嗓门和一个大个子连在一起的。他写一个盲人在倾听着什么东西的时候，说他抿着两条厚嘴唇去对着那个方向。这种句子很智慧。第二点，就是他的小说里面充满着东扯西拉的东西，在当时有一种对我个人来说说不清的心理，我不明白为什么要这样东扯西拉，而且又能把它做得这么和谐，放在一篇文字里面构成精美。而我们恰恰做不到这些。这种判断我觉得是一种直觉的东西。多年以后，别人再这么问我，我还是这么回答，我只是觉得他的小说很智慧，他的句子很智慧，而这样的作家在我看来确实是很罕见的，每一次细细的阅读，你可能都有新的发现。同样，对卡夫卡也是这个样子。我觉得他始终关心的是一个问题，人的一个境遇。我曾经有个短篇小说叫《陷阱》，当时在海口，韩少功看过就说，这是卡夫卡式的小说，他的话说得很准确。这篇小说在某种意义上就是我向卡夫卡致敬的"作业"。我的意思是说，当你读某个作家的作品时，书中某种东西可能无意识地把你打动……作家的阅读与读者的阅读是完全不一样的，至少对我来讲是不一样的，我确实是记不住一些名著的那些故事性的东西，顶多只记住某个细节，但是我更愿意看到他们讲故事的一种方式。

林：在"怎么说"解决后，还有个"说什么"的问题，或者说是小说的意义问题，你是怎么考虑的？

潘：我一直认为，无论以什么样的方式去写小说，都不可放弃小说内部的东西。尽管我也承认小说的发展在某种意义上说就是一种形式的发展，是一种叙事的发展，但我觉得，一个作家是无法回避他所要表达的东西和要表现的对象的。因此，无论是我早期的《南方的情绪》，还是最近的《重瞳》，我自觉每篇作品都包藏着或隐匿着我个人的某种想法。区别在于什么呢？这种想法或者这种意味存在于小说中它应是不确定的，我称之为"不确的意味"。我认为小说里面如果出现这种"不确的意味"或者"多元的意味"，这种小说就是最饱满的小说。而不是使人感觉到是纯粹的不知所云，也不是一种故意的哗众取宠，一味强调那种文本上的境界呀、高度呀，等等。我从来就厌倦这个。当然，一个作家有他的习惯和偏爱，甚至可能发展到极致的地步。我就很崇尚一种宿命的东西，我觉得"宿命"某种意义上确实是对命运里的那种不可捉摸的东西进行了一种高度的概括，概括成了一种比较完美的形式。而有些人喜欢写一种死亡的气息，有些人喜欢表现一种性爱的状态，等等。但是，你说在一篇小说里面完全看不出任何东西——这在我的小说里面是不存在的，只是我希望我自己把这些东西处理成这么一种状态，使小说本身的内涵尽可能地丰富一点，具有张力，而不要像过去的那种小说，一览无遗。

林：也就是说，语言本身，还有各种再抽象的符号，音乐也好，绘画也好，它都是有所指的。

潘：对，我觉得用音乐或者用一种现代的绘画来解释这种小说，确实有相近的东西，谁都无法把一首曲子解释得像一个故事那样完整，但是每个人都能被它感动——如果它是一首不朽的曲子。肖斯塔科维奇的《第七交响乐》是战前设计的，而当时的苏联官方却硬说就是反纳粹法西斯的。多少年后，作曲家才亲口证实："侵犯的主题"与希特勒的进攻无关，他在创作这个主题时，想到的是人类的另一些敌人。他说：任何法西斯都令人厌恶。值得注意的是，作品里充分体现"对人类法西斯的厌恶"的这种情绪，而不是特指哪一类的法西斯。

林：在你最近三年的一些作品里面，比方说《对门·对面》、《秋声赋》、《桃花流水》、《结束的地方》、《重瞳》等等，你觉得当年的那些东西在这些作品里面，是以什么样的一种形式保留下来或者是延续下来的？

潘：可以说，在所谓的先锋阶段，我当时的写作确实带有一种强制性，因为远离了自己本土小说的一种传统，尤其是指那种叙事方式上的传统，也就是说一下子拧过去了。当时就想按这条路子走下去，彻底地背叛过去的那些东西，并且总是想使自己的小说与别人的小说区别开来等等。那个阶段可能是比较幼稚的。一个作家当他在表达的时候，老是受到某种心理的钳制，他这种表达本身就很难达到那种很高的境界。我觉得沉淀也好，延续也好，到后来就已经变得非常自然了，只是在于我的选择问题。我自觉在叙事上拥有了一定的能力和本领，能很从容地去面对我自己要去表达的对象，就不会先考虑到我这篇小说会不会有点像博尔赫斯。

林：这点我想是非常重要的，有的人可能在模仿那个阶段做得非常好，但是当这个阶段过去以后，需要他拿出自己的东西的时候，就没有了。

潘：这似乎可以作为一个标志来判断。就像书法一样，我觉得一个好的书法家能从他的书法作品里面看出来一种师承关系，让人一看，噢，你这个字最早是学颜真卿的，后来又学了点黄庭坚，比如说你这一钩是从"黄"上来的，但是你到了行草的时候，基本上就是学王羲之，再加了一些米芾和董其昌，这个师承关系我觉得应该看出来，并且根本就不需要去回避它，因为这是事实，承认不承认都是事实。那么到了后面以后，你就很难讲了，说《对门·对面》、《结束的地方》是按哪一路子上来的，《三月一日》、《海口日记》又是哪一路的，《秋声赋》呢？《重瞳》呢？就说不清了。我只能告诉你，我拥有这些叙事能力之后，只能这样写而不能那样写，所以我就这样写了。这时候，很大程度上就依赖于这个作家带有一种绝对性的本领和天赋，而不仅仅是一个技巧问题。

林：你最近的几篇作品《桃花流水》、《对门·对面》、《三月一日》、《海口日记》，相对来讲，从普通的阅读或接受的角度来讲的话，《海口日记》显然是一种更容易接受、好读的作品，而《结束的地方》、《桃花流水》在叙事上技术的含量比较多一些。但总的来说，相比于80年代你的那些小说，可读性都明显加强了。

潘：《海口日记》首先得是"日记"吧？那么，我就不能在日记上做任何让人们不知所云的处理。因此，我注定要用第一人称来写这篇小说，同时我要找到写日记人的那种话语来叙述这个故事，因为整个的视角就是他的视角，那么也就意味着这样一个小说基本的形态已经确定了，就不允许我在中间作任何的调节。我只是考虑让哪些东西进入小说，不让哪些进入小说，这句话该这样说而不该那样说。但是小说该怎么写已成定局了，也就是说它本来只能写成这种东西，而不是写成另一个东西。我历来是根据自己对某一篇东西的理解，然后确定该怎么去写。有时候倒过来,是先找到了一种叙事方式,才回头去找要说的事的。这不仅仅是一个变化手法的问题,还涉及一种对故事的处理能力,包括对故事的一种驾驭、理解,我觉得一个作家应该具备这种东西,而不是千篇一律地这样那样。我追求的是那种形式与内容的天衣无缝。

林:你认为这些近作存在不存在对读者的迁就呢?

潘:迁就没有。应该说与我个人这个时期对小说的理解与写作的调整有关系,因为我觉得一个人老是去做一种无病呻吟或是做那个刻意的抒写的话,本身也是一种不真实。不过有一点还是比较明确的,80年代末期90年代初期,对故事的一些东西消解得破碎一些,极端了一些,那么就阅读接受这个层面来讲,范围肯定变得比较狭窄。现在的故事,无论是《对门·对面》也好,还是《海口日记》、《结束的地方》也好,相对来讲,它是个完整的故事,只是怎么处理它、说它而已,因此在别人阅读的时候相对更适应一些,这可能也是这几年来几家选刊愿意转载我的作品的原因之一。

林:《结束的地方》,开头引用博尔赫斯的话,我想你是强调了语言的塑形作用,叙述不断地向前推进,事件却在不断地向后回溯,构成了倚重持续的张力,饱满而明朗。

潘:《结束的地方》虽然是几年前写的,但现在看来,就我个人来讲,还算是比较得意的一篇东西,而且写作的过程很轻松。那么多种关系,母与子的、夫与妻的、上与下的、主与仆的,这些很复杂的关系,在一个不足3万字的篇幅里面层层叠叠,交错展开,完成了对宿命的一次比较详尽的阐释。这种东西应该和我心目中的小说靠得较近。如果说像早期《南方的情绪》、《流动的沙滩》,作为小说实验文本有它的可取之处,那么,怎样使这种小说的叙述既背离了一种传统的模式,同时又获得了一种新鲜的东西,是我现在需要思考的。

林:作一个简单的比较,就像编绳子,《桃花流水》编到最后,绳子把自己套住了,绳子的一个结打出来——两个故事接通了,精彩处在于最后;而《结束的地方》是把绳子的头绪先一缕缕地分开了,最后又合了起来,最精彩的地方是那个分开的过程。读这样的故事还是一种智力上的刺激。一开始读,就让读者要想到这样的故事要怎么进行?会怎么样?到哪一步的时候发生什么?像《结束的地方》,有一点是肯定的,即刘四不是真正的凶手，那么真正的凶手是谁呢？可能直到那个儿子出现的时候，才有点预感，但是到底是怎样的呢，追问伴随着阅读，产生出一种呼唤参与的效果。

潘："智力上的刺激"这种表达很有意思。我曾经讲过，好的小说，作家只能写出一半，另一半是由他的读者来写的。而且我还打了一个比方，我说一篇好小说的创作就像在沏一壶好茶，作家提供的可能只是茶叶，而读者就是水；读者的水准就是水的温度，如果"茶叶"没有问题，他看不明白的时候就可能说明这水是凉水或温水，自然永远泡不开那壶茶。只有他到了一定水准的时候，这样就一下结合起来了，就达到了一种共同参与的目的。这好像也是我一贯信奉的小说原则。所以我总是说，好的小说作家只能写出一半。真正的小说创作是在阅读过程中间实现的，在最默契的阅读中间完成了这篇小说的创作，最后一笔是读者写上去的。

林：《对门·对面》对现代都市里人与人之间的关系的揭示，冷漠中有温情、隔绝中有沟通的情状令人感动。而且那种细微的感觉非常准确，也非常有味道。你采取用A、B、C、D代替人物的方式，是出于什么考虑呢？

潘：好像还不止这篇小说，在其他的小说中我也有简单地用AB或男人女人来称代人物的，譬如说《关系》和《故事》，还有《对话》。这篇小说更明显一些，就ABCD这几个人，因为我当时就觉得这样便有了某种意义上的抽象，突出了人物的符号性，削弱了具象的东西。记得有个导演跟我谈这个小说的改编的时候，我就说，其实这个小说拿到美国、法国照样能拍成一部不错的电影，比如那个男人A可以叫杰克，女人C可以叫乔伊娜，等等，它不受任何地域环境的影响，具有人类共同的东西，人类都面临着一种对门对面的关系。

林：对这种东西，你是在强调它符号的共通性、抽象性？

潘：有这个考虑。所以说，这个时候我就需要用这种形式处理了，想尽可能地去掉一些表征的东西，不想给读者一些限制，比如我要是写了那个弹钢琴的女人戴副眼镜，好像不戴眼镜的人与她就没有关系了。我不愿让她具体，那个人是什么样的人，你们自己去琢磨，也许你会想起在你的窗口看见对面有个女人，可能就是她。我很喜欢这种感觉。

林：但另一方面，小说的画面感也极强，而且结构主要是靠画面的切换来完成的，同时丝丝入扣，很是严密。

潘：不仅画面的切换，结构上也可能带有一种电影里面的转场手法。这可能与我当时在北京做导演、拍片子有关，有一种电影的叙事方式介入进去了。事实上，这篇小说后来也让一些职业导演关注过，先是张艺谋，谈了几次谈不拢，他要"人性"，我要"距离"，没法谈。后来黄建新也找我谈了，他说这是个非常精彩的小说，但是他不敢动，觉得中间涉及一些情爱场面不好处理，怕通不过。同时他也说了类似你的意思，说你潘军的小说有一个最大的特点，就是情节线锁定得太严了，动不得，牵一发而动全身。这是他很少从某个作家作品中触感到的情况。去年上海一家公司来谈，我只卖给他们"电视电影"的版权，电影的版权我不卖，我得给自己留着。

林：《对门·对面》让人读起来舒服的一个重要原因，我想可能是它的叙述语言的状态，它比较注重的是那种非常简明的线条感，而不是色彩的层层叠叠。

潘：我当时叙述这篇小说的时候是很清醒的，这篇小说我就是很客观、很节制、很平静地把它写完，包括最后有一个带有戏剧性的动作——那个男人B从阳台上翻下去了。

林：这个结尾也是非常妙的，让人想到事情还没完呢！

潘：不仅仅是个还没有完的问题，它显示了一种人生与存在的暧昧。A的手落在B的身上，导致的却是A的命运的两极分化：如果是拉，他就是一个英雄；如果是推，他就是一个凶手。人在这个社会上有时候就是莫名其妙的。

林：在近年的小说里面，《秋声赋》应该说也是比较突出的一篇。开始看你的那个开头有点不习惯，我想是不是你故弄玄虚变化一下，但后来发现不是这样。它实际上可能也是你的一种自我暗示，一种叙事的期待，而不仅仅是为了告诉读者。你在写作这篇作品的时候，以一种相对朴素的方式去叙述一个感人的故事，这个故事的内核是不是预先打动你的，而不是像你其他的作品，更多的是在写作中进行的？

潘：《秋声赋》是一个例外。正如小说中声明的，这篇小说我在动笔之前就瞭望到了它的结局。从某种意义上说它是有生活原型的，故事中的男人和女人相好结婚，后来女人与货郎私奔了，男人抱养了一个孩子，包括最后那个儿子上吊死了，引起庄子里人的一些猜测，这些全都是真的。这是除《独白与手势》这样的长篇之外，或多或少与我个人的经历和体验有关系的一部中篇小说。我早就想写它了，一直找不到一种很好的方式来写它，直到我用现在的这种方式把它写出来。

林：这里面我觉得仍然有你一贯的东西，比方说不动声色地去表达一种很强烈的情绪，我觉得这方面你做得比较突出，非常激烈的情绪，但是你在表达上有一种很舒缓的感觉，一种不可思议的节制。《秋声赋》里面很是突出，尤其是其中围绕"箫"的叙事，我觉得这个小说本身就回荡着这种声音，类似于箫的声音。《秋声赋》看起来是写伦理、写农民，但实际上又不局限在那上面，它实际上表达了对苦难的一种承受。

潘：对人的那种忍辱负重的境遇的关注。《秋声赋》写过以后对我自己最大的一个安慰是什么呢？我记得当时给田瑛和林宋瑜写信的时候就讲过，我现在敢于面对黄土、农民、苦难这些东西了，我有能力把这些同样写得很漂亮。

林：这里面实际上不止是说褒扬那个父亲，而且有一种一方面是震撼不已、一方面无可奈何的东西，这个人就是这样活着。推开来讲，即使没有那种情欲的自制和伦理的界限，在现代人的生活中，这种情感方式或许会以不同的形式存在，我觉得这应当是小说的真正意义所在吧？

潘：我希望读者能够这样去理解这篇小说。

林：这次和你见面之前，让我最开心的事是又在《花城》上见到了你的近作《重瞳》。读了第一自然段就把我抓住了，诧异之后就是感到振奋，这首先是语言形态上的那非常潇洒自如、霸气十足的叙述，同时，它对历史文本的剥离和再创造，打破了历史的封闭性和规定性，但并不止于戏说和解构，而是有一种严肃的东西贯穿其间，诞生出丰富的意味。从这个意义上讲，我认为《重瞳》不是简单的故事新编，它甚至就不是一部习惯中的那种"历史小说"。

潘：《重瞳》肯定不是历史小说。最初的设计是想写部长篇，五年前我在广州时就对田瑛说过，我说：我准备写项羽，用第一人称写。他立刻就有了兴趣，说这个东西你写最合适。这让我想到鲁枢元在评论《风》的文章里说到过：潘军身上有股塞上军旅的霸气。我想或许这篇东西真该我写了。不久我离开海口到了中原郑州，这儿是当年楚汉相争的古战场，我还打算去看位于荥阳境内的鸿沟呢。于是就找来《史记》、《汉书》读了，一共写了三个开头，但再写就找不到感觉了。直到今年夏天，我从北京回来，刚写完《独白与手势》的第二部《蓝》，总感到意犹未尽，那股子气还没有消掉，但接着写第三部又缺乏必要的准备，就又把《项羽本纪》翻出来，读着读着就情不自禁地动起手了，一气呵成写出来，写得非常舒服。

林：很多人对项羽的故事并不陌生，你在构思时是如何考虑这一点的呢？

潘：我首先想到的是能不能有另一种解释，哪怕是一种离奇的、浪漫的，但又是很美的一种解释。既要在规定的史籍中去寻找新的可能性，又不能受此局限，想借题发挥一番。

林：把项羽写成了一个文人色彩特别浓厚、诗意盎然的人，这同样是你个人心性的表露，你很偏爱项羽，在这当中你有没有感到难以处理的地方？

潘：你所说的难以处理的地方还是有的，像写项羽坑了章邯的20万秦兵这个具体历史事件的时候，我就非常犹豫，想了几天想不好。这是项羽的一个劣迹，是历史上确有的事实，一代代这么传下来了，不能回避；但从我个人的感情上讲，我希望这些东西是虚构的。后来我想，他的这一暴行是在他当了上将军以后干出来的，至高无上的权力恐怕是一个不可忽视的原因，权力和人性的这种关系应该在这里反映得比较强烈。另外我把它做得有些模棱两可：当时章邯来投降到底怎样想的？究竟是项羽的小人之心还是明察秋毫？两种可能性都有。有很多人解释是项羽的小人之心，听了旁边的几个谋士的话，没有进到咸阳城后院就起火了。章邯本人是深知项羽的为人的，他到底有没有一种谋反之心呢？想给自己留下一条后路？我把它处理成一个"有可能"，借章邯的嘴为项羽开脱，这是出于我对项羽的偏爱；同时我也证实了这件事情项羽是做了的，做的原因就是权力使他变得异常残暴，我没有回避这个。

林：这后一个方面应该说是构成小说底蕴的重要内容，完全可以把它看作对人类血腥史的一种反思。事实上，你也是这么考虑的，要不怎么会扯上希特勒与斯大林联手收拾波兰呢？

潘：我要传达出对人与人之间搏杀的感受，某种意义上，人类的历史可以说是一种贵族和流氓的历史。因此，它的解构和建构是并驾齐驱的，它在毁坏、颠覆传统叙事的同进中树立了自己的东西，这种小说的意义就在这里。

林：《重瞳》洒脱的叙述和诗意的表现力无疑是这部作品的魅力所在。我还对其中一些细节安排感到愉快，譬如写项羽和虞姬的初次相见，尤其是那个结尾，太漂亮了。这么重的东西你却给了它一个飘逸的结尾，有一种举重若轻的感觉。再就是，你在貌似汪洋恣肆尽情抒写的背后，实际上还是写得非常节制的。

潘：唐先田在评论中也提到了这个，他举了"霸王别姬"的例子，说历来写项羽无不渲染这一点，而《重瞳》竟不是这样，似乎一笔带过，却给了人更多的震撼。他认为这是"冰山"的一角，深重的东西藏在下面。说实话，类似的这些安排与处理，是我所得意的。

林：还有一篇作品值得提及，就是《三月一日》。写一个人少了一只眼睛之后带来的一种变化，跟老婆做爱都不行了，单位的人丢了东西都开始怀疑他，等等。这本身就有许多荒诞的东西，但是同时这又使他看到作为一个健全的人所看不到的东西，这就包含着关于人的现实存在的健全与病态的悖论性的关系。如果仅止于此，恐怕还不能给人以震动，小说在表现和揭示这样的生存境遇中，通过"月亮"搭建了一个美好的企盼、寻找和失落的构架，感人的力量也许来源于此吧。

潘：人世间肯定有美好的东西，但美好的东西往往存在于人的意识之中，就像我们常讲的，每个人都希望有一种白头偕老的境界，但是恰恰每个人都做不到。这个小说里面写到，最早别人喊月亮，他自己都不知道月亮是他第一个女人，他都忘记了。他老婆甚至说这是一种肥皂的名字。直到最后，有个女孩告诉他，他才隐隐约约地想起来了，月亮是他最初的恋人的名字，但是等他去寻找她的时候，那个女人已经死掉了。这时候回溯小说的叙事，我们发现了那种神秘，那男人听到的喊声，是那个女人在临死之前喊了一声"月亮"，这给人以招魂的感觉，她穿过怎样的时空，居然在一个街口被他听见了。这是一种冥冥之中的东西。

林：你最近的长篇三部曲《独白与手势》或许预示着你的一个新的创作阶段的到来，关于这部小说，我想应该专门作为一个话题谈论它，这里我仅仅想请你谈谈对以图画介入文字叙述的这种形式的考虑，你是怎么想到用这种方式的？

潘：1993年在海口时我就萌发了这个构想。我觉得如果把图画当做叙事的一部分放置进去，让它成为叙事的一个不可替代的层面，虽然是一次冒险，但肯定十分有趣。这应该是我最早的冲动。似乎带有某种规律性，我总是先想到形式才决定写一篇东西的。8年前写《风》也是如此。

林：这次谈话，我想问你的最后一个问题是，如果从你自己的个人心理倾向的表露上来讲，你觉得你的小说里最为突出的是什么？

潘：我始终对恐惧很敏感，虽然我给人的感觉总是大大咧咧，走南闯北，但是其实我对恐惧特别敏感，我总是觉得有一种恐惧的气息在我身边，但是这种恐惧不是我们词典上所解释的那种恐惧，这种恐惧实际上是与人类的爱相对立的一种状态，我觉得恐惧的对面就是一种爱。

漂泊与选择
——访谈录之二

时　间：1999 年 12 月 23 日
地　点：合肥九狮苑宾馆 305 室
访问者：林舟
受访者：潘军

林：在你这几年的经历中，海南岛的这段时间应该是比较重要的经历吧？

潘：可以这么说。

林：现在看你的《海口日记》、《关系》等，我想知道，海南的生活除了提供一种浅层次上的所谓素材之外，就写作而言，这段经历给你个人的心灵上带来了些什么？

潘：我把 1992 年以后的生活称为"自我放逐"。因为从那以后，我确实过着一种"沉重的自由"的生活，为什么这么说呢？因为我觉得所谓的"沉重"，就像一个出远门的孩子一样——尽管我是一个成年人、一个父亲，但是毕竟我是告别了我业已习惯几十年的生活方式和生活空间，而走上了一个全然陌生的生活，这种恍惚、焦虑、不安，甚至懊恼，欲罢不能，同时又不可调身回避这些东西，在某种意义上对我的心灵可能有一种侵蚀。同时，另一方面我又获得了一种空前的自由，我摆脱了那些习以为常的烦恼、纠缠、管束或约束等等。我记得有一次在北京给你打电话的时候，你曾跟我谈到这个问题。当时也涉及写作状态，你说我的激情不曾消退，而且越来越饱满，除了本人的其他条件外，是否与我的这种颠沛流离的生活有关系。当时我说，可能有。你说，一旦你静下来之后，固定在某一个城市以后，可能那种感觉很难找到了。

林：你说，如果静下来，让我有更多的时间写，那就更好了。我说那不一定吧。

潘：是的，未必能写出更多、写得更好。这种人我们已经在身边看到很多了，也许他们因为太静了。而且我觉得中国人或者一个中国作家的生活，某种意义上讲是非常单调的。我们虽然不是经常出去，但从一些资料上看到，好像一个作家生活在几个国家是很正常的事情，更不谈他涉足几个城市或者十几个城市了。而在我们，稍微动一下就敏感了，像我这样五六年中住三四个城市的人恐怕都不多。

林：1992年你到海南以后，是不是全身心地投入了商海，暂时告别了文学写作？

潘：并不能说我那时全身心地投入了商海，但确实停顿了一段时间的写作，直到1996年，才陆陆续续地重新开始。可能有很多人对这一点有误解，包括有些朋友们，看到我重新开始写作，总觉得我是浪子回头似的，说你又回来了，等等。现在就有很多人在讲，你那时挣钱去了，是不是生意做得不好，再回头写小说呀？甚至有文学圈子里的人说，最近看到潘军到处发表小说，这小子肯定生意做砸了，不然怎么会发表那么多小说？这种理解过于简单了，或者说只是一种调侃。前些日子韩少功给我写了一个序言，题目就叫《行动者的归来》，他意思是讲我又回到了文学的这条路上。其实当年我到海南去的时候，带有很大的随意性，那个时候只是觉得在内地很没有意思，而且自己的一些处境很不好，与其处在这么一种很不好的处境下面，不如一下跳开去，并没有想到自己到海南岛究竟去干什么。所以有时候我经常调侃自己，我说我是一个"胆小而妄为"的人，就是说这种人可能他做不了什么大事，但是他有一个好处：他总是先做了再说。那个时候想到的就是大不了把自己身上带的几千块钱花掉了，算私费旅游了一趟，不就完了嘛，是不是？但是去了之后，就觉得南方的这些东西还是具有吸引力的，觉得要想能使自己在这里扎下来，那么首先就需要养活自己，就得学会挣钱了。生存才能发展吧？但我个人是从来没有把自己当做一个什么商业人士去设计、去展望的，从来没有。

林：而是作为一个作家。

潘：作家或者艺术家。我在南方待下来，也一直在考虑下一步写什么。那时我刚写完第二部长篇《风》，想怎样写得更好一些。但我的爱好很广泛，一旦我自己觉得写小说很困难的时候，或是写起来很无聊的时候，我就会当机立断地去做别的事情，这点可能跟别的作家不大一样，因为我做别的东西也会一样投入，也会富有一种激情。比如我去拍电影，或者说我去画画，或者关在家里弄弄书法等，我觉得这些都是可以激发创造力的东西。

林：在你没写出更新的东西的那段时间里，你是以什么样的方式表达你与文学的关系的呢？

潘：我想主要是心在那儿。当然我也有所行动，我在1993年也就是我到海南一年（严格讲起来是10个月）以后，我办了一个"蓝星笔会"，我1992年4月份到海南，谁也没有想到10个月以后我就能把大把的钱掏出来，把一帮搞文学的请到海南岛来做客。我做这个动作没有别的意思，就是想让人知道中国的这些作家还在写作，还在谈文学，无论政治上还是经济上出现什么波动，同时表明我和文学是粘在一起的。

林：除了那段时间，即便是你"回来"，或者说"复出"以后这么长时间以来，你与文坛的联系好像处在一个非常微妙的状态之中，简单地说就是不知道是文坛遗忘了你，还是你遗忘了文坛。这可能跟你与媒介的接触交往的方式和原则有关吧。你是怎样看待跟媒介的接触，比方说对出版、改编、有关你的行踪和作品的报道或者说对有关你的宣传，等等，你是怎么看待的？

潘：你说的"遗忘"，我想主要是因为我在很长一段时间里行踪不定，别人找你很困难，你也不需要找别人。至于与媒介的接触这种事情我觉得不应该成其为问题的。比如说，一些热情的记者也来了解我的一些情况，我就敷衍而去。我想一个作家的情况严格讲起来是不需要对外说什么的，它是一个很个人的事情，对不对？一个人总不至于坐在马桶上还要有人来报道他在马桶上坐着吧？我在写什么，我作品出来了，这就完成了，至于媒体所关心的我个人本身，没有太多意义。你所说的"原则"，我的理解是一个人怎么也应该有种属于自己的东西，特别是在为人的时候，既然我自己确立了一种信念、一种立场，不用"坚持"这么大的词，应该是很从容地走下去。有些作家愿意去开会，那他就去开会好了，而我是不愿意去的；有些作家愿意随便出书，而我不愿意随便。我觉得我的愉快在写的过程中已经完成了，这个书出来或者不出来，对我意义不是太大。反正迟早会出的，你看，这回不是一下出了一摞吗？老实说，我发表的任何作品没有哪一篇在发表之后我是从头到尾认真看过的。再说，中国像我们这样的作家非常多嘛，不要把自己太当回事，是不是？为什么非要搞得红火呢？哪来那么多人红火呢？同时我相信一点，无论是搞还是不搞，最后都是要靠作品说话的，其他的东西都是多余的。所以我在有些创作谈或随笔里面这样写道：如果说一个作家有什么野心，那么这个野心就应该局限在一张纸以内，而不要跑到纸外的任何地方去。你的理想、你的王国、你的荣誉，都必须建立在你的一张纸上，其他地方再热闹也只是一个表面的繁荣，一阵锣鼓过去，也就显得很冷清了，没什么意思，所以还是远离锣鼓为好。但是人有时候也有无奈的时候，就是说，当你自己的事情与别人的事情构成一种关系，特别是现在，要面对市场或是经济利益的时候，你必须有责任去配合这种事情。比如说几家出版社出你的十几本书，大家要给你印招贴，希望你签名售书，你就不好拒绝。

林： 你的拒绝已经够多了。

潘： 是的，我拒绝过转载、拒绝过出版、拒绝过采访、拒绝过领奖。之所以拒绝，是我觉得有些东西改变了我的某种方式。

林： 比方说领奖。

潘： 领奖呀，我知道你在说那件事。没有别的原因，我觉得我的作品不是属于一种主旋律的东西，不配接受这个奖。再比如发表，有些刊物很热情地约稿，我总是要请他们先把刊物寄给我看一下。我要了解一下这个刊物是怎么办的，如果它的办刊方向违背了我的意志，那我就会礼貌地告诉他们，我不能为你们写，这样的事情年年都有，所以也只能请他们谅解。至于出版、改编之类有多种原因，比如这套书的主编是谁，比如说导演是谁，如果都是我很难能信任的，那我就放弃它。我反对作家有一个明星意识，作家就是作家，他不是明星，只有明星才走到哪儿都有人追着你签名，对这些东西，我历来没有兴趣。

林： 现在这种媒体对文学的关注，更多的时候是从非文学的角度去关注的，这种情况都成了一种"空气"。比如讲，作品研究会、新闻发布会、颁奖会、文坛官司、杂志改版等，从道理上来讲，诸如报纸、电台、电视台，它的栏目空间要"填"起来，要吸引人，在媒介方面要做一些手段，但是你不能指望媒介个个都像文学评论家或是作家一样对文学有充分的理解，更不能指望媒介像个文学青年那样热爱文学。问题在于，我们要了解作为作家的潘军，似乎只有通过报纸、电视等等媒介，这样可能带来某种扭曲。

潘：我个人对这种东西很坦然，因为我觉得面对这种东西不是一个很难的事情，而是一个你同意不同意、合作不合作的问题。一些比较纯粹、像样的文学活动，比如说笔会，我都去，以文会友很好啊！但我可能不会接受某种街头小报的采访，我会选择一份有分量的报纸，这无论是面对读者还是面对你的作品都是件有益的事呀！这只是一个选择的问题，谈不上什么清高，我还从来没见过清高的作家呢！有些事情的好笑之处在于，有些人是不仅合作，而且愿意迎合，甚至自己想方设法到处制造这种东西（舆论），譬如自己给自己写消息报道，还自己送到报社。这就有些莫名其妙了，用北京人爱说的话讲，就是有病。我这次在北京的时候，有一家电台想播我的《独白与手势》，打电话跟我谈，我第一句就问，你们给我多少钱？因为这是我的东西，你要播当然得给钱。他们说我们不给钱，我说不给钱你们打电话没有意义呀。他们做我的工作说这样能扩大对我的宣传，我说我为什么要宣传呀。没有硬性的规定要求一个作家非要宣传不可呀，就像我为什么要得奖呢，为什么要加入某些（个）组织呢，为什么要去开会呢？这些东西如果它能使我的小说越写越好的话，我都去。但是事实并非如此，它们对于我的作用还不如我在家里安安静静地读一本书的收益大，因此我拒绝它是很自然的事。我刚才讲到偶尔为之的事情，就是指要涉及双方利益的问题，比如说出版社要出书，希望卖得好，不亏损，这个时候邀请作家搞一个签名售书活动，我觉得这不是一个不合理的要求，你就应该配合。因为你要对出版社负责任。再比如你的电影、电视剧播了，他们希望在说明书上印你的照片，你也应该提供，因为你也希望这个投资人使这部片子卖得好，但这种做法也应该是有节制的。现在有些做法有些过头，譬如，一个写小说的，小说还没写多少，关于小说的谈论已经成为公开的文字到处传播了。电影界就更离谱了，《荆轲刺秦王》居然弄到人民大会堂去搞首映式了，用三国语言现场翻译，这就很可笑了——你的电影好坏不在乎在哪儿开发布会，现场有几个翻译呀！是不是？但使我自信的一点是，我这个不大宣传的作家居然收到很多读者的来信，很多人把信写到编辑部，再转来，或者通过编辑部打听我的地址。你今天来时，我正在给广州沙河的一位读者回信，这位朋友看了我很多作品，连并不怎么为人所知的《爱情岛》、《白底黑斑蝴蝶》、《情感生活的短暂真空时期》，他都看了。

林：这倒让人感动。

潘：而且给我带来一种激情，我把它视为未曾事先约定的空中握手，这是一种美好的感觉。

林：你刚才谈到，开笔会很愿意参加，那么其他活动呢？我是指一些与文学有关的会议之类。

潘：笔会主要是以文会友。写作不是科研攻关，有必要借助开会吗？难道我去开那个会我就能把小说写好了？写作纯粹是个个人行为嘛。有人说我是文坛上的一个独行客，意思是说我一意孤行吧，这话也对。我有几句话可能不中听，一是我爱文学，不爱文学界；一个男人这么长久地喜欢一样东西不容易。二是只交朋友，不入队伍。朋友是终生的依靠，队伍我觉得没有任何意义。这个立场是不能改变的。写作这个行当本身不需要资格与资历。有些人可能会说你这是不是很傲慢，是不是把自己架得太高？不是。在这一点上，我觉得作家有时候还是要把自己当回事。我指的是，就像我刚才举过的例子，有人向你约稿，而这刊物是地摊刊物，或者它的倾向性与我的追求是完全背道而驰的，我就不会给它写东西。我给它写就意味着我支持这份刊物，这样我连自己都说服不了。

林：现在，你对自己当作家这个行当的最深感受是什么？你对自己的未来有明确的设计吗？

潘：作为一名写作者，我现在最大的乐观就是觉得自己目前还是一口没有挖出水的井，但又有湿润的感觉，这种感觉比较激励人，至少它离江郎才尽还比较远。同时我也准备有一天江郎才尽了，立马洗手不干，我决不会"耗小说"。因为我的爱好很多，完全可能非常幸福地把自己封笔以后的生活安排得很妥帖。

林：你曾在一篇随笔里提过，中国文坛是一个没有裁判的足球场，或者说自己是自己的裁判。你是不是感到这里有太多的不公正？

潘：我的原话是这样说的：当代中国文学的一个遗憾是权威的缺席，没有大师；而另一个遗憾就是到处都能看到以大师自居的人。所以说这么多年来，我们实际上就是在踢一场没有裁判的足球，因为缺少大师就失去了权威的意义，失去权威就意味着裁判本身是不真实的。那么这场足球如果你还想踢的话，就只能保持自己踢球时的那一种感觉和状态了。如果有一天你确实累了，或者说你找不到这种感觉了，你就自亮红牌把自己罚下场算了，这段历史也就结束了。

林：你认为这是一种境界？

潘：不，境界拔得太高了，应该是一种自然的状态。我觉得像阿城这种作家就是这种状态。尽管我们在写作上的有些东西不全一致，但是，像他这种状态我很喜欢，他从来没有把自己当做挺职业的著名作家，而我们这些人一直把他当做一个很好的作家。他具有一个小说家的天赋和对文学、人生的一种达观的态度，一篇《棋王》出来以后就让那些旁边的人不知所措，比他年老的、年轻的都汗颜不已、自愧不如。就像姜文拍出《阳光灿烂的日子》，使一些职业导演羞得无处躲藏。阿城写了几个以后，他就觉得这种东西可能以后再没有必要一个个玩下去了，干脆不写了，然后就去国外挣钱，过那种比较闲适的生活，偶尔就是应别人所邀，写点三言两语的东西，也不讨厌。这种状态就比较好，也是正常的。不正常的是另外一些人，老是惦记着自己是个了不起的作家，一方面在外人面前自视甚高；另一方面自己内心里又焦虑不堪，这就是毛病了。

林：对我们的许多作家来说，似乎一个人他今天是作家，明天就不能不是作家，而且永远只能是作家了。

潘：我认为作家就是个手艺人，写作就是他的日常生活，与什么"神圣"之类是没有任何瓜葛的。我不大喜欢一些人一天到晚除了文学还是文学，他的整个一生就与文学活动扣得那么紧？我认为那是不真实的，至少其中有些活动是他自己找上门的。一个人要回避一个东西其实是很容易的。

林：你这话让我想起有一次一个电影演员接受几个大学生的提问时说的话，有人问她，现在演艺界的女演员或多或少都有些绯闻，你怎么看，她说我不知道别人怎么样，我觉得最根本的还是取决于你自己，你要不要这个绯闻。她这话说得很有道理。

潘：她的话有针对性。确实就是取决于你自己。这并非如有人以为的是所谓超脱，我认为这是一种选择，就是你说"YES"或"NO"的问题。超脱是以富足为前提的，比如说你这个人对钱很超脱，就因为你有很多钱，所以才能把钱看得很淡，而"选择"就是意味着我要这份钱还是不要这份钱，这不是超脱的问题，干吗把自己拔得那么高呢？有多少人能对名利很超脱呢？只是这个名你要，那个名你不要而已，就这么简单。

先锋是一种文学精神
——访谈录之三

时　　间：2001 年 5 月
地　　点：北京
访问者：张英
受访者：潘军

  早在 20 世纪 80 年代初期，还在大学里读书的潘军就受到了西方现当代文学的影响，这使得他在开始写作之前就树立自己对写作的理解和认识，以及对文学作品的判断、标准和衡量的尺度。因此，这个年轻人在刚刚开始创作不久，就在小说写作上进行了大胆的实验和探索，在当时保守的安徽文坛激起了强烈的反响，在文学圈内脱颖而出。像《南方的情绪》、《流动的沙滩》以及长篇小说《风》应该是潘军在那一阶段的代表作，也可看做中国先锋小说的经典之作。之后，潘军发表了大量的文学作品，成为先锋派文学中间的主力干将。

  时间匆匆而过，在 20 世纪 90 年代商业大潮强劲冲击下，文学几经浮沉，先锋派文学的大旗早已雨打风吹去，写实传统的回归成为了文学的主流，即使是那些先锋作家们，也在写作方向上进行着现实的调整，就在这种变化中，潘军推出了他的长篇小说系列《独白与手势》之《白》、《蓝》、《红》，在文体上大胆把图画引进文字中。在这部系列新作里，图画在文字之外成为了一种叙述，如同电影中断断续续的音乐，使得这部小说在文字上形成了双重叙述，读起来竟然有看立体电影的效果，大大扩展了艺术的审美空间。在看过《蓝》、《白》以后，我在北京对潘军进行了采访。久违的潘军精神很好，这大概和他是一个自由人的身份有关：在多年以前，潘军就从机关辞职，奔向商海，和其他人不同，潘军不仅没有被海水淹死，而且在波浪中游刃有余自得其乐，活得越来越有精神了，小说也越写越好了，这真不是一件容易的事情。我们的话题也由此展开。

张：最近，人民文学出版社、花城出版社、中国工人出版社、大众文艺出版社、安徽大学出版社、浙江文艺出版社分别出版了你的作品，回过头看自己这么多年的作品，你有什么感想？另外，报纸都说今年是"潘军出版年"，你是不是有预谋这么干的？

潘：我现在似乎成了文学界的一条漏网之鱼，出版社都把网往我这儿打了。其实理由很简单，因为市场上买不到我的书。我经常收到一些读者来信，有的是通过《小说月报》、《花城》这样的杂志转来，问哪里能买到我的书？我想出版社看好的是这个，当然我的作品品质也是个原因吧。我对出书很认真，不轻易出。今年只是个巧合，预谋无从谈起——我有那么大的能耐吗？

张：你当年突然从文坛消失，然后在多年以后突然又出现，你以后会不会再去做别的行当呢？

潘：20世纪90年代初我的一些朋友浮出海面的时候，我突然消失了。林舟说，"到底是文坛疏远了你还是你疏远了文坛呢？"我说彼此疏远。1996年开始重新写作，写的第一个中篇的名字就叫《结束的地方》，似乎以这部小说来结束那段生活。《结束的地方》是一部非常好的小说，我自己很喜欢。这以后的几年里，我写了三部长篇，近二十部中篇，还有二十个短篇，还有话剧、散文随笔，倒是有点一发不可收的意思，但也许你期待我再写小说的时候我可能去拍电影了，或者画画了。从这一点讲我的心态很年轻。

张：现在，重返传统的写作方法已经成为作家们不约而同的选择，你怎么看形式、技术在小说里的作用？

潘：朱苏进的《绝望中诞生》，中间有个细节很精彩，他写一个作战参谋到集团军司令部报到的时候，别人考察他的能力，摊开一张军用地图，然后让他看一看，看完以后把中间一块挖掉，再让凭自己的记忆和想象把山川河流道路都连起来。这个很像我的小说，我的小说就是有一个巨大的空间把它挖到故事以外，这样就能把读者调动起来。但我的小说里又充满了种种的暗示、质疑，不会让你看了有过多的迷茫。这样，读者去衔接的时候他就有一种创作融进去了，甚至超出了作为创作者本人预先的设计。这种东西是我所痴迷并一贯坚持的。这种东西要求作家具备很强的叙事能力，当然在技术层面上也很讲究。

我觉得一个作家的天赋和能力，是他最后能否成大气候的一个决定性的因素。天赋包括你的素养和气质。能力就是一种纯技巧性的东西，所以越写到最后，自己的心越虚。我曾对一位文学青年说，只有当你感到文学的路越走越窄时，你才算找对了方向。我不知道别的作家是怎样的情况，因为我面对自己的下一部作品总是犹豫不决。

张：你的短篇小说也写得非常出色，在这些作品中间，你喜欢哪些作品？

潘：有几个短篇我写得很得意，比如早期的《溪上桥》、《陷阱》、《白底黑斑蝴蝶》，近期的《小姨在天上放羊》、《对话》、《抛弃》、《和陌生人喝酒》，这些我自己都还满意。短篇小说是见一个作家功力的，因为它受到的限制太多。

张：我现在主要想谈谈你的长篇小说《独白与手势》，从目前出版的前两卷《白》、《蓝》看，作品引起的反响非常不错，在叙述上非常成熟，也比较好看。我感兴趣的是，在小说中间你在文字中间使用大量的画，这样在小说中间就形成了双重的叙述性格，图画的介入增强了文字的感染力，而且扩大了艺术审美的氛围和空间，你这样做主要是出于哪些考虑？

潘：这个想法已经有很久了。我有一个特点，即在写一部小说，尤其是长篇小说之前，打动我的是怎么写而不是写什么。我需要形式上的一种认定，也就是要找到我预期的那种方式。我在写《风》的时候就是这样。《独白与手势》1993年的时候我就想写，那时我在海南岛。我的想法是，如果说把图画的功能理解成为一种叙事，跳出原来那种插图的概念，使之构成一种叙事的层面，这种做法本身就是非常有趣的。我是因为这种形式的欲望然后才产生写什么的念头的，直到五年后我才动笔，人已到了北京。

《独白与手势》把文字和画糅到一起,这中间有一种互文性,有不可代替性。比如说在第一部《白》里的第一幅图,它带有一种规定性、强制性,要求你立即走进一种皖南乡镇的氛围里去。你不可能把它理解成北京的胡同,所以你就得适应这个氛围。再比如当第一部即将结束的时候,我写到了犁城降下了初雪。于是就加了一场雪景的画面,因为这个时候我需要读者在很压抑的时候突然得到释放,他看了这个画面之后会一下子舒展开来。这种感觉不是一个"雪"字就可以代替的。当然还有一些寓意性、象征性的图画在里面。比如说那上面写有一个家庭不和谐,我就拍了一个洗脸盆,这个洗脸盆两个龙头不一样,两个漱口的杯子不一样。一副手套都不一样,这种冰冰凉凉的不和谐的家庭普通用具实际暗示了这个家庭本身的冰冷和不和谐。还有一种是文字本身力量不能穿透的东西。比如说这一幅,这个细节是那个男人和女人在分手时的那个圣诞之夜,男人拿了根蜡烛,他把蜡烛的油滴在女人的指甲上,他说:这就是世界上最好的蔻丹了,太美了。还有很多带有一种特殊时期历史感的东西,譬如"我"当年在农村生活的时候画的那些速写、乡下小屋、挂上的草帽,以及象征父亲劳教苦难的石磨,等等,很能感染人。但是图画的引进主要想改变叙事的线形关系,从而拓展出更大的阅读空间和想象空间。有些图文关系不一定停留在表面上。

张:这部小说是不是受到了法国电影《蓝》、《白》、《红》的影响?连名字都一样,我只能猜想是你热爱这部电影的缘故。

潘:是啊,好多人都问我:你是不是受到基耶斯洛夫斯基的电影《蓝》、《白》、《红》的影响?这我在创作谈中就公开讲了,不错,这个名字是从那里过来的。有人问,你是不是也要表现自由、平等、博爱?我说不是的,我只是在表现一个男人几十年的情感磨难与心路历程。至于小说的分卷名字,是在小说写了几万字以后才突然感觉到的。(李佩甫说我的小说总是有一种色彩的感觉。这可能与我绘画有关系)有一种很苍白苍凉的东西在里边,既有一种童年家庭的苍白,又有社会、历史以及情感上的苍白,这便成了第一部的基调,所以叫《白》。第二部写的是南方,因此地域环境构成是一种天然蓝色的基调,而且蓝色有时候被我们理解成一种忧伤、一种神秘和一种梦幻。那么,第三部我要写一种生命的辉煌和毁灭,带有一种红色的气氛,很壮烈,也带有抽象性的象征意味，如同马蒂斯的绘画。

张：图画进入文字以后，文字反而获得了自由，显得轻松、简洁，整个小说也因此有了张力，给读者一种新奇和愉快的感受。你当初这么写是不是主要考虑到，今天的读者已经没有耐心读太长的小说了？这难道不是一种妥协吗？

潘：很多年前我就有过这个观点：时代制约小说形式。为什么巴尔扎克时代有巴尔扎克式的小说？因为时代需要那种啰嗦的小说。而今天这个时代还需要再多一部《追忆逝水年华》吗，好像不需要。这也是一个作家需要自我调整的，这种调整倒不是一味地迎合市场，而在于内心的文学需要。我跟李陀也讲过这个问题。李陀讲外国也存在严肃文学和市场的这么一个矛盾关系，严肃文学不能永远只是几个人在看几个人在评论啊，它还有个商业的问题，如果你老坚持以前那么写，出版商不愿意啊，得想个招啊，想个办法啊。其实我一直在想这个办法，而且我一直在身体力行。我所信奉的文学原则含在作品中间，以前的文学素养与品质也是不会丢的。李洁非说我的作品中间在很多地方可以看出先锋作家的底蕴在里头起作用，这也就是我和其他写城市的作家不同的一个地方。另一方面我又考虑到怎样使读者更多地接受我的小说，比如我现在的一些小说，如《海口日记》、《对门·对面》、《重瞳》等，故事、结构都很完整。但在叙述的方式上我仍然在下功夫，只是把故事说得相对完整一些，这并不影响小说的张力和弹性。对这种探索，有些批评家，如施战军、吴义勤、林舟等，都认为我的调整与别人有所不同。汪政说，《独白与手势》应该是一个多媒体文本。

张：现在的长篇小说普遍比以前的长篇小说要短，这种趋势是不是你们现在共同的追求？

潘：对，我很厌倦了那种写得很长的小说，不能因为它是长篇小说，每个人都要拉开制作史诗的架子嘛。首先是需不需要，其次是尽可能短下来。冯敏把这部小说跟《日瓦戈医生》放在一起比较，他觉得在描写精神苦难上面达到了一种相当的高度，虽然这是鼓励，但这部《独白与手势》就是在表现一种精神苦难，从个体的生命的体验中来反映出这个时代的历史和沧桑，这就是一种追求。白烨说，这是真正的"个人化"写作，因为做到了以一当十，以小见大。

张：有人把你的经历和情感同这部作品的内容联系起来，认为在某种程度上，《独白与手势》也是你的自传，因为小说中间的一些细节非常感人，没有自己的亲身经验，是写不出来的。我想问的是，在作品中间，男主人公在多大程度上有你的影子？

潘：个人的履历只是一种底色。作为进入文本的故事自然是虚构的了。

张：来自生活的经历对你写作的帮助大吗？现在，提到生活，年轻作家们似乎都不以为然，但是，他们的小说里的人物却很少能够让人记得住的。

潘：当然，生活、经历对写作是非常有好处的。我作品中有许多细节都是从生活中来的。有一次我跟一个朋友聊天，说假如你在这个城市里突然遇到不同时期的几个情人怎么办？这种情况很磨人。不是摆不平的问题，不是像有些很坏的男人把这个稳住又去对付那一个，不是这种，而是感情中所有的酸甜苦辣全部在这里，所以包括我很多异性的朋友看过书后说，我很爱你的书，我觉得感情上很多东西是共通的。比如我们年龄上有差距，但是在对情感的理解上，做人的方式上，气质上，品位上是一样的。我就强调，你在街上很随便地拉一个人，把他请到房子里诚恳地说。不管是什么人，只要他倾诉出来他的故事一定很感人。有一些朋友有时给我讲他们的知青生活，他们平时玩世不恭，但是一涉及知青生活就让我感觉到那么震动。写作本身就是一个真诚的态度。写作本身就需要用一种真诚的态度去对待写作的对象。

张：写完《独白与手势》以后，你的下一个长篇小说会写什么？

潘：我可以提前给你一个消息，写完《红》以后，我将进行下一部长篇的写作准备，名字叫《中国陶瓷》。为什么中国叫China？China就是陶瓷，陶瓷不叫铁China也不叫钢，当然这是我自己的咬文嚼字。我们大家查祖宗三代都是农民，上一代人都是这样，都有淳朴、天然的一面。但是土成了陶瓷以后就是土的精品，它经过了一定的烧冶、工艺以后虽然还有土的本质，但是成了土的一种精华，值得炫耀的东西。这种东西做出来以后，既能为民间所用，更多的越来越精细，成为一种御用的东西，成为一种摆设，到一定的时候又容易成为一种别人糟践发泄的对象。比如吵架时摔的杯子，一摔就碎掉了，如果这个杯子是铁做的，它就摔不碎，因为是陶瓷，它很脆弱，经不起什么。当然这个陶瓷埋在土里三百年以后它又成了文物，它又成了这个民族的精华和瑰宝，又摆在红天鹅绒上供人瞻仰。我觉得几千年以来，中国的知识分子就是这种命运，是宿命，和陶瓷一样。我会下功夫来写这部长篇小说。至于什么时候写，那得看准备了，我自己的安排是在四十五岁之后。这也许是我作为小说家的最后证明吧。

张：你确实看得很开，你不像别的作家，在下海以后回来再写作的时候，连对文学的看法都变了，有的人更是把文学也看成了是一门生意，用了很多商业上的手法在那儿操作、经营自己的作品。你在做生意已经非常成功的时候，决定撤退，回来写作，又是因为什么原因呢？你在文学这方面，却从来都不屑于用那些你在商业上的手段炒你自己，这是为什么呢？

潘：当初我去南方，与其说是做生意，不如说是改变一种活法。因为众所周知的原因，我在安徽文联两年没有具体部门愿意接受我，挂起来了。我就想作为一个男人，养活自己应该不是什么问题，就说走就走了。我把自己并不当回事，但我知道自己能做什么。我不在乎这个圈子怎么看我，我向往的是一种自由状态，假设我要是当时不离开的话，凭我现在这种创作上的实绩，放在任何一个作家身上，都能得到一样的东西：一级作家呀、四室两厅呀、特殊贡献呀、有成就的专家呀以及什么作协主席副主席的，这个委员那个代表等等，但是我真是不在意这些东西，我觉得一个作家最想要的只有作品，他只能活在自己的作品里。这是一个职业作家的基本素质。

张：你对文学真的是非常热爱，一般下海以后，东西就写得少了，质量也大多不如以前了，你一边在经商，一边还在写作，是什么在支撑着你写作？

潘：欲望，写作本身的欲望。我有句话，我爱文学不爱文学界。一个职业作家不同于一味向市场倾斜的自由撰稿人，自由撰稿人基本上是围着市场转，今天叫我开个专栏我就开一个专栏，明天叫我写一个电视剧我就写一个电视剧，后天让我跟一个老板策划一个东西我就去策划，只要给我钱，因为我要活人，我要靠这吃饭，是卖文为生的，这样也很体面。当职业作家意味着什么呢？就是你把这个文学当一门学科来研究，当然这也有一个前提，首先你有没有解决自己生存的能力，同时我们又不沉浸不迷恋在这里面。比如说我搞电视，我不是一头扎进去就出不来了，我一年搞一个或者两年搞一个，挣下一笔钱够花就是了，然后，我就把计划中要写的小说全部写出来，等我感觉到是不是该再去挣一把钱了，我就再去挣一把，基本是这种情况。我把谋生和写作严格分开，然后根据自己既定的写作原则，只要感觉到自己的能力没有完全丧失，就作最后的努力。

张：做生意的作家没有多少能够赚到钱的，你不仅赚到钱了，而且人也没有像别人有那么大的变化，给人的感觉也很舒服，这主要是什么因素在起作用？

潘：心态。你得把住自己才是。

张：就是彻底把写作和生存分开，文学和名利分开以后，你才拥有了精神的自由和写作的自由，真正解放自己的内心，进入最佳写作状态。

潘：我写得比较从容与我个人的心态与精神素质有关。我历来不主张作家成为一个明星，中外历史上作家都不应该成为一个明星。明星有明星的生活方式，作家有作家的生活方式，虽然这个社会这么浮躁，时尚流行得那么快，但是对于一个作家来讲不一定非在电视台坐坐，经常在媒体上露露面，就表明他是一个作家，我觉得不需要这么热闹。根本就不需要。那天有传媒的朋友问我，有没有这种感觉：我出了这么多东西，不被社会认识认识，不被媒体重视，实在冤得很呀，熬不住呀。我说这种感觉我三十几岁的时候有。三十几岁我觉得不在北京，不在上海，远离了这种大都市的文化光环，我觉得我写得不比别人差嘛。后来年龄大了，这种东西就消解得比较干净了。因为作家最后是要凭作品说话的，跟跑马拉松一样，谁先跑到终点谁好，而不是说谁的起跑最漂亮，谁被锣鼓一路欢送。前些日子我给《北京青年报》开专栏，就写过一篇《光着脚丫上路》。

张：作家难道就不应该坐在家里好好地写作吗？像你这样四处漂泊，有没有想安定下来的念头？

潘：我也希望能坐到自己的书房里。谁不愿待在自己的书房里？谁不愿看到自己所熟悉的东西？在家里多方便哪！而且我在合肥的房子我装修得很考究，很舒适的，四面都是书橱，桌上还有台式电脑，很舒服的。但是命中注定，你要过一种流浪的生活，但你不能因为流浪就不写作了，你只能安慰自己先对付着，等心沉下来还是得写啊。记得我有一次在郑州鲁枢元家里，看到他的书房有一屋子的书，我当时眼泪差点就下来了。我说我看到你的书房就很难受，我也有一个不比你差的书房呀。不过现在也有人认为，如果你潘军停顿下来，固定到你的书斋里，你也许就写不出这么多东西了，你在流浪过程当中那种状态跟静止状态肯定是不一样的。

张：这些经历也丰富了你的创作，权当是你这么多年一直在体验生活了，你重视这段生活的经历吗？

潘：我想是的。流动的状态对我的创作至少是潜在地起了一点作用。如果我不在海南待几年，我也许就不能写出一批与海南有关的小说了。尽管我写作不依赖经验的东西，但是我又无法忽视自身的经验。那种真实的感受与体验，跟你坐在家里琢磨完全是两回事，你找到的是一种气息、一种真切。所以应该说，经历对一个作家来讲还是财富。有一次跟苏童、叶兆言在杭州，我开玩笑说，你们现在就是提前过上退休生活了，俨然江苏的老作家。再过几年就为青年人写点前言后语了。

张：现在，写作对你究竟意味着什么呢？

潘：有意思，在小说里我找到了快乐。我是个一意孤行、自得其乐的人。不在体制内，也不是中国作家协会的会员。我是为欲望写作的，或者说为理想写作的，用李陀的话说，我是一个过于迷恋叙事快感的人。我会一直写到自己最满意的时候。但是如果感觉到开始走下坡路了，我也许会立刻放弃写作——至少是不写小说了。那个时候我就写写散文随笔呀，写写画画呀，或者去做导演拍电影，我照样有很多事情把自己充实起来。

张：那你觉得作家和媒体应该是怎样的关系？有时候，媒体的介入有可能对文学是好事情，尤其是对于严肃文学而言。

潘：首先我决不会有意识地去寻找传媒，或者说迎合传媒。比如说有些传媒记者不管是出于什么考虑，以一种很客观的态度来对待你，这是很正常的，这是很真诚的一种交往。但是我自己推测，文学有时搞得很热闹，很多是带有一种制造的痕迹，不是当事人本身在制造，就是传媒在制造。很多东西都有传媒制造的痕迹，比如余杰跟余秋雨之争，说

"文革"忏悔，比余秋雨更应该忏悔的人多着呢，为什么偏挑余秋雨练呢？不就是因为余秋雨是一个公众人物吗？这种动机本身就很可疑，对这种东西我毫无兴趣。最近的卫慧和棉棉的抄袭风波同样无趣，我倒觉得某种意义上她们都在抄袭——抄袭时尚。一种论争倘若远离了起码的学科精神，那就是作秀了。

张：那你是很超脱的，因为你现在有钱了嘛。我觉得关键还是在于人自身的选择，人是否健康，你究竟要什么东西，这是最重要的。

潘：我不是超脱而是选择。超脱是以自己富足为前提的，选择却不需要什么条件，是个人判断在起作用，这个钱我觉得比较体面，我愿意挣它。那个钱我觉得不好意思拿，那我就拒绝，这就是个选择问题。

张：我做了两年的编辑，读过很多小说，现在的生活真的是那么单调和重复吗，那么多的小说，读起来的感觉都是一样的，人物不鲜活，对话写得特别差，这种问题非常严重。年轻作家普遍强调生活就是自己的存在状态，比起前辈作家，他们更加重视想象力的作用，但是，他们的很多对生活的体验是来自书本和电影，这可能也是一个问题。从艺术风格上来看，小说正在越来越无趣，有时候连读的欲望都没有了。我想听听你个人的感受。

潘：我们面对的世界是一样的，生活是相同的，而且对生活的判断大体也是相同的，那么这里面就有一个技术性的问题，有一个观察的角度，就是你刚才讲的想象力呀等等，为什么有些人想象力很贫乏，而且导致了一种很相同？为什么显得那么空洞那么外在呢？我不知道你做孩子的时候对知识青年是否还有印象，只要到农村里去，谁是知识青年，不管穿什么衣服你一眼就看得出来。这说明表象的东西是靠不住的，你的工夫必须花在深处，把它发掘出来，这还是一种天赋在起作用。另一点，就是作家本人对小说的一些素材的处理方式也是大不相同的，我认为是，别人也许会认为不是。比如你刚才讲的，为什么我的小说可以多方面看待，这正是我所追求的东西。小说永远只能看出一种意味，永远不能看出一种意义。"哎呀，我这是表现对苦难的一种承受。"得，我写的苦难，它远远不是仅仅表现它的一种承受，可能还写苦难对人格的一种滋长等等，我在写这些东西的时候老是让它处在一种暧昧的状态，多元的，不确定的，是又不是。我只有捕捉到这样的东西以后，才觉得这应该可以做一篇小说了。我们跟一些前辈作家和其他作家的首先区别就是这里,在他们看来,我们这些东西本身就不配写进小说,而在我们看来,它绝对是一篇现成的小说。由于这至关紧要的一点的确立,它的故事形态,它的结构方式、表达方式都发生了变化。

张:现在谈文学已经成为一件很羞耻的事情:比如你在一个场合和同是从事文学的人谈文学,即使对方是非常在意文学的,但是他跟你在谈文学、人生、信仰、理想的时候,就是不好好谈,而且会经常讽刺、嘲笑、挖苦你,怎么会这样的,连我们搞文学研究、写作的人都变得这样了,言行不一,这真的是让人好难受。

潘:你这种感受还是比较真切的。北京是一个打造时尚而远离经典的地方,往往在北京叫得起劲的事情,其本身就是没有分量的事情。我所指的分量,指的是一种专业成就和专业精神。北京永远不会出现伯格曼。比如说有一本书最近在北京很红,我就不看这本书,真正的好书在北京是红火不起来的,因为它现在痴迷于流行时尚的东西,它缺乏一种经典意味,丧失了纯粹的专业精神。这种东西我们从哪儿找呢,还是从内心里找,从过去的一些经典中去体会、去沉浸、去沉醉。今天,我们还要去迷恋卡夫卡、博尔赫斯,就因为卡夫卡、博尔赫斯对我们太需要贴近了,他成为了一个朋友,他陪伴着你。在北京找到一种经典意味的东西是很困难的。往往是一种很低下的东西,或者说很没有品位的东西红极一时,这个很正常,这符合北京人的特征、这座城市的特征、这个时代的特征。如果某一天在北京真搞出了一台很了不起的东西,那么我相信那时候它的周边乃至整个环境都起了变化。

张:既然文学环境令你那么失望,那你是靠什么在维持着对文学的希望呢?

潘:一个正常的氛围应该是各得其所。应该让某一部分人永远去谈他们感兴趣的东西。美国有《花花公子》,也有《大西洋月刊》。像企鹅出版社、子夜出版社、蓝登书屋都不可能去出一些莫名其妙的书的,百老汇也不可能去演什么小品吧!这里没有你吃我、我吃你,你兼并我、我兼并你,只是各取所需,每个人都有一个自己的圈子和氛围。所以多少年下来以后,它就成为一个经典,成为一个名牌。而我们不是,我们是一阵阵的,基于一种官方的意志,或者是传媒的促进,还有一个老百姓的口味，谁左右这个东西？无非是官方和市场嘛。一个写作的人面对这么一个复杂的局面，而且还面对本身文学界内部的一个最大的遗憾——大师的缺席，权威的缺席。没有权威就意味着没有公正，没有裁判，所以唯一支持你的就是这种你作为职业运动员的心态和素质，要不然你就不踢了，就改行了。我觉得这种东西是我们目前缺乏的，这就是一种专业的精神对一个人的一种支配，我们现在已经很难看到这种精神了。

张：在这个时代里面，文学真正是很寂寞，很多在边远地方的文学青年在开始写作的时候，都很不错，但是，由于种种原因，他们的作品得不到重视和关心，所以，当市场经济的诱惑一来的时候，很多人在理想上就妥协掉了，毕竟，生存的压力和看不见未来的恐惧改变了很多人。你现在把工作分得很清楚，一两年写一部电视剧，再写多少篇小说，这两种文体的写作会不会有冲突呢？

潘：一个素质不错的作家应该是写什么像什么，除非是你力所不及。我没觉得有什么困难。有些人也老这么问我，你写了电视剧，怎么小说的感觉还没有丢呢？我说，我心里很明白，怎样去对待不同的东西。

张：你的小说控制力很强，叙述也非常节制，小说中间的废话非常少，而且很少有泛滥的抒情，在结构上也很讲究，读你的作品必须从头看到尾，一点不能漏过，否则，这个故事就看不明白了。相对而言，现在的小说水分太多了，有时候看到头就知道故事的结尾，还特别长。

潘：你做编辑的，小说在你的手上，你第一段，甚至是第一自然段读完了，是不是好小说你马上就有判断，如果小说叙事好，很精彩，你马上就会有兴趣把这个稿子看下去。你读了我的那么多作品，有一点应该很明确，就是把它们放到一起你能感觉到它不是一个人写的，又像是一个人写的，它的不变中也有变化，比如说我写的《对门·对面》和《海口日记》，比如《三月一日》和《结束的地方》，比如《重瞳》和《秋声赋》，它们都是不同的叙述方式。我只是感觉到这个东西只能这样而不能那样写。我觉得一个职业作家兼有手艺人和艺术家两种特质：一种是手艺人，他没有什么神圣，做手艺的，干手艺活的就像你当编辑、我写作，没什么高低之分；第二个我带有创造性的程度，那就是一种艺术家，我通过我的语言叙述，在这上面建立我的梦想，那就是一个艺家。人真正的谦虚就是意识到自己还不够，确实我还是不尽如人意，这才是真谦虚，而不是到处鞠躬。

张：现在，有些作家的作品评论家不好下笔，因为作品特别复杂，作品本身也对评论家构成了一种挑战，评论家也很难下判断，就是看了评论也很费劲，因为有时候评论比它解读的小说还要长。

潘：评论家有很多是在借评论作品展现他自己的形象。他不能耐心地阅读作品，也就意味着他不能深刻地理解作品，再加上一些作家又不大在乎别人评论他的小说。所以这个行当不是太有活力。我个人是尊重批评的，无论说什么都可以，因为作品是一个客观存在。但作为写作者，这个作品写出来了我就完成了我的任务。

张：最近刚刚在《北京文学》上看了你的剧本《地下》，你什么时候开始对话剧感兴趣的？

潘：事实上，我的处女作就是一个独幕话剧，叫《前哨》，是写鲁迅的。那时我还在大学读书，二十三岁，这个戏还得了全国大学生汇演的一等奖。我这个人有个特点，就是喜欢随心所欲。但是《地下》的形成在于它的最佳载体是话剧而不是小说，尽管也能写成一部小说。

张：《风》这次也再版了，在当时的文学环境中间，它的实验意义还是十分明显的，你为什么会取这样一个名字？

潘：我觉得风跟历史的形态是一样的，谁都可以感受到它，谁都无法把握住它。我们都是历史中人，也就是风中的人。但我们谁也无法去把握一部历史，谁也没有办法去改变一部历史，更没有办法去撰写一部历史。因为这是一部风中的历史。

张：现在，作家们都开始重视故事了，未来的小说会怎么发展呢？

潘：1997年《作家》杂志拿了12位作家的肖像作封面，并要求每个人就写作的理解写上一句话。我写道：写作是未知不断的显现的过程。现在我要说，小说的发展同样是未知的。

张：现在，你已经抵达你的文学梦想和目标了吗？

潘：直到目前、此时此刻为止，我总有一种不满足的感觉，我觉得这会儿离我心中那种文学的目标还很遥远。对于一个作家来讲，有一个问题值得思考：怎样使自己写得更好？这是一个值得用一辈子去思索的问题，并且要很理性、很客观地扪心自问。

云霄上的浪漫主义
——访谈录之五

时　　间：2002 年 7 月 23—24 日
地　　点：合肥潘军寓所
访问者：青锋
受访者：潘军

  我是怀着一种探奇的心情去合肥的。出发的那天正好是一年中最热的节气——大暑，对我这个不好运动的人来说，实在不该挑这么个好日子出门远行，但好奇心驱使着我蠢蠢欲动。还好，豪华空调车里的冷气打得很足，我舒服地靠在高背座椅上，手里捧着一卷《潘军文集》，在一个虚构的秋天里惬意地一路北行。
  在行程之前，我已把这部文集读完，正是这十篇小说促成了我这次合肥之行。
  我读小说的心情一直是很外行的，我习惯放下文学的眼光，很感性地去读它们，把自己融进小说的世界里，随着主人公的命运一起起起落落、生生死死。每读完一部情真意切的小说，对我都是一种生命间接的体验。为此，常常被惹得泪流满面。
  这次潘军又惹了我。
  潘军最早是以先锋派的姿态步入文坛的，实验时期的作品稍显晦涩，偏重对叙事技巧和小说结构的探索。1996 年结束南方之行，重操旧业，写作风格日趋圆熟、从容，刻意的痕迹消失了，取而代之的是好看、好读、耐人寻味的主题情节和汪洋恣肆的情感在作品中收放自如地呈现。如果有人说透过作品看见作家余华血管里流的是冰碴子,那么流在潘军血管里的就该是浓得化不开的情了,亲情、友情、爱情、故土情……不信你可以找个温度计,保证达到沸点。

一个故土情结深重,却又常年过着"在路上"的漂泊生涯的男人,一个离了婚却承认一生为情所困的男人,一个出了那么多书却口口声声不加入文坛的男人……这一切实在让我这个小女子好奇无比。

还在想着这些问题的时候,汽车已缓缓驶入车站,我看见一个穿着深色T恤,戴着墨镜的男人在车下微笑着向我招手。这是我们初次见面,也是我这次访谈的开始。

青:《重瞳》发表后,有人称你是"云霄上的浪漫主义者",说你的作品具有诗性的浪漫主义素质,你认为这样的说法贴切吗?这是否和你本人的性格有关。

潘:牛汉先生曾经说我骨子里是个诗人,尽管我没有写诗,也没有这样的经验。他这么说,也许说明了我具有这样的素质。至于浪漫主义的情怀,我觉得是应该伴我终生,一直到老都不应该离去,这也是我需要的。

青:在来采访你之前,我读了《重瞳》,我非常喜欢你塑造的那个既天真,又霸气,还带有浪漫和文人气质的项羽。你为什么要在小说中赋予项羽这个武夫以诗人的气质,比如说让他吹箫,还为项羽和虞的初遇蒙上一层神话色彩,小说的结尾更是美得让人心碎,这么沉重的主题,却有这样一个轻灵飘逸的结尾,为整篇小说所散发的浪漫主义加上了浓墨重彩的一笔。

潘:写小说某种意义上就像写曲子,尽管我对音乐是门外汉。我当时就希望它既有凝重的一面,又有飘逸的一面,既有深沉的一面,又有举重若轻的一面。这些设计一直是我想在小说中把它展现出来的。我觉得没有必要去还原成一个新的历史故事。所以我不同意把《重瞳》看成历史小说,因为我在司马迁提供的典籍中寻找到了一种新的可能性,陈骏涛先生认为《重瞳》是新历史小说……至于类似吹箫的设计,是我一开始为项羽设定的基调,他应该是个很天真的人,率性十足的男人,职业军人,厌恶战争的军人。他向往的是和平的、诗性的生活,却莫名其妙地卷进了政治纷争，要为别人去打江山，然后自己又不想坐江山。而他爱的又是女人，不是江山。这个人一身都是矛盾，这些东西体现在他身上，从价值取向上来看，又似乎是很和谐的，和谐是美。

青：在《重瞳》里，你在解构历史的同时又重构了历史，你借项羽的口，说自己的话，这和一些戏说历史题材的小说确实是不同的，而且你用了第一人称的叙事方法，这个"我"在你笔下的项羽嘴里说出来让人感觉很霸气，似乎你看了第一句就不得不看第二句，有种无形的霸气逼着你把它全部看完。

潘：以第一人称来写历史题材有点不可思议是吧？可这种方式最能刺激我的创作欲望。这部小说我在1995年的时候就想写了，当时就是因为这个"第一人称"的刺激。这个小说不能依靠直觉去判断，司马迁有一部《项羽本纪》，在民间关于楚汉相争和霸王别姬的传说比比皆是，所以我就找到这么一条路。我总感觉司马迁的《项羽本纪》有许多闪烁其词的地方，有很多难言之隐，这就是我做文章的余地和空间。当时我就本着不推翻历史史实和典籍的前提下，能不能寻找到一种新的可能性。

青：你是在借项羽的口说自己想说的话？

潘：是啊，好个借口。在项羽这个人物身上当然寄托了我个人的人生理想，这是毫无疑问的，不然我就不会用这种方式去写。历史上爱项羽的人有两种，文人和女人，武人是不会爱项羽的，政治家也不会去爱项羽，甚至很多男人也不会去爱他，而文人和女人，我觉得没有道理不去爱项羽。比如，李清照，她既是文人，又是女人，所以才会有她笔下的那首诗词，"至今思项羽，不肯过江东"……我是充满感情把这个小说写下来的，现在看来虽然还有些不尽如人意的地方，但大致的目的是达到了。所以这个小说还是引起了一些反响，美国的《世界日报》连载了，法国、意大利也准备出它。

青：你怎么会想到写项羽而不是别的什么人，他是个英雄，但也是个政治斗争中的失败者？是因为你喜欢悲剧和悲剧人物吗？

潘：对，我确实是喜欢悲剧和悲剧人物，我不喜欢喜剧，我也不认为人生当中有多少喜剧。项羽这个人物应该是从小就喜欢，尽管他是个失败的英雄，但一个失败的人，还能被称作英雄，那么这个人本身在人格上就具有非常的魅力。中国的历史历来就是成者王、败者寇，谁也不会对一个失败者去做过多的感慨，而项羽就是个例外，他没有成功，而且败得那么惨，而历史还是给了他一席之地。当然，我笔下的项羽，可能是带着有一种主观倾向的，真正两千年前的项羽究竟是个什么样的人，我们也琢磨不清，但我感觉他应该是和我们靠得很近的。所以《重瞳》发表以后，有个读者来信说，这个项羽不是个死人，而是我们中间某一个人刚刚离去。

青：《重瞳》会排成一出历史题材的现代话剧吗？

潘：有这样的考虑，中国国家话剧院也正同我进行交涉，现在只是一个形式的问题。如果我们在对话剧的理解上基本上没有距离，或者说是默契的，而且对小说的改编也很投契的话，我相信这将是一场很愉快的合作。我对这种合作是有激情的，有人问过我说，《重瞳》拍成一部电影历史剧是不是最好的，我说最好的形式应该是话剧。因为这个小说有一种仪式感，这正好是话剧舞台所需要的，而电影是不需要的。

青：读了你的几部小说后，我发觉你的小说有个特别之处，几部作品中有些情节是可以衔接起来的，虽然有的很细微，但留意去读就能感觉出来，你是有意这样安排的吗？

潘：你所指的这一类小说应该是你想象中与我个人的生活经历比较吻合的东西，而你在阅读的速度上也是从小读到大的，因此这个东西会有这么一种连接，我感觉从阅读来讲产生这种判断也很正常。

青：这个感觉似乎并不是就我一个人有。比如说读了你的《独白与手势·白》后，再去读《海口日记》，在时间和人物上就有某种很细微的东西可以衔接起来。

潘：我倒没有这样的感觉，以前也没有人提出过类似的问题。现在我想一想应该与《独白与手势》和南方系列的小说有关系。这些东西我既然写出来了，或多或少就应该与这个小说有点关系，尽管你不会与小说的主人公合二为一，但至少是作为一个旁观者，站在小说和故事的边缘上。还有一点不可忽视的原因，这些小说都是以第一人称来写的……有人说过这样一句话，说我当时到海南没有赚到钱，但赚到了一个小说家的本钱。经历对一个写小说的人来讲怎么说都是财富，不管是好的还是不好的。如果从写作角度来讲，我觉得不好的经历可能更是财富，都是那么一帆风顺，也许那种表达的欲望就没有这么强烈了……整个《独白与手势》是我一生生活的大背景,与我个人的命运和经历是有点关系,或者关系不少,但我没有想去写一部回忆录,或者半自传体小说,它实际上只是满足了我倾诉的欲望,人有时候需要倾诉,我只是通过这个小说自己对自己说说。独白是可以言说的,手势是不便说的。后来有人说这是个双重文本,因为有很多画在里面,它某种意义上是叙述不可分割的一个层面,那么你也可以说"独白"是文字的,"手势"是图画的。

青:既然说到了《独白与手势》就先来谈谈它吧!《独白与手势·白》中的小丹、雨浓有生活原型吗?

潘:它是一个虚构文本,我小说中间的一些女性,从我个人来讲的话,没有一个具体的当事人,如果说有,我觉得我这样写是不负责任的,或者说我必须在征求当事人同意之后,才可能这么写。因此我小说中的一些女主人公都是没有具体的当事人,她确实是一种虚构。

青:《独白与手势·白》中有这么一段,1995年搬进比你年轻十岁的新家后,第一缕晨光把你射醒,这个生活细节你曾经亲身体验过吗?

潘:这种体验是有过,如果没有这种东西很难写得出来。因为这之前我在一个没有阳光的房子里前后待了(潘军沉想片刻,深深叹了口气)五六年吧!然后好不容易换了一套房,第一天早上五点钟起来,我们还拉着窗帘,就已经被阳光刺醒了。可见我们以前是从来见不到阳光的。那时有一种莫名的伤感,当大家还在睡的时候,我已经提前几个小时醒了,而且是被阳光刺醒的——其实太阳还没有升起,这种感受如果不是有那种经历的人他可能写不出来。

青:你记日记吗?

潘:以前记,现在也偶尔记,但是从来就没有连续记,有时候被这个那个事情耽误了,日记不能回去补。

青:《海口日记》是日记吗?

潘:《海口日记》是小说,你看我连几月几日都没有标,我只是感觉到它应该像个日记。

青:你是哪一年到海南的?

潘:我是1992年的4月5号清明节那天离开合肥,9号到了海口。

青:当时是为什么辞去安徽作协的职务去海口?

潘:这与当时的时代背景有关,当时万马齐喑的样子,扎在文坛里已经很乏味了，也与个人的生活背景有关系。但有一点出发前我就很清楚的，像我这种写作，严格讲起来是个很奢侈的职业，如果你离不开这个奢侈的职业，也就意味着必须首先在经济上有充足的准备，扎实的基础，这样的话，才能把你的爱好继续下去。我当时就想，我不能在一种经济很窘迫的环境里去写作，如果这样是满足不了自己的愿望的。那个时候我就下定了决心，必须去挣一笔钱，然后自觉回到书房里来。1993年马原来海口拍"中国文学梦"电视专题片的时候就问过我，如果让你再做一次选择，你是不是还选择当作家？我说当然还当作家。我不会因为物质生活很富足就放弃了个人的爱好。一个男人能这样长久地爱一样东西很不容易，既然爱上了它就是个好东西，这是可以伴你终身的，怎么能随便说扔掉呢！

青：你把写作和生存分得很清楚，但如果写作本身就能解决你的生存问题，你还会去经商吗？

潘：当然不会。因为我经商的目的就是为了解决生存问题，一个支持写作的问题。我这个人是不能去做没有兴趣的事情。

青：现在有些畅销书作家，写作本身就能解决他的生存问题，而且还活得很好。

潘：如果有这样的作家我很羡慕，但我认为一个人不要拿自己的看家本领去开玩笑。我以前在别的采访中也说过类似的话。我打个比方，一个高明的化妆师，不该去开美容院。对我来讲写作应该算是一种看家本领，写作和我本人的存在是依附在一起的，我存在因为我写作，或者说我写作因为我存在，这是我的使命，也是日常生活中核心的部分。用写作赚钱，对我来说是种意外的收获，不是事先能考虑到的，事先考虑的是能不能在专业目标上做得更好些，是不是尽你的能力把你想表达的都表达清楚了，表达舒服了……

青：你的书据说卖得不错？

潘：我不是一个畅销书作家。但我希望做一个"常销书"作家。我曾经对人说，我的书不可能一年卖20万册，但也许能卖二十年。

青：有人说你经商挣到了钱，海口回来又出了那么多书，说你名利双收了。

潘：其实说我名利双收是个很笑话的事情，第一我并没有赚到很多的钱，我只是感觉现在花钱不窘迫而已。至于名的问题，严格讲起来写作的人不需要名，明星倒是需要知名度，作家是不需要成为公众人物的，或者说，这个话也许有点刻薄，能成为公众人物的作家，就不是一个很纯粹的作家。

青：你认为一个纯粹的作家，该站在他作品的前面、后面，还是保持一定距离，做一个旁观者？

潘：我记得在一个创作谈上说过这么一句话，一个作品发表以后，它就是个客观存在，别人有权对它说任何的话。至于作者本人，我历来就是一个观点，三只耳朵听，一个脑袋想。现在有些作家老是和自己的作品靠得很紧，别人不说，他自己爱说，是个很奇怪的现象。

青：你曾在哪几个城市生活过？

潘：其实也不多，1992—1994年在海口，1995、1996年在郑州，1997年后基本上是在北京……但无论在哪里，我都有一半时间在合肥，因为我的父母和女儿在合肥。

青：在这些你生活过的城市中，你最喜欢的是哪个城市？

潘：如果说喜欢的话，我还是喜欢海口。海口这个城市有它的特殊性，第一，在地理上它是个独立的单元；第二，我喜欢靠海的城市，那里的阳光、空气、水都很好；第三，它最大的吸引力是，那里的环境很宽松……

青：你到海口后第一份工作是什么？

潘：我到海口其实并不是像《海口日记》里写的那样，我是遇到了一个很赏识我的人，他愿意给我投资，让我给他做一个文化公司，我就这么稀里糊涂做起来了，等我做起来以后，我就在第二年开了个"蓝星笔会"，拿出十几万。那是个文学比较萧条的时候，我当时有个目的，就是想告诉别人，中国还是有人愿意搞文学、写小说的，他们没有因为社会的基调变了就放弃了，他们还是一如既往。

青：如果没有"自我放逐"的南方之行，会有后来的《海口日记》、《关系》、《对门·对面》、《三月一日》等一系列以南方生活为背景的城市小说吗？

潘：这个可以肯定地说没有。我本身对南方没有一种特殊的感情，只是因为我熟悉那个地方，待过一段时间，有一种感受，几年过去后，回头去看那段生活,还是能找到一些可以写的东西。作家写东西都愿意去写自己熟悉的领域。一个作家的记忆决定他的写作方向,而他的经历决定他的写作范围。

青:如果没有这个经历,你把那段时间和精力也放在你的写作上,是否会比现在写得更好?

潘:对未知事情的回答,总有"是"与"不是",它有可能比现在更好,理由是你不漂泊,就能多读点书,多点时间去思考,但也有它不好的一面,你的作品可能会越来越匠气,过于持重,缺少小说的弹性和活力,离一种生命的东西会远一点。两种可能性都有。

青:有句老话叫一心不能二用,你去经商,拍电视剧,写剧本,对你的小说创作会有不好的影响吗?

潘:这个意思我能理解,你是希望一个人去很沉醉地去写作,会写得更好一点。实际上我一直都没有一心二用。比如说我在经商的时候几乎没有写过一部作品。我有这么一种观点,社会的发展需要一种市场经济,而个人的发展需要一种计划经济。人生很短,"人生七十古来稀,斩头去尾二十年"——这是唐寅的诗,如果你不好好计划一下,会有很多遗憾的。我意识到我想写小说就得把自己养起来,当时我作为一个父亲、丈夫、儿子,要承担方方面面的责任,这需要靠钱去具体体现的。如果作为一个男人连这些事情都摆不平,可想而知,怎么能有一种从容的心态去面对一张稿纸。经商只是我实施写作计划的一个阶段。

青:你是个绝顶聪明的人,但也许正因为这种聪明使得你在小说这个领域里没有能做得比现在更出色。

潘:写作这个事情仅仅靠聪明是不够的,从天分来讲我确实还是个过得去的人,但我所付出的努力也不能忽视,怎么说几百万字必须一个格子一个格子填起来嘛!我记得写第一个长篇《日晕》的时候,正是暑季,我在办公室里,打了个赤膊,穿了条短裤,把脚放在一盆冷水里,坚持了一百个晚上写下来的,你能说这是聪明吗?我觉得自己还是个勤奋的人。至于在写作这个行当里能不能做得更好,有个问题我一直在思考。我一直有这么一种状态,总觉得自己最好的作品还没有写出来,感觉自己像在打一口井,打了几十年,土是越来越湿,但水什么时候出来?也许是明天,但直到现在还没有见水,但我相信它会出来,这对我本人是个交代。有个问题对我来说是能一直问下去的——你能不能写得更好？

青：你认为这部作品会是什么？有可能是《中国陶瓷》吗？

潘：也许吧，这个作品在我心中酝酿很久了，只是还在做准备，还没有进入到状态。我自己提前发布了这个信息，我准备在50岁之前把它写完，也许时间会拖得更久。

青：在你所有已经出版的作品中，你自己最满意的是哪一部？

潘：这个话不太好说，如果硬要我说，我只能说，每个小说或多或少地完成了我所赋予它的任务。比如说《风》作为一个长篇小说，当时我就是想让它把一种只能在中短篇里尝试的文本意识、文体实验引进去，写个长篇看看。这个目的大致是达到了，但并不是说这个小说已经达到了尽善尽美的境界。再比如说《海口日记》我要求的就是后来被人称作塞林格风格的东西，我希望写出来一种很好读的，很亲切的，让人很快乐的东西，这种目的也达到了。比如说《对门·对面》，用旁观者的姿态，不动声色地把这个故事从容不迫地讲出来，讲得很含蓄，这个目的看来也达到了。比如像《重瞳》，我有意从司马迁的文本里去寻找一种新的可能性，然后以第一人称把它写出来，尽可能写得汪洋恣肆一点，这个目的应该说也是局部地达到了。所以我很难说自己对某部作品特别的垂青，只是说我赋予它们的任务部分地实现了，我自己就能感觉到有一种收获。

青：你在写作时会考虑到读者的口味吗？除了小说本身，你还会考虑什么？

潘：我倒是没有去从阅读的方面想，或者说我只是从我自我阅读去考虑。我刚才说了，1997年以后我要求自己的小说写得好看一点，这个好看实际上包含了一种阅读的流畅，阅读后有一种快感。从现在的实践，以及方方面面的读者来信看，这种尝试还是兼顾到了读者的阅读，但是我并不是主动去考虑这点，只能说它确实有了这个功能。当我认为这个小说很好读时，读者也认为它很好读。不像我过去的有些东西，自己再回头看看都觉得很难读。但是那个时候因为大家对自己的要求，赋予的责任是不一样的，总是想千方百计地写出与众不同的小说，哪怕同属于先锋派，也希望自己和其他作家不同。你不能说自己比别人好多少，但是你要说我想写出自己的东西，我和你不一样。

青：这种改变能不能落实到哪一篇具体的作品当中。

潘：有啊！比如说先锋时期的《南方的情绪》、《流动的沙滩》、《爱情岛》以及后来的《情感生活的短暂真空时期》这样的小说，我好像迄今也没有看到哪个作家写过类似的东西。当然这种心理的定势对我来讲是有帮助的。

青：刘小枫从小说叙事上把作家分成三种：通俗的叙事家、叙事艺术家、叙事思想家。你认为自己该归进其中的哪一类？

潘：首先我同意他这种划分，如果按照这种划分要求每个作家都要对号入座，我觉得目前我只是属于叙事艺术家那类，这种定位大致不离谱的。

青：你认为当代文学有没有叙事思想家？

潘：刘小枫是把它作为一种递增关系，一个高一个，对我个人来说是没有的。我是把它们放在同一个层面，作为三种类型，不能说谁取代谁，谁掩盖谁。你能说博尔赫斯不伟大吗？但他又给人提供了多少思想，对不对？他并没有提供类似像卡夫卡对人类一种自身存在困境的关怀，他的东西是很闲散的、很智慧的、很玄虚的、迷宫的东西，你不能说他就不高明吧！因此我同意他的划分，但我是把它们放在同一个平面上去看，并不意味着具有叙事思想的人就高于叙事艺术的人，这个我不承认。或许他是站在社会人类学的立场上，或者哲学层面上去思考问题的。如果按照这样的划分，国内当然有些作家是侧重于这种倾向的，像李锐、韩少功，包括余华，他们都是朝着这个趋势去发展的，但他们也讲究叙事啊。所以我觉得这种划分应该你中有我、我中有你，他很有思想不等于他叙事很弱，我叙事圆熟不等于我就是思想苍白。像《三月一日》、《海口日记》、《秋声赋》，包括《重瞳》你能说它是没有思想性的东西吗？严格讲起来，这应该是一个好作家的三种必备的条件，它可能应该通俗，为什么呢？他需要很多人去接近他的作品，不要老是和读者之间隔了一道鸿沟，他要求叙事很完美，使他和一般的通俗小说家明显地区别开来，但是读过以后引起别人深刻的思考，他思想和观念上的东西确实是影响了人，这应该是一个作家三位一体的东西。

青：你认为当代文学最大的遗憾是大师的缺席，那么当代之前有大师吗？

潘：我说过，当代之前鲁迅是大师，除了鲁迅，如果说跟他一个级别的人是没有的。其他领域里可能是有的，但是在文学领域里，在同一个级别里我认为是没有的。包括后来别人说钱钟书、沈从文。但是我觉得他们从思想性上与鲁迅的距离还是很大。鲁迅的东西是不能模仿的，尽管有人从小说上讲，老是抱怨他没有一部长篇，但是反过来讲，他依靠自己的短篇在文坛上立足，那比依靠长篇立足不是显得更了不起嘛！所以我觉得与鲁迅比肩而立的人没有。

青：那你个人认为是什么原因造成当代文学大师的缺席呢？

潘：这个话说起来原因很多的，这里有时代的原因，政治的原因，也有个人能力的原因。目前这种文学的氛围我认为不太好，不太好的原因是因为它太热闹了。因为我觉得文学应该远离热闹，它应该清冷一些，或许冷不丁地就能冒出一个人来。热闹的场面上倒是能不断推出明星，所谓文学新星啊！现在不是有这些说法嘛！包括出现一些什么美女作家，其实这些东西和文学本身没有什么关系，一个女性能不能写小说不在于她长得美不美，而在于她小说写得好不好。所以那些提出这种口号的人，我觉得本身具有一种意淫的倾向，妈的（潘军清清嗓子，表情似笑非笑，青锋却忍不住笑了起来）！

青：你说你不同意男作家、女作家的划分和"女性文学"的说法，那你一定也不会同意"美女作家"这样的称谓了？

潘：对，美女作家这种提法本身至少是不礼貌的。文章写得好不好不在于她美不美，因为我们不是选美。我就不懂为什么文学界老是有些人喜欢提口号，老是在某个场合说某某是他最先提出来的，好像这是一生最大的荣誉，我觉得很无聊。

青：那你怎么看美女作家的"身体写作"和"私小说"？

潘：这是她们的权利，即使是出卖，也是出卖她本人，也没有卖别人，这个东西不以为然，也不足为怪，如果真的想卖，我只能说一句话，但愿她卖得好（潘军第一次笑）！

青：莫里亚克说：每个作家都应该创造自己的风格，你能用贴切的语言来概括自己作品的风格吗？

潘：我自己在一篇序言中说过，我的风格就是没有风格。这句话可能讲得有点大而化之，但是我觉得，我只是尽可能缩短自己感受与表达之间的距离。这么多年来我要做的就是这件事情，我希望自己对客观世界的感受和作品表达之间的距离越小越好。至于我以什么样的方式去写，那首先要看我写什么东西，这取决于我的写作对象。我不主张一个作家不管写什么，写长的，写短的，都是一套笔墨写下来。这类人很多，我觉得我至少不是这么一个作家。

青： 一成不变的风格确实会让读者乏味。

潘： 对，不仅是个乏味的问题。其实作家写小说，讲来讲去，还是回归到一个乏味的命题上，就是一个形式和内容的关系，但是这个形式与内容的关系与以前不一样，它不是一种载与被载的关系，对吧？曾经我有两个比较好的比方，第一个我就是把小说、写作和阅读理解成茶叶和水的关系，我们是制作茶叶的人，但是这个茶叶不能成为一杯茶，阅读者本人的一种品味和参与它就是水，你拿冷水怎么能沏茶呢？我们的小说当然不可能是写给初中生、高中生看的，我当然喜欢那种多读书的人能与我有一种共鸣，我希望他们提的是虎跑水，用虎跑水来泡龙井茶，这才是一种天衣无缝的合作，这是我多年前说的。后来我又说了一句话，我说形式和内容是什么东西呢，是红酒和高脚玻璃杯的关系。红酒倒在碗里它也可以喝，它并不改变它的味道，但改变你对它的看法，是不是（潘军的脸部表情有点激动）？为什么它非装在一个玻璃杯子里呢？为什么乌龙茶非要用紫砂壶来泡呢？拿瓷缸也能沏啊！对不对！那种感觉你就搞不清楚你究竟是在喝酒还是连高脚杯子一道喝下去了，是不是？这还是一种天衣无缝的关系。那么小说其实也是这样，就是当我们面对这个题材的时候，作家首先要选择的是，我将怎么去写它，如果这个问题解决不好，就是一种弱智的表现。你什么东西都是用一种方法去写，尽管你也能把它写得很清楚，但你绝对不能把它写得漂亮（潘军一口气说完这段话，脸上看上去有如释重负的惬意）。

青： 但如果把这种个人的风格推到极致呢，就像博尔赫斯，他的迷宫，不知所云，障碍等等。

潘： 一个作家到一定阶段的时候，他可能最后不自觉地被自己最娴熟的或者最热衷的手法左右了，那么同时又导致，他所猎取的表现对象也往往被这种形式所左右了。他用这种形式的眼光去选择东西的时候，往往是挑与这种形式相吻合的东西，而不是另一些东西。今天我们看博尔赫斯的东西，很多是被翻译家左右了，翻译家的文字的感觉代替了博尔赫斯文字本身的魅力，这种东西我们只能说是一种推测。我们今天所谓的学博尔赫斯，某种意义上是在学王央乐嘛！他那种译笔，句子很干净，很练达，很有韵味的，来自汉语言的一种表达的魅力，那种东西是最初打动我们的。塞林格也一样，实际上是在看施咸荣，真正的塞林格我们不知道它是个什么东西，这点永远是个秘密，因为我们不具备英文阅读的能力啊！所以很难准确找到这种关系。也许当你感觉你很喜欢以这种方式写小说的时候，也就意味着，你要写的东西，基本上都是属于与这种方式方法相匹配的。当然有些作家可能不是这样，比如海明威，他的作品你把它放在一起看时，你感觉它有些东西不是海明威式的，而有些东西的确是我们习惯认为的那种海明威式的，比如说短句、简洁的叙述和描写，很含蓄的对话，但他也有汪洋恣肆的东西。那么，人们对作家最后的理解总是从最鲜明的那一面去认识的，但如果仔细把某个作家80%的作品通读一下，你会感觉到，一个真正的好作家，一个成熟的作家，他应该是面对不同的题材、不同的对象有不同的表现方法，他不可能是一成不变的。

青：你认为一个好作家能长久地脱离或者落后于现实生活而写作吗？

潘：我只能说这或许不太好。有一次我跟一个朋友讲，我说在网上有人说"靠"、"我靠"，是什么意思？那人说就是"我日"的意思（潘军和青锋同时忍不住哈哈大笑）。这种话当然很粗俗，但是我觉得可能作家与生活保持一种距离，这种态度是好的，但是你不能说社会上发生的什么事你都不知道，很多人闭门谢客，居家不出地写作，我觉得那不太好。因为作家需要感受，需要交流，需要一种气息的东西，这样才能激活他自己的创作，如果他老是沉浸在自己过去那种带有惯性和惰性的写作方式上，那我相信他不会越写越好。

青：一个作家的生活如果与时代脱节的话，他的作品应该也会和时代脱节的。

潘：我想说的是，没有人要求你的东西一定要跟时代同步，你可以写不同步的东西，你也可以写超前的东西，问题是一个作家他不能不知道身边的生活，不能不知道外面的世界是什么东西，这个他应该知道。他知道得越多，他自己过滤东西的余地就越大。现在的作家，尤其是那些中青年作家，绝大部分是处于强弩之末，这里面有一种能力问题，其中也有一种各方面的储备不够，包括读书不够、阅历不够等等问题。这些问题很多作家最后没有办法，他就去翻报纸，把一条新闻变成自己小说的素材。我觉得如果是这样的话那就很可悲了。别人说这个地方有个什么事情，贩卖人口，他就写贩卖人口，说矿上有人通奸，他就写矿工上有人通奸，这是个什么东西嘛（潘军摇头而笑，表现得很无奈）！

青：你说过流动的生活会使小说腾飞。那么你怎么看一些足不出户埋头写作的作家的生活和他们的作品？

潘：怎么讲呢？可能我所说的话，都是与我个人的经历、个人的体验、个人的感受有关系，并不代表我对别人的一种生活不认可。我只是对自己的生活做一种归纳。因为有人问过这样的问题，就是说，很多作家现在面临一种困境，或者说写作得很疲惫，而你至少还没有让大家从你身上看见一种疲惫，还有一种活力在里面，除了你自己本人的能力以外，是不是与你选择的一种个人的生活方式，比如说漂泊的、流动性的生活方式有关系。既然别人已经看见这一点，我自己也应该检讨一下，我觉得应该是有关系的。人处在那种漂泊之中和稳定下来还是不大一样的。稳定下来的那种养尊处优的东西，对写小说可能没有多大好处，但对写散文，对做学问有好处，所以有些人应该在书斋里不出来，远离媒体，那他就是个大文人、大学问家了。

青：流动的生活让你行了万里路，但我记得有篇文章中你却说读万卷书十分必要，行万里路大可不必，你总不能让天下的路都让你一个人走完吧！

潘：我自己确实是这样。我在《海口日记》里写过这么一段话，有人说你到海口来体验生活吧，我说这是废话，生活就像空气一样，围绕着你，吸就是了，是吧！哪有专门去体验生活的。现在我们经常组织这个团、那个团，到基层、到矿山，但从来也没有看见他们写过一些基层的、矿山的很好的东西出来能说服我。所以我觉得作家的体验是在自己的想象之中。作家对小说的一种把握，对小说的一种结构和感受都是在想象之中，它不是那种很实用的东西，所以一看见有那种到哪里去采风的消息我就觉得很滑稽。

青：这是变着法的游山玩水。

潘：这个我就不再评价了，而且那种游山玩水我个人也不欣赏。我个人觉得带着自己的女人去玩是最好的方式（潘军解颐而笑），蒋介石不是骂当时浙江省省长陈议，说战争这么乱，妈的，你还在挂着个女人逛西湖，后来把他给毙了。我觉得这是最好的方式嘛（潘军第二次解颐而笑）！其实我觉得男人的旅游就该是那种旅游，干吗非要成群结队呢？那怎么旅游啊，那是开会啊！

青：当你开始写一部作品时，是否早已确定好了所有重要的情节，还是在写作过程中让故事顺着自己的需要发展？

潘：我喜欢的是下意识的状态，我不希望，不要求自己事先把它想得那么透彻。因为我认为小说是写意味的。意味是什么？它实际上是一种多维的艺术和意义，它不是单一的，因此它的主题，如果说有主题的话，也是飘忽不定的、多元化的东西。所以只要把它置于一种很暧昧的、模棱两可的状态，就意味着小说本身具备了一种弹性和张力。你如果把它想得很具体，就是图解了。有些作家，包括那些名气很大的作家，他们的写作实际就是图解。首先是被一个观念支配，然后把这个观念图解成一个情节和故事，再然后把它们表达出来，这是一个流水性的作业。我觉得那些鲜活的、直觉判断性的、不知所云的东西，在他们的小说里是找不到的，这与我对小说的要求差距太大。另外我要说，小说叙事有叙事的惯性，这类似一种多米诺骨牌效应，他们相互之间有一种磁场的东西，当你写了一句非常精彩的话时，就意味着后面的那句在蠢蠢欲动了。一个有才华的作家，他能做到这点，他会想办法使自己的句子相互启迪、勾连，然后使它们集中在一个文本里。当然这样说也是相对的，比如我写《秋声赋》，开始写之前我就看见了结局，为什么？因为这个故事是有大致的真实素材的……这些东西在我心里沉了很久，直到有一天我感觉必须把它写出来……如果有人把它看成一种很理性的分析，说里面确实还有意味深长的东西，那也是小说本身或叙事本身带出来的，不是我事先塞进去的。我认为好的小说实际上还是贝尔说的那句话——有意味的形式。我认为这个话实际上可以称为小说的纲领，小说就是一种有意味的形式。小说它不是写意思的东西，它也不是写意义的东西。写意思的东西是故事，写意义的东西是社论、是报告。小说它就是写意味的东西，所以我把小说理解成有意味的形式，这句话可能作为一种概念来解释显得没有什么力量，但是就我个人来讲我很欣赏，我觉得可以作为我自己对小说的一种目标。

青：在你写作中有没有碰到过特别棘手的问题？

潘：这种情况还是经常碰到的，为什么一个作家要经常强调自己的写作状态呢？也就是针对这种情况说出来的，我相信没有一个作家在写作中没有遇到过这种问题。

青：那你又是怎么去克服的？

潘：这种所谓的克服，有时候就是很自然地躲过一劫（潘军又在微笑了，好像是庆幸自己曾经躲过的写作劫难），过几天自然又想起来了。有时候就会比较生硬，为了把这个东西写完，不好也就这样了（潘军这次笑带点遗憾），我在写《独白与手势》的时候，因为出版社催稿子，所以有些东西最后我觉得还不够完美。

青：你是怎么给自己作品中的人物命名的，是随便起的，还是有所指的，或者包含着什么特别的意义？

潘：我记得在大学读书的时候，有个同学说我小说人物的名字取得特别好，当时我觉得好好玩，没想到多少年以后你又提出类似的问题。给小说的人物起名字，有时候确实需要和小说所规定的东西，至少和那个时代有关，名字本身虽然是个符号，但应该与人的身份特征有贴近的东西。像齐白石、徐悲鸿、陈寅恪，这一望便知是大师的名字。还像多少年前，一提马原的名字我觉得比潘军的好嘛（潘军欢快地大笑）！我这个名字是"文革"产物，我就作为一个标志性的纪念。后来有一个老先生，就是林斤澜先生，他在黄山脚下的笔会上跟我说，说我这个名字是个笔名，取得不错，说我这个名字很像我这个人，因为我有一根反骨，他说潘军就是叛军嘛！既然老先生有这么一句美言呢，这个名字我就不改了。其实很多作家改了一个很响亮的名字，一下子就神气多了。如果我现在说童中桂是谁，谁都不知道，说苏童是谁，如雷贯耳啊！这一样吗？这不一样啊（潘军第二次欢快地大笑）！

青：杨匡汉先生在《现代男性的焦灼》一文中说你的思索表现为一个现代男性的焦灼感，你笔下的人物有心灵磨难的尴尬、困顿、焦灼不安与恍惚，这是否是你在现实生活中挣扎奋斗这么多年来曾经有过的心路历程和情感经历。

潘：杨先生他可能是看了我以《海口日记》为代表的一系列南方小说后，有了这么一种归纳。这种归纳应该是有一定的道理，确实如你刚才所说，与我本人的生活经历、经验，有种不可分割的联系。

青：这种焦灼感你自己有吗？

潘：有的，肯定有的。我这么多年来就处在一种比较焦灼之中，只是我跟别人所焦灼的东西不一样，我焦灼我感兴趣的东西，它不是一种很表面的东西。

青：为什么你总喜欢把你笔下的人物置于漂流的生活与情感之中，让他们身心都得不到安宁，并为恐惧所追逐。（比如《海口日记》中的"我"）你是否想借此说明现代社会的人就是处在这样一个不安定的状态？

潘：我认为恐惧是种客观存在的东西，因为它是爱的一种参照物，恐惧的对面就是爱，或者爱的对面就是恐惧，这种恐惧不是我们习惯中的恐惧，或者不完全是，它更多的是一种心理上的感受。这种恐惧的东西在我骨子里应该是很深的，所以从我作品中有种一以贯之的感觉，像《南方的情绪》、《陷阱》、《那年春天和行吟诗人在一起的经历》、《朗诵南方风景》等等，都流露出恐惧感。在《独白与手势·红》里面，我是用很多的笔墨去写恐惧感的。这是我骨子里的东西，我感受到了它，这和我日常生活的好坏没有关系，它仅仅是个精神层面上的东西。

青：从你的作品里可以感觉到你潜意识里有种极度的恐惧和焦虑，比如梦中的窒息、被追逐等等，你有过这样切身的体验吗？这是否和你童年的经历有关？

潘：应该说，都有关。我的童年、少年都是在逆境中生活的，我从小虽然没有单亲家庭的自卑感，但却意识到政治上的被歧视。高中毕业时，同学都去当兵，我就知道这样的事情是轮不到我的。后来我在农村插队的时候，有一次到区里搞征兵宣传，我当时站在一个很高的梯子上画征兵宣传画，来接兵的人好像很关心有一技之长的人，就问我想不想当兵？我说我当然想，可我当不了。他就问你为什么当不了，我就很坦率地告诉他，我父亲是右派，那人就留下一个很遗憾的叹息不再问了。等我到了机关以后，由于众所周知的原因，在相当长的时间里，我感觉到有种压抑的东西附在我身上，尽管我个人能扛得住，也不是很在乎，但那种无形的压抑还是在的，这是种精神上的困境。如果你确实感受到了这种困境，也就该意识到在现实生活中能活下来也是个侥幸。

青：你认为不经历苦难和逆境，能成为一个有思想、有内涵、善于思考，并具有深刻的忧患意识和苦难意识的作家吗？

潘：从道理上讲应该说不可能。一个人只有确实感受到了生存的困境，体验到了精神层面的痛苦，他才有可能有感而发。当然事情都不是绝对的，也许有某一个天才，成天住在酒店里，他也能写出一种富有人文关怀、有力度的作品，但这种情况究竟有没有？我想至少目前没有。

青：你认为一部好的文学作品中，是否该包含鲜明的道德和审美倾向，比如弘扬真、善、美。

潘：这些东西当然是好的，但这些东西又因为每个人的理解不同，所以最后表达出来的东西也就不同。有些人对"真、善、美"的理解在他们的小说里表达出来就成了好人好事，这个就太浅表了。而有些人却能把它上升到人类精神家园的一种写照，有种宗教情怀。一个作家存在的价值是他在描绘和刻画这个世界，而不是对这个世界做出解释。

青：李洁非有篇写你的文章，他的意思是说，你是以前先锋派作家的姿态介入到城市叙述这么一个颇具时尚色彩的领域，你的精神上有一种跟城市时代和城市文学一样年轻的因素。你的心态这么年轻，写城市必须有年轻的心态，这样的话你就很快能找到一种属于你的方式，你的方式就属于你的，而且你写的就是和别人不同，你的城市小说在哲学、文学和感觉方式上迥异于所有同类创作，没有第二个人可以重复。还有人说你只是为"欲望"而写作。

潘：是的，我的确是这么说的。

青：你这个回答有点与众不同，很多人面对自己的欲望时总是欲言又止，含糊其辞，你却这么直言不讳，我能问问你的"欲望"具体是指什么吗？

潘：那很简单，就是一种叙事的欲望。我不知道自己跟其他作家是否有相同的地方。有些作家可能事先想好，想完整，甚至要先写好草稿，再修改，我好像不是这样。我写东西觉得有一种朦胧的感觉，比如说我今天想写小说了，我脑子里可能有种朦朦胧胧的想法，但是真正落到笔头上，还是在写作中的那种状态，就是叙事过程中的那种刺激。所以我写作带有很大的即兴色彩，很多小说总是在写到三分之一，甚至到一半的时候，才慢慢地觉得清楚的。那时我就知道小说里面是有东西的，但一开始是处在一种下意识状态。这是我个人的一种经验。

青：有些人写小说要列很细的提纲，你有没有这种经验？

潘：我没有，我从来没有过这样的东西。我有很多小说首先想到的是一句话，有的是首先想到一个题目。比如有个短篇叫《去茂名的路上幻想一顶帽子》，我首先想到的就是这个题目。而真实的动因就是，我去茂名参加花城笔会，那天我理了头发，天气很冷，我老是想买一顶帽子，一直惦着这个事情，当时我怀疑自己，为什么老是惦着这个事情呢？后来我知道是想写篇小说——《去茂名的路上幻想一顶帽子》。其实这里没有什么东西刺激我的，或者说刺激我的都是些莫名其妙的东西，或者是一种感觉、一种色彩、一种意象，它都有可能给我一种启示。这种小说在我的作品里占的篇幅还不小。当然1997年以后，可能对自己有种要求，希望自己的小说尽可能地好看一点，想办法兼顾起来。希望我的小说读起来很舒服，读过以后大家认为它还是一个很纯粹的文本。比如《海口日记》、《对门·对面》、《秋声赋》，它们和以前的小说相比，在故事形态上、处理方式方法上，做得更完整一点。不像以前有些小说，像《蓝堡》，最初的时候，我可以把它写得很完整，但是后来我就觉得那东西没有意思，我也采取了一种把大量的东西留在故事之外的方式，小说之内的只是一部分，这样就给人一种放射性的猜想空间。这里值得说明的一点是，一个作家的调整应该是发自内在的一种文学的需要，不是为了迎合什么，迎合电视剧的改编、大众的阅读、得奖等等，这点从我自己的良知上不允许这样做。

青：你在塑造一个人物时会像一个好演员一样完全地进入到角色里吗？

潘：与这种情况比较类似。因为对表演我是懂的，我在大学里系统读过斯坦尼斯拉夫斯基表演体系的论著，而且我自己做过导演，也能够演戏。我在写人物的时候有一种可触性，我能够得着他，我甚至能看到他身上一些特征的东西，比如说他衬衫上的是什么纽扣，这种东西已经很鲜活地在我面前。博尔赫斯说过这样一句话，某种意义上，作家都是在写自传。我是在这个意义上去体会的。作家在写自己的故事和人物的时候，他都有一种主观的倾向，都是把自己和他所塑造的人物融为一体，这个时候，某种意义上，与其说他在塑造人物，还不如说在通过人物述说自己。所以一个好的作家，就像一个好的演员一样，他确实应该学会去扮演不同的角色，然后他才能够自然地走进自己的小说里去。

青：不会进去后迷路吧！进去了出不来怎么办？

潘：那不会的，电脑一关我觉得我还是我，脱离了那种写作氛围以后我觉得一切依然如故。

青：你怎么看现在有大量的文学作品被改编成影视剧，甚至有些作家就是冲着这个去写小说的。

潘：这其实还是个经济问题。首先我认为，一个纯粹的小说家从来就不会因为自己的作品被改编成其他形式而感到骄傲的，我没有，尽管我有些东西确实被拍成了电视剧。比如说《海口日记》，播出后我大概看了两集就不看了，因为不好看。但我又可以说我做任何电视剧都是成功的，成功的标志是把钱赚到手了嘛！（潘军一边笑一边潇洒地向青锋伸出右手，做了个既像伟人挥手，又像捞钱的动作）至于它被拍成什么样，我一点都不感兴趣。作品被改编从某种意义上来讲，就意味着作品本身纯粹的精神的东西不够。一流的小说是不能被改编的，它内部有一种不可动摇的小说因素凝结在一起，成为一个作品，如果其他的形式能够把它改编，这就说明它还有很大的被移植的空间。即使一些世界名著被改编成电影，那它也是另一个东西。比如说《生命中不能承受之轻》改成《布拉格之恋》它就是两个东西，小说里面要表达的东西电影里面并没有表达，尽管那个电影应该说拍得还是不差。

青：你说拍电视除了经济效益不能给你带来兴奋。你有没有想过把电视剧拍成艺术，而不是你说的玩意，比如拍出《辛德勒的名单》这样的影视作品来？它难道不是艺术吗？

潘：首先这里面有一个概念的划分。我认为电影是有艺术的，而电视剧它是没有艺术的，或者说它的艺术含量比较少。我这样说，是因为我本人的心态就是这个样子，如果说有人给我投资，在资金问题上不限制我，让我按照我的意思去拍部电视剧，我只能说我尽可能拍得比其他电视剧稍微好一点，但是，它还叫电视剧，因为它与生俱来就是这么一个胚胎啊！不在乎你怎么去培育它，它就成了一个很精美绝伦的东西，它就是这么一个基础。

青：但它们同属于影视剧的范畴啊！它们有什么不同呢？

潘：它在艺术思维上不一样，在篇幅上不一样，在投资规模、技术手段和制作过程上也不一样。虽然大家说就是换个机器而已，其实不这么简单。电影的长度是一百分钟，它要讲一个貌似简单，实际上内涵很丰富的东西，它要求的是很精炼的台词，更多的是一种视觉的语言冲击。而电视剧呢是关在屋子里，你说，我说，他说，大量地说，要不然一个故事怎么能说二十集呢？纯粹就是在瞎说出来。从技术材料上看，用胶片拍出来的那种感染力和用摄像机拍出的又有很大不同。中国现在有一个很奇怪的现象，电视剧越来越讲究，把它当电影拍，投资的规模在追加，演员的片酬在飙升，而电影呢是越来越抠门，据说一百多万就能拍部电影，可想而知，那能拍什么电影呢！我对电影的要求还是比较高的，我所喜欢的国际上的大导演，他们的作品确实还是很有感染力的，包括像西班牙的阿姆多瓦、法籍波兰人基耶斯洛夫斯基，包括斯皮尔伯格的《辛德勒的名单》。有次在一个会上，戴锦华说："他是个商人，你干吗在会上说他的影片怎么怎么样？"我说，我就说他的《辛德勒的名单》啊。我没有说他的《外星人》、《侏罗纪公园》嘛！那种东西我觉得也可以理解嘛！他是奔着票房去的，他能把票房弄上去就是能耐嘛！但是你不能说《辛德勒的名单》不好啊！所以后来我专门为《上海文学》写了一个关于《辛德勒的名单》的随笔。

青：一部好的影视作品能和一部好的文学作品相提并论吗？

潘：这个不能说相提并论。我觉得文学的力量还是超过电影，尽管电影与现代人的生活沟通比文学要迅捷得多，也轻松得多，但是文学对一个人的陶冶和影响力，将是超过电影的。文学更多的是有一种不可代替的细腻描述、语言独特的魅力在征服它的读者。我们总是听说影响世界进程的十本书，没有听说过影响世界进程的十部电影。

青：你说你赞赏、坚持知识分子写作，那你怎么看民间写作和反知识分子写作呢？对"知识分子"这个说法你又持何看法？

潘：这个问题我不宜于多说，去年在"昆明书市"上，我和几个朋友聊天时说，我自己的立场是八个字：民间立场，贵族精神。现在连中国的作家算不算知识分子好像还是个问题呢，太奇怪了。那些著书立说的人，发表文章的人，他都不算知识分子，难道说读书的人才算知识分子吗？我觉得很困惑。难道文化人是个荣誉吗？我觉得不是，他是身份的一种朴实的写真。

青：这里似乎有故作矫情的嫌疑。

潘：对啊！我刚才说的就是这个意思，你都出了那么多书了，通过出书获得那么大的收益，你居然还说自己不是知识分子，有人说自己是农民，农民能出国吗？农民有几百万存款吗？这话就说得很莫名其妙了。如果中国的农民是那样的话就是世界上最好的农民呐！这种话我不知道是什么意思。

青：你认可的小说是怎么样的？

潘：什么叫小说？如果说绘画是用线条色彩在造型，雕塑是用泥巴在造型，摄影是用光影造型，音乐是用旋律造型，那么小说就是在用语言造型。既然说它是造型，就与审美有关系的，那么这就是门艺术。如果说我们是一个以文字来造型的艺术家，或者说工程师，这种人本身应该具备一种贵族精神。如果小说真是随便哪种自说自话的人能够写出来，那么还需要把小说当作一门学科来研究吗？当然我所认定的小说永远只有一类，它在叙事上有自己独特的东西，它有叙事的技巧和能力，有对故事的处理方式，同时它也能通过这种叙事对这个世界以一种关切的姿态介入，这种东西我认为是小说。在我的概念里小说的包容性很小，允许有各种流派。但是各种流派万变不离其宗，他们都是在小说这么一个大的、宏观的概念下进行写作，没有说一个小说家找不到一个叙事的东西，如果连这种东西都找不到，那么这就不是我所认定的小说。

我认为一个小说里面应该有一种高贵的气质，这种气质并不是说与民间写作对立、与民间阅读对立，我们应该把它当成一个东西，而不是当成一个玩意去做。但东西和东西之间区别很大，比如说，我所认可的那种电影和北京的贺岁片、港台的一些影片，那是天壤之别，后者只能算玩意，前者才是艺术。

青：但我记得你说过写小说是门手艺。

潘：对啊！是门手艺，这种东西和我刚才的理解一点不矛盾，为什么呢？我实际上是在强调一种技艺的必要性，强调一种形式的纯粹性。比如说相声是很民间的东西，但它照样是能出大师的，侯宝林就是大师，因为他立足于相声的本性——就是一个说，卖嘴皮子，他做到了纯粹，他就是大师，不像现在的一些人，说不好了，就又唱又跳的，让人倒了胃口。还比如过去的京剧就是很抽象的东西，舞台上就两把椅子，表演带有极大的虚拟性，没有什么声光、电子布景的东西，它不还是留下来了嘛！它有纯粹的东西，它就可能接近一种经典意味。所以我觉得作家是一个手艺人。因此我对文学说，文学这个东西可以成为一个人的使命，但更是一个作家的日常生活，日常生活与我对手艺人的定位它是一脉相通的。我不喜欢那种刻意的东西，那种很刻意的东西本身与他的出发点、动机就有点关系。我觉得最好就是你喜欢它，你就去做它，尽力把它做好，这就够了。

青：你认为作家是个地道的手艺人，只有把写作放在爱好上，才是件有吸引力的有趣的事情。那你怎么看待自己的写作呢？是玩吗？

潘：从某种意义上来讲，我承认这个观点。我觉得我的写作是玩，我这种性格的人不能去做一件自己毫无兴趣的事情，甚至我不能去做兴趣不大的事情。不光是写作，包括读书，我不喜欢读自己不喜欢的书，你推荐给我一本书，都说好，如果我不喜欢，我看两页就扔掉了。包括看戏，我必须看我喜欢的演员去演，要不然我就不看了。还包括打麻将，我也很投入。所以凡事必须和自己的兴趣紧扣在一起，这样就不会感到疲倦，至少是苦中作乐，这种苦是旁观者的感受，但乐是我自己的感受。

青：但不是每个人都能"玩"到你这个道行？你这么说会不会让人感觉矫情了？

潘：我觉得这是非常真实的一面，我真是希望有人应该做到这点。一个作家如果感觉到今天没有写几个字，老是有一种失落的感觉，哪怕写篇日记、写封信，三言两语，他有一种表达的欲望，有种叙事的欲望在驱使着他，这个状态最好。至于愿不愿意把东西拿出去发表，那是另一回事情。

青：你认为小说最重要的是什么？是讲故事、写作技巧，还是对叙述形式的探索？

潘：其实这三个东西是不能简单地分割开的。小说本身就具备一种故事因素，没有故事因素它就不是小说，但是如果说你仅仅是局限在一个故事里面，它又不是小说。小说要求以一种叙事的方式来把这故事的因素消解在一部作品里面。要想达到叙事对故事的消解，那就是技巧性的问题，所以1985年之后，有人在说中国作家会写小说了，都说是一个文学观念的转变，其实这个话是有点空泛了。观念的转变固然不错，更重要的是技巧的转变，是对能力的要求，观念变过来不等于技术上就没问题了，这个因素总是被人忽视。

青：现在有人说讲故事是比较重要的，小说就是讲故事吗？但又有人反对讲故事、反叙述。

潘：这个东西又是个老话题了，就是写什么和怎么写的问题，但我觉得这个事情不矛盾，好的小说永远应该具备好看的因素，包括博尔赫斯的小说。

青：博尔赫斯的小说里有故事吗？似乎没有什么完整的故事吧？

潘：这里有个对故事的理解问题。我们和某些作家的区别就是在于，首先对故事的认知的方式是不一样的，有些东西在他们看来是个故事，但我们看来不是故事，而在我们看来是故事的，在他们看来却根本不是故事。我看重的那种故事，实际上是在于它给叙事提供了一种可能性。

至于怎么讲故事，怎么讲很重要，怎么讲不重要，我们这么多年来的努力实际上就是为了这个东西。怎么讲的目的是什么呢，还是想把故事讲好啊！不是迷恋怎么讲的问题，你总得说出东西来啊！我早期的那些实验文体中间，始终坚持的一点是有些评论家没有完全看出来的，我的小说是非常有内容的，内容很饱满，比如《南方的情绪》和《流动的沙滩》，我认为是很有内容的，只是他们忽略了这一点，他们只是在形式上认为我走得很极端。

青：你认为小说有没有必须具备必要的因素呢？比如人物、地点、时间、情节。

潘：严格讲起来，你刚才说的这些应该都是故事的因素。小说的因素我觉得实际上是体现在它以什么样的方式对故事进行一种处理上，故事肯定有背景、情节、发展、结局，不管它是线型的还是复式的，或者是一种多维的，这都叫故事，但是不同的人来驾驭，会呈现不同的结果。比如我们可以做这样一个实验，同样一个素材让十个作家来写，他会写出不同的样子。有些人他只能就素材写素材，那他就是写故事的，但有的人却能在这个基础上写出令人吃惊的东西。

青：你说过一个作家的野心应该局限在一张稿纸上，靠文本说话，那你怎么看一些"文学革命"？

潘：我觉得文学不需要革命，如果说需要革命，那是说文学本身的一种革命，自身的一种革命，就是形式上的革命。现当代的文学史上经常有一些文学运动式的革命，我对那种东西是感兴趣的。我觉得文学是一个个体的东西，它不是一个群体的东西，它不需要组织、开会，更不需要游行、示威，这里没有什么营垒的东西。

青：文坛历来纷争不断，我想也许这里包含着一句老话——文人相轻，你能就这个问题谈谈自己的看法吗？

潘：我对文人相轻当然是不喜欢的，这也就是我为什么不卷进文坛的理由，我知道进入这个圈子意味着什么，所以我很早就远离了这个圈子。我也不是中国作协的会员。

青：我记得你说过你只爱文学，不爱文学界。

潘：是的，我是说过这样的话。因为文学可爱，文学界不可爱。

青：有没有哪些文学作品给你的创作带来过比较大的影响？

潘：你是指我的阅读吧！很难说某一部作品把我点亮。我最早是学画的，我爱读书是在上大学中文系以后，读了些小说。但我读书和别人不同的是，我喜欢把作家一个一个地读，而且我不是跟着一种舆论定式来读。比如说巴尔扎克很伟大，但我就是不喜欢他的作品，那个时候没有提卡夫卡和陀思妥耶夫斯基，但我觉得很喜欢。我基本上还是保持了自己的眼光去选择，同样是法国作家我不喜欢左拉，但我喜欢福楼拜……当自己成为一个写作者后，我曾经有意识地选择被舆论所推崇的作品，但阅读的时候是很理性的。比如大家都说米兰·昆德拉怎么了不起，但我还是没有感受到。但有些作家我确实感受到了，比如说福克纳、海明威、卡夫卡、博尔赫斯……

青：你的《流动的沙滩》，能看出有博尔赫斯的影响。

潘：是的，我就是要以这篇习作向他致敬。

青：你刻意模仿过的作家除了博尔赫斯还有谁？

潘：海明威我模仿过。因为他的技术，那种简约、含蓄的东西，让我迷恋。还有他是一个对话写得很好的作家。我小说里的对话写得还可以，那是得益于对海明威的阅读，他的理论对我有直接的影响力。我记得他有篇小说，写一男一女在做爱，他没有去描写做爱的过程，他只是写了一句话：地板好硬。当时我就觉得非常好。还有他的《麦康伯短促的幸福生活》、《白象似的群山》……所以这种东西对我后来写小说或多或少都产生过影响的。

青：在小说（包括短、中、长）、诗歌、散文、随笔、话剧、影视剧本，这些文学体裁中，你自我感觉把握得最好、最自如的是哪种？

潘：那当然还是小说，其次可能就是话剧。我写过一部话剧《地下》，发表在《北京文学》上。

青：高行健作为第一个华人诺贝尔文学奖获得者，你怎么看？

潘：首先向他祝贺。因为他毕竟还是个华人，这个奖项百年与华人无缘，怎么说都是件憾事。不管它今天的含金量有多高，华人都应该去拿它。这并不等于非要中国大陆的作家去拿它。另外，高行健获奖并不等于他就是用汉语写作最好的作家，中国大陆比他写得好的作家有不少，他本人也不该回避这个事实，但这个奖给他也不是个错误啊！第三，这个奖与其说是奖励了高行健本人，倒不如说是对汉语写作的方向做了一种肯定和认可。

青：从你的《独白与手势》三部曲、《秋声赋》和早期的《日晕》中，能窥见你的故土情结，但你却选择了"自我放逐"的漂泊生涯，这不是很矛盾吗？

潘：这个并不矛盾。"在路上"的生活是构成我小说的支持点，而故土情节又是另外一个支撑点，我的小说是靠这两个支撑点支撑起来的。一个作家的支撑点是什么，那是因人而异的，比如马原是靠西藏作为支撑点的，而我就是靠故土和"在路上"的生活。

青：准备什么时候结束"在路上"的生活？你最终会回到故乡吗？

潘：这要看我会不会有厌倦这种生活的一天，或者我会不会再和某个女人去组成一个家庭，像一只鸟一样，飞累了在一棵树上落下来，这些都是因素。所以去年我想在北京买房子，但我又问自己，假如我在上海遇到一个很好的女人怎么办呢？难道再把北京的房子卖啦！（潘军纵声大笑）

青：如果在幼年、童年、少年、青年（包括大学生活）、中年这五个阶段里让你选出一个，哪个阶段的经历对你的小说创作是至关重要的？

潘：我想应该有两个阶段，一个是我中学读书以后，到农村插队的两三年，这是我第一次走向社会、第一次独立地出远门、第一次独立地面对自己的衣食住行。如果拿机关、大学的生活与插队的生活相比，我还是怀念插队的生活……第二个阶段是1992年之后，一直到现在，这种独自漂泊的生活对我的创作应该是至关重要的。

青：你不介意谈谈你生命中出现过的女人吧？哪个女人是你生命中不可或缺的？母亲、爱人还是女儿？

潘：这个问题也该分阶段性来回答。在我还没有成立家庭的时候，母亲对我的影响很大。她是个没有受过良好教育的女人，但却有种良好的天赋，她的意志很坚强，承受能力很好，这些都对我产生了很大的影响。我从她身上体会到的不是溺爱，而是一贯的信任。包括我在人生几个重要关口所做的选择，有些在她当时的情感上来说是不能全部接受的，可她并没有妨碍我去执行，这对我是种莫大的安慰。而我在女儿的身上，是寄托了一种希望，不是希望她继承什么，只是希望她过得更好、更充实一点、快乐一点。当然，作为一个男人，与自己靠得最近的一个女人，应该是最重要的一个女人，但因为种种原因，靠近的时候就有很多麻烦。至于以后会不会有，这是未知的，如果说有，我对这个人的依赖应该是很大的，她对我将是至关重要的，因为她要伴我终身，这是不可或缺的。

青：我记得那次邀请你去"南京评论"聊天站做客，有人说你一生为情所困，当时我感觉这句话唐突了，但我今天看见你后，特别是读了你的作品后，感觉你似乎是这样一个男人，所以想听听你对这个问题会怎么回答。

潘：如果说我真是为情所困的话，我倒觉得这是一项荣誉，一辈子也算没有枉做一个男人吧！这是好话，我乐意听这种话（潘军仰天大笑）。

青：这是否是你写项羽的一个原因，对女人而言，他是个难得的爱美人不爱江山的多情的男人，也是个为情所困的男人，这在中国历代的帝王将相中是绝无仅有的，你们在性格中似乎有相似的一面。

潘：我愿意承认这一点。如果项羽是个爱美人又爱江山的人，我可能就不去写他了，如果他只是个爱江山不爱美人的人，我也不会去写他。我选择的对象应该是和我心灵上很投契的人。至于读者有"为情所困"

的看法，很大程度上是看了《独白与手势》三部曲，很多人把它看成是我的自传体和半自传体，其实小说是个虚构的文本，我只能说，主人公生活的历程和轨迹与我大致是相同的，至于小说中一些情爱故事，明白人都知道，我不会去写实，因为这里涉及一个做人的原则问题，我只能说，我对这种情爱的体验是真诚的。

青：你将来是否会写一部关于自己情爱的小说，写写你一生中爱过的女人和与她们有关的故事？

潘：那要等我先拿到她们的"授权书"啊（笑）。

青：我知道你以前是学画的，而我以前也是学画的，不知道你现在还在画吗？

潘：现在偶尔画一画。我对自己有个长远的安排，六十岁以后不会去写文章了，要写也顶多是些前言后语式的东西，我的精力会投入到绘画上去，我相信自己会很有激情地面对绘画，这是我的一个梦，年轻时没有圆，年老了再把它圆起来。

青：这就是你说的"六十岁前舞文，六十岁后弄墨"吧！

潘：对，是这个意思，绘画一直是我所钟爱的。

青：你对今后的工作和生活有何打算？

潘：我很自在，是自己规划自己。我现在想的是，下一步怎么办的问题，比如读哪些书，写什么，另外就是赚钱的问题。

青：最近有新作吗？

潘：我已经两年没怎么写了。去年除了为香港《文汇报》开专栏，就写了个短篇《纸翼》。今年又写了一个短篇《花袭》，最近给《花城》写了个中篇《合同婚姻》。

青：《合同婚姻》？好像很有趣吧？

潘：我觉得婚姻制度有不合理的方面，暗示着从一而终，这恐怕连神也做不到。婚姻也许是人类的败笔之一——你看，离婚率那么高。如果一个产品有如此的返修率，那说明这个产品有很大的问题啊（两人大笑）。

青：作为一个男人，你感觉到累吗？

潘：我有累的一面，包括你刚才提到的为情所困，但我觉得是值得的，它至少丰富了我的生命。不累的一面是我心灵上没有多大压力，我不会看任何人的脸色。

青：如果下辈子性别可以选择，你会选择做男人吗？

潘：我还是愿意做男人，因为我已经慢慢学会了怎样去做一个不差的男人了，也许还会比这辈子做得更好一点（潘军这次是非常自信地笑了）。

青：最后问个玩笑问题，你曾经在《苏州三日》这篇散文的结尾时说有一个理想：下一次如来苏州，我一定要带着我的女人，这个女人会是谁？

潘：（潘军第 N 次大笑，笑声里充满对未来幸福生活的憧憬）这是句写文章的笑话，不过我觉得苏州那地方，如果带个女朋友去，租套民房，在老街走走，菜市转转，下河洗洗衣服，应该是很有情调的，这算不算小资情调我不知道，但我比较迷恋这种情调。

　　访谈结束了，几十个小时的相处自始至终都是轻松愉快的。这个正步入中年的男人心态是如此的年轻，这也许就是他能写出如此动情的城市小说的秘密所在吧！

　　我不敢断定潘军是否真如他承认的那样，是个愿意一生为情所困的男人，但他确实是个爽朗、风趣、带点黑色幽默、大大咧咧的话篓子的男人，甚至还有点好玩，这点我敢确定，是的，我确定。

在路上
——访谈录之四

时　　间：2003 年 10 月
地　　点：北京寓所
访问者：浙江《青年周刊》记者
受访者：潘军

记　者：作为一位依旧在坚持书写的先锋作家，2003 年 12 月份你又推出了你的长篇新作《死刑报告》。据说你对中国刑法特别是死刑的思考已经很久，早有自己的认识和理解。是吗？而《死刑报告》的"产生"则是受到"孙志刚事件"的触动。不知道这一事件和你的创作有什么必然的联系？另外，《死刑报告》虽然是以小说的形式进行文本叙述，但名字听上去却颇像是带有真实意味的"报告文学"，其中有什么深意吗？

潘：2001 年完成《独白与手势》最后一部《红》之后，我原想静下心来看点书，顺便写点中、短篇或者随笔。这是我个人的一种习惯。当一部较长的作品完成之后需要这样的调整。但是，这两年因为我母亲身患癌症，我大部分的时间都在为她的治疗奔波。我母亲是一个善良而敏感的人，你陪她看病，她很不安，总觉得自己拖累了儿子，耽误了儿子的正事。于是我便在陪她看病的过程中，在宾馆里写了一个电视剧《最危险的时候》①，这是一个抗日期间的间谍故事，很传奇，写起来并不觉得吃力。我每天写几页，念给她听。

---

① 即后来更名的《五号特工组》。

至于对死刑问题的思考,最早源自基耶斯洛夫斯基那部《关于杀人的短片》,也就是《十诫》中的《杀诫》。基氏是我喜欢的电影导演,他的这部作品,看过之后让我想到了一个尖锐的问题:代表国家的杀人是否意味着正义?或者说,国家以杀人的方式制止杀人是否很荒谬?这是1997年的事了,那时候我刚从郑州来到北京,也开始接触影视行业了,拍了第一部电视剧《大陆人》。这之后,我开始留心这个问题,读了一些中外关于刑罚、死刑方面的书,有了一点知识上的积累。我觉得死刑问题在文学上首先是一个人类的终极关怀问题,这与我的追求是一贯的。当今世界,已经有一半的国家废除了死刑或者事实上不执行死刑,而中国的死刑却占了世界的四分之三,这个差距太大了!因此,我觉得应该有一部关于死刑的小说出来,谈谈这方面的事,这也是一个作家良知的体现。所以说,这是我的一个心愿。

这部小说的写作,开始于2002年的10月,结果很不顺利,最初写的七万字实际上都报废了。我写小说,必须首先找到一个合适的叙事方式,而不是像有的作家那样,先构思好一个故事。从小说文本的角度看,这个方式,既是小说的载体,同时也是被载的一部分。我需要首先确定它。第二个困难,我面对的毕竟是一个很陌生的领域。某种意义上,我这回是以文学的方式在说一个法学的话题。如果我记得不错,当代中国如此近距离地来探讨死刑的小说,《死刑报告》是第一部。这大概不会错的。我的一位朋友,曾经是一个刑侦物证专业的工程师,多次去过刑场执行任务,有许多感受,并与我就这个问题进行过交谈。我想,正是这几方面的原因吧,促成了这部小说的诞生。我刚才说了,《死刑报告》写得很不顺利,以至于中途放下了。直到今年3月17日,广州发生了"孙志刚事件",使我受到了很大的震动,也使《死刑报告》的写作加快了步伐。这是一个刺激。不久,北京成了"非典"的中心,也就在这个"戴口罩的春天"里,我完成了小说的初稿,然后在夏天里把它修改完成了。很显然,我自然不想去写一部破案加爱情的小说,而是想借几宗死刑案件解析死刑问题,希望能以这种方式引起社会对死刑问题的关注。

之所以叫《死刑报告》,就是让大家觉得"报告"里的事情,都发生在我们身边,在我们眼前。既然这部小说触动的是个社会话题,那么我就会注重它的现实性。但我写的又是小说,不是报告文学。小说是一个虚构的文本。因此，我有意选择了个别现实中真实发生过的案件，譬如辽宁的"李化伟案件"和陕西的"董伟案件"。我想让大家有一种不陌生的感觉，我要唤起大家的一些记忆，让大家觉得虚构只是作家的技巧，但内容是活生生的，似曾相识，仿佛就在我们身边。我希望大家有"身临其境"的感受——这是最强烈的感受。

记　者：《死刑报告》的推出，应该体现了作家的一种良知。而一直以"职业作家"来命名的你，也是将文学当做自己的一项神圣的使命。在文学逐渐被边缘化的当下，你如何看待自己的坚持？你曾经说过，写作不能养家糊口。那么出生于安徽偏僻小县城的你，当初穷困之际再选择写作是不是一种冒险？只是如今众多70年代（后）女性写手纷纷借用媒体的炒作完成自己"明星化"的过程，而另外一些作家像海岩、周梅森、石康等人也大写畅销书"中饱私囊"，写作在你眼里是否变得"钱途无量"？

潘：写作之于我，既是一种使命，但更是日常生活。这是我一贯的立场。一个作家，尤其是按照自己意愿去写作的那种职业作家，他的写作实际上是很奢侈的。因为他每一次的调整，都是发自文学内在的需要，而非某种让步和妥协。这是很自然的也是快乐的坚持。这种写作自然不能保证"养家糊口"，也无疑是一种"冒险"，但我历来是把写作和谋生分开的。谋生的手段很多，或者说，另一种写作就是为了谋生，譬如做电视剧，但写作就只能按照自己的意志去写，面对的是文本和良知。多少年前我就说过，一个人不能拿看家本领去开玩笑，就像一个高明的化妆师不能去开美容院。我至今也不是一个所谓的畅销书作家，我从来没有指望自己的书一年会销出去20万册，但我相信自己的书能卖上二十年。

记　者：提及海岩提及周梅森，应该让你感觉某种程度上的不舒服——因为他们并不被你看得起。你是否觉得，他们所书写的畅销文本，体现不出文学所应有的价值？除了这些人，你对中国文坛其他一些作家的素质也并不看好，曾有人问你，如果把你流放到一个荒岛上，而且只允许带上一本书，你会挑什么？而你的回答有点出人意料："我只会带上一本字典。说实话，我们这些作家，识字很有限。"这是你故作"出语惊人"，还是真的有感而发？那么，你又如何看待当下文坛和作家群的？

潘：你这个问题应该算是推理，我好像没有说过"看得起"或者

"看不起"之类的话,也没有什么"不舒服"。正如小说的形态是多样的,作家也是大不相同。既然不同,就没有多少的可比性。我在阅读其他作家作品的时候,立场是一个读者,有选择和评判的权利。这也是一种互相的权利。至于"带一本字典",我是说过的,我不认为这里有矫情的成分,因为我说的是事实。我本人识字就很有限。譬如"西泠印社"的那个"泠"字,很久以后我才知道是"清凉"的意思。

对当下的文坛和作家群,我无从谈起。因为,我不是这个文坛内部的成员,我也没有对什么"作家群"进行过系统的考察。

记　者: 看过你的简历,知道并不被你看得起的似乎还应该包括作家的某些组织——比如作协。你曾在很早以前就辞去了安徽省作协的职务,并从那以后也不再申请加入任何作协组织。出于何种考虑?现在便有数位作家步你的后尘,掀起一股"作家炒作协"的风气。不敢说他们是在"学习"你,但作为"前辈",你会认可这些作家的"胆量"么?你觉得是什么原因,造成了带有某种神圣意义的文学组织在作家眼里的失落?

潘: 我不参加某种组织不等于看不起这个组织。而是觉得没有必要、不需要。我想反问一句,是否参加了作协才能成为作家、才能写作呢?写作纯粹是个人的事情,作家只能活在作品里,与组织没有多大关系的。国外一些类似作协的组织,都是沙龙式的,没有官方的拨款,更没有级别。我从来没有意识到作协是"带有某种神圣意义"的,从来没有。倒是从来就认为写作是神圣的。

至于我十年前辞去安徽作协的职务,是因为我并不能履行这个职务的职责,也因为我对她失去了应有的信任,就这么简单。

我觉得媒体不要关注这类的事情,很无聊。

记　者: 也许或多或少是因为对文坛上的某些习惯看不起、看不上,让你有点游离于当下的主流文坛。曾有人称你为文坛上的"独行客",你觉得符合自己的身份吗?而在现实生活中,漂泊是你选择的一种生活方式,另外你也比较喜欢"居无定所"的日子,先安徽,再海口,再郑州,再北京。只是你乐于像凯鲁亚克说的那样"在路上",是为了不断追寻某种不确定的理想呢,还是为了完成对原先生活的一次次逃离?虽然很多新生代作家不喜欢成为某杆大旗下的成员,但一如你将家终于还是稳定在北京,"先锋派"是不是你在写作上最终寻找到的一个"组织"？

潘：所谓"先锋派"，只是批评家做学问的一种归纳，而非一种称号，更非荣誉称号。但"先锋派"对中国当代文学的贡献是有目共睹的，这里就不多谈了。1989年之后，我远离文坛，是我希望寻找一种属于自己的生活，漂泊就是这样的生活。而不是在寻找"某种不确定的理想"。我的理想一直就在我的心中，没有变。我承认我喜欢那种"在路上"的感觉。这里没有逃离的意思，有的只是远离。我今天在北京落脚，是因为我喜欢这个城市，她能抑制我骨子里的轻薄，因为能人太多，名人太多，这样你就不会把自己当回事了。心静下来，就好做事，这应该是唯一的理由。如果杭州也这样，那么我就会把家安到杭州。我说过，北京如今是一个"打造时尚、远离经典"的城市，这是一个悲哀。我的"独行"，仅限于写作。我的写作，是一种个人书写欲望的满足，我写自己想写的，按照自己的方式去写。

记　者：回到你的创作上来。有人说，你的小说沿袭着一种对生存的恐惧。而你也承认，恐惧是自己长期感受到的存在，也是自己放不下的话题。这种恐惧是不是源于自己年轻时孤苦无依的经历，或者自己在文坛上"一意孤行"而造就的孤独？韩东曾跟我说，文坛是充满利益是非的地方。就像你曾撰文抨击过贾平凹不是真正的小说家一样，你是不是也曾感受到文坛上对自己不甚友好的态度——而就是这种态度让你体味恐惧？有人又说，你的《三月一日》是中国版的《变形记》，只是卡夫卡的"变形"根源于西方资本主义文明下的桎梏，而你的"变形"又是因为什么呢？

潘：在我这里，恐惧大概不是那些实际的、看得见的东西，更多的是那种无形的、漫无边际的东西。这或许与我的个人履历有点关系，但与"一意孤行"无关。我没有感觉到"文坛上对自己不甚友好的态度"，尽管我坚信它确实存在，有时候就停在我的门口。说得狂一点，我很不在乎这种"不甚友好的态度"，因为它既不能威胁到我的存在，也抑制不住我的写作进程，于是就大可不必在乎。我们这个时代，是错过谁都不遗憾的时代，还有什么放不下的呢？

《三月一日》是我本人比较喜欢的一个中篇，首发刊物是《收获》。我也注意到批评界有类似的说法，但作为一个写作者，大可不必去关心这些。所谓"变形",在写作过程中是一个手法问题,这种选择固然是为了表达。至于还"因为什么",我想读者应该去判断。

记　者：很喜欢你早期的《海口日记》。有评论家认为："社会转型期间的性与爱、情感与道德、放逐与归宿、公共空间与私人空间之间的坚定与摇晃,取舍难辨的矛盾心理,被潘军迅速抓住并且准确而从容地表达了出来。"那么,在自己进入睿智之年,对一些事情在"要"还是"不要"上,应该有了明确的判断了吧?

潘：我不是一个超脱的人,但自认为是一个会选择的人,知道"要"和"不要"。其实一个人在世上所能"要"的东西很有限,一个作家的"要"就更少了。可是事实上,有很多作家似乎要的东西很多,也自认为得到了很多,但他们丢失的,或者说他们无法得到的,就是作品了,尽管他们也是"著作等身"。我想这一点,彼此心里都很清楚。我是一个只要作品的作家。这个意思是说,我愿意做的事情就是写作。我想,一个愿意写作、有能力写作的作家大概都会去这么选择的。我考虑的事情,也仅限一个问题——你还能否写得更好?如果有一天我自觉能力匮乏,就不写了,去做另外喜欢做的事情。我不想"耗小说"。

记　者：题外话。在和你接触的过程中,能切身感受你的豪放,也认同别人说的,你身上有塞上军旅的霸气,或者,是那一代先锋作家中最为性情外露的一个。只是,你描写项羽的作品——《重瞳》中的"浪漫而悲怆",长篇三部曲《独白与手势》之《白》的忆念、《蓝》的伤怀、《红》的无奈……却让人看出你有别于霸气的忧郁气质。你认为自己是位多重性格的作家吗?你如何界定自己这样的一个人?

潘：我忧郁吗?或许是有一点吧。我应该是在逆境中长大成人的,成人之后,也一样身处逆境。但并不害怕这个逆境,相反,我敢于面对。"文如其人"某种意义上有几分道理,但也不是完全的一致性。写作属于创造,既然是创造,那么就有一个造型的能力问题。能力的差别决定着作家的优劣。我觉得好的作家应该能够写出不同样子的小说,正如一个好演员,能塑造出不同的角色。至于我是怎样的一个人,我自己的界定是：我是一个真实的男人,是一个认真的作家。我的天赋还可以,也还具备了几分才气,我得意之处在于,这些年我基本上是在按照自己的意志生活,爱憎分明,并且把自己养活到了今天。

小说外话
——和牛志强对话

话题之一： 在大陆与岛屿之间

时　间：1999年11月3日
地　点：北京天坛附近某宾馆
对话人：潘　军　牛志强

牛：从着手编你这套书时起，我就想起80年代初我们在合肥的相识，没想到当年的英俊少年如今也步入中年了。从作品中可以看出你对人生感悟的深化，有些沧桑感，但仍掩饰不住当年的自信（甚至有点儿狂）与进取精神。

潘：18年过去了，真是有点感慨系之。

牛：我还是很高兴，这十几年你写了近300万字的东西。但这套书我主张只收你的主要的中短篇小说，按照叙事文本分为6卷。既要求精不求全，又要能反映出创作上的发展变化；既能吸引读者，又能为研究者提供一个较完备的资料。你是个对出书很谨慎的作家，我觉得你的中短篇更能反映你在叙事文本上的一种追求。从80年代后期的"先锋实验小说"到近几年的返璞归真，这段路很值得总结。从作品写作的时间看，我认为你的创作大致可分为三个时期，第一是1982年到1986年，我称之为"习作期"；第二是从1987年到1992年，属于"先锋实验期"；第三是从1996年到目前，是"成熟期"。这只是我个人的一种划分。但这中间出现了一个写作空白期，就是1992年到1995年，据说那时你在南方折腾生意。

潘：我是1992年春天去南方的，在海口住了近3年，后来又到郑州扎了两年，都是忙生意。我把这以后的生活称为"自我放逐"。我不想当一个职业作家，我觉得对于写作，定位在爱好上比较好。严格地说，我应该是一个写作爱好者。当然我去南方最主要的是想换个活法。

牛："换个活法儿"是20世纪最后10年中国人的流行话语，反映出在社会转型期人们的生存状态和变革欲望，其中也不乏流俗。从文学而下海，有沉也有浮。那时你还想将来继续写作吗？

潘：我从来就没想过要放弃写作。1993年马原到海口拍《中国文学梦》，向我提问：如果让你再做一次选择，你还当作家吗？我说还当。为什么不呢？写作使我愉快，一个男人能这么长久地爱一样东西是不容易的。

牛：我同意你把这之后的生活称为"自我放逐"。现在有些人称你是文坛上的"独行客"，这个提法也不无道理。你是个独往独来的人。可能是出于自信吧，有些事处理得和其他人不一样。譬如说你辞去省作协的职务，也不再申请加入任何作协组织；不要职称，曾拒绝过获奖；不追逐文学风潮摇旗呐喊，却因为和某些作家"文学立场"不一而主动从某套丛书里退出来；在文坛也盛行包装、炒作之时却对媒体很冷淡。有时候我甚至觉得你有些孤傲。但仔细一想，你的种种选择应该有你的道理。你维护了你个人的独立人格，保持独立思考，这些对你后来的创作是起到了积极作用的。

潘：怎么说呢？徐悲鸿说过一句名言："人不可有傲气，但不可无傲骨。"我喜欢这句话。我在20岁时就写过一个叫《徐悲鸿》的电影剧本。我去南方，原因是多方面的。当时并没有多想，只是觉得一个男人不能老待在一个地方。去南方当然就想挣钱——这也是男人的责任，就像花钱是女人的义务一样。那时，包括韩少功在内的一些朋友，都怀疑我是否还会写作。第二年的春天，我在海口办了"蓝星笔会"，请了30多位作家和几个刊物的主编，这是我为中国文学所做的一件小事。

牛："蓝星笔会"在当时影响是很大的。

潘：其实我也是以此表明，我潘军并没有远离文学。我历来的做法是把写作与挣钱分开。我个人认为，写作是个爱好，是门手艺，也是我的看家本领，这是不能开玩笑的。但是，写作不能用以养家糊口，所以我必须要有别的办法。这样才能保证我能安静地坐在写字台前。

牛：记得叶君健先生曾经谈过，创作是门手艺。这句话很意味深长。它反映了"作家——革命家——思想家"的模式，并不以文学为唯一神圣，又强调了它的艺术性和技巧性。你能给自己如此定位，很好，朴实。而人生历练是磨炼这门手艺的砺石。你可能没有想到，南方生活会在几年后给你带来一批小说。这应该是个意外的收获吧？你看，从《海口日记》到《关系》，包括你最近的长篇《独白与手势》的第二部《蓝色》，不都是你体验的结果吗？

潘：海口那几年对我的影响是很大的。从个体生命意义上讲，那是我充分张扬的几年。无论是欢乐还是忧伤，我都觉得重要。它使我经历了一场精神的磨难。那种在海与岸之间的焦灼感对于人生无疑是有分量的。

牛：我注意到了这个。《海口日记》里那个作家，企图隐姓埋名地换个活法，以此躲避人生的烦恼与沉重，结果却事与愿违，他在那个岛屿上遭遇到了一切。我听见一些读者说过，这个"我"身上有你的影子。

潘：我收到不少读者来信，其中最多的就是问你刚才所说的话题。有位天津的读者还打听海口是否真有那艘船，如有，他就想去接着住。这是读者的好奇心，我对他们说，故事是虚构的，但我对故事的体验是真实的。我的意思是说，倘若我不在海口扎几年，我不可能写出这种感受。

牛：的确，正因为有了深切的感受和体验，这本集子里的作品才折射出特区都市的世态万象，欲水横流，虚假的真实，空虚的充实！还有一个有意思的现象，在《杀人的游戏》那几篇里，叙事风格一致，你都把"潘军"引入了。正如《朗诵南方风景》中你调侃的那样："人物相继登场，我夹在中间跑龙套。"

潘：这只是叙事上的一种策略吧。我原想把《杀人的游戏》这几篇写成一个长篇，后来放弃了，觉得没有必要。这篇小说，我记得李洁非在一篇文章里提到过，他是从"城市小说"的角度观察的。

牛：虽然都是写南方的，但在叙事上有很大的不同。《海口日记》

的随意性很强，写得洒脱而机智，漫不经心的调侃语气下是令人窒息的沉重。《关系》强调了对话的魅力，利用对话使故事发展，这很不容易。到了《朗诵南方风景》，又似乎是后现代了。我很重视这个中篇里的一些片段，如"现在需要一段闲话"等等，看似东扯西拉随随便便的一些话语，实则在进行自己关于小说艺术创作的阐释，譬如说对直觉、偶然性的重视，对未知的不断显现的过程的追求，又譬如说营造悬念与暗示，把现实与虚构随意打通，等等。这都是很不错的"手艺"。

潘：我是有意这么干的。《朗诵南方风景》就是个即兴的东西，但仍然贯穿着某种情绪。《海口日记》发在《收获》上，责编程永新有一回对我说，这篇东西让他想起苏童的《妻妾成群》，不能从所谓的深刻层面上去要求它，但作为叙事文本它很精致。这也证明了"先锋作家"的能力——我们讲故事怎么样？

牛：我以为，近几年来你把"先锋派"与现实主义做了巧妙的结合，效果不错。不过，现在批评界还是把你看作一个"先锋作家"，对此你是怎么看的？

潘：这是批评家做学问的需要，我倒并不关心，只关心怎样把小说写得更好。从《海口日记》到最近的《独白与手势》，我自己觉得写得比较从容。这个状态应该是很好的，我时常会有一种掘井不见水但又能看见湿润的感觉。

牛：我还很喜欢你的小说中有一种忧郁的气质，这在当代文学中可以说是难能可贵的。我们在契诃夫、托尔斯泰、陀思妥耶夫斯基以及塞林格的作品中，常为其忧郁的气质所倾倒。

潘：你的评价很中肯。某种意义上，可以说我对忧郁的气质很迷恋，觉得它应该是艺术的一种很高的境界。这得益于我热爱欧美文学，也出自我的性格深处——您曾说我有点孤傲，其实刻在心灵上的是忧郁。

牛：这里面也有一个人文知识分子的时代情绪吧。

话题之二： 冷叙事与个人化历史

时　间：1999年12月14日
地　点：北京天坛附近某宾馆

对话人：潘　军　牛志强

牛：我第一次读到《我的偶像崇拜年代》是在今年的9月间，山东的《时代文学》每期给我寄。当时边看边乐，忍不住地推荐给我夫人看。我说你看看潘军的这个中篇，写得很有意思，典型的塞林格的风格。

潘：这篇小说是在三个地方写成的。先是北京，在给人文社的长篇《独白与手势》安排版式的同时，晚上闲了着急，就写了。我想可能还是《独白与手势》的调动。你知道，这部长篇的第一部《白色》，是从1967年写起，那时我10岁。应该说，《我的偶像崇拜年代》说的也是那个阶段的事吧，就是少年时期。

牛：你写得很逼真，使我不能不怀疑带有你个人经历的色彩。也算另类的"成长小说"吧。我对我夫人说，你看，潘军这小子从小就够折腾的。

潘：博尔赫斯说，一切文学都带有自传性质。在某种意义上我同意这位老人的说法。作为故事，它可能是虚构的，但作者的体验无疑很真实。《我的偶像崇拜年代》自然与我的少年记忆与成长有关。我从来不去写我不熟悉的事，即使是一些三四十年代的事，实际上我也不过是拿它当载体而已，要表达的还是我个人的体验。

牛：你刚才说这个中篇写了三个地方？

潘：对。北京刚开个头，我接到山东《时代文学》的电话，让我去济南玩玩。我知道他们主要是要稿子，就带着这个开头去了。两天后，我又回到了合肥，一口气把它写完了。

牛：但是看上去很流畅。我觉得你以这种"塞林格式"的叙事方式写的东西都有一个共同点，流畅而生动。如这一卷里面的《白色沙龙》、《纪念少女斯》，另一卷里面的《海口日记》等等。记得有一篇文章把塞林格的《麦田里的守望者》评为"将影响21世纪的经典之作"，我认为说得一点都不过分。塞林格的确对近20年来的中国文学的发展起了巨大的推动作用，比如王朔、苏童、莫言，比如你潘军，都受到了他的影响。我觉得你更为本色，可以说是颇得塞林格的真传——从他的叛逆精神对传统与神圣的消解，直到他的叙事方式：调侃与幽默，嘲弄与自嘲，不动声色与有点粗野。我把这种叙事方式称为"冷叙事"，不知可不可以？

潘：这个提法让我想到罗兰·巴特说过的"零度写作"。不过我不怎么关心这些理论问题，倒是塞林格的确是我喜欢的作家，他的那部《麦田的守望者》我至少读过五遍。还有另一个美国作家杰克·凯鲁亚克，他写了同样了不得的《在路上》。我习惯把他们放到一起，我喜欢他们那种玩世不恭的味道。

牛：从你的"玩世不恭"里，我突出地感到人生的况味，现实的批判与历史的反思。用你小说中的话说："凡我含笑写出的章节，她都会含泪去读。"批评界现在习惯把《白色沙龙》看成你的成名作——我很欣赏这种马克·吐温式的讽刺幽默，读时常忍俊不禁。

潘：也无所谓什么成名作吧。但我很愿意把这篇小说当做我小说创作的起点，尽管这之前我发表了近30万字的小说。因为这之后，我开始自觉地认识到了小说的含义，并由此开始形成了自己的写作立场。

牛：能具体谈谈这个吗？

潘：我觉得一个小说家要远离一些东西，譬如权威意识形态的中心话语和民间的公共话语。小说应该用小说自己的声音说话。这就使你把小说理解成一门艺术，有相应的科学态度。从我十几年的写作经历看，我实际上就只在做一件事，就是在叙事空间里探寻。我越发觉得汉语言自身的潜质，觉得叙事的可能性不可限量。

牛：你打破传统的叙事格局，这实际上强调了一种"边缘化写作"。但是你是否考虑到这样一来有可能忽视作品的公共性？

潘：我不觉得这是个压力。某种意义上我的小说可能就是写给一小部分读者看的。这在先锋派的时期比较明显一些，近年来我发现读我的小说的人开始多了，说明我们这些写小说的人的担心显得多余。当然另一个原因是我的叙事风格也有所调整，但我仍坚持用自己的话语写作，探索自己的叙事文本。我有篇随笔就叫《自己的小说和需要的写作》。

牛：小说由"写什么"到"怎么写"，这其实是一场革命。也只有经过这样的革命，小说才有"文本"的价值。我印象里《白色沙龙》是发表在《北京文学》上，大概是在1987年吧？

潘：其实写作时间是一年前，我首投《人民文学》，结果压了半年还是退了。这也是我同这家刊物打的唯一交道。1986年我认为对当代中国文学很重要，我有个说法，叫"好看的时刻"——我可以明确地说，这之前的小说都没意思，这当然是我个人的观点。

牛：你想过没有，1986年为什么重要？是什么原因使这一年显得如此重要？一些青年小说家都在这一年形成了文体上的自觉，并陆续写出了自己早期的代表作。

潘：我的理解很肤浅，就是这之前的不久，一些后来证明是对我们这些人产生重要影响的外国作家，如卡夫卡、博尔赫斯、马尔克斯以及塞林格的作品刚译介进来。让我们眼前一亮：哦，原来世界上还有这样的小说！于是我们不可避免地要受到影响，我想这应该是最真实的原因。为什么在1983年之前马原写不出《冈底斯的诱惑》？很简单，那时他还不知道有个阿根廷老头叫博尔赫斯。

牛：这一卷里，涉及你所说的"少年记忆"甚至是"童年记忆"比重较大。其中那两个短篇，《1962年，我五岁》和《1967年的日常生活》给了我很大的震撼——我惊讶的是你居然写得不动声色。我把你的这类作品（甚至包括《秋声赋》）称之为忆旧忆史之作，我特别重视这种个人化的历史（因个人化而鲜活生动丰满复杂，把历史与人生感悟结合起来，远非公共话语的历史可比），可以叫做历史民间文本吧？

潘：或者叫历史的自我文本。

牛：其实，写项羽的那篇《重瞳》也具有个人化历史的意味。

潘：张颐武曾在一篇评论里谈到《1967年的日常生活》，大概也是说了类似的感受，他说我用一种近乎平淡的语气去说残酷，却达到了另外的效果。说实话，这就是我想要的效果，就像我也喜欢以调侃的笔墨去写忧伤，这应该是一种相反相成。电影里有一种"声画分立"，譬如科波拉的《现代启示录》，画面是美军对平民的疯狂扫射，是武装直升机的轰鸣，但背景音乐却是用高雅的歌剧唱出"这是末日"。

牛：你在叙事上是很下功夫的。如《白底黑斑蝴蝶》与《情感生活的短暂真空时期》，结构独特而富有张力，它是典型的后现代文本，却又蕴涵了丰富的人生意味。我还想提一下另一个短篇——也是这套书中最短的小说，只有3000多字和一个十分动人的名字《小姨在天上放羊》。我不知别人怎么看，我个人比较偏爱这一篇。它通过一个孩子的视角与独白，写出了人生的至爱情怀。这么短的篇幅能做到这一点实属不易。

潘：这篇小说来源于一个真实的事件，我的一个同学的妹妹去世了，刚读完大学，她很悲痛，时常在梦中与妹妹相见，有一天她告诉我，说她梦见妹妹在天上放羊。我立刻就被这句话打动了，小说发在《山花》上，后来聂鑫森在给何锐的信中对它大加赞扬，说我的文字有一种控制力，控制得恰到好处。我还有一位从事文学研究的朋友，她说这是我迄今写得最好的作品。

牛：短篇小说要写好它很不容易。你刚才提到"控制力"，我认为这是一个很值得研究的问题。从我做编辑还有写评论的经验看，许多作家都在这个问题上表现得不尽人意。譬如一篇东西一涉及动情就写得一发不可收了。这就容易使作品的格调变得非常庸俗。在控制力上实际上能看出一个作家的成熟程度。

潘：我认为短篇小说是个专有名词。写得短不是因为写的内容少而是只能这样来写。这有点像中国画里的小品，要求的是寥寥几笔，尽得风神，这不等于是缩小的国画长卷，当然放大了也不是巨制。于有限的篇幅里出大境界，这应该是短篇小说的目标。

话题之三： 城市状态

时　间：1999 年 12 月 14 日
地　点：北京天坛附近某宾馆
对话人：潘　军　牛志强

牛：这一卷里所收的 3 个中篇和 6 个短篇都是写都市的。你写了不少关于城市的小说，有的归到"南方"去了，比如《海口日记》和《关系》。就阅读而言，这一辑我读起来很轻松。这倒不是因为我在北京住了几十年，而是因这一辑的叙事方式所致。譬如说《对门·对面》和《AB 故事》，故事本身就有很大的魅力（多角婚恋、案件侦破、酒吧、毒品……挺时尚的嘛），但你那种冷静的既不动声色又不放过细微感觉的叙述，耐人寻味。再譬如《三月一日》，本来是个荒诞的故事，你却写得煞有介事的，并且有一股忧伤贯穿始终，读后使我感到沉重。我发现你捕捉城市有你独到的功夫，感觉不俗。作品写的都是些小事，但给人的印象很大气。

潘：去年我在北京遇见徐坤，见面她就说很喜欢《对门·对面》那种感觉。写这个中篇时我就在北京，住在南礼士路的核工业部招待所。脱稿那天是我40岁的生日，而我的对门和对面全是既陌生又冷漠的面孔。

牛：其实，"对门"和"对面"不妨理解为城市生存空间的符号，一种城市人际关系的概括，它造成隔膜，形成掩饰，也成为相互的观照。人们不管是出于消除冷漠的愿望，还是出于利益驱动的欲望，一旦走进"对门"，面对面了，就会生发出许许多多的ABCD"故事"。善与恶的错综交织与转化造成当代都市的光怪陆离，也使都市人的心理与命运充满变数难以捉摸。然而内心深处人性中正面的因素——比如爱、美、真、善也还存在，在以独特的方式升华自身改造环境。这次读到李洁非的评论，我觉得看法很一致。他说其他"新生代"写城市的作品和你的一比，就显得外在而空洞。他说你已经走到了城市人的灵魂深处，没有第二个人可以重复你。我以为这几个中篇，写出了当下中国都市的生存与状态。

潘：我关心的正是这个，城市的状态。我写城市，关注的是人心和人性。我觉得中国当代都市把人心人性的方方面面暴露得淋漓尽致，但作为叙事，需要在写作中保持冷静。我不希望我讲的故事引人入境，而是希望读者也同样给予冷静的阅读与思考。

牛：从新时期文学发展看，主要的成就倒是在一些农村题材上，写城市的力作很少。这一度让我很困惑，弄不清是什么原因造成的。是城市里找不到感觉还是作家们难以驾驭城市，或者是传统文化的惯性在起作用？

潘：你讲的三条都有。城市就是很枯燥乏味，如果你是一个画家，你肯定是不愿在城里写生的，你会去跑荒野钻山沟。我一直很留意城市。我的视点不在所谓的信息量上，也不太关心时尚。我感兴趣的是城市人的状态。有一次我和张艺谋谈到《有话好好说》，我说城市与电脑呀歌厅呀什么的实际上没有多大的关系，那些充其量不过只是一种标签而已。重要的还是城市人的状态。我举了一个例子，说知青插队那会儿，你只要到村里一转悠，一眼就能看出谁是知青，无论他穿什么破衣。很简单，他们的状态摆在那儿。所以贾平凹的《废都》一出来，大家就觉得他笔下的人物怎么看都不是大都市的，倒像是县城文化馆里的。问题就出在他没有把握住城市人的状态。而阿城的《棋王》，无论你从哪个角度看，都是城市人，尽管他们都是持有农村户口的。

牛：如果就题材划分，在你的小说创作中城市题材占的比重很大，包括早期先锋实验小说。你都把故事发生的背景与环境放在城市，这让我多少有些意外。因为从你的经历看，你似乎对农村的事情应该更有兴趣。

潘：我喜欢写城市。城市和人的关系其实很复杂，城市越发使人变得像一台机器。譬如一切的流行都是从最发达的城市开始的，这其实表明城市人本质的空虚——因为只有空虚才会去迎合时尚，才会产生对物质的崇拜。在今天这样资讯爆炸的时代，城市人行走在异化的边缘，他们的个性濒于崩溃，然而他们又都一样自以为是。再就是人与人之间的关系，因为都是聪明人，才变得那么紧张。

牛：这从《三月一日》里可以看得出来。但这篇小说我读过之后有些沉重和忧伤，使我险些动摇了对人的信念——难道在城市一切都显得那么虚伪而狡诈？你使用了荒诞的手法，一个因意外事故丧失右眼的人却能用这只眼窥测别人的梦境，而他本人从此不能做梦。一个人连梦想的权利都失去了，这是极端残酷的事，而你居然写得不动声色。这个感觉，我以前在加缪的《局外人》里见到过。

潘：《三月一日》里面就写到了加缪。我已说过，存在主义哲学在我们这一代作家身上留下过很深的痕迹。至于你说的荒诞手法，我觉得这是个让我比较得意的处理。这种违背生活常规的设计能给我很大的想象空间。

牛：但是和你的那些实验小说相比，虽然都是荒诞，现在的与过去的还是有很大的差别。那时你过于把这种感觉强调到了极端，给人以阅读的冲击，现在则舒缓得多也自然得多了。我想这种转变还不完全是叙事上的，更多的是你对生活的认识与把握。

潘：是这么回事。

牛：我觉得《对门·对面》、《AB故事》等小说都非常富有戏剧性，不用费很大力气摊上个好导演（你自己不是也当导演吗？），搞成影视来一定好看。这说明你近年来的创作重视可读性了，比起前期的先锋实验小说有了很大变化。但是，真正作为文学的小说文本并不崇尚戏剧性。然而，如果戏剧性真正建立在生活真实与心理真实的基础上，并非作者编造，而是从社会生态与时间流程中去提炼，也会增加小说文本的艺术魅力。我甚至想，你如果把先锋派的东西与生活化、戏剧性的东西交融起来，且又具有社会历史的人生的深度，将会对当代文学有更好的贡献。

潘：这是个新的高度，我想我会尽力去做自己的事的，事实上我似乎也在这么做着。

牛：这一辑里所收的几个短篇也是很精彩的。就我个人的口味，我喜欢《和陌生人喝酒》、《寻找子谦先生》、《抛弃》和《对话》。它们的写法各有不同，但共同的一点是正如你所说的那种城市人的状态特别有意思。《和陌生人喝酒》故事发展得错落有致，却在很小篇幅里写出了一种人生的况味。在《寻找子谦先生》里，故事与故事的意味形成了悖反，寻找的过程莫名其妙地就成了勾引的过程。《抛弃》写到中年男人的离婚，把人的心理刻画得惟妙惟肖，结果却使人大出意外。《对话》通篇就以对话的形式写了两性之间的沟通。

潘：我觉得短篇小说最能见一个作家的功力，因为受到的限制太多了。

牛：在另外几卷里，有几个短篇我也很欣赏，譬如《溪上桥》，无论是语言还是叙事，都称得上是个短篇的精品。它向我们展现了两种人生状态，既含蓄又淋漓尽致，这很不容易。

潘：我对那个短篇也很满意。尤其是那个结尾，一个老人总是梦见那座桥突然断了，总是摆脱不了这个梦魇的纠缠，而另一个老人则从来没梦见过。

牛：说到结尾，我刚才提到的那几个短篇好像在结尾时都有一种"欧·亨利"的味道。尤其是《抛弃》最为典型。但这又不是戏剧性的，仔细回头一看，觉得都在情理之中。

潘：有种种的暗示。暗示在短篇小说里很重要。

牛：像以上我说的那些短篇，内在的张力都很大。《和陌生人喝酒》以纸片作为道具，其象征性使我不能不想到当代人情感上的脆弱和婚姻的不堪一击。《寻找子谦先生》出人意外地使故事颠覆。《抛弃》把男人和女人对待婚姻的解体写得入木三分。这些都是值得回味的，好像其中有了块酵母,把有限的故事空间拓展了。

潘:我对短篇的兴趣正在这里。还是那句话,于有限中企及无限,是我追求的境界。

话题之四: 实验见证

时　间:1999年12月21日
地　点:北京牛志强寓所
对话人:潘　军　牛志强

牛:我同意你关于1986年对当代中国文学意义重大的说法,你用了一个机智的说法,叫"好看的时刻"。我倒觉得应该是"自觉的时刻"——许多作家对叙事文本已经有了自觉的认识。可以说,中国文学开始挣脱社会化(或者政治化)的范式,走向作家的创作主体与文学的艺术本质,换句话说,文学不仅需要生活,而且更需要作家的智慧,从而在形式与内容上出现了多元化的态势。这无疑是一个很大的进步。

潘:我们说的是一件事的两个方面。你说的是因,我说的是果。没有对叙事的自觉,何以谈好看?

牛:从写作时间看,《省略》是你最早的一篇"实验小说"。这之后才是《南方的情绪》和《流动的沙滩》。说实在的,对《省略》这类作品而言,与其解构其内容,不如关注作家在创作中提出的或显现出的文学观念与创作方法的变革。比如说,你在作品中提出:是给别人写小说,还是给自己写小说?这就是个很有意思的问题,犹如是为别人活着还是为自己活着。可以看出你当时对文学实验的痴迷的激情,但也正因为如此,这些先锋实验作品似乎带有"着力为之"的印记,读起来有点儿累,不如后来的小说那么自然轻松。

潘:《省略》最初投给《收获》,被责编程永新退了,他指出这篇小说的一些不足,并约我再写一篇,参加"先锋小说"专号。这样,我就把《省略》给了《作家》的宗仁发,又给《收获》写了《南方的情绪》。不久,这两篇东西都发出来了,倒是引起了一些关注。像吴亮、陈晓明、季红真等批评家都是那个时候开始留意我的,这就使我不可避免地被划入了"先锋"阵营。其实划分是批评家们做学问的需要,我没怎么多想。但是那个阶段我的确很兴奋,觉得自己开始找到了写小说的方法。现在回头看,这几篇东西还是有不少刻意的痕迹,到了写《流动的沙滩》才慢慢自然起来。

牛:我的判断可能与别人有所不同,我最大的感觉是发现你这批"实验小说"并非只是在形式上的一种探索,实际上你还是在写人类一些共同的问题,譬如处境、异化、宿命、恐惧感、抗争、逃遁以及对前途的困惑与茫然。我尤其对小说里的某些超现实的东西感兴趣。在中国小说处于现代派、先锋派冲动的时期,我曾说过从接受美学的角度看,作家写小说既是给自己,也是给别人;既要重形式,又不能剥离内容。应该是自己写给别人看。我们的看法是否有点不谋而合?

潘:我从来就没有对形式一味地追求。虽然我们强调"怎么写",但也不意味着不需要"写什么"。即使是形而上的层面,也还是如此。你刚才所说的那些主题一直就是我所关心的。我只是想尽量写得好一些。当然,这里面有一个对主题的理解与处理的问题。传统的小说主题思考都无一例外的鲜明和单一,我反对这个。我认为小说的主题应该是发散式的,是多元的,甚至是不确定的。至于超现实的色彩,这个是我一直喜欢的。最近写的《重瞳》,本身就是个超现实的文本。我想这也许与我喜欢达利的绘画有点关系。

牛:如果把超现实理解成一种手法,那么我认为这种手法你在许多作品里或多或少地使用过。当然最早的呈现还是在这几篇作品里。还有一点让我注意,就是在你的一些小说中,经常出现一些"空白",似乎有意把一些头绪切断。我看过你的一篇创作谈叫《小说者言》,其中有个见解很不错也很生动。你说好的小说作家只能写出它的一半,另一半由读者来写。这种关系如同茶叶和水,作家提供的是茶叶,读者提供水,二者合作才是一杯茶。你说的是读者阅读的参与,把它理解成一种合作关系。你不但给读者留有自由想象空间,而且不一定去规范读者的想象轨迹,这样的小说就成了作家创作——读者阅读——再创作的复合过程,从而使其艺术魅力大增。我是欣赏这种创作方法的。

潘:我是这样考虑的,我不希望我的小说一览无余。前些日子我回母校安徽大学开讲座,学生们也有类似的提问,他们说对你的一些作品,我们大家的理解很不一致。我说，这就对了，我要的就是这种不一致。我认为小说家最好不要去解释世界，描绘它就可以了。小说家的责任是对这个世界有所发现、有所思考，但最好不要去做自以为是的解释。

牛：《流动的沙滩》开篇第一节就是"说明·新小说"，你这种观念是否是受"新小说"的影响？陈晓明说，《南方的情绪》改写了新时期文学"大写的人"的历史，而且还开启了一条类似罗布-格里耶写《橡皮》的那种路子。

潘：其实在《南方的情绪》这样的小说里，所谓人的概念已经相当模糊。人开始走向符号化，不过是借以表现某种观念的一个载体。但我与法国的"新小说"还不一样。罗布-格里耶强调的是一种物化的形式，一种绝对的静态描写，这个我不赞成。起码首先这里还存在着一个主观的选择，为什么是这些东西进入了小说而不是那些？其实罗布-格里耶也不是按他自己的宣言去做的，他的小说充满了设计。

牛：最近我看了吴义勤的《中国当代新潮小说论》，他在谈到"元小说"时，说你对这种技巧是情有独钟，以致发掘到了令人叹为观止的地步。这个印象我在读《南方的情绪》和《流动的沙滩》时都很深刻。你实际上在构思阶段就考虑了"元小说"的因素，把写作这篇小说的过程与情节的发展融为一体，这很别致。

潘：我不喜欢乱搞些噱头，还是要按小说自身的逻辑走的，游离不好，硬贴就更糟糕了。但那个时期的小说都或多或少有一些刻意制造的痕迹。

牛：一种文学观念形成之初，总是要把某些问题绝对化的。80年代末期的先锋实验小说是个极有趣的现象，它在某种程度上改写了当代文学发展的趋势，这是功不可没的。但是几年后，当年的这些先锋作家都不约而同地掉头了，回归到了现实。这其中当然也包括你。我觉得你在《流动的沙滩》里说的一句话"一个小说家是不能打着理论的旗子行走的"，显示了一种较为清醒的态度。这种清醒与冷静很重要。决定作品成败与成色的，并不是某种行时的理论，更不是所谓文化消费市场的商业性炒作（如90年代以来的令人应接不暇的文学流派），而是取决于作家的良知和艺术的自觉。

潘：我不大同意"回归"一说，就像当初我也没觉得我怎么"先锋"了。早先的那批实验作品的形成，原因是多方面的。譬如说那个时期对博尔赫斯和卡夫卡的痴迷，譬如对存在主义哲学的喜好，譬如对传统小说模式的厌倦。就我个人而言，最为突出的就是想如何更好地去表现内心世界与客观世界的关系。再就是喜欢那几个作家的独到的叙事方式。《流动的沙滩》应该是比较典型的例子，我就是以这种习作的方式去向博尔赫斯致敬。我喜欢他不俗的随想和充满智慧的东扯西拉。这其实与王央乐先生的译笔有关。我曾经和马原讨论过这个问题，我们的观点是比较一致的。换句话说，如果最初的博尔赫斯不是王央乐译的，我或许就不看了。我在大学里喜欢《包法利夫人》，就是与李健吾先生的译笔有直接关系。我至今还是喜欢他那个译本。但是，模仿只是在形式上，我最终要表达的还是自己的内心。至于你所讲的"回归"，我觉得是在于我后来写了一些故事相对完整的东西，这给阅读带来了一些方便，使我的小说的读者群得到了扩大。所以，这几年一些选刊喜欢转载我的东西了，量还不小，我本人倒觉得我的追求还是一贯的。

牛：你曾在作品中写道："我的全部努力同样是追求真实。一种奇异的真实，但它的本质相当朴素。"这种追求的一贯性很重要，当然，不排斥某些阶段的独特性或实验性，我换个角度说吧，如果在10年前你没有这种对叙事文本的执著，我想你今天的小说肯定是另一个样子。

潘：这是无疑的。实验阶段带有很大程度上的强制性，是一种训练，抽掉这个环节肯定不是一回事。所以我前些日子为花城出版社编《潘军实验作品集》时，还在后记里专门强调了这种态度——无论今天人们对"先锋小说"持何种态度，我对自己10年前的所作所为都一样地充满激情。那是一段值得怀念的好时光。

话题之五： 第一人称

时　间：2000年1月21日
地　点：合肥——北京长途电话
对话人：潘　军　牛志强

牛：我在读你这长达90万字的中短篇时，有个突出的印象，就是你特别喜欢用第一人称叙事。但我确实没有想到,居然用第一人称来写两千多年前的楚霸王项羽。"我讲的当然是我自己的故事。我叫项羽,这个名字怎么看都像个诗人"。开篇一句话,立刻就把我阅读的欲望给调动起来了。我是一口气把这部4万字的《重瞳》读完的,读后的感觉用北京人的时髦语汇说:爽!

潘:我写得也很爽。这篇东西5年前我就想写了,我在广州时曾经对田瑛说,我准备写项羽,用第一人称来写。田瑛说好,还说这种东西只有你写合适。

牛:他所说的合适,是不是指你的气质?我读过鲁枢元给你的长篇《风》写的评论,他就说过你身上有股塞上军旅的霸气。

潘:大概就是这个意思吧。1994年我在海口鲁枢元家里,那是我们第一次见面,他是这么说过的。第二年我到了郑州,闲下来就想写,开始是想写个长篇,连开了三个头都觉得不是那回事,不满意,就搁下了。这可能与那个时期我的心境有关,我被一些杂事纠缠,日子过得十分狼狈。直到去年的8月,我写完《独白与手势》的第二部《蓝色》,总觉得一口气没完,但接着写第三部《红色》又缺乏必要的准备,就又把司马迁的《史记·项羽本纪》拿出来读了一遍,然后就信笔写了起来,很顺手,可以说是一挥而就、一气呵成。

牛:这篇小说之所以产生这么大的震撼,我想除了你对历史事件本身做了另一种解读之外,很大程度上还依赖于你这种第一人称的并且用现代话语的叙事。这还不仅仅是个艺术感染力的问题,它使小说在文本上获得了极大的成功。就我个人来看,《重瞳》称得上当代文学史上的难得佳作。

潘:我也听到一些朋友的建议,说如果改用那种文言夹白的叙述,是否会和谐一些。我说这不成,这样就不是我所要的那种效果了。我觉得这中间不存在什么和谐,或者说是另一种的和谐。我使用第一人称来写项羽,本身就是违背常规的,何必要文言夹白呢?

牛:我觉得现在这个写法很好,令人耳目一新。更重要的是这种叙事形式下面的深刻内容:对传统史学观的批判性思考,从人性的角度剖析政治、权力、战争,揭示其悲剧的人性深度。这个第一人称的使用,让我感到项羽不是个两千年前的古人,而是我们中间的某个人。现代人、现代政治家都可以从你笔下的这个项羽形象中映照自我。或者说你与项羽融为一体了,他不过是你的代言人。

潘:或者说,项羽的亡灵是现代的。我的语气与视角都是回叙,是项羽的亡灵的自言自语。而且我还有意造成这个亡灵是存在的,譬如说,"时间虽然过去了两千多年,可我经历的那些事儿却在眼前停滞着,挥之不去"。像这样的句子,是我有意干的。

牛:故事新编在现当代文学史上并不少见,共同点是都在寻找新的解读。但是,你这篇《重瞳》解读的方式与以前的方式不同,你完全依赖于前人提供的史实,没有去杜撰另外的事实。然而又在原有的史实上做出了新的解释。这种对历史人物的现代解读,颇有些冷幽默的味道。它好就好在不是在"新编",而是在"新解"——从人物的人性深层与心理深层去解剖现有的历史真实事件过程和细节。

潘:我实际上是在寻找新的可能性。譬如我对"鸿门宴"的处理,对项羽不称王统一天下而采取分封制的心理动因的揭示,在我看来我找出的这种可能性不是不可能的。当然,我之所以要用"重瞳"命名这篇小说,还有写作中的考虑,我无法放弃一种超现实的感觉。

牛:《小说选刊》在转载这个中篇时,所加的按语中有这样的评价:"见解新鲜,想象丰富,语藏机锋,颇可玩味。"看这篇小说,我想很少有读者会使用纯粹历史的眼光的。读者应该不会指责你写得不真实。如果哪个大导演洞悉了《重瞳》的深刻真实性,或许能拍出一部胜过以往任何历史题材的"大片"来!

潘:我以为我写得非常地真实。什么是真实?是客观的真实还是主观的真实,物理的真实还是心理的真实?我觉得小说家的真实就是主观的真实和心理的真实。小说家不应该仅去描摹世界,更需要表达自己对这个世界的态度,也就是表达自己眼中和心中的世界形象本质意义。

牛:这一卷中有一个很好的中篇,就是《秋声赋》。正如你开宗明义地指出,你袭用了欧阳修那篇美文的名字,却在写一个苦难的故事。在3万字的篇幅里,你写了一个人几十年的忍辱负重,看后让我陡生沉重,感到压抑。阴郁与神秘的气氛,阴晦和潮湿的基调,中间点染出一团黑红色——那是人性的悲剧。而且我注意到,你说这个故事与你以往的不同,在故事的开始你就瞭望到了它的结局。就是说,这是一篇精心策划的小说，不像以前有些作品那样过于凭借即兴、直觉、随意性。

潘：这个故事最大的特点是它有生活原型，故事中的人物大致都是真的。故事的情节也差不多是真的。我最大的劳动是设计了那些细节，譬如说"箫"、"烛签"、"纸"等等。我实际上是截取了这个男人一生中的几个片段来表现的，所以用了年份来做小标题，我觉得这样对叙述有利。

牛：这不单单是个叙事形式问题。编年叙事使小说具有一种抒情史诗的意味，从人物命运中折射出中国农村几十年的变迁与中国农民在精神上的基于传统文化的羁绊。那种虚假的伦理、伪善的道德与真实的人性之间的冲突，真是具有震撼力。不知怎么，我读着读着就想，如果李雪健来出演旺这个角色，一定能获得极大的成功。我们又会看到一部上乘的电影了。

潘：李雪健还真是和我谈过，说他就是想演父亲和农民。您倒真有点批评家的敏锐。但这个小说我想我不会卖，我得留着给自己将来拍。我有不少小说都留在手上。中国的导演能给我信任的还真是屈指可数。

牛：其实，《秋声赋》是个长篇的材料。

潘：但我的叙事意识确定它是个中篇。"叙事意识"是我生造的一个概念。我的意思是说长篇、中篇以及短篇，不应该是字数篇幅的划分，而是个意识问题。我在小说写出第一个自然段之后，就能作出这种判断。或者说，我先确定了是什么，再按这种意识去写作。显然它们是不一样的，各有各的写法。我有的中篇写得很短，也就2万字多点，但它的叙事意识就是属于中篇形式的，不是稍加压缩就会变成短篇的。同样，一部中篇也不是多撑上一点就成了长篇了。《秋声赋》如果写成长篇，那么我也许就不会采用第一人称的写法了，那就是另一个东西了。

牛：你似乎很偏爱以第一人称叙事。

潘：第一人称的叙事很灵活，有可塑性，但缺点是容易造成感觉上的疲乏。

牛：《秋声赋》中的"我"似乎是个旁观者。我想这或许只是一种叙事上的策略吧？我注意到叙事者的存在，叙事者与叙事过程的关系，似乎作家有意强调创作过程中的主观感受与理性因素，以破除小说中的"生活幻觉"，让读者冷静地去分析评判。这有点像在莎士比亚的戏剧冲突中嵌入了布莱希特式的"间离效果"。

潘：主要是这个意思。当然也还有另外的考虑，就是这样一来会给读者一种朴素的真实感，同时我也写了故事中旺那一家与"我们家"的历史关系。这可看作背景的一笔颜色。

牛：从《墨子巷》到《秋声赋》，时间跨度长达13年。即使是现在，我看《墨子巷》这个中篇感觉上还觉得很和谐，不像当年是个二十几岁的小伙子写的。而且我注意到，你对人的处境的关心一直贯穿始终。

潘：《墨子巷》是我发表在《花城》上的第一篇作品，是自然来稿，责编是范若丁。1993年我们见面时，他回忆说，当初收到这个中篇时，他以为作者是个小老头。前几天遇见唐先田，他说起《墨子巷》，认为从这篇作品可以看出一个小说家起步阶段必备的几点素质，即对生活的观察角度、语言叙述能力、写实的基础。他还说，与那个时期的作品相比，有一个特点不可忽视，就是我没有去写一些改革的事，倒是写了一些不为人重视的事。这就使我的小说没有不幸地进入"时文"行列，而介入到了艺术之中。现在看来，中外文学史上凡是属于"时文"的小说或者别的东西，一般都是过眼烟云。所以我一直强调，小说是一种艺术，而不是宣传品。从这个意义上讲，小说家是艺术家，他所使用的材料是语言，他的能力是叙事。

牛：在这一卷里，我还很欣赏《溪上桥》这个短篇。它使用了中国画式的"简笔画法"，以简练而传神的语言，精当的细节刻画，于抒情叙事中冷静地透露出人生的感悟。这就像一个出色的画家，离开基础的素描和色彩，是无法去走他的下一步的。犹如毕加索的后期现代派的立体主义，离不开早期素描的坚实功底。所以我倒觉得，一个作家最容易掌握的同时也恰恰是最难掌握的，就是第一人称的叙事。

潘：我同意。

话题之六： 历史的意味

时　间：2000年2月8日
地　点：安庆——北京长途电话
对话人：牛志强　潘　军

牛：80年代的"先锋"作家有一个共同的喜好，就是爱拿历史来做文章。其实对于发生在三四十年代的事，你们拥有的不过是间接的知识或经验。但特别有趣的是，你们写得都一样煞有介事，而且写得很精彩，仿佛亲历体验过似的。我的一位同事就惊叹苏童的《妻妾成群》。如果他看到你的这类作品，我想也会有同感。这一卷里的4个中篇：《蓝堡》、《夏季传说》、《结束的地方》和《桃花流水》，写的都是距离今天半个多世纪的故事，都有传奇色彩，都有宿命的神秘感，我读的时候觉得像是连看了4部电影——气息逼真，很好看。

潘：《蓝堡》写于1989年底，是投给《收获》的。据程永新后来说，编辑部对它的评价很不错。但限于当时的某种原因，这个小说暂时不能发，就退回来叫我等待，听候通知。不久，《作家》的宗仁发来信约稿，而我手头又没有别的货色，就把《蓝堡》寄了去，后来发在1991年的6月号上。写完到发表经历了一年半的时间。等写《夏季传说》已是1993年了，那时我已到了海口。在这两个中篇之后是一个长篇，就是《风》。

牛：《风》也是写历史的，也具有神秘意味。

潘：《风》原想加个副题，就叫"历史的暧昧"。

牛：说明那个时期你一直在钻历史。为什么做这种选择，是想对现实作无奈的逃遁吗？

潘：我想与当时个人的心境有关吧。我那时几乎不想再写什么了，发疯似的打麻将。但又很难抑制住写作的欲望，就挑了这么条路。等走进去之后，才忽然觉得很宽畅。我不知道我的一些朋友是怎么看的，我拿历史做文章，就是选择一个恰当的载体。我要表达的还是一些观念上的东西，譬如你刚才提到的宿命和神秘感。像这种东西一直是我所醉心痴迷的。写这种小说自由度很大，可以信手写来。但是，就我本人的经验看，这种小说在结构上又受到很大的局限。

牛：这不是很矛盾吗。

潘：对，就是矛盾。一方面我可以自由发挥，而另一方面我又不满足只写出一个历史传奇故事来。我需要寻找故事之外的故事空间——这个空间比故事内的空间要大得多，可以有多种的解读。于是结构上的严谨与叙事上的空白构成了矛盾。譬如说《蓝堡》，那个神秘的老人是谁，那个孩子是否真的淹死了，摄影师又是谁，余家的故事与摄影师的身世有否联系，如此等等，一切在小说里都显得那么暧昧。

牛：这种叙事上的空白看来是你有意造成的。

潘：是的，我需要这样。这不仅是叙事上的策略，在我看来，它的作用还在于使故事的主题走向得到改变，由单一而明确向一种多元的、不确定的方向改变，我称之为故事的弹性。这与传统现实主义完全不同。

牛：但是整体的气氛又十分和谐。或者说是在整体的气氛里求得变化。

潘："空白"实际上意味着更加丰富。我刚才说了，这种小说在写法上对自己是既自由又约束。除了有意留出空白，对故事的设计是需要花心思的。譬如《桃花流水》，开篇就写一宗谋杀旧案，但是一发展就奔另一个爱情故事去了，二者看上去似乎一点关系没有，可是最后却出人意料地给打通了——后一个故事解开了前一个故事之谜。这种设计很让我醉心，值得玩味。这样一来，这个故事就获得了较大的空间，它不是一个简单的复仇故事，也不是个爱情传奇，它出现了更深的意味。

牛：我品出了这种"更深的意味"，我很重视它。从当代文学的发展看，过去很长时间里，历史进入文学不是图解（而且口径一致）就是曲解（某种古为今用），要不就是一知半解（服从某种需要而进行的单向度反思），历史和现实一样，被充分政治化和教科书化了，官方意识形态话语成了描述历史的唯一方式。这样的所谓历史作品自然乏味。而自80年代末期以来，一些先锋作家，包括你潘军，突破了过去的模式和禁忌，通过小说对历史进行了非政治化非意识形态化的表现，把历史首先当作人的历史，而非仅仅是国家、民族、政党、阶级的历史来解读，使小说中的历史个人化、个性化、人性化、心灵化了，从而逐渐深化到历史的更深入也更细腻的层面。这样一来，历史变得立体化网络化了，复杂而千姿百态，甚至恍惚、神秘，充满宿命的意味。其实，从某种意义上来说，这才是超于真实的历史感。难道我们从无奈的当下，不能感觉到历史的宿命吗？

潘：宿命是显而易见的。肯定不仅是这个。那个年轻的女画家实际上的"计划"是替父亲复仇，但她完全没料到帮她完成这一使命的竟是爱情。这带有极大的反讽，有人生的无奈与存在的荒谬。这种感觉在

《结束的地方》里也能发现：长达半个多世纪的恩怨最后却是一场误会，成了历史的玩笑。

牛：这就是人的命运的不可知造成了历史的残酷性，神秘感和暧昧感皆从此出。你通过精巧的构思，富于张力的结构和不动声色的叙事方式，把这个表现得很充分。这还不完全是艺术技巧的问题，我以为它还体现了一个作家的历史责任感和社会良知。多亏中国还有这样的小说，否则全成了"戏说"、"武侠"和什么"青春无悔"式的或"正说帝业"式的电影电视剧一统天下了，岂不太可悲了？就拿《结束的地方》来说，这最后一笔完全出乎我的意料之外，它的存在使整个文本和阅读都颠覆了。这是神奇的一笔，这是多么残酷的真实！简直就是"历史"的嘲弄！我发现你在编排这些历史故事时，总是把你所描绘的事件置入一种暧昧的状态。《夏季传说》中这种感觉最典型。是谁杀了那个无用的书生？是日本人还是他的兄弟？或者就是那位摔药罐的外乡男人？都有可能，都有迹象，各有各的杀人理由，而你却不作一个肯定性的解答。

潘：我的解答是多余的，我觉得这样最好。上次我和黄建新导演谈到《和陌生人喝酒》的改编，我告诉他，现在小说所提供的故事只有一半，还有另一半在故事之外，譬如那张音乐会的票，究竟是谁送的，小说同样没有回答，但潜伏着多种可能性。如果把它拍成电影，那么就需要展开了，至少小说中的三个人都有可能去做这件事，每个人的动机又都不一样，要是这样来改，就有点黑泽明的《罗生门》的味道了。

牛：一种故事的多种视角多种说法？

潘：对。我对生活中的那种暧昧状态一直感兴趣。

牛：或者说，你习惯以一种怀疑的眼光去看待历史。我很欣赏《蓝堡》中的一段话："我愿意用怀疑的眼光去打量一切。我所付出的努力仍然是不屈不挠地追求真实——你怀疑的一切都有可能更加真实。"这很值得创作者和读者思索。我曾经在《中国文学年鉴》里看到陈晓明评《风》的文章，他指出，《风》实际上是企图怀疑一部巨大的历史神话。

潘：我之所以把那部长篇命名为《风》，就因为在我看来，历史的形态与风的形态太相似了，来无影去无踪，每个人都能感受到，但却不能去把握。或者说每个人都能按照自己的意志去把握。就拿最近的《重瞳》来说，尽管我对司马迁的文本进行了另一种解读，但是这是历史事件本身提供的可能性,譬如"鸿门宴"中关于项伯与项庄对舞剑器和范增三示玉玦的理解,这种可能性不是没有的。而且我自以为在逻辑上都不失为一说。

牛:有的读者认为,你的这些作品不能算作历史小说,与他们以往的阅读经验迥异。

潘:我不喜欢"历史小说"这个提法,我也不认为我写了多少历史小说。我已经说过,我不过是在寻找一个恰当的叙事载体,来写人、人性、人的命运,以及这个世界的存在和虚无。当然,对像《重瞳》这样的小说,首先还得面对现存的典籍,然后才好天马行空。

牛:我同意你的观点。无论是作家还是读者,都应该不囿于以往的经验和传统的模式。这样艺术才能创新发展。我还注意到在你这类历史题材的小说中,那种具有诗意的意象化色彩与情调的叙事语言,很优雅,所表现出来的苍凉忧伤情绪十分迷人。是否可以说,你是有意识地用美文和接近美文的文体来写的,以构成一种反差或者有利于叙事的距离感?

潘:有这个考虑。不过,这种美文意味的话语也有可能滑向矫饰。我写东西是根据自己要表现的对象去选择语言的,就像为自己的脚去找一双舒服的鞋子。这里面的学问很大。我觉得从对语言的驾驭能力能看出一个小说家的功力,这应该是看家的本领。汪曾祺说,写小说就是语言,这话是有些道理的。无论是写作中的状态还是叙事的策略,小说家的兴奋首先是建立在句子上。我现在读小说,只要第一自然段读得不对劲,就不会再读了。

牛:作家应该具有文体的自觉,也应该追求文本的丰富性,从而提高文本的价值。这有点像演员,本色的只能演一种类型的角色,而表现派的演员却能塑造多种的角色。还有,你的作品里颇有一些电影的结构方式,叙事中也不乏电影式的细节、镜头感、画面感、色彩感,这很好,是否与你喜欢绘画、戏剧、电影以及当过导演有关?

潘:艺术都是触类旁通相互交融的。

牛:我希望将来你的有些作品,如《桃花流水》、《结束的地方》、《秋声赋》甚至《九十年代的获奖作品》等等,都能被有才华的导演搬上银幕,那或许能够成为中国电影的精品。

潘:但是,第一流的小说永远只会停留在纸面上供人阅读。

视觉叙事的魅力
——关于《独白与手势》的对话

时　间：1999 年 12 月 21—23 日
地　点：合肥九狮苑宾馆 305 室
对话人：潘　军　林　舟

林：我看到宗仁发在谈你的一篇文章中提到，你曾打算写一个《南方之南——一百个人的独白与手势》，这是不是《独白与手势》的最早的影子？

潘：宗仁发提到的并不是一篇小说的名字，而是一部电视专题片的名字，我去海南时就带了这么一个计划，想如果有一家公司愿意投资，我就拍一部一百个来海南岛折腾的形形色色的人——用实录的手法把他们的生活状况记录下来。但最初想到写这部小说是在 1993 年夏天，我记得当时《收获》的程永新到了海口，有一天我俩散步时我对他说，我一直想写一部小说，把图画当作叙事的一部分放置进去。我说我还没有见到这样的小说，尽管这可能是一次叙事上的冒险，但肯定很有趣。不过说过也就过去了。直到 1997 年春天我重返海口拍《大陆人》，有一天晚上我开着车子在当年生活过的地方瞎转，突然感觉到了那种故地重游的触动，旧时的痕迹除了那种亲切感以外，又一次唤醒了想写这本书的欲望。当晚我回到酒店，拿钢笔画了许多的草图。而且我的记忆完全走出了这个岛屿的局限，一直走到 30 年前，我故乡的一条巷子里。我似乎意识到了，这应该是我这个故事开始的路。那时我就决定，等这部片子拍完后，就开始写这本书了。但当时想写什么东西我脑子里确实没有，让我冲动的还是这种叙事形式。1998 年秋天，我在北京拍《对话》，有一天去人民文学出版社和朋友聊天，刘海虹向我组稿，我便又一次谈到了这部小说的构想。她也很兴奋，说你赶快给我写吧，我很想编一部带图的小说。所以说，这部小说真正开始操作，其实是被一种外部的热情煽动起来的，并不是到了非写不可的地步。那时正好我有一个空闲，也觉得用于做影视赚钱的时间已经够了，该腾出一块时间写小说了。于是就在北京的寓所里写起来，等写过5万字的时候，我突然觉得我要写的还不是1本书，而是3本。当然每一本都不会很长。我有一个大致的构想，就是从时间上说有一个安排。第一部写已经过去了的30年，第二部可能只写一个人的3年，到了第三部可能就是这个人一生中的3个月了——时间就这样成倍数地递减浓缩下来。

林：你谈到过，将这三部小说分别命名为《白》、《蓝》、《红》，是出于对基耶斯洛夫斯基的同名电影的喜爱。

潘：喜爱是不错的，但我不会和他一样去说自由、平等、博爱。我要写的是一个男人几十年的情感历程和心灵磨难。宗仁发不主张我用这个题目，觉得已经有过了，我在和他通电话时就说，我能感觉到这种色彩的冲击。尤其是第二部的"蓝"，似乎整个故事都笼罩在蓝色中了。如果第二部叫"蓝"，那么第一部应该叫"白"比较合适，因为第一部里有一种童年的、家庭的、历史的苍凉感，用"白"贴切一些。那么将要写的"红"是一种什么样的状态，我还没有想好，可能会写生命的辉煌与毁灭吧。这只是一个总体上的感觉。

小说第一部很快就写出来了。面对这样一个16万字、100幅图的东西，我还是感到比较有意思。当然这个"图"已经跳出了我们通常习惯的插图模式，不是可有可无，而是把它变成了一种叙事上的一个层面。既然这样的话，那在文和图之间，我肯定是会做些设计的。这一点在写作过程中我就考虑了。这里面的图，既有具象的，也有抽象的；既有很贴切的，也有不太贴切的——图跟文字之间构成了一种很复杂的关系。比如第一幅图我就讲，"你现在看到的这条巷子，是故事开始时的路……"实际上，我在这里带有了某种规定性或强制性，我要求我的读者来适应我规定的这么一种氛围，你不可能把它当作北京的一条胡同或者某个城市的一条巷子，而只能把它当作皖南或皖西南的一个古朴小镇里的小巷，作为阅读的一个预备阶段就达到我的目的了。

林：除了你讲的这种"规定性"、"强制性",我感触比较多的就是它有一种代替文字的功用。

潘：那肯定是有的——文字所达不到的一些东西。其中一些象征性的东西就更多了。比如我记得写到一男一女组建家庭以后的不和谐,我当时是拍了一幅洗脸盆的图片,如果注意看,这脸盆很别致(发表时的照片可能不太清晰):首先它给人一种很冰凉的感觉,其次它的两个水龙头是不一样的,两个漱口杯也是不一样的,两把牙刷是朝两个方向分支的,边上的手套大概一个红色一个白色——这是我作的安排,它似乎能反映这个家庭的缩影,给人一种冰冰凉凉的、很别扭的感觉,连水龙头都不一致,你可以想象这个家庭不一致的地方实在太多了。

林：图像在某些时候传达信息的直接性和冲击力是文字所无法达到的,当然文字还可以通过想象;除此之外我觉得还有"俭省"——图像插入以后带来的叙事上的俭省。当时我看到小说的开头倒没有想到所说的"规定性",而是想这样的方式真是太聪明了,如果改换成文字,这条巷子够你写的了。

潘：至少一千字吧。

林：而且写起来不讨好——作为写作者你必须写,而读者可能不愿意读。

林：至少一些人会很厌倦,这是一个什么样的时代呀!

潘：所以我早期曾经提出过这么一个观点:一方面我承认小说的发展其实就是形式的发展,同时我也承认时代对小说的形式会形成一种制约。为什么巴尔扎克时代能出现巴尔扎克式的东西?那个时代的节奏可能就是培育这种小说的土壤,今天我们很难再平心静气地写作或阅读这类小说了,所以有些朋友在写鸿篇巨制时我就想,这个时代还需要再有一部《追忆逝水年华》这样的东西吗?你现在再让我把普鲁斯特的小说重新读一遍,说实话我都没有那个勇气。

所以就像你说的,图画在这里既有省略,又有强化,还有替代,而更多的是它与文字之间形成的内在关系。比如说我需要我的读者调动激情的时候——像小说的最后,犁城下起了这一年的第一场雪——在故事很压抑的时候突然把窗口打开:有一场雪。我感觉到这时候有一场真正的雪的景观出现在面前,那作为读者来讲是一种豁然开朗的感觉,这样气会很盛的，不是文字上用一个"雪"字就可以呈现出来的，所以在这里图画又强调了文字的意味。

林：从视觉本身来讲，图片的移动又造成了视觉移动的节奏——这是从阅读这个角度来讲（从你个人写作的角度可能有意识，也可能是不太有意识的），它造成了一种节奏，一方面它调节视觉，避免了我们在一般阅读长篇时难以避免的疲倦感。这一点跟前面相比可能相对次要，但也是一个不可忽略的作用。

潘：是的，我当然考虑了这个问题。我为什么要强调时代对形式有一种制约？我所做的一切努力都是希望这部小说变得好看，无论是哪一个层面上的好看，现在看到的发表的或转载的都不太明朗，因为篇幅的限制，它们中间省略了大部分的图片。所以《小说家》发表第二部的时候我对康伟杰说，图可以省略一部分，但把省略那部分图的位置标示出来，因为会出阅读衔接上的问题。

林：当我看了《作家》，再看《小说选刊》的时候，这个问题就很明显。有些在《作家》中有的图片在《小说选刊》中没有，反过来也一样。我想等拿到书的单行本会得到一个完整的印象，会更好。

潘：另外，这些图还有一些其他的符号功能，比如说，小说中涉及插队、农家的炊烟，包括那条狗，父亲当年发配到原籍的草舍，这都是有一种历史感的东西，而且这些具象的东西实际上具有某种抽象的意味。

林：这里面你比较多的画面是关于"手"的，我还曾经看过一些摄影集——关于"手"的摄影，你的《独白与手势》这个题目，还有里面有些语句谈到韦青的手、雨浓的手，还有给我印象比较深的父亲擦旧自行车的手、母亲打算盘的手，这些是你拍摄的照片，还是画作？

潘：一开始是拍的，后来我在画面上作了点处理，书里的制版与杂志里面不一样，有的做成了木刻和负片的效果，看起来更有味道。

我记得拍机关门口，我强调的是门口的交通标志：不许拐弯、不许鸣笛、不许调头……很多的不许，在还没有进这道门之前就有许多不许了，进去了肯定更多。等真的进了里面，我又拍了一组楼梯，让你觉得似乎怎么走都不对头。这些都是文字本身不能替代的东西，一种暗示、一种隐喻在里面。我也听见这样的反映，说把你这部小说中的图拿掉照样可以读懂，这一点不错，但是你不可能读出一部带图小说的同样的味道，这是两回事。

林：事实上作为某种极端操作方式，单独拿出这些图片，按照某种序列排下来，本身就具有一种意味——我之所以想到这一点，是因为你曾经提到你动了写作念头以后就画了些草图，而这些可能有意无意地对你后来的写作产生了影响、暗示。

潘：是的，我当时画下一些我自己能够看得懂的图。可能是这些图画调动了我自己的记忆，这部小说虽然不是一部回忆录，但它与我的某些履历有一定的关系，故事可能是虚构的，但每一阶段的感受却很真切。所以我特别把一些提示历史的部分做得很具体，包括插队时期我画的一些素描写生，我都把它们找出来放进去了。

林：比如那种"文革"报纸拼贴的图片……

潘：那强调的是一种恐惧感。

林：这样的感觉像我们可能还可以感受到，但更年轻一代的人如果没有图片就很难想象了。我还想知道，你为什么命名为《独白与手势》？

潘：有许多人这么问过。首先，我觉得这几个字放在一起很有吸引力。同时我后来又想到一个问题：这两种都是一种叙述——"独白"是一种叙述，"手势"同样也是，你可以把它理解为"独白"是它的文字，"手势"是它的图画；你可以把它理解为"独白"是可以说的，而"手势"是比划出来，难以言说的。想到这些，我感觉还是有点意思。

林：还可以作这样的理解："独白"是发自内心的、无形的，"手势"是一种外在的、有形的，这个题目可以唤起我们特别大的想象空间。

潘：这不是类似于"战争与和平"这样的对立。

林：你在这里面时间的处理上采取了编年，第一部是1967年到1988年……

潘：从结构上讲，小说的时间形成了这么一个规律，一个是记忆的时间，还有一个是写作中的时间——它以一次回故里的探寻作为纵向的线索，然后把自己20多年的经历调动起来。第二部则是以主人公到南方去拍一部电视剧作为现时的贯穿，来写3年的流浪生活。每一部既独立成篇，又与另一部有所联系。第三部则是消解在1999年的3个月中间，但又填补了自1996年以后的时间空白。

林：从第一部来看，大致有两个层次，实际上还有一个层次，小说中标出的写作时间实际上是虚构的写作时间,还有你实际的写作时间,我想这种标出的写作时间除了揭示你刚才所谓的回故乡的经历,还有没有其他更多的对应的考虑?

潘:你的意思是?

林:我的问题在于,比方1997年10月31日写的前面这些事情,事实上在小说叙述的可能性上来讲,此刻不一定和前面叙述的1979年的事情有关,这当中有没有具体的编排?

潘:具体的编排没有。当时我只是想,作为一部长篇小说,而且又有图画介入到小说中间去,这么一种综合性的文本,或者叫做双重文本吧。如果在故事上再有很复杂的编排,那么这个小说读起来会很累,因此在小说的发展过程中基本上还是按照一种线性的东西,尽管联想与随意的成分与比重很大。但从主干上讲还是一种线性的,这一点我没有把它改变掉,就像一个孩子从小到大,中间可能述及30年以后,但主干是线性的。

林:之所以有这个问题,是中间提到了雨浓,小丹说"明年我们去看看雨浓吧"之类,当时我想假如把雨浓的事情留到现在去说也未尝不可……

潘:但那种冲击力,包括留下来的悬念,可能达不到现在的效果。

林:对。

潘:这种安排我觉得是一种技术上的问题。或者说把它当做一种手法、一种技艺来理解,都可以。"我"是在1997年回顾这个事情,知道这个事情的结果,它已成定局,但读者还在期待这个事情的结局,所以即使为了使这个故事完整,"我"在1997年的这一天提示这件事情的结果,但是我不能把它完全抖出来。像这样的结构在小说中不是一处,比如主人公与李佳的离婚,第一部小说中没有涉及,但从阅读的角度讲,大家肯定都知道。在知道的同时又很关心下一步:他们是怎么离婚的。

林:人称的运用是这部小说又一个重要的形成因素。

潘:在人民文学出版社发排时,有编辑问我,小说中两种人称交错着使用,看起来挺舒服,但是有没有什么规律性的东西?为什么这个时候用第一人称,那个时候又用第三人称?我说这是显而易见的,只要是属于"手记"的部分都是第一人称,而且是1997年的第一人称,而不是故事中的第一人称,虽然手记中间经常有将现在和过去衔接起来的东西,但这是以1997年的男人口吻在谈他过去几十年前的事情,语气是完全不一样的,这就不仅仅是人称的问题了。而只要是第三人称,都与故事中的那个人的具体年龄和人生阶段完全一致,譬如一开始他是个10岁的孩子,那就完全是10岁男孩的视角、男孩的感受、男孩的所作所为。

林:在人称交错使用的处理上,我还注意到,写1977年以前的,你在人称的运用上是"他"在先,"我"在后,给人以由远到近的感觉;写1977年以后的,就反过来了,"我"在先,"他"在后,由近到远了。而到小说的最后又翻转过来,并且由"他"来收束。

潘:对,但是这种变化倒不是预先设计的,小说写到这个程度后就自然而然地形成了这个样子。预先我没有设计要在写到1977年这个时候掉头,你刚才这么一说,我才意识到这一点。

林:这种变化在很大程度上形成了节奏的转换,与第三人称相对应的是客观性的叙述,而与"我"相对应的则是抒怀性的感喟和议论,相对张开一些。这样交错开来,流畅而富于变化,叙事的空间也显得非常饱满。

潘:这样的语言和叙事效果是我一开始写的时候就希望达到的,人称的转变确实能带来很有意思的东西,生发出一种意味。至于这当中内在的节奏,是在写作中自然出来的。小说最后有一个好像急转弯的东西,写"他"打着一把伞,在黑夜里面,看着空中的雨,似乎于黑暗中看见空中漂浮着女人的手势,实际上是他正准备走进了小说的第二部。

林:在这个长篇中,你采取了一种类似自传体、编年体的写法,小说中还写道:"在这个资讯沉重信息爆炸的时代,回忆让我宁静,心如止水。"这是不是意味着你写这部小说一个比较潜在的动机是通过叙述达到的宁静来抵御你置身其中的世界的喧哗?

潘:不排除你说的这层意思,但我更想强调的是,对于一个小说家来讲,小说的美是一种叙述的美。就这部小说来讲,我确实赋予了它某种自传编年的特性,但是我更愿意在博尔赫斯意义上来理解"自传"。他说:严格讲起来,任何一次写作都是自传。这部小说除了故事本身按照小说需要编排、有所设计以外,应该说小说中的感情体验是比较真诚的,从某种意义上讲,与我个人的生活经历中的烙印是分不开的。另外,我非常迷恋小说中的细雨迷蒙的忧伤的气氛，我是在追求那种不动声色的比较节制的，同时又是舒缓而忧伤的这么一种叙事效果，就像一个人关在屋子里，面对窗外的雨在回忆自己，在自言自语，同时又好像在对一个自己信赖的人倾诉、默想，既有一种倾诉的成分，又有一种默想的成分，这种东西，我觉得只要做完整了，应该来说，它就是一种很好的东西。

林：这可能决定了小说宁静而有所节制的舒缓的叙述状态。我感到，节制在这里显得很重要，一开始我有点儿担心，这会不会是很伤感、很苍老的情绪的弥漫，容易流于煽情一路？但后来我发现这担心是多余的，你的叙述不仅是传达忧伤，而且同时也是在平息忧伤；在唤起人的共鸣的时候，也在让这被唤起的东西缓缓地流出去，剩下对生命本身的体认和追索。

潘：我并不人为地去调动什么、煽动什么，或者说不去有意识地刺激你。我觉得小说本身需要我在一些时刻笔墨重一些、浓一点，我按照小说特定的要求将它做完，整个来讲追求的是比较苍凉忧伤的东西，这也就是我将这第一部称为"白"的原因。这种东西可以称之为小说叙述的色调或者说主调、主旋律，从我写第一个句子的时候，这种东西就开始在我心中积淀起来了，并且贯穿始终。

林：在情绪氛围的营造过程中，你对叙述的控制似乎很敏感，往往通过节奏的转换、画面的转换，起到一种淡出或淡入的效果。这种控制对你来说是否需要刻意而为呢？

潘：当然有可能在某种情绪泛滥开来的时候，当我预感到读者将会沉浸于其中的时候，我就将它打断。这种控制应该说有时候是有意为之，有时候则是小说自身的规律在起作用。我的意思是，当你通篇都追求着一种叙事效果的时候，你不可能在某一个局部变得不和谐。我写过的几部长篇小说，都是一气写下来，从不来第二遍，完成后只是作细小的局部性的调整。我想这可能不仅是一个作家的写作习惯问题，而且更是一种状态。

林：在《独白与手势》第一部里，林之冰这个女性的形象与其他几个女性相比，与"我"的关系的展现，显得不够似的，好像没有进入叙事之中就撤了，是不是她将在第二部中占据重要的位置？

潘：确实如你预感到的，林之冰其实严格讲起来属于第二部里的人物。在第一部里写到她，是因为我觉得故事本身有它自身的规律，我需要这么一个短暂的情感生活的片段，然后就像一根蜡烛被吹灭了似的很快就无影无踪，我要这么一个东西。这样当这个人物在第二部中出现的时候，你再回头读，人物会显得相对完整一些。

林：对"我"与林之冰告别的安排，小说的叙述显得有点陡，情绪的表达有点匆忙，不那么饱满，总好像还没完似的。

潘：涉及这个情节的地方，本来有一幅冲击力很强的画面，杂志排印时未能印出。我当时真的专门找了一男一女，拍了一个隔了玻璃的手叠合在一起的画面，背景是一架外国的飞机。在电脑上作了一些虚化的处理，处理成梦幻般的状态，因为这个场面是在"我"的想象中完成的。如果有了这幅画，可能会冲淡你上面的那种感觉。

林：冯敏在《小说选刊》（长篇小说增刊）的"阅读札记"里谈道，他作为插过队、当过知青的你的同时代人，也读过其他知青题材的小说，却从来没有哪一部像《独白与手势》这样让他感动，虽然你这部小说对知青涉笔并不多。这让我想到一个话题，即所谓"知青文学"，不知是谁说过，知青这块题材在中国是浪费掉了，没有很好地写出过。实际上，就题材而言，阿城的《棋王》是知青文学的一个很好的开端，可惜没有更好的后来者。我觉得你这部小说在这方面显示出了它的价值，这可能不仅仅限于知青生活的描写。它意味着整个对生活的忠实，这忠实不是针对具体的事情，而是一种情感的、情绪的忠实。

潘：我想，之所以会给冯敏那样的印象，可能是因为我以一种诚实的态度对知青生活作出了理解和还原，就像我小说中表露的那样，我对知青生活就是那种态度，我对知青生活的状态就是那么一种理解，没有那么多壮怀激烈的东西，那种矫情的东西很让人厌烦。你刚才提到阿城的《棋王》时说得很准确。我当时看阿城的《棋王》时就觉得，他写得最像知青，知青就是那种样子，就像我个人小说中写的——偷鸡摸狗的，跟赤脚医生通奸、互相之间倾轧挤兑的，等等，但同时他们又被无知的人凌辱和管理，背负着巨大的精神苦闷。因为我把当时所经验的东西很朴素地表达出来，这就是对生活的忠实。而有的人总是把知青拉到一种英雄的境界，那是最虚伪的作品。还有那种充满感伤的留恋或者充满怨愤的控诉,也是如此。你控诉什么?哪一个知青当时不是唱着歌、戴着花下去的,是不是?所以你刚才说到对生活的忠实,我觉得落实到作家的笔下就是对生活的一种很朴素、很诚实的表达。这很重要。同时在对情感的问题上也是一样。我倒不是说要写一部忏悔录,虽然冯敏在"阅读札记"中提到了卢梭的《忏悔录》和帕斯捷尔纳克的《日瓦戈医生》,我觉得任何一个人,我们在街上随便找一个人,他的故事都可能很动人,他的经验都可能触动你,关键在于我们用什么样的方式态度去表达。

林:就冯敏的感受而言,他所谓的打动,可能是知青中的那种沉默的东西在你这里得以呈现与表达,阿城的《棋王》里有许多这方面的表现,像一开始写知青们上火车,太阳照在屁股上;写宿舍里喝麦乳精,喝得满屋子喉咙响,等等,细节表现的力量蕴含其中。但《棋王》有一种对生活之外的追求,就像它描述的"九轮大战",营造的不是英雄的英雄,扯到庄老文化上去寻求支持力,这反而削弱了小说的力量,这种东西往往造成了生活的沉默。

潘:就像我们刚才提到的,抛开空虚层面谈生活本身的表达,我觉得有些作家的小说之所以不好看,第一,是他本身对生活、素材的态度不诚实;第二,就是他们本人的表达能力受到局限,他写不好。这可能就是一个好作家和一般作家最起码的区别。像我们到今天谈论《棋王》,还能够记住它内部那些很生动的东西,那些充满了智慧的语言和句子,一般作家写不出来。而有些作家则写得毫不生动,小说中的每个人物都像演员一样,他的出场是有设计的,他的每一个动作也是有设计的,让人觉得这不是在阅读一部小说,不是通过小说在了解那段历史,或者重现、再现、表现那段历史,而只是感觉到我们在看一个历史名目下的活报剧,啼笑皆非。

林:构成《独白与手势》整个叙事的核心线索是一个少年到青年到成年的成长过程,具体地说是他跟几个女孩、女人的关系,就你个人来讲,这几个女人在你进入写作的时候是不是处在同等的位置上,负有同等的使命,譬如说构成你的叙事不同阶段的兴奋点?

潘:关于几个女人的故事多半是虚构的,我在写作中间不可避免地要把性爱、情爱等问题涉及进来。围绕这个问题相继出现的女性当然有不同的使命。比方说小丹是他的青梅竹马,从小在一起长大,有一种早就是一家人的感觉。但恰恰是这样的关系，使得他们两家人都没有预料到两个孩子长大了会在一起，因为一个很现实的问题明摆着，正如小说中的小丹所说：我俩好了，将来我们的孩子还在农村。记得我们小时候经常看到有人家嫁女儿非要选择一个党员、一个复员军人，尤其是那些出身不好的人家，特别希望通过这样一种方式来改变家庭的血液。其实这部小说中写的两个人即是如此，虽然很好，但是家庭的磨难——两个右派家庭的孩子——给他们的打击是很大的，他们之间很难焕发出那种少男少女的情窦初开的东西，更多的倒是一种亲密无间与情同手足的关系。但他们毕竟不是一家人，当后来这个男人在十几年后受到个人家庭、情感的危机时，小丹去搭救他、去抚慰他的时候，比任何人都从容。前几天施战军给我来电话，特别提到了小丹这个人物，说自己简直爱上了她——他说小丹往一把小牙刷上挤牙膏的细节令他感动。

林：我觉得这部小说的表现摆脱了80年代我们习见的那种模式：男人离开女人开始到城里闯荡，男人在城里受难以后，回到女人怀抱得到心灵的慰藉，像《人生》、《浮躁》是其典型的代表，这种模式往往是所谓"两种文明的冲突"这样的话语范型所给定的。而小丹在这里没有出现这样的模式，就是人与人之间的非常正常、自然的关系呈现。

潘：我的要求是这样的：每个人的行为只能出现在这个人身上，如果你把这个人的情节移到另外的人身上，肯定不真实。如果小丹从小不是跟"我"情同手足，就不可能出现施战军提起的那个细节。小丹说"你带牙刷了吗"，回答"没有"，小丹说"那你用我的吧"——一般的女孩子很忌讳出现这样的事实。也就是说小丹没有一种从本能上嫌弃"我"的东西。可以想象这样的场景：在冬天里的一个小屋子里燃起一盆火，小丹把孩子交给保姆，她过去陪那个男人——我觉得只有小丹这样的女人才做得出来。因此小丹与"我"的情感是一种青梅竹马又恰恰不是初恋的关系，真正的初恋是雨浓的出现。就像雨后的彩虹，转瞬即逝，什么都没有了，留下来的是那种匆匆而来匆匆而去而又一辈子留在心里很难抹去的东西，犹如一支挽歌。他跟雨浓之间连表白的机会都没有——他只是在梦中梦见他的手，凭着记忆把她的手画下来，最后这双手印证了一次凶兆，不可知的凶兆，居然与他梦中记录下来的东西相吻合。这种东西更多的是一种形而上的精神的东西，它构成的初恋就很难磨灭了,它发生在任何人身上都是很难磨灭的。

林:"韦青"这个人物,在我个人看来是写得最好的一个。

潘:这可能是因为小说在韦青身上赋予的成分比较复杂,他们一开始就预示了一种恩恩怨怨的开端。当"我"被莫名其妙地从学校赶回来的时候,他还不知道给他送信的女人就是接替他教书的女人,他还没来得及恨她就爱上她了,而且她是他一生真正拥有的第一个女人,而他也是她一生中的第一个男人,这对任何人都是刻骨铭心的。韦青的出现,使他一下子从雨浓的精神层面到了另外的层面。但恰恰最后在这么一对具体的人身上,有着一个教育局长的女儿和一个右派的儿子之间的不和谐,于是他们之间只能是一种激动人心但又不可能长久的一次爱情寓言,或者说是一次爱情的彩排。然而当分手已成定局的时候,社会历史又改变了——人生就是更多的无奈和毫无办法,是弱小的命运在变化莫测的现实面前受到的不可捉摸的安排。因此这几个女性的出现在小说中都负有特殊的使命,有青梅竹马的朋友(恋人),有平生的第一个女人,有结发妻子,她们作为女人的使命是无法互相代替的。我的单行本责编刘海虹说,在几个女性中,她认为写得最好的是"李佳",她认为"我"与"李佳"之间那种微妙的关系很细腻也很感人。

林:在写"我"与几个女性的关系中,你没有回避性的表现,但很显然,你很看重的是其间一种唯美的东西。

潘:我曾跟别人谈过,像"性"的问题,我觉得有些人写得很脏、很低下,在某种意义上不仅是污辱了读者,而且是污辱了"性"。我觉得,只要你对人生采取很诚实的态度,对性的表现就会在写作中出现一种它本来难以磨灭的光辉。因此,我想我有时虽然写得很"性",但很干净。

林:王小波的《黄金时代》也写了知青生活中的性,我感到他是采取极端的方式打破性话语的禁忌,然后让性的自然状态呈现出来,他对性的表现相对夸张一些,让人在摩擦中感觉到热度,在扭曲中感知正常。在他这种表现中,自然的性映照的是性的不自然,是性话语的被禁忌、被压抑。我觉得你这里面相对来说不存在那种压抑,你是自然而然地生发开来,让人生出对生命本身的怜惜。但你的这部小说里这方面还有个比较,那就是在"我"和李佳的关系中,情感与肉体的隔离,你比较多地呈现了那种苦涩感。

潘：李佳一开始出现就是一个理性很强的女孩子，而且有一种特别果断的素质：18岁就开始担心他们的性格会合不来，认为不妨往前看一看、等一等。这样的女性与"我"相遇，作为局外人可以预见到他们的某些结局。在性的问题上，一个是从文字上了解男人的少女，一个是在农村获得过性经验的男人，这种差别对他们的情感生活影响至深。小说中有一次写到"我"的感受，他觉得自己就是一件家具，已经被油漆了一遍，要想掩盖过去，唯一可行的方法就是必须用更重的油漆再刷一遍，才能把过去的痕迹覆盖住。这种感觉注定要在他与李佳之间发生。

林：这里面是不是还有一种自然层面上很磨人的歉疚感？它给人的不仅仅是一种挤压，更多的是一种撕裂。

潘：我想这就是一种磨难吧——情感的磨难。小说中有个情节，男人在犁城的街头遇到一个陌生女人，无意中说起了韦青，并且说韦青曾经流产过一个孩子。于是他急忙就往火车站赶，想买票去上海看她，但事到临头又突然退出来了，因为他自己新婚不久的妻子李佳正怀孕呢。这种东西在现实生活中的确是一种很磨人的东西。这里面有情感、有良知、有道德、有责任、有道义等等，纠缠在一起，用忏悔、歉疚等都不好概括，我倒觉得应该是由此引发的一种心灵上的沉重。

林：在表达这些内容的时候，我感到你关注的是人作为个体的存在，是一个人生活中隐秘而深层的东西。但是，这些与个人的生存空间紧密相关，那么你是如何看待和把握这两者之间关系的呢？

潘：我觉得无法剥离。如果你仔细去看，每次主人公遭遇情感的磨难，它与特定历史境遇都是相关的。比如他最初与小丹不能萌发初恋般的爱，那本来应该是田园牧歌式的情感，为什么无法产生？后面的情感遭遇更是这样，他与韦青的关系的起伏变化的重要契机都隐藏在社会的变革之中。他与李佳的关系几转几合后成为夫妻，二者格格不入的处世哲学在各自工作的空间里突显出来，并且反馈到了家庭内部。所以每一次情感的磨难都与特定的历史时期休戚相关，这里面当然也可能包含着中国人特殊的情感方式。但同时，我在写个人和生命本身的状态——生命本身在这个历史时期呈现的状态就是这个样子，这里面不存在什么地域性等各种限制之类，除了他的人生经历与小说的主人公完全不一样，都可能在主人公身上找到一种举一反三的东西，这应该说是它带有一种普遍性吧。

林：小说中这样写道："这些年我总在反省，我发现总有两个女人同时出现在我的生活中，构成了我生命的两个半球，缺少一个我的生命就转动不起来"——这一点更多的是一种叙述上的考虑还是情感状态上的考虑？我之所以提出这个问题，是因为越看到后来，越觉得不仅仅是两个女人的问题，小丹、韦青、林之冰、李佳，各种影子都在不同的角度照射着这个男人。

潘：你问的这个问题我觉得比较机智，可能最终考虑的还是叙述上的一个要求，并不是特指，当然在某一个阶段是两个女人充当着至关重要的角色。不过，你上面引的那句话的后面还写道：一个男人的历史实际上是由女人来书写的，每一次书写就意味着对历史的不同修改，写这部历史的可能是一个，更有可能是几个，甚至十几个——我可能还是在强调男性个体生命的存在方式，虽然我没有对这个问题作道德上的评价，但我揭示了这个问题。这个男人经受到无形的、有形的许多东西，最后他与一个女人躺在一张床上，心里很有可能想的是另外的女人，生命的这种状态应该说是相当复杂的，我在强调男人个体生命的一种存在的方式。我不大相信男人与女人的白头到老，相厮相守，但同时我又相信，一个诚实的男人都会向往这种生活，只是他永远得不到这样的生活。这是男人的宿命。

潘军和小说
——在中央电视台"读书时间"的谈话

时　间：2000年6月3日
地　点：北京，中央电视台演播室
对话人：潘　军　李　潘

李："读书时间"这一期的节目，题目就是"潘军和小说"。提到潘军这个名字，以前大家更多的是在一些文学期刊上。最近，人民文学出版社、中国工人出版社、花城出版社等六家出了您16本书，媒体上甚至称今年是"潘军出版年"。对此，您怎么看？

潘：这不是一个话题，只是个巧合而已。没有人一年能写出十几本书，抄也来不及的。之所以会形成这样的局面，究其原因，是我自1992年之后选择了另一种生活——我去了海口，在那里办了一个文化公司。这样一来，用于写作的时间明显就少了。一些曾经在文学期刊上发表的作品，没有来得及整理，全堆在那里。到了1996年之后，我摆脱了生意上的纠缠，重新回到案头，这才有时间处理这些事情，按照不同的体例，编了一些作品集。出版社大概也突然发现，我可能是一条漏网之鱼吧，就都找上来了。实际上这次所出的，除了《独白与手势》的前两部《白》、《蓝》是新写的，其他中短篇都是过去的小说、散文随笔的结集。市场上没有我的书，读者又需要，出版社自然就会考虑了。至于媒体的概括总是带有煽动性的。

李：我注意到，您在1992年之后便放弃了一个专业作家的很多待遇，我想知道您为什么要做这样的选择？

潘：1982年我毕业于安徽大学中文系。之后就分配到了机关，前后混迹了八年。我不喜欢机关。到了1990年,因为意外的机缘,使我脱离了机关,去了安徽省文联。我对自己的定位是职业作家。这与我们体制内的专业作家可能不太一样。第一,我不参加包括中国作家协会在内的这样一些组织,因为写作永远是个人的事情,不需要组织出面张罗。第二,我不需要职务和职称,因为作家是靠作品说话的,名片上的名头再大也无济于事。第三,职业作家是坚持自己的学术立场的,是按自己的文学主张进行写作的,而不需要由组织出面安排诸如体验生活这样一些莫名其妙的活动。或者被召唤去写什么。但我那时就意识到,要想成为这样一种职业作家,首先得考虑生存。所以,1992年我去了海口,之后的六年我都在挣钱。谁料,挣钱也不容易。

李: 那您是怎样解决生存问题的?在谋生与写作之间是否存在着矛盾呢?您又是怎样来处理这些矛盾的?

潘: 我做过生意,但都很失败。失败并非因为我无能,而是我一直按照"游戏规则"做事,可是在商场上遇见更多的,是不遵守这个"游戏规则"的。因此,失败的肯定是遵守规则的一方。比如说,我欠人家的钱肯定得还,但人家欠我的钱肯定是要不到的。所以海口、郑州的前后五年,日子特别艰难。直到1997年做电视剧才有了转机。电视剧自然毫无成就感,但确实能够挣钱。你说得没错,谋生和写作是矛盾的,如何处理,我觉得主要还是取决于自己的控制力。一个作家应该有可塑性,就是写什么像什么,但也应该认识到写作是有思维惯性的。我之所以还能写小说,是因为把握住了这个度。要是我毫不节制地去写电视剧,我想我就可能找不到写小说的那种状态和叙事感觉了。我现在一般是隔两年写一部电视剧,主要的精力是花在写小说上。

李: 您在谈到文学时曾说,一个男人能持久地爱一样东西是不容易的。那么,您是否还记得,这种爱是怎样萌生的?它在您一生中有着怎样的意义?

潘: 一个男人做事情,首先是因为做这件事的欲望在起作用。我是一个为欲望而写作的人,二十年写下来,没有别的理由,唯一的理由就是喜欢。你在写作,你就感到自己活着,感到充实。自从我二十年前开始写作时,我就觉得这件事非常适合我。我在写作中是自己的上帝,可以为所欲为。那种愉快是只有当事人才能体会得到的。我不喜欢"甘于寂寞"的说法,它意味着忍耐。一个人靠忍耐是做不成事的。就像一对夫妻,不能靠忍耐来维持他们的婚姻。

李:今天我们节目的题目是"潘军和小说"。您在文坛上最初是以"先锋派"的形象出现的。我在读了您早期的作品,如《南方的情绪》、《流动的沙滩》等实验性很强的作品后,感到您现在的路子变了。最近的《重瞳》、《秋声赋》以及《独白与手势》等,已经好看起来了。我想知道您为什么要改变?

潘:"先锋派"是批评家们做学问的一种归纳,主要是针对80年代一些在小说形式上比较极端的青年作家的。我也是其中之一。我应该承认,那个时期我的创作是受到西方一些作家的影响的,总是希望自己的小说有别于中国小说的传统,带有一定的反叛性。无论现在人们对"先锋派"作何评价,作为亲历者,我对发生在十几年前的那些文体实验都很怀念。它训练了我作为一个小说家的能力。至于现在,我的这些调整都是发自创作的内在需要的。我不需要去迎合市场,也不会去迁就读者。一个作家应该为自己写——写出自己内心的感受,给朋友看,给那些喜欢你的读者看。但这些读者是小众的,不是大众的。

李:我还发现,您写小说喜欢使用"第一人称","我"如何如何,为什么?甚至写到项羽,还是用"我"!

潘:这就算是我个人的偏爱吧。其实第一人称的叙事也是有着许多的变化的。比如你谈到的《重瞳》,我得意的就是这个"我"。这里的"我",实际上是一个视角,项羽亡灵的视角。一个两千多年前的幽灵,俯视着两千年之后的大地,叙述着自己从前的经历,这个视角很有意味,找到了,就成就了这个小说。

李:读者也许会想,这个"我"是您吗?比方说,像《海口日记》和《独白与手势》中的那个男主人公,和你潘军一样都是作家,也曾一样下海去了海南,经历了许多事业上的起伏和感情上的波澜,您怎么看呢?

潘:读者往往把当代题材中的"我"与作家混为一谈,这个可以理解。因为第一人称的叙事最大的特点就是那种"现场感"。读者也因此感到亲切。从我经常收到的读者来信中,也反映出了这一点。有位天津的读者就反复写信问我,说《海口日记》中男主人公住宿的那条搁浅的旧货轮是否还在？要是还在，他就想辞职去接着住。我立即回信说，这些都是虚构，别当真。这里有两个问题可以商量。其一，按照博尔赫斯的解释，一个作家任何一次写作都是在写自传。他说的是作家自然会把自己对世界的认识与体验写进作品的。譬如《重瞳》，副题叫"霸王自叙"，用的是第一人称。开篇就是："我要说的自然是我自己的故事。我叫项羽。"这中间除了叙事策略的考虑，也还包含着我对项羽这个死了两千多年的人物以及那段历史的理解。其二，既然是小说，那就无法改变它作为虚构文本的性质。小说就是由虚构和叙事组成的。

李： 读了一些您写城市的小说，我觉得您虽然写了好多男主人公身边的女性，可您并不想真正走进她们的内心。或者说您在写到她们时多少有些漫不经心。您真正关心的、想表达的还是男主人公的一切，用批评家们的话来说，就是"表现了现代男性内心的焦灼"，是这样吗？

潘： 奇怪的是给我写信的读者多半是女性。特别是连云港的一位女性读者，来信说《蓝》中女主角，简直就是她。我不认为我在写女性时是漫不经心的，陈晓明说，我笔下的女人让他痴迷，还说有人说过，看到潘军笔下的女性，第一个愿望就是想同她们做爱。对作品里的每一个人物我都会认真对待。你的印象我想可能是因为我以女性的视角观察的比较少，这也不奇怪，因为我是男性嘛。

李： 好几位批评家提到，您的写作是以自我为中心的，作品中有一种忧郁和感伤的调子。您觉得这种情绪从何而来？

潘： 我不以为"自我为中心"是问题。作为文本的制造者，实际上我的操作也是带有局限的。一旦写作发生，作家往往会被置于一个被动的地位：不是作家在支配文本，而是文本在引领着作家。至于你所言的那种"忧郁和感伤的调子"，我想或许是有的，这大概与我个人的经历有些关系。我认为一个作家应该立足于民间立场，但他的作品应该洋溢着贵族气息——不是那种附庸风雅，而是在故事之上有一种形而上的意味，这样的小说才是真正好看的小说。

沉思与漫谈

——与《新安晚报》记者黄从慎的对话

时　　间：2000 年 11 月 10 日

记　者：时间已到年底，我们粗略地给你盘点了一下，今年你出版了 16 本书，并在《北京文学》发表了多幕话剧《地下》，最近，中篇小说《重瞳》被《北京文学》等众多文化单位的专家、评委推举为"2000 年中国小说排行榜"榜首；因此，媒体称"2000 年是潘军的出版年"，这些成果是否说明，你的创作已进入了高峰期？

潘　军：我不这样认为，这只能说市场需要我的作品，出版界便多出了一些。我的写作状态还是不错的，我的这种感觉，便如一个挖井的人，总有潮湿在前面诱惑着我，倘若越挖土越干或已经挖出了水，我就停止了。

记　者：那么明年将有大的动作了。

潘　军：明年原则上不写小说了，只想读书休息。我的感觉是写作的路越走越窄，越往后写越艰难。

记　者：刚才你不是说写作状态很好吗？

潘　军：写作状态好，并不是停笔一年二年就能丢掉的，我过去在海南经商，停了三年笔，写作状态还是好的。我感觉写作的路越走越窄，是因为对小说的叙事要求更高，这是一门艺术，我很珍惜我的文字。

另外，北京有一家机构和我洽谈，想把我的长篇小说《风》改成电视剧，这是一本先锋小说，但我愿尝试一下，按照剧本的需要努力写成好看的故事，来挣一点钱。

记　者：明年你主要是休息和挣钱了。

潘　军：我把写作与挣钱是分得很开的。我个人认为，写作是门手艺，也是我的看家本领，这是不能开玩笑的。但是写作不能用以养家糊口，所以，我必须要有别的方法，这样才能保证我安静地坐在写字台前，保持一个职业作家的纯粹性。

记得母亲曾经说过："我可不希望我的儿子以后当个小老板。"我当然也不会去当个小老板，我希望自己成为职业作家，以写作为事业，而不是做一个自由撰稿人，卖文为生——那样会没有文学立场。

记　者：像你这样把谋生和写作分得很清的作家目前还不是很多。

潘　军：我是作家中下海比较早的一批，那段时间，我做过酒店、广告、房产中介和服装，虽然在生意场上没有多大收获，但是它却给我带来了人生的历练，让我体验了人生的各种滋味。经商时，需要和各种各样的人打交道，能遇上各种各样的事情，这为我以后的写作带来了很多素材和感受。1996年开始，我找到了一条和我本行有关的经商方法，就是搞影视，这个专业作家做起来不仅得心应手，而且没有什么风险。但是有很多作家搞了影视之后，却被影视"吃"掉，出不来了。我因为有个文学梦，所以不会因为钱而转移自己的文学观点和立场。

记　者：是的，从南方归来后，你一口气写出了《三月一日》、《海口日记》、《对门·对面》、《关系》、《故事》、《和陌生人喝酒》、《抛弃》等带有城市印记的中篇小说，给中国城市文学注入了生机。批评家李洁非认为，现在的城市文学实际上非常幼稚，"跟潘军的作品一比，却不能不显出外在与空洞来。""潘军的城市小说表达了作者对城市人的与其环境相称的特有心理的细腻而奇异的，堪称走到了灵魂深处的辨别人"。李洁非指出："所有这一切，构成了现在的写城市的潘军的特殊性，没有第二个可以重复他。的确没有。"

潘　军：我喜欢写城市。我写城市关注的是人心与人性，我的视点不在所谓的信息量上，也不太关心时尚，我感兴趣的是捕捉城市人之间最微妙的心理状态和生存状态，而不在乎霓虹灯、歌舞厅、模特表演等，这些都是城市外在的标签。如我的小说《对门·对面》，其实，"对门"与"对面"不妨理解为城市生存空间的符号，一种城市人际关系的概括，它造成的隔膜，形成的掩饰，也成为相互的观照。

记　者：这部小说后来被评论家认为"是写城市的经典"。现在为了适应市场，刊物都在城市化了，城市题材似乎是个热点，农村题材是否已经"土"了呢？但从中国新时期文学发展来看，主要的成就还是在写一些农村题材上。苏联作家阿勃拉莫夫说，农村应该永存，因为人性的存储器之一就是土地，动物和人同它们的交往。

潘　军： 城市其实是很枯燥乏味的，如果你是一个画家，你肯定是不愿在城市写生而去钻山沟跑荒野的。对于文学，小说题材的吸引力不重要，重要的是写好，追求新的写法。专业标准与读者层面和发行量是没关系的，就像影片的成就与票房的收入没关系一样。我向往经典，厌倦时尚，经典并不完全是指博大精深，侯宝林的相声十分通俗，但也是经典。

记　者： 今年你分别发表了长篇小说三部曲《独白与手势》，在这部小说里，你大胆地把图画作为叙事的一个部分放进小说，创新了一个新的叙事文本，立刻引起了广泛的关注，并很快就被《小说选刊》转载。当初，你是怎么想到用这种方式的？

潘　军： 1993年在海口时，我就萌发了这个构想。我觉得如果把图画当做叙事的一部分放置进去，让它成为叙事的一个不可替代的层面，虽然是一次冒险，但肯定十分有趣。这应该是我最初的冲动。似乎带有某种规律性，我总是先想到形式才决定写一篇东西的。

记　者： 这些图片已构成了阅读层面，缓解了阅读长篇小说时视觉上的疲劳，但与插图又有着根本的区别，如果把这部小说中的图片拿掉照样可以读，但不可能读出同样的味道。

潘　军： 是的。插图只是对书中某一个情节的图解，在《独白与手势》里，图画在这里既有文学叙述的省略，又有视觉上的冲击，丰富和推动了故事的发展，与文字之间形成了内在的关系。另外这些图片还有一些其他的符号功能，比如，小说中涉及插队、农家的炊烟，包括那条狗等，这都是有一种历史感的东西，而且这些具象的东西实际上是有某种抽象的意味。

记　者： 这些图片是如何产生的？

潘　军： 有的是在我下笔之前就在脑子中存在了，有的是在写作过程中出现的。

记　者： 这部作品在叙述中，带有很大的诗意成分，比如《独白与手势·蓝》中,"一个人的时候,过去与你相伴"一节,有着浓郁的情绪和灵动的美。你平时喜欢诗吗?

潘 军:在北京开作品研讨会时,著名文学评论家白烨曾把这本书的许多片段在会上朗诵。著名诗人牛汉先生说,潘军骨子里是位诗人。这些文字的跳跃、轻松和浓郁的氛围,增加了句子的诗意,使阅读有了张力。

记 者:现在有的诗人虽然也写小说,却并没有诗意。

潘 军:这不在乎你有没有诗人的经历,而在乎你有没有诗的心境,或对创作风格的追求。我的创作,往往就是被一句生动的语言打动的。一个诗意的句子,可以诱惑一个作品的产生。

记 者:你能举个例子吗?

潘 军:如我写《重瞳》时,写了三个开头都不满意,作品无法写下去了,直到去年夏天,突然找到一句:"我讲的,当然是我自己的故事,我叫项羽,这个名字怎么看都像个诗人。"这样的句子点亮了我,我一气呵成将小说写完,写得非常舒服。

记 者:《独白与手势·红》年内将通过《作家》这个颇具声望的文学窗口首次与读者见面。至此,这部打上你个人履历烙印的长篇力作,将圆满地画上了句号。请你谈谈《红》的写作情况。

潘 军:这部起笔于 2000 年春天的作品,计达 18 万字,花去了近半年的时间。究其原因,因为《白》与《蓝》起点较高,舆论评价不俗,因此,《红》作为三部曲的压轴戏则要求更高,需要有一定的时间反馈读者对前两部的消化和意见,需要对小说走势有总体力度上的把握,因此,思考的时间相对较长。

《红》除了延续前两部的磨难历程和忧郁的基调外,更多的是融进了生命的辉煌与毁灭的象征意味,再现中国知识分子的文化心理和精神存在、生存意识。三部小说又各自独立成篇,宏观上有个构架问题,《白》的基调舒缓,《蓝》的基调是明白,《红》的基调是延长、凝重。小说基本上达到了预期的目的,比自己原来想象的要好。就个人而言,对小说的走势与基调都较满意。

让主人公回归自然怀抱,选择这一方式结束全篇,这是一种返璞归真,还是一种逃遁、厌倦,借用媒体一句套话,"当然只能由读者去细心品味了"。

　　记　者：你的小说大多用第一人称的叙述方法，这种方式能使读者更快地融入到作品中去，消解隔阂，增加体验性的快感。除此之外，是否更多的带有你个人的经历。

　　潘　军：我不可能拥有那么多的亲身经历。在我的小说里，我个人的经历所占比重非常小。一个作家，"经验"的方式是很多的，读书是体验，聊天是体验，观察更是体验。我必须强调一下，我这里所讲的体验与斯坦尼斯拉夫斯基所倡导的那种"体验"是根本不同的。我不是那种进入规定情境的角色体验，我是借题发挥式的、妄想式的。

　　我的写作，从以前到现在，都是"生活在前，写作在后"，我不习惯为了要写什么题材，而特别去过什么生活，或因此选择不同的行业。我觉得这是很生硬的方式，甚至带有预设的立场。

　　记　者：川端康成很少按照既定的宏大构思来创作，当然也少有成竹在胸的总体规划，往往在构思尚未成熟的阶段就开始写作。如果说他的某部作品有一个较为完整的结构的话，那往往也是事后梳理出来的。你曾经说过，在创作一部小说时，也没有完整的构思，这是否相同。

　　潘　军：我写东西，无论长短，大都省略了所谓的"构思阶段"，我很看重的是写作中的状态，就像根据心绪的好坏去喝酒一样。明明白白的构思会影响我叙事的快感，写作是在未知中不断显现的过程，从第一句话开始，在多米诺骨牌的效应中完成一部作品，产生无穷的乐趣。

　　记　者：那么作品的标题也不是先定下的。

　　潘　军：作品的标题有时是在写作过程中出现的，有时是在作品完成后才定下的。

　　记　者：你是一个颇有成就的，但至今还没有加入中国作家协会，这在文坛是很少见的。

　　潘　军：创作是种个体劳动，和组织没有任何关系。

　　记　者：你与外界是如何交流的？

　　潘　军：每年我都挤出时间外出走走，放逐自己的心灵。我喜欢与朋友交流，但不喜欢和组织打交道；我喜爱文学，但不喜爱文学界。

　　记　者：听说你在写作时，还有个癖好，能否透露一下？

　　潘　军：说是习惯更准确些，如天阴下雨、夜幕灯前很少动笔，而习惯于上午9点到11点、下午3点到5点，我的小说大部分是在这一时间内完成的。另外，在夏天我的状态能够发挥得较好，因为春天我很"懒惰"，夏天就有了紧迫感。

记　者： 现在文坛有股否定鲁迅的风气，好像批判鲁迅、否定鲁迅很时髦，你怎么看待这个问题？

潘　军： 如果要提中国的文学大师，那只有一个人，就是鲁迅。他的思辨力量和思想深度已经达到了一个巅峰，是无人能企及的，至少现在还没有人能够超越他。

记　者： 鲁迅对传统文化的生命力和负面影响看得很深刻。

潘　军： 鲁迅对汉语言的贡献也是卓越的。胡适提出了白话文革命的口号，但真正实践的还是鲁迅。在那个文白交接的年代，鲁迅写的《狂人日记》、《阿Q正传》等作品，到现在看来都是非常现代、非常超前的东西。

记　者： 就是说，鲁迅既是一个传统作家，也是一个很现代的作家。

潘　军： 所以我认为，中国有个鲁迅，中国的作家就给压了三代。我们现在还谈什么定位啊。现在有些人以找鲁迅的茬为时髦，这是一种病态的心理，是想标新立异，目的无非是想引起关注。王朔等人作为读者，对鲁迅和他的作品进行指指点点是无可厚非的，但是，有的媒体大肆炒作很不正常。鲁迅也有他的局限性，有他的不足，比如他对人很苛刻，但是不能把他极其个性的东西看做是他人格的缺陷，对待鲁迅，我们应该把他看做是精神领袖，而不是精神楷模，更不能把他看做完人。

记　者： 你对鲁迅的评价很高，好像有鲁迅情结。

潘　军： 《鲁迅全集》我仔细读了三遍，包括他的全部日记。

记　者： 现在很多作家都希望自己的作品被张艺谋看中，认为被张艺谋一改编成电影就可以一举成名，你有没有这种想法？

潘　军： 首先我想说的是，一流的小说是不能拍成电影的，小说就是小说。

记　者： 加西亚·马尔克斯就是不让别人将他的《百年孤独》拍成电影。

潘　军： 导演拍电影需要的只是一个故事梗概、一个情节，而不是作家的整个作品。另外，我觉得一个导演可以捧红一个演员，但未必能捧红一个作家。苏童红了，是因为他的作品本身好，而不是因为有导演捧，更不是与名导演合作一次就意味着作品能够提高。他成名时还没有张艺谋呢。

记　者：张艺谋是一个很有文学眼光的导演，被他看中的小说都是很优秀的作品。

潘　军：我承认张艺谋有独特的眼光，这是高于其他导演之处，但是他也有自身的局限性，他迷恋小情绪，不能把握宏大的结构，这决定了他搞不成经典的东西。先前的张艺谋是很有生气的，他拍的《红高粱》很大气，张扬生命的意识，呼唤生命的野性，写出了生命的辉煌与毁灭。但是后来这些东西丧失了，他就开始走下坡路，特别是他到了北京之后，拍的东西大不如前了。比如《有话好好说》，就没什么意思；再比如他拍余华写的《活着》，就背离了作家的本意。作家、艺术家有自己生活的土壤，离开它就搞不出好东西。

记　者：威廉·福克纳一辈子就待在他家乡的那个小镇上，一辈子就写他家乡的小镇，却成了对世界文学影响最大的作家之一。

潘　军：北京的文化氛围不易培养经典作家。北京的风气是可以很快捧红一个人，把一个人炒得发紫，但缺少深刻的底蕴。上海的文化氛围也改变了上海作家，将他们同化了，把他们变得小里小气，只有王安忆好一点，而她的主要作品也不是在上海写的。

记　者：王安忆的主要作品都是写她下放安徽宿州农村生活的。你有没有打算离开安徽？

潘　军：我之所以留在合肥，是因为我比较关注皖西南那一块地方，我的主要作品也都是写那里的——那是我的家乡。

记　者：现在的一些知名作家似乎都在模仿外国文学作品，我看过的8部长篇小说的开头都酷似《百年孤独》的开头，你觉得这种现象是否正常？

潘　军：“模仿”这种现象其实在每个作家身上或多或少都存在，《百年孤独》这部小说本身也有卡夫卡小说的影子。"模仿"是每个作家必经的阶段也是初级阶段，但一个真正的作家要走过这个阶段追求自己的东西，才是创作。有些作家就是停留在原地，甚至将模仿变成了抄袭，这是一个作家创作态度问题了。

记　者：你是一个先锋作家，也是一个离文学本体比较近的作家，你是否会永远坚持走自己选择的道路？

潘　军：先锋作家是相对于80年代中末期的传统作家而言的。先锋作家与传统作家的区别在于"写什么""怎么写"的问题上。传统作家的小说多写故事层面的东西，他们喜欢图解政治，把某一个政治概念当做自己的创作主题，好像是文件和宣传品。而先锋作家则比较关注人的内心世界，关注人的生存状态和生命形态。"怎么写"标志着小说界的革命。我从没有放弃对小说形式的追求，对小说境界的追求，以后也不会放弃。和同辈作家不一样的是，我更加关注"写什么"，这跟存在主义哲学对我的影响有关。

另外，我会保持我的一种沉默，不理会外界的干扰。我认为先锋作家应该是指作家的精神、品格，而不仅是形式、方法上的东西。

记　者：谢谢您接受我们的采访！

流动的生活会使小说飞腾
——和康志刚的对话

时　间：2001年9月

康志刚（以下简称康）：作为《白底黑斑蝴蝶》的责任编辑，我想就这次你辑入的"跨世纪文丛"的作品来谈谈，我记得你比较欣赏有人用这样的语言来评价你："云霄上的浪漫主义"，这是否代表着你创作时的存在状态？①

潘　军（以下简称潘）：1993年，当"跨世纪文丛"刚刚启动时，我便收到主编陈骏涛先生的约稿信。但当时我在海口，正忙于商务，加上自觉没有什么新作，便把这件事搁下了。事隔八年，陈先生再次邀请，我欣然答应了。因为这套书在市场上的反响还不错，集中了一批优秀的小说家。我这次辑入的作品，都是1996年之后的——有人认为这是我"复出"的一年，我作了严格的挑选，是我所出的小说集中较好的选本。至于你说"云霄上的浪漫主义"，是别人对《重瞳》的评价，应该是对创作风格的一种描述吧。但状态对于一个作家，太重要了！特别是像我这样的作家，写作往往依靠的就是状态，即兴的表达，事先几乎没有什么提纲之类。就技术层面而言，我觉得句子与句子之间是存在着感应和联系的，这有点像多米诺骨牌效应，你写出第一个句子，第二个句子就自然到了门口。这是什么？这就是我向往的那种"写作中"的状态。我还必须对你说，一个作家只有切实感到路越走越窄时，心里才踏实，才算没有摸错方向。

---

① 《白底黑斑蝴蝶》——"跨世纪文丛"第七辑，长江文艺出版社2001年9月版。

康：过去评论界一直视你为先锋实验小说的代表作家之一，到现在你已走出了单纯的形式探索阶段而进入圆熟自为的创作境界，有没有哪一部小说是分界岭？

潘："先锋派"是批评家们做学问的一种归纳。80年代我们这些人，像余华、格非、苏童、孙甘露等，可能对小说形式比较迷恋，也比较极端，所以有别于以往的一些小说。就我个人而言，这种探索是一贯的，如果有调整，那也是因为内在的需要，而不是迁就什么的结果。1996年，我在郑州的一所民宅里，写了中篇小说《结束的地方》，我开始感到我的小说已经把故事与叙事策略结合得不错了。这个"结束"实际上正是一个新的开始，接下来我写了《海口日记》、《三月一日》、《对门·对面》，直到最近的《重瞳》、《秋声赋》，应该说都具有以上这个共同点。当然，一个小说家面对即将要写的题材，首先想到的是"怎么写"，怎么写得有趣，怎么写合适。不是遇到所有的东西都一样地去写。至少我不是这样。我陶醉的是形式与内容的天衣无缝般的结合，无法拆分。譬如《重瞳》，我就曾经否定了三个开头。

康：在我看来，小说的实质是一种伦理的叙事——一种生活的想象和生命愿望。《白底黑斑蝴蝶》在这一点上凸现得比较显目。在这里，生活的逻辑不是简单的白与黑或者善与恶，我们惯常的叙事往往掩盖了生活的本来面目，因为它忽视了生活的偶然性与偶在性，其实，生活的偶然性无处不在，它往往从实质上颠覆了古典的善恶理则，你认为呢？

潘：我同意你的看法。《白底黑斑蝴蝶》应该是一个比较典型的"后现代"文本，因为它采用了"拼贴"。这个意思我在动笔之前就预想到了。我想把一些不相干的东西放到一起，进行重新组合，但是又很和谐。我感到它们之间会产生某种联系，也就形成了小说的张力。我对生活的"偶然性"很痴迷，它是想象的支点。它会诱发包括你所言的那种"颠覆"在内的许多有趣的东西。另外，宿命这个主题也是我一贯感兴趣的。

康：我注意到，你的小说沿袭着一种对生存的恐惧，从《南方的情绪》到《陷阱》，《三月一日》里面也弥漫着这种生存上的焦虑气息，《南方的情绪》是关于冒险的叙事，《陷阱》是关于防备的叙事，而《三月一日》则带有那么一点对现实生活失望和调侃的味道。这是否算是你对人的生活的总体认识?

潘:恐惧是我长期感受到的存在,也是我放不下的话题。我觉得我表现恐惧,无论是"冒险"还是"防备",实际上都是在表现人存在的荒谬与无奈,表现活着的沉重,表现人与社会的那种紧张关系,当然也是一种对爱的渴求,这应该是宗教情怀。恐惧的对面就是爱。

康:海德格尔的伦理学勘定在一种从"此在"把握入手,领悟此在与共在的关切,最终由存的"畏"进入对"趋于死亡存在"之大畏的一种存在本体论领悟,你的《三月一日》似乎也以此作为生存伦理思想的切入口。即我们的"此在"失洛于"众人"之中,成为非本真存在。主人"死"过一回,才有了更进一步的生命体味。直至最终遁入到久违的心灵记忆之中,才真正体会到"本真"的意义。项羽的乌江自刎也是对存在之"畏"的一种逃遁,我倒认为这是对传统英雄主义的一种颠覆。但总的来说,这种回归心灵的思路可能是你对生命意义的最终取向吧?

潘:冯敏说,《三月一日》是中国版的《变形记》,他的意思是,我在借一个荒诞的结构,说的还是现实问题。这个判断有一定道理。当然这不仅是一个叙事策略的问题,经过"这样写",某种意义上是方便了我的建构。譬如你提到的"死"与"畏",在小说里最后呈现出来的是貌似一种悖谬,其实这正是我想要的。这不是什么有意的"颠覆",是自然形成的结果。有人说,在《重瞳》里,我实际上是在借项羽说潘军的话,这或许不错,所以我不同意把《重瞳》看做什么"历史小说"。

康:你的叙事结构的设置相当精致且变化多端,往往能够将所叙之"事"讲述得圆融细腻,引人入胜,有的几乎就可以看做精巧的电影剧本,比如《与陌生人喝酒》、《白底黑斑蝴蝶》、《对门·对面》等等,这是否有着当初先锋实验阶段的积淀的功效?

潘:李洁非在一篇谈我的小说文章里说,我现在的作品尽管有所调整,但仍然可以看出"先锋"的痕迹。他大概是指叙事上的安排,当然也包含着结构。另一个原因,是我对电影文学本身的功夫,我对此是花过很大气力的。现在我还可以当导演来拍戏。但是即使是你所言的以上那些作品,我想本质上还不是我们通常所说的那种电影,那种好莱坞式故事片。它可能与那种法国"作家电影"的形态比较相似。《和陌生人喝酒》被黄建新买去了，他说这个小说让他想起黑泽明的《罗生门》。我倒觉得更像基耶斯洛夫斯基的《无休无止》。可是他买去了，又几年没有拍成，我当然就收回了，想想还是留给自己以后来拍吧。

康：关于《重瞳》，它使我又深一层领悟到"历史作为一种书写"的历史学观点。尽管某种意义上《重瞳》不能算历史小说，但是小说中项羽的人格魅力让我更愿意相信它。因为它更美，它越出我历史的期待视野之外，又在我的审美体验之中。我想问的是，你是怎样看待历史的？

潘：陈骏涛先生称《重瞳》是"新历史小说"，看得出，他也是喜欢这部小说的。"历史作为一种书写"是我一贯所认同的。1991年我写长篇小说《风》时，我就在企图表述这种见解。历史不在现实，而在人心。即使是客观的历史，那么这客观也只是一种主观的可能性。我同时认为，历史是暧昧的，它总是在真实与虚伪之间飘悠。其实，对于这个家喻户晓的历史题材，大家感兴趣的是，我怎么把它写成了这个样子。

康：《重瞳》一出来，引来了很多的模仿者。

潘：我注意到了，经常看见有人在说"我是这个"、"我是那个"的。

康：有没有想过继续通过对历史进行再叙来阐发自己的美学思想和诗学观念？

潘：也许还会有吧。我想会有的。

康：你的小说中有许多传奇性的东西，有时候你的叙事主体还扮演历史事件的侦探角色，似乎带有强烈的好奇心或者冒险精神，这里涉及一个私人问题：这是否也符合你个人的心性。还有，你的生活中是否有过许多的传奇？据我所知，你曾经有过长时间飘游的经历。

潘：我想应该是叙事的需要吧，与"心性"没有什么关系。生活中我是个大大咧咧的人，没有什么"杯弓蛇影"。至于传奇经历，我想每个人或多或少都会有一点。漂泊是我选择的一种生活方式，至少目前我还比较喜欢这种"居无定所"的日子，尽管伴随着许多烦恼。有人问我，假如你现在稳定下来，是否还会写出较好的作品？我说，可能不会，因为我觉得，流动的生活会使小说飞腾。

与《北京文学》编辑谈博尔赫斯

时　间：2004 年 10 月 27 日
地　点：《北京文学》编辑部
对话人：潘　军

《北京文学·中篇小说月报》编辑（以下简称北）：潘军老师，我们的"文本典藏"栏目已经做了好几期了，从读者和"圈子"里的反映看，大家都很喜欢。说到这个栏目的设计，我们还要感谢你当初出了个好主意。

潘：我和《北京文学》、和章德宁是老朋友了。那次聚会上，我提了这个建议，我其实重视的是一个刊物的形式感，觉得穿插一点手写体的评点，至少有一种装帧效果，这也有点像博尔赫斯的小说。

北：所以我们今天想请你谈谈博尔赫斯的小说。作为当年"先锋派"的一员，你们这些作家，譬如说马原、余华、苏童、格非、孙甘露等，都一定程度上受到了博尔赫斯的影响，因此编辑部才作出这种安排。

潘：作家中对博尔赫斯有深入研究的，应该是残雪，她写了一部专著，据说很不错。但博尔赫斯的影响应不限于在所谓的"先锋作家"里，也不仅是在小说家里，诗人中也有受到其影响的，比如西川。我还听说，博尔赫斯的诗歌实际上比他的小说还要精彩。我知道博尔赫斯，是在 1979 年，当时读大学二年级。好像是那一年的《外国文艺》上介绍了博尔赫斯的四篇小说，这是不是中国的第一次介绍？当时读了，不知所云。但博尔赫斯向我们提供了一个全新的小说形态，这种感受是显而易见的。就像一个人看惯了"巡回展览派"，突然之间让你看"印象派"，那种感受是全新的。还有，翻译者王央乐先生的译笔很了不起，感觉非常有味道。几年后的 1983 年，我在合肥买到了王先生翻译的《博尔赫斯短篇小说选》，就是上海译文出版社出的那个小32开的册子，觉得好，一直带在身边。有人说，这个小册子是我们这些作家的《圣经》。1993年，马原去海南岛拍大型电视片《中国文学梦》，他对我说已经拍了近百个中国作家，其中有王央乐，我想，他也是因为这个译本才作出这个决定的。这个事实表明，王先生的翻译对我们喜欢博尔赫斯所起的作用。倘若我最先接触的不是王先生的译本，或许就与大师失之交臂了。这一点我以为很重要。我读外国文学，从来都是先读翻译家——倘若译笔不好，我就不看了。比如《包法利夫人》，我是先读李健吾，后读福楼拜的。李先生那种漂亮的短句子让我至今迷恋。我不知道其他作家怎么看，反正我是承认，博尔赫斯对我有很大影响。十多年前，我甚至还公开效仿他，写了几篇小说，比较典型的是那部中篇《流动的沙滩》。我觉得博尔赫斯的真正影响，是对于整个写作形态的改变，同时也颠覆了阅读。

北：有批评家说过，《流动的沙滩》是一部典型的博尔赫斯风格的小说。你本人也曾经说过，创作这篇小说的时候，就非常向往能写出一部具有那种博尔赫斯式的语言意味的小说。

潘：苏州大学的季进教授就这么说过吧，他说这篇小说"最博尔赫斯"，我说，我以这种方式向大师致敬。这一点当时在下笔的时候就非常明确。我希望在叙述上做到从容不迫，而且既要完全改变传统小说的那种结构模式，又即兴地随手拈来一些东西，然后把它们放在一个统一的语言系统里面，构成内部的一种和谐。这是我对博尔赫斯的直觉。我从来不在意博尔赫斯的小说里到底说了些什么，更多是看他怎样说。我只是觉得他的小说很智慧，它的句子很智慧，而这样的作家在我看来确实是很罕见的，每一次细细地阅读，你可能都有新的发现。不过今天我们得说点什么了，否则就算不得"评点"了。我写上去的那几段话，都是即兴的读后感，不到半个小时就交卷了。

《南方》在博尔赫斯的短篇小说里，应该是精品。他本人也非常喜欢。这部小说集中体现了博尔赫斯小说的特点，就是对时间的思考和处理上。他对时间一直是不自信的，笔下的时间总是模棱两可，迟疑不决，甚至自相矛盾。他说，时间是一个令人颤抖和严峻的问题。然而也正是这种犹疑和悖论使得博尔赫斯对于时间命题的解决呈现了多样化的状态，从而意外地使其小说获得了独特魅力。《秘密的奇迹》叙说的则是在战争的阴影下关于时间的命题,在这里博尔赫斯提出了客观真实与心理真实,亦即物理时间与心理时间的关系问题,或者肉体的世界和精神的世界问题。博尔赫斯在作品中用暗示的手法模糊了梦与现实的界限,将梦和现实打通,合并成一条路,可以在其间自由来往。他进入了自由的呓语的梦境的状态,而我们正是被作者叙述中随意流淌出的象征、智慧、思考和想象力所征服。

北: 你提示大家注意《南方》的那个段落,是否可以看做是一种转折?

潘: 说转折也未尝不可。作者本身的表述就很含糊,到底是达尔曼的身体好转了,还是他的梦开始了?我选择后一种。他的关于南方的梦,是从病床上开始的。所以他说"几乎使人难以相信,这期待着的一天竟然来到了"。这种语气本身也是难以置信的。然后是"谁只要跨过那条街道,就会进入一个更为古老更为实在的世界"。再往下,便有了"身分为二"的感觉,"一个是秋日里在祖国大地上旅行的人,另一个是禁闭在医院里受着疗程奴役的人"。所有这些迹象,传达出来的都是梦的信息。他所营造的"南方",无疑是一种象征。在这里,南方和传统、历史是同义词。达尔曼走进南方,实际上是博尔赫斯走进了传统和历史。在这里,他将要接受命运的挑战。命运和时间一样,都是不可捉摸的。所以小说的最后,那个被称为"南方的缩影"的高乔老人向达尔曼扔出了一把刀子,把他逼上了必须接受挑战的绝路。这太绝妙了。

北: 博尔赫斯在中国一直存在着被"误读"的现象,对此你怎么看?

潘: "误读"的现象是有的。究其原因,我认为在于几个方面。首先是翻译得不够准确,我看过一份资料,说博尔赫斯的名篇《交叉小径的花园》不是"交叉",而是"分岔",应该是"小径分岔的花园"。我想之于此类的错误应该还很多,但对于我们这些不能用外语阅读的人,不好分辨。但是,当我比较了几个译本之后,仅从译笔来看,我欣赏的还是王央乐先生的译本。其次——实际上这是最重要的一点,我认为是阅读观念的问题。博尔赫斯的小说是全新的形态,那里没有什么明显的线形关系,也没有更多的因果关系,故事往往是零碎的,人物形象也是模糊的,倒是充满了悖谬、矛盾、幻想和想入非非。第三,批评家们也在误读。

中国的批评家往往习惯在读懂之后才发言,而现在面对的是全新的不易读懂的文本,所以他们只能作出似是而非或者自以为是的发言。在这里,批评家们其实是遇到了自身智力上的挑战,但他们多数是回避了,顾左右而言他。

北:批评家更关心的是把作品纳入某个体系和大的背景。

潘:但是最过硬的批评家还是应该就文本谈文本,迎面而上。可惜这种批评家不多见,多见的是把我们这些人的小说当做他理论体系的"举例说明"。

北:对博尔赫斯的误读不仅仅存在于批评家中,还存在于作家中。这是否因为中国作家很大程度上比较拘泥于现实,在思考中比较缺乏形而上的能力?

潘:有这方面的问题。但主要原因还是把我们习以为常的写作方式套用在博尔赫斯身上,这就造成了严重的隔阂。博尔赫斯一辈子是在书籍中旅行,他的作品极大地依赖文献与资料,依赖于自身的想象力而缺少体验。另外,博尔赫斯一辈子痴迷于叔本华等人的学说,他往往一开始就面对的是形而上的思考,这与中国作家习惯于从形而下提炼到形而上,希望从现实层面进而升华的经验也是大不相同的。再就是,一般的作家通常是被故事、被因果关系所追逐,是被动的;而博尔赫斯则是主动驾驭着文本,他通过他创造的这种特殊文本作为载体,可以装他想装的东西,可以为所欲为。

北:博尔赫斯自身即存在很多悖论,他秉性文弱,而他向往的境况却往往是雄壮的,作品中经常出现黄金、老虎、草原等等硬的意向,这是否可认为他的写作是对于自身不能达到的一种补偿。而中国作家的写作可以让人看见具体生活,却缺乏这种补偿。

潘:博尔赫斯自身就是一个悖论。他生性羞怯,却又喜欢跃跃欲试;热爱学问却又醉心政治鼓动;性格孤僻却又愿意接受记者访谈。博尔赫斯出身于一个旧式军人家庭,从小在祖辈那些可歌可泣的传奇故事中长大,这种经历使他对那种勇敢彪悍的形象非常崇拜,所以他笔下出现的,往往都是杀手、醉汉、囚犯、刺客、流浪者和远方的骑士。这种形象,可能也是对他乏味的个人经历的一种补偿。某种意义上,他通过自己塑造的小说形象展现出生命的辉煌。他像个优秀的演员那样，通过不同角色的演绎丰富人生的体验。但博尔赫斯不是那种依靠个人经验、阅历进行写作的作家。他的身体条件决定他不能行万里路，但可以读万卷书。他是一个典型的"图书馆作家"，依赖的是自己丰富的阅读。这使他的作品，无论是小说还是诗歌，都呈现出一种超凡的幻想。他是一个梦想家。他从小就待在父亲的书房里，成人后几乎一辈子都泡在图书馆里，先是在布宜诺斯艾利斯市里图书馆当管理员，庇隆政权时期，他被弄去做了几年的家禽检查员，等庇隆下台了，他被任命为国家图书馆的馆长，他在这个职务上做了18年。所以他说："必读的书，我已饱读。"他一生是在书籍中旅行。上帝把八十万册图书和高度的近视同时送给了他，却使他成为一个因近视而富有远见的人。这种情形，在其他作家，包括中国作家中十分罕见。一般来说，一个作家的经历、记忆，特别是童年、少年时期形成的记忆，决定了他的写作方向。作家的每一次写作，都不同程度地在调动自己的记忆库。但博尔赫斯不是这样，他的许多小说，我推测都是从传说和阅读中得到启发的。他把自己的某些观念，嫁接在一个书中看到的或者道听途说的故事躯干上，然后再用文学的方式去解释哲学方面的问题，这使他的小说别具一格。《秘密的奇迹》中，居然有这样的事情，一个死到临头的剧作家，因为剧本没有写完，便托梦去向上帝争取一点时间，而上帝居然也允准了。但他要表达的却是对时间——这个哲学问题的理解：客观的时间无法驾驭，但主观的时间则可以自由支配。肉体的世界可以凝固，精神的世界却可以无限释放。

北：你在一篇关于博尔赫斯的随笔中，曾提出一个观点，即认为博尔赫斯的小说文本是一种"双重虚构"，能具体谈谈吗？

潘：所谓"双重虚构"只是我个人的理解。小说作为虚构的故事文本在博尔赫斯手里，就其表面的形态而言，往往像一份措辞考究、证据充足的书面报告——他有一部小说集就叫《布罗迪报告》。在这样一份"报告"里充满着准确的时间、地点、真名实姓的人物、确有出处的典籍，并有大量的引经据典，这些"报告"经他神秘地组织起来，具有毋庸置疑的欺骗性，但一切看上去都是那么煞有介事。他用貌似真实的细节等虚构了作品的形式，从而构成了一种虚实相间的迷离的效果。这是另一种虚构，形式的虚构。除了博尔赫斯的博学和对纯粹文学形式的高度把握,或许正是由于这么一种"双重虚构"的文本,使博尔赫斯成了"作家们的作家"。这之前的作家们可以虚构故事,却还没有来得及考虑虚构形式。读博尔赫斯的小说,有时候感觉是在做一项智力游戏,那里面有知识、有智慧、有惊人的想象和清晰的思辨,你在破除他布置的迷宫的同时,也享受到了梦游般的快乐。

北:能谈谈对短篇小说的看法吗?

潘:我对文学史上依靠短篇小说立足的作家,从来都是敬畏的。例如中国的鲁迅、法国的梅里美,还有这位博尔赫斯。短篇小说由于受到篇幅的限制,它的经营便煞费心机。"短篇小说"应该是一个专有名词,与内容的浓缩其实没有什么关系。我曾经有一个比方,觉得短篇小说和传统中国画中的那种叫做"小品"的形式很接近。小品不是浓缩的国画,当然放大了也不是巨制。小品就是小品,要求的是那么寥寥几笔,尽得风神。但这寥寥几笔往往是要命的,因为要出大境界。所以八大山人、齐白石是大师,他们是出了大境界的。短篇小说核心的一点,是在有限中企及无限,这也是要命的。

北:你怎么看博尔赫斯将文学当做严肃的游戏,认为写作是满足自己游戏的心态。

潘:对于一个职业作家,写作这种职业往高谈是使命,往低谈就是日常生活。但无论是作为使命的写作还是作为日常生活的写作,最高境界应该是游戏的状态。李陀曾批评我是个过度沉溺于叙事快感的作家,可我却将它视为一种表扬,因为我是一个为叙事的欲望所驱使的作家,倘若连叙事的快感都没有,那我也许就不写作了。

北:在文坛上,你是一个比较特立独行的作家,能对当下的中国文坛谈点看法吗?

潘:我一贯置身"坛"外,不知道"坛"内的事,也不感兴趣。我现在也不怎么读小说,主要读一点文史方面的书和一些闲书、杂书。另外就是弄点字画,自娱自乐,有时打打麻将。北京这个地方虽然人多车多、空气不好,但能修身养性——因为能人太多,天下太大,谁也霸不住。这就意外地获得了一份安宁。这也是一个悖论。

与"文学比邻"的几次谈话

一

时　间：2008年1月
地　点：杭州
对话者：张晓红（《江南》杂志编辑）

张晓红：我们《江南》有一个栏目，叫"文学比邻"，不知道你可留意了？

潘　军：我对《江南》的小说不大在意，好像到了现在这个年纪，基本上不怎么看小说了。但这样的栏目我是关注的，觉得好看，听说是鲁渤主持的？

张晓红：对。所以我这回向你组稿，想请你谈谈你做影视方面的事情，"比邻"一下。正好，你带《海狼行动》剧组来杭州拍外景了。在杭州拍哪些镜头？

潘　军：主要是去杭州玻璃厂拍老火车头。

张晓红：那老火车头根本就不能跑了呀。

潘　军：我们用内燃机车头在后面顶着它跑，前面放烟。

张晓红：去年8月里你来杭州为《五号特工组》做宣传。这部戏在杭州播得很火，收视率是第一。

潘　军：在全国绝大多数城市的收视率都是第一。这个我有数，开拍前，我在上海举行的新闻发布会上说，我就是要拍一个大家觉得好看的"洋抗日"的故事。当时有人私下里觉得我这话有点大，因为一部电视剧的收视率上去是很难的，跟一本书卖火一样。

张晓红：可是我印象中你的小说印数都不是很大。

潘　军：没错。最大的也就是《死刑报告》吧，开印六万册，后来不印了，结果盗版满街飞，我就收藏了四个"版本"。其实，我成不了一个畅销书作家，我希望自己能成为一个"常销书"作家。每年有一部分读者愿意买我的书。假如有一天我的小说卖火了，反倒让我不安了。

张晓红：为什么这么看？

潘　军：因为这是两种完全不同的东西。电视剧就是一个十分通俗的大众化的东西，老百姓不看，你给谁看？小说，至少我自己的小说，其实是写给自己和一些朋友看的，或者说是给同道的读者看的。是自己的一种叙事欲望的满足。前者，我称之为"生活需要的写作"，后者则是"内心需要的写作"。我拍电视剧，有些读者是不满的。我感谢这样的读者，只能请他们谅解。

张晓红：你送我《五号特工组》的碟，我是连熬了几个夜看掉的，确实还很好看。故事情节很扣人，台词也不错，拍摄制作都还比较讲究。

潘　军：但你绝对不会指责我拍得不深刻吧？这就和小说不同嘛。

张晓红：我记得你不止一次地对我说过，就你个人的素质和知识结构，你更适合去做一个导演。以前我没当回事，现在看起来，这话是有道理的。你是作家，从小生长在一个黄梅戏的家庭，在戏园子里长大的，熟悉舞台。你给《水边的舞台》写的那篇序言，几个朋友看了，都说好。

潘　军：你母亲是越剧演员，我母亲是黄梅戏演员，所以，我写那篇序言，完全是有感而发。对于她们那样的"戏人"，从走下舞台那天起，她们的人生谢幕实际上就已经完成了。

张晓红：你最初又是学画的，在中国作家中，你的画应属上乘。《江南》今年第一期就用了你的几幅画，我听到的反映还挺好的。我特别喜欢那幅《断桥》，寥寥几笔，让人很有感触。

潘　军：可能这也与我们的"舞台情结"有关吧。那个瞬间你可能仿佛听到了你妈妈在唱"西湖山水还依旧"。1977年，中国高考制度恢复，我报考的就是浙江美术学院，成绩不差，身体都检查了，可是那一年还讲政审啊，我父亲是没有被平反的"右派"，结果他们没有要我。

有时候我想，如果当初的浙美录取了我，我会成什么样子。估计也未必当一辈子画家。

张晓红：你做导演的另一个原因，是你本人还能演戏。

潘　军：我在大学三年级的时候，是1981年，写了一个独幕话剧《前哨》。也是自编自导自演，在剧中饰演鲁迅先生。这个戏后来获得了首届全国大学生文艺汇演的一等奖。那一年是鲁迅先生诞辰一百年。

张晓红：我看过宗仁发写你的一篇随笔里提到，你还演过周恩来。看来你特别喜欢演历史人物。《五号特工组》中你演的是戴笠，也是我们浙江江山人。

潘　军：那次是客串一下，这回的《海狼行动》，我还是演戴雨农，有六十多场戏呢，开场的序幕就是，1937年12月，南京政府撤离的前夜，戴笠一脸的沮丧。这次来杭州，除了拍老火车头，还到法华寺去拍了戴笠进香的一场戏，寺里的住持告诉我，历史上，戴笠曾经三次到这里来进香的，所以对剧组十分热情，以至于让我们把"大炮"（升降车）都支进了大雄宝殿，面子给大了，不是我的，是戴老板的。

张晓红：那天我和英姿、李杰去探班的，你当时正扮着呢。

潘　军：对对。其实，剧中描写的是1943年的四川的慈云寺。选景的时候，我发现法华寺的感觉非常好。没想到历史上戴笠还真的到过这里。

张晓红：你刚才说，你拍的是"洋抗日"的故事，怎么说？

潘　军：过去我们接触的都是些"挖地道、埋地雷"的土抗日嘛，这个游击队，那个游击队。一场八年抗战哪能都靠游击队呢？全中国的游击队能消灭多少日军的有生力量？一个旅团还是一个师团？不符合历史真实啊。所以，我写了一个中间力量，一群"海归"的爱国青年，住在上海的法租界，有着体面的上流社会的身份，既跟中共地下组织合作，也跟"军统"联手——当时的政治背景就是国共第二次合作。他们一起对付日本宪兵司令部的特高课和汪伪的"76号"。类似这种事情在当时是有的。比如说，1937年8月14日，"淞沪会战"爆发的第二天，中国空军第一次在上海上空与日军作战，旗开得胜，六比零的战果，高志航等飞行员都是从海外回来的，那一天就被后来的国民政府命名为"中国空军节"。

张晓红：《五号特工组》里，每个单元都是有一个大事件的背景，你是有意这么处理的吧？

潘　军： 对，我计划拍一个"谍战三部曲"，按时间顺序来结构。第一部《五号特工组》，从1937年的"卢沟桥事变"写到1941年的"珍珠港事变"；第二部《海狼行动》，写到1943年的"开罗会议"；第三部叫《捉放曹》，写到1945年的"重庆谈判"。我想把那八年抗战里发生的大事件都放进去，这样，八年抗战的轮廓大致就描绘出来了。

张晓红： 这应该很有意思。

潘　军： 其实我也是满足一个"玩"的心态。拍这些东西，打打杀杀的，很好玩。间谍题材和爱情、死亡一样，大家永远都爱看，《007》不是已经拍几十年了吗？

张晓红： 可我从你新出版的小说集《戊戌年纪事》的序言和后记里，也看到了你的忧虑。你说，你担心作为"编剧和导演的潘军，会掩盖从前那个作家潘军"。

潘　军： 这种忧虑自然是有啊！我刚才不是说了吗，我的写作分为两类。我这些年就是在这两类写作中来来往往，跨过来，跨过去。你还记得我们第一次见面的情形吗？

张晓红： 当然记得，那是在1998年秋天，我到北京向你组稿，你住在亚运村那边的一个酒店里，也是在为别人搞影视吧。

潘　军： 是啊，当时是在拍一个叫做《对话》的电视电影，也是自编自导。等这件事做完了，我又返回去写小说了，而且一发还不可收，写了一批小说。比如长篇三部曲《独白与手势》，比如中篇《秋声赋》、《对门·对面》、《重瞳》以及给你们的那个《关系》，短篇像《和陌生人喝酒》、《寻找子谦先生》等，都是在那个时期写的。到了2000年，全国七家出版社——包括浙江文艺出版社，不约而同地出版了我十六本书。这些小说不可能是一年写的啊，都是写完了，发表过了，搁在那里没理会，因为去忙影视了。等忙完了，才回过头来打理书稿，凑一块了。

张晓红： 那阵子忙完了，你是不是又去写电视剧了？

潘　军： 没错，一气写了两个剧本卖了。正好那时我母亲得重症，需要大笔的钱，只能去卖剧本了。直到2004年，我才有状态写了长篇小说《死刑报告》和中篇小说《合同婚姻》、《犯罪嫌疑人》等。

张晓红：你写小说很看重状态？

潘　军：是，我很看重。如果状态不好，我无法写作。我们这些作家，写作历史都是二十几年了，也出了几十本书，多少不重要，重要的是好坏。写小说是一个人的战争，是自己跟自己较量，这就永远面临着一个问题——你是否能够写得更好？如果不能，那何必要写？说实话，我一直在怀疑自己还能不能写好小说。写作的路应该是越走越窄才对。

张晓红：是否也有一个被金钱诱惑的问题？

潘　军：当然有啊！有一天，有人敲开你的门，拎着一旅行包的钱，让你给他写电视剧。如果这个时候你正在写小说，你就应该说不。你说不了不，那就只好被这些商人牵着走。

张晓红：你遇见过吗？

潘　军：去年秋天，我在家里重新修订《独白与手势》，利用水墨的形式把小说的图画部分重新做一回，你知道，那部小说我是把图画引进了小说叙事的，使之成为叙事的一个层面，我画了一百六十多幅。那当儿，就有人上门来约我做电视剧了，说潘军老师，《海狼行动》之后帮我们公司做一部吧，这是给您的订金。我说，我现在做不了。那人就问你什么时候可以做？我说等我想做的时候再通知你吧。其实也就推了。如果不推，我就被他们牵着走了。

张晓红：我觉得你做导演不完全是为了钱吧？

潘　军：主要目的是为今后做电影热个身。我当导演的念头，是在我和国内的一些大牌电影人陆续接触之后，树立起来的。一次谈话，彼此心里就有数了。我知道他们的能力、水平在什么位置上了，因此我的小说电影版权一个没卖。

张晓红：那你打算什么时候拍电影？

潘　军：这个还真说不好。电影市场不好，投资人胆战心惊。另一个原因是我们的电影审查制度还不宽松，我想做的，往往是通不过的；而能通过的，往往没意思。陈凯歌不是一直想拍我的《死刑报告》吗？送了几次，没通过。那就去拍《梅兰芳》吧。还有一个消息告诉你，就是话剧《重瞳——霸王自叙》很快要上演了。

张晓红：这是个好消息。剧本首发在《江南》上，到时候我们要去北京看戏。

潘　军：那我们下次就在北京见吧！

二

时　　间：2008 年 1 月
地　　点：上海松江
谈话者：女儿潘萌

潘　萌：去年第一次去片场探班的时候，愣是没认出你来。那个穿着大背心、捧着大瓷缸蹲在监视器面前的那个人还是我爸吗？昨天我跟你去片场，感觉你比去年夏天拍《五号特工组》的时候辛苦多了。连执行导演都没有，什么事情都亲自张罗。《五号特工组》你只拍重场戏，对其他的戏给执行导演提出要求，余下的工作就是看景了。

潘　军：其实导演就是一个不折不扣的体力劳动者。我说过，片场就两种人，一种是酷似明星的人，另一种是酷似民工的人。我就是一个民工头嘛！基耶斯洛夫斯基就是被累死的。他死的时候不过五十多岁。他说对于导演，并不意味着鲜花掌声，而是经常早晨六点起床，和雨水、水泥之类的东西打交道。你看，这不是民工头吗？（这篇谈话在整理期间，又得知拍《英国病人》、《冷山》的导演安东尼·明格拉去世了，终年五十四岁）

潘　萌：去年的《五号特工组》赶上个高温季节，今年的《海狼行动》又是个几十年不遇的大雪天，全给你赶上了。可我知道，你有一个"电影梦"。你现在拍电视剧，不过是练手热身吧。你说三十年前进安徽大学，从图书馆借出的第一本书就是关于电影导演方面的。

潘　军：是前苏联导演库里肖夫的《电影导演基础》，比砖头还要厚。

潘　萌：你把这本书差不多都抄下来了，包括那些插图。我小时候就看过你那个笔记本，黑色的封面。

潘　军：那时我就有点跃跃欲试。我小时候在《大众电影》上看见过崔嵬拍摄《青春之歌》的一幅工作照，是棚里的，边上支着摄影机和许多灯光器材，还有人在"下雪"，我就对这种生活十分痴迷，也仿佛觉得自己会拍电影了。还有一个有趣的例子，就是当我看一部电影院即将上映的新片子时，知道了故事情节，就私下里根据自己的想象安排起了演员，结果还真蒙对了不少。比如说《英雄虎胆》，于洋、王晓棠，包括张勇手，我都猜对了。

潘 萌：你历来很在意演员的表演。我从你的随笔里看见，你说好演员有两类：一种是个人魅力型的，比如赵丹、金山；另一种是演技型的，比如石挥、蓝马。你还提到了《英雄儿女》中演政治部主任的田方。

潘 军：就是田壮壮的爸，好演员，可惜早去世了。

潘 萌：那么，达斯汀·霍夫曼与罗伯特·德尼罗也是两类？

潘 军：他们也是两类。我更喜欢演技型的。

潘 萌：对所谓"本色演员"呢？

潘 军：本色不过是一个方便。

潘 萌：那天在剪辑房，看见你这回演的戴老板，演技有所提高啊。

潘 军：其实我不是在"玩票"，觉得这也是与演员沟通的一种方式。

潘 萌：我一点都不怀疑你能做一个好导演。我也知道你不会永远拍电视剧，你实际上是在把电视剧当做电影来拍啊，你每一场戏的镜头都很丰富，这完全是电影的手法嘛。看你这两次都搭了那么多的景，老飞机啊、旧轮船啊、老火车啊，还真跟拍大片似的。昨天我去你的主场景——船底舱，简直被镇住了，很多管道仪表什么的都是真的。

潘 军：上回来了一群记者，也很惊讶。就这场景，花了二十万。

潘 萌：还有光，很讲究的，吊了那么多的灯啊！

潘 军：有近七十盏，每天用电量在十万度以上。

潘 萌：电视剧需要这么讲究吗？

潘 军：电视剧通常是一卖故事，二卖演员。有的戏故事弱，靠演员来拉动人气，所谓"人保戏"；另一种是故事好，演员大致符合，就可以了，所谓"戏保人"。但制作上还得考究一些。我走的是后一条路子。

潘 萌：我知道你想做自己的电影，比如《我的偶像崇拜年代》、《秋声赋》这样的，也未必做得了。

潘　军：那就安心等待吧。中国有很多事情都是等出来的。不能拍，就观摩吧。经常看看碟也挺好。我自信还能看出一部优秀影片的好来。这就跟写作一样，你先得去读书，读出了别人的好，就有了一些自信。前些天我又把安东尼奥尼的《放大》看了一遍，结尾那个哑剧用得实在好，仿佛是一个哲学意味——存在与虚无。还有，去年的《通天塔》，也很好。

潘　萌：这部片子我也很喜欢。名字实际上叫《巴比伦塔》，从《圣经》上拿来的，人类原本是可以修一座"通天塔"的，结果让上帝害怕了。于是上帝就用不同的语言来使人类造成隔阂，彼此不能沟通。于是半途而废。西方很多电影都从宗教里面找素材。

潘　军：但人类的隔阂恰恰是人类自身造成的，语言的障碍已经不重要了。政治、文化、种族、信仰等，都是造成这种难以沟通的原因。

潘　萌：奥斯卡却颁给了西科塞斯的《无间行者》，很不公平。

潘　军：西科塞斯是该得奖的时候被奥斯卡冷落，如今却被愚弄了一回。他的《愤怒的公牛》、《出租汽车司机》拍得多好！

潘　萌：1997年你去海口拍摄《大陆人》，应该是你第一次当导演吧？还记得当时什么心情吗？

潘　军：对。但我心里已经很有底了，所以上手就是二十六集。心情嘛，跃跃欲试啊！

潘　萌：我记得你们开机的那一天是个特殊的日子，邓小平逝世，我一早就给你打了电话，好像是五点钟。

潘　军：2月19日，在广州开的机。

潘　萌：那部片子前两年我还在电视里碰巧看过两集，应该说，在那个时期，能拍成那样子就很不容易了。

潘　军：那部片子很可惜，由于和投资方谈不拢，所以后期我没有做。

潘　萌：后期很重要啊。都说是"三分拍，七分剪"。

潘　军：现在想起来还觉得有点遗憾。

潘　萌：你曾经劝我可以学学剪辑。

潘　军：我觉得剪辑这项工作很有趣，而且很适合女孩子做。好莱坞的"三驾马车"，指的就是导演、摄影和剪辑，不包括美工。

潘　萌：或许就是因为这个吧，我这次去美国留学，最后决定还是去读电影。

潘　军：但我不希望你今后去做导演，太辛苦，辛苦得一点美感都没有。

潘　萌：我申请的学校有个新项目，是关于国际电影交流与电影文化传播方面的，我很感兴趣。当然，我也会写小说、写剧本的。对了，有一家出版社想约我们写一本关于电影的书呢，就是想让我们共同看上十部电影，各写各的，合成一个随笔集。你有兴趣吗？

潘　军：有兴趣，但估计暂时没时间。《海狼行动》拍完，接着要做后期。明年计划做第三部《捉放曹》。

潘　萌：你做历史剧方面的本事我们都见识了，那当代题材呢？

潘　军：我已经在考虑做一个当代戏，就是把《从前的院子》等几个小说放到一块，打算拍一个跨越几十年的东西。名字就叫《从前的院子》。

潘　萌：你的《合同婚姻》已经在播出了。

潘　军：是何群拍的，我还没看到。但剧本我只写了一稿，因为当时在上海拍《五号特工组》，分不了身。现在的剧名已经不叫《合同婚姻》了，叫《婚姻背后》。

潘　萌：为什么要改呢？

潘　军：说是审查通不过。

潘　萌：奇怪啊，小说和话剧都叫《合同婚姻》嘛，怎么电视剧就不行了？

潘　军：这也是中国特色啊！

潘　萌：我看过你写的几篇电影随笔，关于伯格曼的，关于基耶斯洛夫斯基的，关于科坡拉的、奥里弗·斯通的、斯皮尔伯格的、马丁·西科塞斯的，还有拉兹·冯特艾尔、朱佩塞·特纳多雷、阿姆多瓦，反正有不少。这其中，你好像最喜欢基耶斯洛夫斯基和拉兹·冯特艾尔。

潘　军：我觉得他们的作品和我心目中的电影一样。

潘　萌：但在中国，这样的电影可能没有市场。

潘　军：这是一个问题。

潘　萌：我的大学毕业论文想写世界女性电影，给我推荐几部吧，看看我们想的是否一样？

潘　军：《蓝》、《钢琴课》、《黑暗中的舞者》、《教室别恋》。

三

时　间：2008年3月9日
地　点：北京寓所
对话人：刘聪玲（中央人民广播电台记者）

刘聪玲：那天在中国国家话剧院举行的《霸王歌行》的新闻发布会上，你有句话给我的印象很深。当时你说，你的写作分成两类，一是谋生的写作，另一种是内心的写作。你把话剧视为后一种写作，能具体谈谈吗？中央人民广播电台的神州之声"文化时空"栏目，有一个版块"名家访谈"。

潘　军：话剧是属于文学的，一个作家只有发自内心地写作，才称得上是写作。这种写作不属于大众，只属于自己，属于朋友，属于那些和你精神上达到默契的读者或者观众。它是一种同道的东西，是小众的。至于另一种写作，其实就是谋生的手段，比如写畅销书，写电视剧之类。你今天上我这里，在北京能买上这样一套房子，小说是难以实现的，但电视剧可以做到。

刘聪玲：你去年自编自导的电视剧《五号特工组》，可以说是大火荧屏，我听到的观众反映都不错。

潘　军：这就对了，电视剧是个通俗的东西，你必须要让大家喜欢，这是起码的目标。但我真正喜欢的还是小说和话剧。

刘聪玲：电影呢？

潘　军：如果是按照我自己意愿拍的电影，当然也会喜欢。

刘聪玲：不过，《五号特工组》看得出你也是下了功夫的。

潘　军：我这个人做事情心气很高，既然你染指了这行，那就尽心尽力去做好吧。

刘聪玲：这次的《海狼行动》觉得怎么样？

潘　军：就剧作和拍摄而言，品质上应该是超过《五号特工组》

的。目前前期拍完了，2月26日在上海封镜。第二天我就赶回了北京，来参加《霸王歌行》的新闻发布会。

刘聪玲：在学术界，您一直被认定是先锋作家，从小说《重瞳》到话剧《霸王歌行》，作品的先锋性也是很突出的。能谈谈这个"先锋"吗？

潘 军：所谓先锋，我觉得本质上是在坚守一种文化立场和文化精神。从小说到剧本，都保持了"第一人称"的叙事，实际上就是项羽这个幽灵的口述史。我满意的一点，是我并没有去篡改历史对项羽的史料规范，《项羽本纪》里的史实全在，但是我寻找了一种新的解读的可能性，也就重新塑造了一个新的霸王。你会发现，那些大家耳熟能详的典故都在戏中体现了，但看法和以前完全不一样，颠覆了，这与原著和剧本的精神层面达到了一致。

刘聪玲：这个戏虽然带有浓重的先锋试验性质，但在主题思想、人物性格乃至情感上，还是给人以震撼。

潘 军：形式是为内容服务的，这种朴素的美学思想我视为真理。纯粹的形式主义是没有意义的。其实即使是当年我写的试验小说，也都是有内容的。我没写过纯粹形式的东西。《霸王歌行》通过项羽自叙的一生，揭示了一个悲剧宿命；揭示了政治、权力和人性之间的较量和挣扎。

刘聪玲：在新闻发布会上，您曾说：历史上爱项羽的只有两种人——文人和女人，而李清照是二者结合的典范。男人难道不喜欢项羽吗？

潘 军：当然这是一种表达的方式了。我觉得在中国乃至世界男人的心中，那种成王败寇的价值取向至今没有改变。这就是我们今天演《霸王歌行》的意义所在。

刘聪玲：您对导演的某些处理怎么看？

潘 军：王晓鹰是一位出色的话剧导演，我看过他的《萨勒姆的女巫》和《哥本哈根》，都很棒。这次的《霸王歌行》，他的探索姿态更有胆识，比如说引进了京剧的元素，乃至民间"双簧戏"和"独角戏"的元素，比如让一个演员去串演十三个角色，比如把中国画的写意和后现代艺术的装置安排到一起，进行了拼贴，比如运用了多媒体手段，这些合成起来，构成了一种新的戏剧语汇，既有民族的、古典的韵味，又有现代艺术的审美气息。

刘聪玲：也有人对京剧和话剧混合、舞台上的"鲜血淋漓"表示异议的。

潘　军：这很正常啊。但凡一部优秀的作品，大都是有争议的。只有平庸的东西众口一词。但是，我也发现有人是没有看明白的。比如说，项羽和虞姬乌江相逢，项羽对着疾驰而来乌骓马大喊一声"吁——"，然后项羽才说"请问姑娘芳名？"而虞姬则俏皮地回答："我的名字其实你已经知道了。"虞姬谐音把"吁"和"虞"等同了，这个细节小说中就有，都觉得是很精彩的一笔，但居然有人没看明白！京剧的元素，剧本中原来就有体现，包括梅派的那段脍炙人口的经典唱腔和"夜深沉"的剑舞，我认为必须用进来。王晓鹰支持了这个做法，做得很好。至于"鲜血淋漓"，我觉得效果很好，有视觉的冲击力。

刘聪玲：对演员的表演，您怎么评价？

潘　军：房子斌饰演的项羽符合我的想象，他的表演充满激情与悲怆，收放有度，很大气；刘璐是梅派青衣，正读研究生，能在话剧和京剧中自由穿行，已经很不容易了。她的"圆场"、"舞剑"、"念白"和唱腔，都是不错的。特别是张昊，一个人饰演了范增等十三个角色，这是王晓鹰的创造，更是张昊的成功。为了感谢这台演员，昨天我给他们送了小说《重瞳》和我的最新出版的小说集《戊戌年纪事》。

刘聪玲：几年前，您的另一部话剧《合同婚姻》由北京人艺演出后，立即在京城引起了轰动，那些天街头巷尾经常能听到大家在议论这出戏，甚至有些台词一时间成了流行语，比如"男女之间手摸不到的地方就是远"。

潘　军：这个戏是北京人艺的保留剧目，他们每年都演。去年"五一"期间还要加座。最近哈尔滨话剧院也在演出，据说效果也很不错。

刘聪玲：这说明《合同婚姻》引起了共鸣。

潘　军：我的愿望是希望通过这个戏，让大家对婚姻制度重新思考一番。我个人觉得，婚姻是人类最大的败笔。这个制度有待于修正、完善。《合同婚姻》也改成电视剧了，但效果估计没有话剧那么强烈。审查的时候连名字都改成了《婚姻背后》，说"合同婚姻"挑战了《婚姻法》——《婚姻法》难道就不能挑战吗？我挑战的是整个人类的婚姻制度呢！

刘聪玲：我想知道，您最近有关于小说创作的计划吗？

潘　军：暂时还没有，担心自己的状态不好。

刘聪玲：不少读者期待着读你的小说呢。

潘　军：写小说是越到后面越憷，感觉就是在登一座象牙之塔。一个作家写小说是需要足够的勇气的。

刘聪玲：为什么这么说？

潘　军：你会觉得步履艰难。既然是象牙之塔，那就不会是坐电梯上去的——那是现在杭州重建的雷峰塔了。

四

时　间：2008年3月14日
地　点：北京寓所
谈话者：女儿潘萌

潘　萌：首先得向你表示祝贺，今晚《霸王歌行》在东方先锋剧场的首演很成功！这出戏早就听说要排，几年没消息，现在突然就搞出来了，很意外。

潘　军：是啊，剧本在2004年就写出来了，发表在《江南》2005年第一期上，这是《江南》自创办以来首次发表剧本。

潘　萌：你的话剧《地下》不也是《北京文学》破例发表的吗？

潘　军：应该是，虽然几十年前他们还发表过吴晗的《海瑞罢官》。2004年我写了两个话剧，都是根据自己的中篇小说改编的，除了这个，就是《合同婚姻》，交给了北京人民艺术剧院，他们当年就上演了。但《霸王歌行》却迟迟不动，现在终于上演了，也算是好事多磨吧。

潘　萌：看来除了"电影情结"，你还有一个"话剧情结"。这一说，又聊到你在大学时代了。直到现在，我还经常听见老师们谈起你在大学里的《前哨》。

潘　军：我喜欢话剧，话剧属于文学。

潘　萌：我在网上看见，哈尔滨话剧院也在上演你的话剧《合同婚姻》。

潘　军：他们给我发过邮件，我没有收取他们20%的票房提成，让他们把这笔钱捐给艺术学校，给学生们买点书籍资料。

潘　萌：这事很好。

潘　军：《合同婚姻》的话剧，中央戏剧学院的毕业演出也演过。

潘　萌：《霸王歌行》是你起的吗？我怎么觉得原来不叫这个名字啊？

潘　军：名字原来是小说的副题，叫《霸王自叙》，我就是利用"口述历史"这个形式嘛。舞台上其实有两个项羽：一个是故事的讲述者，那是个幽灵；另一个则是历史中的项羽，剧中人的项羽。我还在剧本中提示过，项羽身着一件红黑两面的斗篷，黑的表示幽灵，红的则进入历史。

潘　萌：现在舞台上这件斗篷还有，但并没有包含你的这种暗示。你最初的剧本里就有京剧的元素，包括那段梅派的经典唱腔，这些现在都体现出来了。

潘　军：对，我就是想把京剧的一些东西融进去。

潘　萌：最后谢幕的时刻，您上台接受鲜花，并代表剧组全体人员上台对观众致辞——那句话讲得挺好：感谢在座的每一位观众，因为你们的存在，使这个夜晚成为了中国艺术的不朽之夜。那种激动看上去很真诚，至少我有点感动。

潘　军：我的确有些激动。那一刻我多少有点荣誉感，这是电视剧不能带给我的。

潘　萌：王晓鹰导演还是下了不少功夫的。一些处理，特别是让张昊一个人来扮演范增等十三个角色，这个设计很大胆。观众的反映也非常好。

潘　军：王晓鹰最初还打算把它排成一个独角戏呢，但想想还是觉得没有可操作性。后来我们又设想把它做成一个大剧场的，可是那样一来，又怕跳不出以往"历史剧"的窠臼。当然，这里还有一个国外演出的问题，出去那么多人，接待是问题。

潘　萌：看来一个成功的话剧，背后有很多的设计和构想，真不容易。主创们反复论证，演员也很努力。最后的"别姬"，我看见刘璐满面泪痕，弄得我也受到了感染。报纸上说这个戏还得搞一个"海外版"？

潘　军：那是为"中日韩戏剧节"准备的。

潘　萌：那其中的这些"中国元素"是针对这个做的吗？

潘　军：不是针对这个。我听导演说，所谓"海外版"将引进日本的歌舞伎和韩国的唱剧因素，届时三国演员同台演出。

潘　萌：张广天的音乐设计不错，有楚歌的气势和韵味。特别值得一提的，是刘科栋的舞美设计，简约、大气。悬挂的宣纸上随着剧情的发展不断"流出鲜血"，给人震撼，且不突兀。还有舞台前面陈设的头盔、铠甲、青铜剑，有一种走进博物馆看展览的感觉。

潘　军：但其中陈放的一只马头错了，应该是一只马鞍。刘科栋选择了现代三原色——黑、白、红。他把中国画的写意和西方现代艺术的装置结合在一起，很好的。你有哪些不满足的地方？

潘　萌：有两点意见和一点担忧。一是张昊饰演十三个角色，创意很好，但很抢房子斌的戏，经常引起笑场，这就冲淡了这个戏的悲情与凝重；第二，京剧的韵白和"小白"处理上，给人的感觉很随意。

潘　军：这我有同感。担忧呢？

潘　萌：我同意你关于"历史是作为一种书写存在于人心的"观点，因此，《霸王歌行》绝不仅仅是个普通的"历史新编"，可以说它改变了"历史剧"的范式，除了优美新颖的形式和激动人心的情节，我想精华还在于它在思想上的深度，对项羽，对英雄，乃至对中华民族的传统思维都进行了重新解读。但是这个新解，是针对旧的而成立的。如果观众对旧的了解甚少，那么新的又何从谈起？

五

时　间：2008 年 3 月 28 日

地　点：北京丽亭酒店

谈话人：饭塚容（日本中央大学教授，《幕》杂志主编）

饭塚容：潘军先生，2004 年 3 月我来北京，正逢你的话剧《合同婚姻》由北京人民艺术剧院首演；这次我来前，在网上就注意到中国国家话剧院正在演出你的新戏《霸王歌行》，所以我预订了这个离剧场较近的酒店。看来我们还真是有缘分啊！我这次来，主要就是想了解一下中国当代的话剧，目前我除了教书，还担任日本戏剧杂志《幕》的主编。

潘　军：我写小说的时候，你在编文学期刊，组织翻译我的小说；现在我做话剧，你又在主编戏剧刊物。《幕》以前对《合同婚姻》是有过介绍的。

饭塚容：这次来还有一个对你的采访任务。我们日本大学的八个教授，向日本政府争取了一笔关于中国当代文学的研究经费，计划建立一个中国作家的信息资料库，打算采访五十个中国作家。

潘　军：这应该是一件有意义的事情。你饭口家族是汉学世家啊，令尊大人是日文版《红楼梦》的译者，也曾经翻译过巴金等作家的著作；你本人也翻译过高行健、余华、苏童等人的作品。

饭塚容：你以后主要是做话剧了吗？

潘　军：我没有这么想过，但话剧是我喜爱的形式。中国的剧作家中，有两种情况：一种是很职业的编剧，譬如曹禺先生，一生主要就是从事话剧写作；另一种是主要写小说，偶尔编剧，譬如老舍先生。

饭塚容：那你应该属于后一种情况。

潘　军：对，我最想写的还是小说。

饭塚容：我从一篇资料里看到，你说你从小是在"戏园子"里长大的？

潘　军：我出生在一个黄梅戏的世家。我的外祖父就是黄梅戏的前辈艺人，我母亲也是演员，父亲是编剧。我小时候，几乎每天都进"戏园子"看戏。对舞台上的一切，是比较熟悉的。

饭塚容：我记得上次见你的时候，《霸王歌行》的剧本就已经完成了。当时不叫这个名字，而是和小说的名字一样，叫《重瞳——霸王自叙》。我本人也很喜欢这部小说。

潘　军：话剧现在的名字是后来导演他们改的，其实还是叫《霸王自叙》好，小说是第一人称的叙事，舞台上的项羽同样是在讲叙自己的故事，他既是故事的讲述者，又是剧中人。他说的，他演的，都是他自己的故事。他是个幽灵，在对着两千年后的观众，讲叙两千年前自己的故事。

饭塚容：那一年你写了两个话剧——《合同婚姻》和《重瞳——霸王自叙》，都是根据你的小说改编的。但这是两个完全不同风格的戏，《合同婚姻》探讨的是当代白领阶层的情感，而《霸王自叙》则是一个历史剧，重新塑造了一个新的霸王项羽。你把这两个剧本分别送给了中国的两大话剧团体，我想知道，你是有选择的吗？

潘　军：有选择。"北京人艺"有现实主义的传统，所以他们做《合同婚姻》比较合适。而"国话"多年来排演了不少外国戏，在舞台形式上也一直在进行着探索，他们做《霸王自叙》是顺理成章的。

饭塚容：我想知道，这个戏从剧本完成到演出，前后经历了四年，什么原因？

潘　军：我想主要原因可能是导演王晓鹰没有找到处理的方式吧。王晓鹰是个很有想法的话剧导演，他最初是想尝试做一个独角戏，后来觉得不可行，接着又想做成一个大场面的，但还是觉得不理想，这样反复着，就到了今天这个样子。

饭塚容：听说今天上午，国家话剧院就《霸王歌行》召开了一个研讨会？与会者对这个戏怎么评价？

潘　军：大家还是给予了充分的肯定，认为这个戏给当代中国话剧做出了贡献。童道明先生提议，把这个戏尽快拿到国外去演。实际上，也有一些国家在联系演出的事宜了，比如埃及、以色列、西班牙等。还有人认为，这个戏为中国话剧的发展提供了一些可供思考的话题。

饭塚容：作为小说原作者和编剧，你的意见呢？

潘　军：我还是喜欢这个戏的。当然，对有些处理，我个人也还有保留意见。

饭塚容：能具体谈谈吗？

潘　军：话剧这种形式到中国有一百年了，可以说，在这一百年里，话剧基本上是"知识分子写，写给知识分子看"这样的传统。虽然今天北京舞台上的有些话剧很"搞"，也很有市场，但这个传统不能丢弃。我认为话剧是沙龙的，小众的，是有欣赏对象的。黄纪苏先生认为，《霸王歌行》最大的贡献是坚持了话剧这个传统。我认为这个戏坚持了小说以及剧作的诗性、思辨性以及探索的先锋性，因此，其中出现的那个刘邦和刘太公、吕氏纠缠的段落，就有点插科打诨的感觉，不和谐。剧本里这个段落是没有的，是导演从小说里找回来的。

饭塚容：可是演到这个地方，观众还是鼓掌的，热闹的。

潘　军：这掌声我觉得是廉价的。北京的话剧舞台上很"吃"这个。讨论会上，总政话剧团汪遵熹导演的观点我很赞成，他说这个戏不要太热闹，要冷一点，要让大家的思考取代掌声。我非常同意这个看法。当初我改编剧本，就想到了"哈姆雷特"，应该忧郁一些，冷峻一些。

饭塚容：这个戏也可以到日本去演。日本人熟悉"霸王别姬"的故事，熟悉"四面楚歌"，相信一定会感兴趣的。

潘　军：这个戏的"海外版"是为"中日韩戏剧节"准备的，到时候会有三国演员同台演出。

饭塚容：我知道这件事。

潘　军：你对这个戏有什么觉得不舒服的地方吗？

饭塚容：不舒服的地方是觉得舞台上"鲜血"太多。尽管在宣纸上"流血"的效果很不错，但多了还是令人不舒服。

潘　军：这个意见其他观众也有。但我觉得，导演是想着力渲染一个"用刀说话的世界"吧。

饭塚容：就我掌握的资料，你还有一个没有被排演的话剧《地下》。

潘　军：这个戏肯定要排演的，目前正在运作阶段，可能由我自己来排。也许等你下次再来北京，又赶上了。

在另一片天空飞行
——对话中国先锋作家潘军

时　间：2008 年 5 月

《衢州日报》编者按：随着谍战剧《五号特工组》的全国热播，作为该剧总导演和编剧的潘军似乎也在一夜之间红遍南北。然而，这并不是作为中国先锋小说代表作家之一的潘军愿意看到的结果。

"对于一个作家来讲最尴尬的事情就是你写了那么多自以为很好的小说，民间却并没有多少人知道，但是你一部《五号特工组》，全国人民都知道了。"在接受本报专访时，著名作家潘军作出如上表述。

如同他那些经常为评论界争议和讨论的作品一样，潘军是一个具有'传奇'色彩的人物。

有人曾见他在文联开会竟然戴着墨镜叼着香烟，而发起言来又滔滔不绝；特立独行的他在创作最辉煌阶段毅然下海经商；他创造了三个属于自己的"年"，继 2000 年一口气出版了 16 本书被称为潘军的"出版年"后，先后制造了 2003 年的潘军"话剧年"以及 2007 年的潘军"影视年"。

5 月 6 日晚，潘军接受了本报独家专访，首度解析自己饰演戴笠以及选择衢州作为《五号特工组》大结局的缘由，袒露他行走在寂寞的文学边缘和喧嚣大众影视之间的思索。夜已深，电话那头这个旅居北京的皖籍作家依旧侃侃而谈……

关于戴笠:"要用历史的眼光解读"

记　者：我们注意到，在热播剧《五号特工组》中，您选择了衢州作为五个民族特工的最后任务地，在本剧中，您本人又亲自扮演了戴笠这个角色，事实上，戴笠本人就是衢州江山人，当这些因素综合在一起，我们不由得想到，这其中究竟是偶然还是一种情缘？

潘　军：总的来讲它应该是一种偶然性。《五号特工组》和一般的间谍战戏最大的区别在于，它是依托于真实史料的基本背景进行合理的、富有想象力的艺术虚构。我曾系统地研究过第二次世界大战史，包括中国的抗日战争的历史，1942年美军轰炸东京的时候，确实有一个备降中国浙江衢州机场的方案。首先这是史实，再说，从上海到衢州相比之下距离还不算太远，所以把衢州作为这部戏最后的一个发生地是合适的，它可以构成一个故事的依托。

关于戴笠这个人，我觉得在相当长一段时间，他被国内的主流意识形态所脸谱化。使得人们一提戴笠就觉得这是一个杀人魔王，是一个坏人，其实我觉得对于一个人物，尤其是一个历史人物，不能简单地用"好"与"坏"去判断。还是要用一个辩证的眼光、历史的眼光，脱离政治环境看待。在抗战时期，我觉得戴笠是有功人员，姑且不能把他抬到一个英雄的高度，但他至少不是一个汉奸，在他的领导下，中国情报机构率先破译了日本偷袭珍珠港的情报，在沦陷区，他领导的"军统"也进行了一些有利于抗日的工作，是为抗日战争作出了一定的贡献。当初我之所以自己来演戴笠，就是担心演员把这个人物脸谱化、简单化，这不符合我的要求。

在"谍战三部曲"的第二部《海狼行动》中，我继续扮演了戴笠。这部戏的序幕就是1937年12月国民政府大撤退的前夜。日军兵临南京城下，眼看江山已去、国将不国的戴笠内心充满忧郁。我想通过自己的亲自演绎，能让观众对戴笠有一个新的认识，还是那句话，对于历史人物我们不能用简单的"好"和"坏"来认知，应当还原他的真实，把解读的权利还给大众。拍摄《海狼行动》时，我们在杭州法华寺拍戴笠进香，结果去了那以后，寺庙的人说历史上的戴笠真的曾在这里上过三次香，他们特许我把升降臂带进大雄宝殿。我想，至少在浙江人心中，戴笠还是有一定的影响的。

关于做导演："不是玩票，而是圆梦"

记　者：在您去年刚出版的小说集《戊戌年纪事》的后记中，您曾这样写道，您担心"作为编剧和导演的潘军会淹没从前那个作家潘军"。我们也看到一种现象，越来越多的作家开始喜欢扮演起前面两个角色，包括您自己。怎样看待职业作家的多功能化？

潘　军：如果说你现在问我最想做什么？我还是会毫不犹豫地告诉你写小说。这里面似乎还有一点矛盾，最想写小说你为什么不写小说呢？什么是写小说？写小说是一个人的战争，是人和人自己打，而我这个人恰恰是不轻易言败的，我用什么来证明我潘军是一个越写越好的作家，那么我觉得必须向自己挑战，就是首先要向我自己证明这一点，然后才是向读者证明。我把自己的写作分为"内心需要的写作"和"生活需要的写作"两种形式。对我而言，自 2004 年出版长篇小说《死刑报告》之后，就一直很难找到"内心需要的写作"状态。所以有时候在状态不好的时候，或者我感觉我还没有十足把握能写出更好的小说时，我可能会更多地从事"生活需要的写作"，比如写电视剧。当然，这里面也有实际生活上的问题。男人天生就是要有担当的，要对生活尽责。具体地说，尽责的前提就是挣钱，否则只是尽心，不是尽责，你也没法尽责。

谈到做导演，首先是我自己拥有这方面的能力。我在上大学之前，就是学美术的。你们浙江省的杂志《江南》今年第一期的封二、封三刊登的就是我的美术作品。我十八岁就参加全国画展，当年就想考浙江美术学院（现中国美术学院），他们没录取我，这可能是和我父亲是右派有关系（高考恢复的第一年是讲政审的）。其次，我母亲是个黄梅戏演员，我父亲是一个剧作家，我从小是在剧团戏院里长大的，我受到了熏陶。第三，我读了不少电影方面的书，我自己进大学以后，从图书馆借的第一本书就是前苏联导演库里肖夫的《电影导演基础》。我的一些关于电影方面的文章被大学作为教材。也许就我个人的条件、能力、知识结构当一个导演比做一个作家更称职，只是因为这样和那样的阴错阳差，让我先成了一个作家。所以今天,我做这些只是在自己小说没有找到最好状态的时候,回头去圆自己的一个梦而已,这绝不是过一把瘾,去玩一个票。不可能我一拍什么,什么东西就火了,这肯定是与你长期的积累、训练有关系的。

正是基于这种考虑,它诱发了我的一种担忧,对于一个作家来讲最尴尬的事情,就是你写了那么多自以为还不错的小说,民间却并没有多少人知道,但是你一部电视剧《五号特工组》,全国人民都知道了。到哪都采访你,要请你吃饭,送茶叶送香烟,要和你照相。这是一件很荒唐的事情。文化在今天这个时尚社会、商品社会的失衡,所以文化人在其中是扮演了一个很尴尬的角色。我一点都不得意,反倒沮丧。我在后记当中写的这个话,是一种发自肺腑的。

关于当代文坛:"让写作的去写作, 让挣钱的去挣钱"

记　者:现在每天约有 700 种新书上架,有人疾呼,到底是出版书还是生产纸。在这个全民浮躁的社会环境下,您觉得中国文坛存在的最大问题是什么?

潘　军:我对中国文坛的判断只是凭自己的直觉,也没有什么很详尽的资料。事实上,我已经很久不看小说了,一方面这个年纪要做很多事情,一方面自己的阅读兴趣已经逐渐转到文史方面,当然确实也没有一部能让我很在意的小说在吸引着我。

有几个朴素的观点是要说一说的。一个我觉得在中国当代文学中扮演脊梁角色的应当还是我们这一茬作家,从"寻根文学"到"先锋文学"这一路下来,从年龄上讲就是 50 年代到 60 年代前半叶这些人,像韩少功、史铁生、李锐、马原、莫言、余华、苏童、格非、叶兆言、北村、吕新、毕飞宇等等,或许也包括我吧。第二个判断,这些似乎撑起当代中国文学门面的作家,目前的境遇又不尽乐观,这是一个令人堪忧的问题。比如说有的已经不写了,或者说是写不出来了,比如说马原,十几年没有一个东西了,有的可能是不断地在重复自己,还有的作家是每况愈下,虽然也在写但越写越不好,能否继续让读者有一种期待,这也要拭目以待了。第三,对于目前这些年轻的作家,我总感觉到他们在时尚的层面走动的太多,在他们的作品里面,无论是思想性还是从诗性,都很难感受到对文化的交代传承。在"80后"的作家中间,我没有见到一部深厚的东西,更多的是一种时尚浅表。像郭敬明,我看了一个材料,他被《纽约时报》评为中国最成功的作家——美国人很实在,标准可能就是他是挣钱最多的作家吧,当然这也是一种成功,但绝对不是文学的成功,而是商业的成功。

当然,今天是一个日趋多元化的社会,我觉得文学被人淡忘或许是一件好事情。因为社会总是让每个人去干自己喜欢的事情,按着这个趋势发展,这个社会肯定是一种进步。不一定非要搞成一个阵营的感觉,掀起一种什么大浪,我觉得这也不正常。文学就是一种个体劳动,让愿意写作的人去写作,让愿意挣钱的就去挣钱,这也很合理,没有什么大惊小怪。

关于项羽:"他是诗人"

记　者:您的先锋话剧《霸王歌行》前不久正在北京热演,这部根据您的小说《重瞳》改编而成的话剧几乎颠覆了项羽的传统形象,项羽不再是莽汉和武夫,也不是落魄英雄,而成了一个因追求自由人格而放弃权力,并以死的方式向自由致敬的诗人。您为什么要重塑这样一个项羽?不少人在解读您笔下的项羽时都会把您和他联系在一起,说你们之间很相像,为什么这么说呢?

潘　军:《重瞳》这部小说在文学界包括国外还是有些影响。这个小说让我最满意的一点就是让我找到了一种个人理想和价值的载体。历史上喜欢项羽的人无非是两种人——文人和女人,李清照正好就是二者融为一体的人物,真正的男人是不大喜欢项羽的,因为他们往往很在乎成败。在《重瞳》里我最得意的是用第一人称去写了项羽,小说的开篇就是"我是项羽,这个名字怎么看都是一个诗人"。

我觉得一个作家或者一个艺术家,当他找到了一种属于自己的方式的时候,他是兴奋的。我没有去改变司马迁《项羽本纪》中所提供的种种史实,但是我确实又在这些典籍中寻到了一种新解读的可能性。话剧保持了小说这种先锋特征,所以它在北京演得确实很好,过一段时间会去上海演，下半年还可能去国外巡演。话剧能给我带来一种快乐，所谓的成就感吧，我感觉到这能是一个东西，而电视剧只是老百姓很喜欢，所以它还是一种大众层面的东西，但话剧是小众的。至少我认为应该是小众的。

至于你所说的"和项羽很像"，更多的可能是精神气质上的吧。确实有人这么说过。比如，文艺学家鲁枢元曾在一篇文章里，将叶兆言和我作过比较，他说，如果说叶兆言的身上有一种秦淮名士的儒雅之气，那么潘军身上则有那种塞上军旅的霸气。后来我在广州对《花城》的执行主编田瑛说我想写项羽时，他说我能写好。那意思或许是说作家的精神品格是与笔下的人物有一致性吧。《霸王歌行》中，项羽对韩信说，"我之所以容不下你，是因为我鄙视你的胯下之辱。"一个男人既然能从别人的裤裆底下爬过去，这种人太可怕了。但是我不能理解后人为什么会把韩信美誉成大丈夫能屈能伸呢？项羽作为一个失败的英雄，在我心中是有一定的位置的。这也是我唯一的一篇古代题材，这之前我从没有写过一个两千多年以前的事情。

关于性格："我可以说不"

记　者：有人说您在文联开会是戴着墨镜叼着烟，发起言来滔滔不绝。这种看似不羁的性格形成，是否隐含着一些因素？

潘　军：你刚才说的这个事我自己都记不清了，你可能是从网上看见的吧，也有可能是以讹传讹。当然，我在生活中间确实是一个自由散漫的人，我经常和一些朋友讲，到今天来说我最大的资本就是我可以对一些事情说"不"，很多东西我可以不要，比如说我可以不加入中国作协，可以不要职称，可以不要参加任何行政的会议，可以不接受一些任何我不想要的奖项。我可以说"不"，但有些人就说不了"不"。或者他压根上就不想说。当然，这并不是我要摆出一副很傲慢的样子，我觉得自己还是能让人接近的，我本身就是一个普通人，没有什么了不起。你不认识我，你们的报纸也不是大报，我不还是照样接受你的采访了吗？一些记者写我戴墨镜开会，但是反过来说，戴着墨镜开会又怎样呢？难道就不能戴墨镜开会吗（大笑）？

关于"死刑"：以国家名义杀人的正义悖论

记　者：作为中国第一部关注死刑问题的小说，您的《死刑报告》曾一度引起政界和法学界的普遍关注，您为什么会关注这样一个在当时看来是相当敏感的社会问题？

潘　军：我对死刑问题的关注还是起源于波兰裔法国著名导演基耶斯洛夫斯基的电影《十诫》，这部电影用《圣经》上的提法拍了十个当代的故事，其中有一诫就是杀诫。这部电影看了就让我震动，它引发了我思索一个极端的问题——"既然死刑是代表国家的杀人，那么以国家的名义来杀人是否就意味着正义？"后来我又看了一些资料，发现死刑问题在中国是一个大的问题，在中国被执行死刑的人数曾一度占全球总量的四分之三。

这部小说我是写得很苦，这个领域对我来讲是一个很陌生的领域，我不是一个法学家，最早写了7万字都报废了，我写小说还从来没有出现过这样的情况。直到有一天重新回头去看美国辛普森案件的时候，我发现我找到了一把钥匙，我可以把这个案件和我的这个故事同时写进去，我不用去做任何评价，但大家在交叉看以后就能感觉到，实际上形成了一个中西方死刑观的比较。在写的过程中间，广州又出现了孙志刚的事件，我就感到这个书真要赶快写了。小说最早在《花城》首发，随后出版，当时全国七八十家报纸都进行了转载，包括你们浙江的报纸都有五六家在转载。当时《南方周末》和《华盛顿邮报》等报刊都对该书给予了很高的评价。说是"华人世界第一部直面死刑的小说"。现在看来，这部小说在文学上的影响力可能比不上它在中国社会政治上的影响。《死刑报告》的态度很明确，它对死刑是持一种否定态度的。它在质问这个社会，代表国家的杀人是否就意味着正义。从今天的实践来看，它对中国当代法制进程是产生影响的，比如最高人民法院在去年1月1日收回死刑复核权，死刑执行数量明显下降，经济犯罪几乎不处以死刑，这些应该是和这部小说有一定关联的。陈凯歌一直想把这部小说拿去拍电影，报了几次都没有通过。中国有很多事情都有中国的特色，能写的就不能拍。

关于小说风格： 有所谓的风格未必是好事

记　者：有读者认为您作品的叙述千姿百态，不拘一格，给人以很随意的感觉。比如很多作品大都是以第一人称"我"进行叙述的，而在《独白与手势》三部曲中，我们又看到您把许多自己画的插图和照片穿插其中，作为叙事的一部分。这些都是基于怎样的考虑呢？

潘　军：我今年把《独白与手势》重新做了修订，以水墨的形式画了一百六十多幅画。至少在中国，我本人以前没有见过这样的小说。以前你们所看到的绘画只是小说的一种插图，但是我现在把插图变成了小说的一种叙事，成了一种符合的文本。它不再是仅有文字的叙述层面，而多了图画的叙事层面，我觉得我可能是一个始作俑者。一个作家不应该拘泥于某一种形式的风格，反过来说一个作家有所谓的风格未必是一件好事。为什么这么说呢？因为你面对的是不同的题材，面对不同的题材，我觉得就应该面对不同的写法，一个有能力的作家就应该用不同的方式写出不同的小说。至少我是追求这种方式的，但是有的人就很奇怪，不管是写长篇、写中篇、写短篇，写城里的、写农村的都是一个笔调。究竟他们是有意识要这样做呢，还是他们不能写出另外的东西呢？我就搞不清楚了。至于第一人称，可能是读者的一种错觉，他在喜欢你的作品中间，一发现有好几篇都是第一人称的，他觉得就好像是你在迷恋。其实对作家来讲，选择第一人称、第三人称，甚至是第二人称，还是一二三人称轮番使用，应该是小说叙事的一种需要，有他自己的道理。有的时候他想制造一个现场感，有的时候又需要一种亲近感，有的时候希望拉开一段距离。所以最好的风格就是不要被风格所限制。

关于过去和未来： 继续涉足影视， 想拍电影

记　者：如今，您已经迈入知天命之年，回首前半生，您是否有遗憾？或者说未来都有哪些打算？

潘　军：我觉得人生不要去做加法应该去做减法，不要老是幻想很多锦上添花的事情，作为一个写字的人，能在一定的限度上保持一个写

字的心情，这就够了，其他的东西也是我们这些草民百姓所关心不了的。但是有一点可以明确地告诉你，那种对国家、对自己的忧患意识还是存在的。有些问题如果很简单地去看，可能更透彻一点。至于前半生有什么遗憾，第一就是我有很多能做成的事却没有让我做成，不是因为我个人的能力，而是因为做事的环境和条件，有些东西因为这样那样的因素就做不了，这是发生在中国很多人身上都有的现象。另一个遗憾就是我母亲走得太早，她得癌症离开我时才六十五岁，我写《五号特工组》的时候就是在陪她养病，等我片子拍好了，她已经去世了，都没来得及看一眼。

我希望今后自己能认真做成几件想做的事。在我和中国的一些所谓大牌导演接触之后，对彼此之间的能力了解就已经很清楚了，无论是陈凯歌、张艺谋还是姜文。我觉得我自己能拍出相当好的电影，这点自信肯定是有的。所以后半辈子我还会在影视这方面再往前走一走，再拍几部电视剧后就转去拍电影。但如果说又是因为这样和那样的原因，我想做的事情最终还是做不成，比如你想拍的电影拍不了，你想写的书印不出来，那我觉得这就不叫遗憾了，而叫无奈。

记　者：非常感谢您接受我们的采访，欢迎您有机会来衢州做客！

潘　军：不客气，我一直很想看看戴笠的故居，有机会一定来。这里还要通过你们向衢州的观众做一个说明。《五号特工组》的制作过程中间有一个疏忽，在历史上，衢州机场是属于第三战区的，结果美工在写标牌的时候写成了第五战区，后来配音的人也全部按第五战区说，这是个错误，要向大家致一声歉。

潘军文集

第拾卷

附录

附录一：潘军创作年表

1957 年

1957 年 11 月 28 日生于安徽省怀宁县石牌镇一个梨园世家。父亲雷风，系安徽大学 1948 级外文系学生，后从事教育与戏曲编剧；母亲潘根荣，为怀宁县黄梅戏剧团当家花旦。其外祖父潘由之是黄梅戏前辈知名艺人。次年，父亲被错划为"右派"分子，于 1979 年平反。

1975 年

于怀宁中学高中毕业后下乡至本县平山公社（今平山镇）插队当知青。其间自学美术，后有速写作品发表于《人民戏剧》、《安徽日报》报刊等。年画《新竹扁担》参加次年举办的全国美术作品展览。

1978 年

参加"文革"后恢复的第一届全国高考，于本年九月为安徽大学中文系汉语言文学专业录取。文学创作道路由此开始。

1981 年

五月，为纪念鲁迅先生诞辰一百周年，创作独幕话剧《前哨》，第一次担任导演和美术设计，并主演鲁迅。该剧分别获得全省大学生文艺会演一等奖、演员一等奖以及全国大学生首届文艺汇演优秀节目一等奖。

八月，参加全省大学生夏令营活动，由泰山而青岛，沿途作大量速写。后作散文《泰山行记》等。

九月，参加中国青年出版社所属刊物《青年文学》在合肥召开的青年作者座谈会，与编辑牛志强相识。

十月，独幕话剧《前哨》剧本发表于《戏剧界》第 5 期。这是潘军的话剧处女作。

十一月，由潘军本人根据独幕话剧《前哨》改编的同名电视剧，由安徽省话剧团演出、安徽电视台摄制，作为"纪念鲁迅先生诞辰一百周年"专题节目，在中央电视台第一套节目黄金时段播出。

1982 年

一月，短篇小说《拉大提琴的人》更名为《啊！大提琴》在《青年文学》创刊号发表。之后，由中央人民广播电台播出。这是潘军的短篇小说处女作。

九月，大学本科毕业，获文学学士学位。按计划分配至中共安庆地委宣传部。

1983 年

工作之余坚持写作，分别在《安徽文学》、《希望》等杂志发表短篇小说《没有人行道的大街》、《旅店记事》等早期小说习作。

是年，长江大汛，在同马大堤指挥部参加为时四十天的防汛工作，为日后写作长篇小说处女作《日晕》积累了生活。

1984 年

一月，短篇小说《教授和他的儿子》发表于《北京文学》。

九月，短篇小说《黎明，他将启程》发表于《北京文学》。

十月，参加《北京文学》笔会，和作家铁凝、余华、刘恒、陈村、方方、胡发云等相识。笔会期间，创作中篇小说处女作《小镇皇后》。

十一月，调至中共安徽省委宣传部。

1985 年

三月，中篇小说《小镇皇后》发表于《北京文学》。

五月，短篇小说《初雪》发表于《北京文学》。

1986 年

一月，短篇小说《别梦依稀》发表于《安徽文学》。

五月，中篇小说《篱笆镇》发表于《中国》第 3 期，与该刊执行主编、著名诗人牛汉相识。

五月,中篇小说《墨子巷》发表于《花城》第3期。

七月四日,女儿潘萌在其外婆所在的合肥纺织医院出生。

十月,短篇小说《红门》发表于《安徽文学》。

十二月,赴京参加"全国青年作家创作会议"。会议期间,得知中共总书记胡耀邦辞职消息。

1987年

一月,第一本小说集《小镇皇后》由中国文联出版社出版。

七月,短篇小说《初雪》发表于《北京文学》。

八月,在《安徽文学》发表创作随笔《小说者言》,后被《评论选刊》转载。

八月,完成长篇处女作《日晕》。

九月,参加《北京文学》"黄山笔会",与林斤澜、李陀、章德宁等相识。

十月,中篇小说《白色沙龙》在《北京文学》以头条位置发表。这篇小说显示着潘军小说创作的一次重要转折。小说发表后,遂引起广泛关注。

十一月,中篇小说《大江》发表于《华人世界》第6期。

1988年

一月,短篇小说《溪上桥》发表于《北京文学》。

三月,短篇小说《悬念》发表于《作家天地》第2期。

五月,长篇小说处女作《日晕》,发表于《清明》第3期。小说发表后,受到广泛关注,批评家陈辽撰文,称"《日晕》是新时期文学一部具有突破意义的上乘之作"。批评家唐先田认为,《日晕》的发表,是潘军创作的一次重要转折。《日晕》后获"清明文学奖"。

六月,为纪念改革开放十年,为安徽电视台五集专题片《绿土》担任总撰稿,该片播出后引起极大反响。

十月,安徽作家协会换届选举,潘军当选为理事、主席团委员兼安徽青年创作委员会主任。

十一月，中篇小说《南方的情绪》发表于《收获》杂志第6期，本期后来被批评家认定为"先锋小说专号"，《南方的情绪》也由此成为中国先锋小说的代表作之一。潘军的"先锋作家"身份由此出现。

十一月，《日晕》讨论会在合肥召开。

1989年

四月，接受《光明日报》专访。

六月，北京发生"春夏政治风波"。

十月，中篇小说《省略》发表于《作家》。

十二月，长篇小说处女作《日晕》单行本由人民文学出版社出版。

十二月，辞去安徽作家协会全部职务。

1990年

调入安徽省文联担任专业作家，但停笔一年。

1991年

三月，开始长篇小说《风》的写作。

四月，中篇小说《蓝堡》发表于《作家》。

六月，台湾贯雅文化公司出版《日晕》和《白色沙龙——大陆新潮作家潘军先锋小说选》。

七月，中篇小说《流动的沙滩》发表于《钟山》第4期。

八月，中篇小说《爱情岛》发表于台湾《幼狮文艺》。

1992年

三月，短篇小说《陷阱》发表于《作家》。

四月五日，清明，由合肥飞抵广州，之后乘"玉兰号"去海口，由此开始了"自我放逐"的生活。后受邀于中国兴南集团公司，出任"蓝星文化公司"总经理。在海口期间，与作家韩少功来往频繁。

五月，长篇小说《风》由《钟山》杂志自第3期起连载。《风》的问世，引起批评界高度关注，批评家陈晓明、鲁枢元、吴义勤等都有专文评述。如吴义勤认为，"潘军在中国新潮小说的发展中起到了继往开来的作用，而长篇小说《风》更以独特的文体方式和成功艺术探索在崛起的新潮长篇小说中占一席之地。"

1993 年

二月，台湾《幼狮文艺》以"隔海呼渡"为题发表潘军和台湾作家朱天心的访谈录。

三月，在海口举办并主持"蓝星笔会"，旨在推动沉默的中国先锋文学。邀请一些作家、批评家、编辑如汪增祺、范若丁、韩少功、何志云、张抗抗、王朔、余华、刘恒、格非、叶兆言、蒋子丹、方方、池莉、陈晓明、王干、宗仁发、田瑛、程永新、闻树国等出席。

四月，在海口接受作家马原"中国作家梦"大型文化专题片采访。

五月，中篇小说《夏季传说》发表于《收获》第 3 期。

七月，短篇小说《那年春天和行吟诗人在一起的经历》发表于《收获》第 4 期。

八月，短篇小说《那年春天和行吟诗人在一起的经历》发表于台湾《幼狮文艺》。

八月，长篇小说《风》单行本由河南人民出版社出版。

1994 年

三月，《当代作家评论》第二期发表"潘军评论小辑"，发表鲁枢元、陈晓明评论文章。

三月，中篇小说《爱情岛》发表于《花城》第 2 期。

五月，出席韩少功主持的"天涯人生笔会"，与张承志、孙甘露等作家相识。

因忙于公司业务，写作中断。

1995 年

六月，离开海口，前往中原郑州。之后的一年继续打理公司业务，并打算停止运作，重返案头。本年度没有作品问世，后来潘军将这一阶段称作"人生最糟糕的时期"。

1996 年

重新开始写作。

三月，中篇小说《情感生活的短暂真空时期》发表于《花城》第 2 期。

四月，短篇小说《白底黑斑蝴蝶》发表于《作家》。

五月，中篇小说《朗诵南方风景》发表于《莽原》第 3 期。

七月，中篇小说《结束的地方》发表于《钟山》第 4 期。

八月，短篇小说《小姨在天上放羊》发表于《山花》。

十月，短篇小说《纪念少女斯》发表于《作家》。同期发表"作家影集·潘军"。

十一月，短篇小说《蓝堡市的撒谎艺术表演》发表于《花城》第 5 期。

十二月，与作家苏童、格非、叶兆言、林白、迟子健、海男、宗仁发、王鸿生、耿占春等出席"茂名花城笔会"。

1997 年

二月，短篇小说《假面女孩》、《报人》发表于《山花》。

二月二十日，重返南方，开始拍摄自己的第一部电视剧《大陆人》（26 集），担任编剧和导演。开机之日，在广州听到邓小平逝世消息。

四月，中篇小说《杀人的游戏》发表于《山花》。

五月，《小说月报》转载《假面女孩》。

五月，中篇小说《三月一日》发表于《收获》第 3 期。

九月，短篇小说《对话》发表于《东海》杂志。后获得"全国最高稿酬奖"。

十月，《作家》杂志以潘军肖像作为封面。

十二月，《小说月报》和《小说选刊》分别转载《对话》。

1998 年

一月，短篇小说《1962 年，我五岁》发表于《作家》。

一月，短篇小说《对面》发表于《漓江》。

二月，短篇小说《抛弃》发表于《北京文学》。

三月，短篇小说《和陌生人喝酒》发表于《上海文学》。

三月，短篇小说《半岛四日》发表于《山花》，同期还发表了潘军的五首诗歌，这是其第一次发表诗歌作品。

四月，《小说选刊》转载《抛弃》。

五月，中篇小说《海口日记》发表于《收获》第3期。

五月，短篇小说《寻找子谦先生》发表于《时代文学》第3期。

五月，中篇小说《对门·对面》发表于《花城》第3期。

六月，《小说月报》转载《对门·对面》。

八月，《小说月报》转载《海口日记》。

九月，中篇小说《故事》发表于《东海》。同期以潘军肖像为封面人物。

十月，为央视"电影频道"拍摄"电视电影"《对话》，担任编剧和导演。

十二月，短篇小说《九十年代的获奖作品》发表于《花城》第6期。

十二月，《小说月报》转载《九十年代的获奖作品》。

1999年

一月，短篇小说《上官先生的恋爱生活》发表于《作家》。

三月，短篇小说《1967年的日常生活》发表于《山花》。

三月，中篇小说《关系》发表于《江南》第2期。

五月，《小说月报》转载《关系》。

七月，《新华文摘》转载《关系》。

七月，中篇小说《桃花流水》发表于《上海文学》。

七月，中篇小说《秋声赋》发表于《花城》第4期。

九月，《小说月报》转载《秋声赋》。

九月，中篇小说《我的偶像崇拜年代》发表于《时代文学》第5期。

七月——十二月，长篇三部曲《独白与手势》第一部《白》，由《作家》杂志连载。此为该刊首次破例发表长篇小说。

十二月，《小说选刊——长篇小说增刊》转载《独白与手势》第一部《白》。

2000 年

一月,长篇三部曲《独白与手势》第二部《蓝》,由《小说家》第 1 期发表。

一月,中篇小说《重瞳——霸王自叙》由《花城》第 1 期发表。小说一经问世,立即引起广泛关注。

一月,《小说选刊》转载《重瞳——霸王自叙》。

一月,短篇小说《去茂名的路上幻想一顶帽子》发表于《作家》。

二月,《小说月报》转载《重瞳——霸王自叙》。

四月,《重瞳——霸王自叙》名列首届"中国小说排行榜"。

五月,中篇小说《从前的院子》发表于《山花》。

五月,话剧《地下》发表于《北京文学》,此为该刊复刊后破例发表话剧作品。后,《北京文学》、《当代作家评论》等刊对该作展开热烈评论。

五月,《南方文坛》发表"南方百家·潘军"评论小辑。

五月十日,由人民文学出版社、中国工人出版社、花城出版社、大众文艺出版社、《文学报》、《小说月报》、《北京文学》、《作家》、《山花》、《当代作家评论》等全国十家文化单位联合举行的"潘军作品研讨会"在京召开。著名作家、批评家、编辑以及十家文化单位的负责人林斤澜、牛汉、李陀、杨匡汉、肖建国、王晓龙、宗仁发、马津海、章德宁、何锐、田瑛、林建法、陈晓明、李洁非、白烨、李敬泽、林为进、陈福民、冯敏、洪治纲、吴义勤、吴俊、施战军、林舟、牛志强、刘海虹及部分外国汉学家、首都广大媒体记者等出席。

五月,在北京西单图书大厦为读者签名售书。

六月,应中央电视台"读书时间"栏目邀请,做《潘军与小说》专题节目,与主持人李潘对话。

八月,短篇小说《某部的于村》发表于《作家》。

八月十五日,《文艺报》头版头条发表贺绍俊对潘军的专访《潘军的使命就是文学》。

八月,美国《世界日报》连载《重瞳——霸王自叙》。

十月，《小说月报》转载《某部的于村》。

十月，赴南京参加"中国书市"。其间，得知华裔作家高行健获得诺贝尔文学奖，公开给予祝贺。

十月，接受安徽卫视专题采访。

十一月，《北京文学》重新发表《重瞳——霸王自叙》，该作名列"当代中国文学排行榜"榜首。

十二月，《读书》杂志发表《关于〈重瞳〉的一些话》。

十二月，《独白与手势》第三部《红》发表于《作家》。同期还发表了张英对潘军的长篇访谈录《写作，是我永远的追求》。

十二月十一日，安徽省文联、安徽省社科院在合肥联合召开"潘军作品研讨会"。

本年度，人民文学出版社出版了《独白与手势》前两卷和《当代作家选集丛书——潘军卷》；

中国工人出版社出版六卷本《潘军小说文本系列》；

花城出版社出版《潘军实验作品集》（上下卷）；

大众文艺出版社出版《潘军中篇小说选集》（上下卷）；

浙江文艺出版社出版《潘军散文》；

安徽大学出版社出版《坦白——潘军访谈录》。

合计，十五本著作。因此，这一年被广大媒体称之为"潘军年"。其中《北京晚报》以《出版界打造"潘军年"》为题的文章尤令人瞩目。

2001 年

一月，《花城》第 1 期发表林舟《建构心灵的形式——潘军访谈录》。

一月，人民文学出版社出版潘军、潘萌父女散文合集《我家的时尚女孩》。

一月，中篇小说《从前的院子》获"山花文学奖"。

二月，开始为香港《文汇报》开设随笔专栏。

五月，文化艺术出版社出版社《当代中国小说名家收藏版·潘军卷》。

六月，中国文联出版社出版三卷本"潘军第一系列"，即《日晕

——潘军第一部长篇小说》、《风印——潘军第一部短篇小说集》、《水磬——潘军第一部随笔集》。潘军本人题写书名并作扉页图。

九月，短篇小说《纸翼》发表于《安徽文学》。

九月，人民文学出版社出版《独白与手势》第三部《红》。

九月，长江文艺出版社出版"跨世纪文丛"潘军卷《白底黑斑蝴蝶》。

九月，赴昆明参加"中国书市"，后游大理、丽江、石林，回来后作《滇行日记》等。

十月，时代文艺出版社出版"中国小说五十强"丛书潘军卷《重瞳》。

十一月，《小说月报》和《小说选刊》、《中华文学选刊》分别转载《纸翼》。

十一月，与作家、批评家余华、刘恒、刘震云、严歌苓、陈晓明、曹文轩、程光炜、戴锦华等在京出席"中德作家对话会"。

本年度还写作电视剧20集《海口日记》，播出后改名为《生死有情》。

2002 年

一月，短篇小说《花袭》发表于《山花》。

三月，《短篇小说选刊》转载《花袭》。

六月，长江文艺出版社出版四卷本《潘军文集》。

九月，中篇小说《合同婚姻》发表于《花城》第5期。

十一月，《小说月报》转载《合同婚姻》。

《华商报》、《楚天都市报》等一些报刊相继转载《合同婚姻》。

本年度还写作20集电视剧《好好活着》。

2003 年

一月，《长城》杂志第1期发表青锋的长篇访谈录《云霄上的浪漫主义——先锋潘军访谈实录》。

七月，短篇小说《轻轨》发表于《山花》。

十月，《中外书摘》转载《轻轨》。

七月，广西师范大学出版社出版三卷本"潘军作品"，包括小说集《海口日记》、《合同婚姻》和散文随笔集《山水美人》。潘军本人题写书名。

八月，《中国文艺家》杂志发表《对门·对面——作家潘军谈文学和影视》。

十一月，《合同婚姻》获《小说月报》第十届"百花奖"，去乌镇、绍兴等地参观。

十一月，长篇小说《死刑报告》发表于《花城》第6期，该作一经发表，遂引起广泛关注，包括《检察日报》在内的全国各地四十多家报纸相继连载。

十一月，由唐先田主编的《潘军小说论》（第一辑），由母校安徽大学出版社出版，收入国内研究者论文近四十篇。

十二月二十六日，《北京晚报》发表潘军《〈死刑报告〉问答》。

2004年

一月，人民文学出版社出版长篇小说《死刑报告》单行本，称之为"当代中国首部近距离探讨死刑问题的小说"。

二月，在京接受《华盛顿邮报》专访。

三月，接受福建中南卫视"相约名人坊"栏目采访。

三月，由本人担任编剧的话剧《合同婚姻》，由北京人民艺术剧院在京首演，引起轰动。任鸣导演，吴刚、史兰芽、王茜华等主演。

四月，中篇小说《犯罪嫌疑人》发表于《人民文学》。

五月，《小说选刊》转载《犯罪嫌疑人》。

五月，《北京文学·中篇小说月报》转载《犯罪嫌疑人》。

五月，《中篇小说选刊》第3期转载《犯罪嫌疑人》。

五月，话剧《合同婚姻》发表于《新剧本》。

五月，短篇小说《临渊阁》发表于《北京文学》。同期以潘军漫画像作为封面。

五月，应北京大学法学院邀请，参加"名家讲坛"，就死刑问题和刑法专家陈兴良教授对话。

六月，《中华文学选刊》转载《临渊阁》。

六月，《小说选刊》转载《临渊阁》。

六月，《小说精选》转载《犯罪嫌疑人》。

七月，《新华文摘》转载《临渊阁》。

七月，台湾正中书局出版《死刑报告》，称其为"中国最富探索性的文字"和"全球首部近距离探讨死刑问题的华文小说"。

八月，台湾正中书局出版《重瞳——潘军中篇小说集》。同时发表台湾批评家南方朔、吕正惠、蔡诗萍等人的评论文章。

八月二十三日，慈母潘根荣因病医治无效，在合肥病逝，受到巨大打击！

十月，日本《中国现代小说》翻译发表《纸翼》。

十二月，短篇小说《枪，或者中国盒子》发表于《人民文学》。

十二月，为《北京文学·中篇小说月报》评点阿根廷作家博尔赫斯。

2005 年

一月，话剧《重瞳——霸王自叙》发表于《江南》第1期。这是该刊首次破例发表剧本。

一月，日本《现代中国小说》翻译短篇小说《小姨在天上放羊》。

二月，《中外书摘》转载《枪，或者中国盒子》。

二月，与作家张炜、陆天明、西川、林莽等赴哈尔滨出席"中俄作家对话会"。

十月，短篇小说《临渊阁》获"北京文学奖"。

十月，根据《重瞳——霸王自叙》改编的京剧剧本《江山美人》发表于《芙蓉》第五期。这是潘军发表的首个戏曲剧本，也是该刊破例发表的剧本。

十月，与作家阿来、北村、阎连科、田瑛、吕新、李洱、林宋瑜、盛可以等出席西沙笔会，在南海辗转半月。

2006 年

四月，中篇小说《戊戌年纪事》发表于《山花》。

四月，北京人民艺术剧院再度上演话剧《合同婚姻》。

五月，完成根据《合同婚姻》改编的同名电视剧，交导演何群。

六月，由潘军编剧并担任总导演的30集电视剧《五号特工组》在上海车墩影视基地开拍，并出演剧中戴笠一角，该剧至九月底封镜。

其间，与陈凯歌谈《死刑报告》剧本改编，后因电影局审查未获通过而搁浅。

2007年

三月，30集电视剧《五号特工组》一经播出，遂引起极大反响，创下了本年度中国电视剧的收视之最。

三月，根据剧本改编的影视故事单行本《五号特工组》由文化艺术出版社出版。

三月，《书法报》一版篇幅介绍潘军书画作品。

七月，短篇小说《草桥的杏》发表于《北京文学》。

十一月，在上海车墩影视基地开拍"谍战三部曲"第二部《海狼行动》，继续担任编剧和导演，并出演戴笠一角，至次年二月杀青。

十一月，《戊戌年纪事——潘军最新小说》由文化艺术出版社出版。

2008年

一月，《江南》第1期发表《丹青诉江南——潘军作品欣赏》，共发表国画作品五幅。

三月十四日，话剧《重瞳——霸王自叙》更名为《霸王歌行》，由国家话剧院在京首演成功，引起极大反响。导演王晓鹰，主演房子斌、张昊、刘璐等。

三月，在京接受日本汉学家、中央大学教授、《幕》杂志主编饭塚容先生访谈。该访谈系日本政府资助的"当代中国文学研究计划"。

四月，接受安徽卫视"改革开放三十年三十人"专题采访。但是，该片后来并未播出。

四月，话剧《霸王歌行》在北京大学"名人礼堂"上演。

五月，哈尔滨话剧院演出话剧《合同婚姻》，将所得演出收入全部捐献给该院下属的艺术学校。

六月，20集电视剧《婚姻背后》（即《合同婚姻》）陆续在各地电视台播出。

六月，话剧《霸王歌行》演出本由《剧本》月刊发表，同期还发表了创作谈《从小说〈重瞳〉到话剧〈霸王歌行〉》。

七月，送女儿潘萌赴美国洛杉矶留学。

七月，《江南》杂志第四期发表长篇《潘军访谈录》。

八月，34集电视剧《海狼行动》由天津电视台首播，之后全国各地陆续播出，再次引起广泛关注。

九月，《冷眼·直言——潘军访谈录》由母校安徽大学出版社出版。

九月，话剧《霸王歌行》赴韩国、埃及、俄罗斯等地演出，取得很好反响。

十月，话剧《霸王歌行》在国内深圳、南京、济南等地巡演。

十月，日本《幕》杂志发表《中国作家、剧作家潘军访谈录》。

十月，完成"谍战三部曲"最后一部《惊天阴谋》创作，将继续任导演。

十一月，长篇小说《独白与手势》（修订本）由文化艺术出版社出版。

十二月，完成电影文学剧本《重瞳——霸王自叙》。

十二月，34集电视剧《海狼行动》分别在深圳、云南、湖北、辽宁四家卫视播出，在北京等地又创下收视之最。

2009年

一月，潘萌回国度假过春节。正月初二，启程去上海，送女儿回洛杉矶。之后，进入《惊天阴谋》剧组，担任编剧、导演和执行制片人，并三演戴笠。

二月八日，《惊天阴谋》开机。

二月，《序文三题》发表于《作家》。

二月，为《北京文学·中篇小说月报》作插图。

三月，由陈宗俊编选的《潘军小说论》（第二辑）由安徽大学出版社出版，共收入研究论文三十多篇。

四月十五日，在横店影视基地得到林斤澜逝世消息，后作《悼念斤澜先生》一文。

四月二十二日，《惊天阴谋》在横店封镜。

四月二十三日，应浙江传媒学院邀请前去讲座。

四月，在《剧本》发表随笔《关于话剧的笔记》。

五月，《北京文学》发表散文《悼念斤澜先生》。

八月，为郑州市政府、巩义市政府接手改编并执导30集电视剧《康百万》（后更名为《河洛康家》），再次担任执行制片人。

十月二十日，《康百万》在北京通州"漕运码头"基地开机，一周后转河南境内拍摄。

十一月，小说《合同婚姻》英译版由中国外文出版社选入"二十一世纪中国文学"书系，并参加法兰克福书展。

2010年

一月五日，《康百万》在北京怀柔基地顺利封镜。

二月，根据小说改编的电影文学剧本《重瞳——霸王自叙》发表于《作家》杂志第二期，同期还发表《电影〈重瞳——霸王自叙〉编导阐述》。

五月，写作电视剧《粉墨》，该剧从1949年写到1979年，旨在表现三十年的艰难岁月。

十月，话剧《霸王歌行》赴日本演出。

十月三十一日，大型电视剧《粉墨》在浙江横店影视基地开机，该剧后转战上海车墩、胜强影视基地。

十二月，话剧《合同婚姻》，由美国"黄河话剧团"在美国华盛顿特区上演，获得很好反响。

十二月，32集电视剧《惊天阴谋》由天津、河北、重庆、贵州四家卫星电视播出，再次获得好评。

十二月三十日，接章德宁短信，得知作家史铁生逝世，不胜悲痛！

十二月三十一日，为《合肥晚报》作散文《与铁生书》。

2011年

一月一日，《粉墨》在上海胜强影视基地顺利杀青。此剧后被投资方更名为《永远的母亲》，对此感到不可理解。

一月四日，赶赴北京"798"，参加"与史铁生最后一次聚会"活动。遇余华、林白、徐晓斌、林宋瑜以及章德宁、岳建一夫妇。

二月，接受《合肥晚报》记者何素平专访，后以《我喜欢做充满悬念的事》为题见诸该报。

四月，《霸王歌行》在中国国家大剧院再度演出。

六月，去黄山看景，为电影《天街》做准备。

八月，已在洛杉矶定居的二妹潘莉携女儿米雪尔、三妹潘微一起回国省亲，这是四兄妹（大妹潘虹）在离别十七年之后第一次于安庆团聚。一起去公墓祭拜母亲，再去老家怀宁县江镇乡罐子窑村祭拜外祖父、外祖母，后回故里石牌镇"从前的院子"。回来后修改散文《关于我的母亲》。

八月，为《安庆版画五十年》作序。

八月下旬，开始着手电视剧《决胜台儿庄》的写作，计划明年春节后投入拍摄。

八月三十日，在京与英国托笔．伊迪文学代理联合有限公司（Toby Eady Associates）总裁托笔．伊迪洽谈《死刑报告》全球版权代理事宜。

九月，应荷兰文学基金会邀请，参加"北京国际图书博览会"，与主宾国荷兰作家赫尔曼．普莱和菲克．梅耶尔的对话。

十二月，赴美国洛杉矶，探望女儿潘萌，同时与妹妹潘莉、潘微相聚。

2012 年

一月，继续在美国旅行访问，分别抵达旧金山、圣地亚哥、拉斯维加斯、纽约、华盛顿等城市。

一月，将话剧《霸王歌行》版权无偿赠予新疆话剧团演出。

二月，散文《关于我的母亲》修改后发表于《江南》第二期。

五月，电视剧《粉墨》更名为《永远的母亲》，由深圳电视台首播，但已经剪去三集，不可理喻！

五月，话剧《霸王歌行》在京再度演出。

六月，首次草书大型手卷《前赤壁赋》、《后赤壁赋》、《岳阳楼记》。

七月，完成电影文学剧本《天足》。

附录二：潘军主要著作目录

长篇小说

《日晕》——人民文学出版社 1989 年版
《日晕》——台湾贯雅文化公司 1991 年版
《风》——河南人民出版社 1993 年版
《日晕》——中国文联出版社 2001 年版
《独白与手势·白》——人民文学出版社 2000 年版
《独白与手势·蓝》——人民文学出版社 2000 年版
《独白与手势·红》——人民文学出版社 2001 年版
《死刑报告》——人民文学出版社 2004 年版
《死刑报告》——台湾正中书局 2004 年版
《五号特工组》——文化艺术出版社 2007 年版
《独白与手势》（修订本）——文化艺术出版社 2008 年版

文集·小说集

《潘军文集》（四卷）——长江文艺出版社 2002 年版
（《日晕》、《风》、《对门·对面》、《重瞳》）
《潘军实验作品》（上下卷）——花城出版社 2000 年版
《潘军小说文本系列》（六卷）——中国工人出版社 2000 年版
（《海口日记》、《偶像崇拜年代》、《悬念》、《和陌生人喝酒》、《霸王自叙》、《结束的地方》）
《潘军中篇自选集》（上下卷）——大众文艺出版社 2000 年版
《中国当代作家选集·潘军卷》——人民文学出版社 2000 年版
《中国当代小说名家珍藏版·潘军卷》——文化艺术出版社 2001 年版
《重瞳——中国小说五十强·潘军卷》——时代文艺出版社 2001

年版

《白底黑斑蝴蝶——跨世纪文丛·潘军卷》——长江文艺出版社2001年版

《风印——潘军短篇小说集》——中国文联出版社2001年版

《海口日记》——广西师大出版社2003年版

《合同婚姻》——广西师大出版社2003年版

《白色沙龙——大陆先锋作家潘军小说集》——台湾贯雅出版社1991年版

《重瞳——潘军自选集》——台湾正中书局2004年版

《戊戌年纪事——潘军最新小说》——文化艺术出版社2007年版

散文、随笔集

《潘军散文》——浙江文艺出版社2000年版

《水磬——潘军随笔集》——中国文联出版社2001年版

《山水美人——潘军散文随笔》——广西师大出版社2003年版

《我家的时尚女孩》（与潘萌合作）——人民文学出版社2001年版

《坦白——潘军访谈录》——安徽大学出版社2000年版

《冷眼·直言——潘军访谈录》——安徽大学出版社2008年版

附录三：潘军主要影视作品目录

《大陆人》（26 集电视连续剧）——1997 年，编剧、导演
《对话》（电视电影）——1998 年，编剧、导演
《海口日记》（20 集电视连续剧）——1999 年，原著、编剧
　　（播出改名为《生死有情》）
《好好活着》（24 集电视连续剧）——2002 年，编剧
《合同婚姻》（20 集电视连续剧）——2006 年，原著、编剧
　　（播出改名为《婚姻背后》）
《五号特工组》（30 集电视连续剧）——2006 年，编剧、总导演
《海浪行动》（34 集电视连续剧）——2008 年，编剧、导演
《惊天阴谋》（32 集电视连续剧）——2009 年，编剧、导演
《河洛康家》（32 集电视连续剧）——2009 年，剧本改编、导演
《粉墨》（30 集电视连续剧）——2010 年，编剧、导演
　　（播出改名为《永远的母亲》）
《决胜台儿庄》（32 集电视连续剧）——2012 年，编剧、导演

附录四：主要研究资料索引
（截至 2011 年 12 月）

一、部分期刊论文（国内）

1. 长篇创作的新尝试——评潘军的《日晕》（唐先田）——《清明》1988 年第 3 期。

2. 给读者留下广阔的思维空间——读《日晕》（陈辽）——《清明》1988 年第 6 期。

3. 论情绪流小说兼论潘军创作（李正西）——《安徽教育学院学报》1990 年第 2 期。

4. 论潘军小说中的人物塑造（李美云）——《安庆师范学院学报·社科版》1991 年第 4 期。

5. 穿行于写实和虚构之间——潘军长篇小说《风》解读（吴义勤）——《当代文坛》1994 年第 1 期。

6. 对文学说话：潘军的《风》及其他（陈晓明）——《当代作家评论》1994 年第 2 期。

7. 捕《风》捉影——兼记潘军与他的伙伴及我的朋友们（鲁枢元）——《当代作家评论》1994 年第 2 期。

8. 现在的写城市的潘军（李洁非）——《新安晚报》2000 年 10 月 13 日。

9. 笔记潘军（施战军）——《南方文坛》2000 年第 5 期。

10. 《独白与手势》三人谈（吴义勤、施战军、王光东）——《作家》2000 年第 5 期。

11. 潘军小说解读的其它几种可能性（许春樵）——《江淮论坛》，2001 年第 1 期。

12. 主观真实和心理真实的文本——论潘军的小说艺术（李正西）——《江淮论坛》2001 年第 1 期。

13. 彻底颠覆后的诗意重构——评《重瞳》（唐先田）——《安徽大学学报·社科版》2001 年第 1 期。

14. 恋情的诗意——论潘军的小说创作（方维保）——《安徽大学学报·社科版》2001 年第 1 期。

15. 先锋叙事：漫游与回归——潘军中篇小说论（丁增武）——《安徽大学学报·社科版》2001 年第 1 期。

16. 论潘军小说的叙事风格（丁增武）——《合肥联合大学学报》2001 年第 3 期。

17. 自由展示生活画面——《独白与手势·白》阅读体验（王晓岚）——《吕梁高等专科学校学报》2001 年第 4 期。

18. 穿行于历史与现实之间——《重瞳》思想意蕴漫谈（吴春平、张俊）——《安庆师范学院学报·社科版》2002 年第 2 期。

19. 生前和死后——解读潘军中篇历史小说《重瞳》（张晓玥）——《安徽文学》2002 年第 6 期。

20. 浪子·硬汉与生存恐惧——潘军小说论之三（方维保）——《淮北煤炭师范学院学报·社科版》2003 年第 1 期。

21. 飞翔与行走：潘军小说论（陈宗俊）——《安庆师范学院学报·社科版》2003 年第 4 期。

22. 现代城市人的婚姻绝唱——评潘军中篇小说《合同婚姻》（孙仁歌）——《江淮论坛》2003 年第 6 期。

23. 我印象中的潘军（施战军）——《山花》2003 年第 7 期。

24. 城市状态的个性书写——潘军城市叙事解读（黄晓东）——《当代文坛》2004 年第 1 期。

25. 试论《独白与手势》的电影化叙事形式（高姿英）——《安徽广播电视大学学报》2004 年第 1 期。

26. 我所感受到的潘军（唐先田）——《时代文学》2004 年第 5 期。

27. 我所认识的作家潘军（汪湨）——《时代文学》2004 年第 5 期。

28. 一个作家 N 种印象（施战军）——《时代文学》2004 年第 5 期。

29. 在传说中生活与写作——潘军或潘军小说印象（徐迅）——《北京文学》2004 年第 5 期。

30. 存在主义与潘军的《独白与手势》（吴格非）——《萨特与中国》，中国矿业大学出版社 2004 年版。

31. 尊重生命　呼唤良知——有感于潘军的《死刑报告》（宁克华）——《当代文坛》2005 年第 1 期。

32. 论潘军小说创作的故乡情结（陈宗俊）——《安庆师范学院学报·社科版》2005 年第 6 期。

33. 潘军的"新表现时代"与《重瞳》这本选集（南方朔）——《安徽文学》2005 年第 7 期。

34. 潘军写活了与一般男人不一样的男人（蔡诗萍）——《安徽文学》2005 年第 7 期。

35. 潘军的小说和他这个人（吕正惠）——《安徽文学》2005 年第 7 期。

36. 执着的探索　永远的先锋——潘军小说《日晕》和《风》比较（李云峰）——《济宁师范专科学校学报》2006 年第 1 期。

37. 现实与想象的边界——潘军长篇小说《死刑报告》解读（丁增武）——《合肥学院学报·社科版》2006 年第 3 期。

38. 先锋叙事中的项羽及其他——《史记·项羽本纪》和《重瞳》的互文性阅读（党艺峰）——《渭南师范学院学报》2007 年第 3 期。

39. 婚恋尴尬与人性困境——《合同婚姻》的文本细读（周毅、王蓉）——《海南大学学报·社科版》2007 年第 5 期。

40. 潘军小说中的女性人物分析（李月云）——《阜阳师范学院学报·社科版》2007 年第 5 期。

41. 自我叙事话语与意义再生产——以潘军的《重瞳——霸王自叙》为中心（朱崇科）——《海南师范大学学报·社科版》2007 年第 6 期。

42. 心灵苦难的独特表达——潘军回忆性小说研究（黄晓东）——《铜陵学院学报》2008 年第 5 期。

43. 论潘军早期的小说创作（黄晓东、陈宗俊）——《安庆师范学院学报·社科版》2008 年第 7 期。

44. 潘军：男人主宰的世界（周立民）——《精神探索与文学叙述：

新世纪文学论稿》，广西师大出版社 2008 年版。

45. 改编伦理、历史重构与先锋性——关于话剧《霸王歌行》的几个问题（韩传喜、傅晓燕）——《吉林师范大学学报·社科版》2009 年第 1 期。

46. 《潘军论》（王海燕）——《文学评论丛刊》2009 年第 2 期。

47. 先锋背后的现实焦虑：潘军近年小说解读（江飞）——《安庆师范学院学报·社科版》2009 年第 5 期。

48. 水磬声声：潘军小说中的"水"叙事（陈宗俊）——《安庆师范学院学报·社科版》2009 年第 10 期。

49. 人不狷狂枉少年——透视潘军小说《独白与手势白》的文人精神（潘建华）——《飞天》2009 年第 18 期。

50. 潘军小说语言的反讽修辞（黄晶晶）——《科技信息》2009 年第 28 期。

51. 两极的对抗与消融——论潘军短篇小说（方萍）——《铜陵职业技术学院学报》2011 年第 1 期。

52. 流动的沙滩，流动的感受——对潘军小说《流动的沙滩》的解读（唐东震）——《作家》2011 年第 10 期。

二、硕士论文

1. 《潘军小说创作论》，作者：黄晓东；授予单位：南京大学；授予时间：2004。

2. 《潘军近年小说解读》，作者：蔡爽；授予单位：武汉大学；授予时间：2004。

3. 《论潘军小说的个人化叙事》，作者：李云峰；授予单位：安徽师范大学；授予时间：2007。

4. 《论潘军中短篇小说的荒诞意识》，作者：谭墨墨；授予单位：东北师范大学；授予时间：2009。

5. 《潘军小说语言特色研究》，作者：黄晶晶；授予单位：安徽大学；授予时间：2009。

6. 《男性个体生命的存在方式——解读潘军的小说〈独白与手势〉》，作者：陶存堂；授予单位：新疆大学；授予时间：2010。

三、资料汇编

1.《潘军小说论》（唐先田主编），安徽大学出版社 2003 年 11 月版。

2.《潘军小说论》（第二辑）（陈宗俊编选），安徽大学出版社 2009 年 3 月版。

后 记

如果从1982年发表第一篇小说算起，明年正好是我的文学生涯三十年。

三十年，怎么看都是个令人敬畏的时间。

回顾这三十年的历程，再看看自己写下的这些文字，心情难免复杂。其一，总觉得自己最好的作品尚未写出；其二，时间过得太快，以至于有些措手不及，担心计划中想写的东西实现不了；其三，就这么完结一个小说家的使命，似乎还不甘心。因此，在这样的时候，编纂一套十卷本的文集，是一次总结，也是一次缅怀，更带有祭奠的意味——那逝去的三十年，是我此生最值得珍惜的岁月。

1982年，我毕业于安徽大学；十年后，我去了海口，之后便过上了自我放逐的生活。虽然一路风风雨雨，但毕竟还是赢得了一份可贵的自由。所以，这里的文字，大都是"在路上"完成的，某种意义上，它们也构成了我不同时期的影像。

2006年之后，我由小说创作转向了影视。作出这种选择，并非是我远离文学，而是希望以一个作家的身份去介入影视。并且，导演这一职业本来就是我人生计划中的一部分，如同未来的某一天，我会断然放弃影视而专事书画。这是我个人的人生三部曲。

文集主要收录的，是我绝大部分的小说、散文、随笔、剧作与访谈。另外一些，如诗歌、歌词、报告文学、电视文学剧本等，则都没有收录。

我需要感谢长期以来一直关注我的广大读者和观众。感谢帮助、支持我的报纸、期刊、出版社的编辑朋友。同时要感谢关心我创作的批评界的朋友。

感谢文化艺术出版社的总编辑查振科先生、社长沈梅女士和责任编辑陶玮女士。由于他们的支持，使得这套书顺利出版。

感谢两位年轻的博士陈宗俊、江飞，他们协助完成了文集的初选和最后的校对。

  我还要感谢我的家人，我已故的母亲和健在的父亲，尤其是我的女儿潘萌，因为她的注视与鼓励，使我至今还保持着一个作家的立场与尊严。

潘　军
2011 年 10 月 15 日　北京寓所

图书在版编目（CIP）数据

潘军文集/潘军著. —北京：文化艺术术出版社，2012.6
ISBN 978－7－5039－5373－6

Ⅰ.①潘… Ⅱ.①潘… Ⅲ.①中国文学—当代文学—作品综合集 Ⅳ.①I217.2

中国版本图书馆CIP数据核字（2012）第084453号

潘军文集（十卷）

著　者	潘　军
责任编辑	陶　玮
装帧设计	顾　紫
出版发行	文化艺术出版社
地　址	北京市东城区东四八条52号　100700
网　址	www.whyscbs.com
电子邮箱	whysbooks@263.net
电　话	（010）84057666（总编室）84057667（办公室） （010）84057691—84057699（发行部）
传　真	（010）84057660（总编室）84057670（办公室） （010）84057690（发行部）
经　销	新华书店
印　刷	国英印务有限公司
版　次	2012年10月第1版 2012年10月第1次印刷
开　本	700毫米×1000毫米　1/16
印　张	223
字　数	2800千字
书　号	ISBN 978－7－5039－5373－6
定　价	399.00元（平）

版权所有，侵权必究。印装错误，随时调换。